SIEBZIG WUNDER-WERKE DER ARCHITEKTUR

DIE KÜHNSTEN WERKE DER
BAUGESCHICHTE UND WIE
SIE REALISIERT WURDEN

NEIL PARKYN

SIEBZIG WUNDERWERKE DER ARCHITEKTUR

Die kühnsten Werke der Baugeschichte
und wie sie realisiert wurden

FREDERKING & THALER

Inhalt

Rechte der englischen Originalausgabe
Copyright © 2002 Thames & Hudson Ltd., London
Originaltitel: »The Seventy Architectural Wonders Of Our World.
Amazing Structures and how they were Built«

Rechte derdeutschsprachigen Ausgabe
Copyright © 2005 Frederking & Thaler Verlag GmbH, München
www.frederking-thaler.de
(unveränderte Neuausgabe der erstmals 2002 bei Zweitausendeins,
Frankfurt am Main erschienenen Buchausgabe)

Alle Rechte vorbehalten

Übersetzung aus dem Englischen von Michael und Ulrike Bischoff

Lektorat und Register der deutschen Ausgabe:
Ekkehard Kunze (Büro W, Wiesbaden)
Redaktion der deutschen Ausgabe: Gabriele Schönig, Hamburg
Satz und herstellerische Betreuung der deutschen Ausgabe:
Johannes Paus (Dieter Kohler GmbH, Nördlingen)
Einbandgestaltung: Dorkenwald Grafik-Design & Artwork/Murat
Oezer, München
Schutzumschlag vorne, großes Bild: Das Guggenheim-Museum, Bilbao
(© Jürgen Richter, Look); kleine Bilder v.l.n.r.: Hagia Sofia (© Robert
Frerck/Odyssey/Chicago/Robert Harding); London Eye (© Nick Wood);
Eiffelturm (© Jean Bernard); Freiheitsstatue (© Simon Harris/Robert
Harding); Schloss Neuschwanstein (© Achim Bunz); Akashi-Kaikyo-
Brücke (Courtesy Honshu-Shikoku Bridge Authority, Kobe);
Schutzumschlag hinten, großes Bild: Petronas-Türme (© Jayawardene
Photo Library)

Druck und Bindung: Toppan, Hong Kong

Printed in Hong Kong

ISBN 3-89405-536-7

(Abb. Seite 1) Gateway Arch, St. Louis
(Abb. Seite 2–3) Golden Gate Bridge, San Francisco

St. Peter, Rom

Kirchen, Moscheen, Tempel und Schreine

Centre Pompidou, Paris

Schlösser und Paläste

Öffentliche Bauten

Die Verbotene Stadt, Peking

Die Eisenbahnbrücke über den Firth of Forth, Schottland

Türme und Hochhäuser

Sears Tower, Chicago

Brücken, Bahnen und Tunnel

Freiheitsstatue, New York

Kanäle und Staudämme

Kolossalstatuen

Itaipú-Staudamm, Brasilien

Zu den Autorinnen und Autoren

NEIL PARKYN ist Architekt, Stadtplaner und Direktor bei Huntingdon Associates. Außer in Großbritannien arbeitete er bereits in 15 Ländern, darunter in China, Vietnam und Frankreich, er besitzt besondere Erfahrung in der Planung von Großprojekten und im Städtebau. Er ist Mitglied des Royal Institute of British Architecture, des Royal Town Planning Institute, Fellow der Royal Society of Arts und ehemaliger Vorsitzender der Association of Consultant Planners. Zudem ist er preisgekrönter Journalist und Illustrator. **25, 31, 44, 48, 49, 50**

JOSEP BRACONS, Kunsthistoriker und Kritiker, lehrt und forscht an der Escuela Superior de Restauracion de Bienes Culturales sowie an der Universität Oberta de Catalunya in Barcelona. Er ist Präsident des katalanischen Kunstkritikerverbandes ACCA und hat verschiedene Artikel und Studien über die Kunst des Mittelalters, des 19. und 20. Jahrhunderts veröffentlicht. **13, 15**

WILLIAM CRAFT BRUMFIELD, Professor für Slawistik an der Tulane University, erhielt neben anderen Forschungsstipendien das Guggenheim Fellowship (2000–2001). Als Autor und Fotograf hat er mehrere Werke über russische Architektur veröffentlicht, namentlich *A History of Russian Architecture* (1993). Seine Fotografien russischer Bauwerke wurden in Museen in den Vereinigten Staaten und Europa ausgestellt und gehören zur Sammlung der Photographic Archives der National Gallery of Arts, Washington, D.C. **18, 23**

JOHN B. BURLAND, Bauingenieur und Professor für Bodenmechanik am Department of Civil and Environmental Engineering des Imperial College of Science, London, ist Mitglied der Royal Society und der Royal Academy of Engineering. Sein Spezialgebiet sind die Auswirkungen, die durch Tunnel und Aushubarbeiten verursachte Bodenbewegungen auf Gebäude haben. Er gehörte der staatlichen Kommission an, die für die Stabilisierung des Schiefen Turms von Pisa zuständig war. **5**

JOHN BURY befasst sich als Architekturstudent speziell mit Abhandlungen über die zivile und militärische Architektur der frühen Moderne in Europa. Seine Studien zum Escorial erschienen in England (*Art History, Burlington Magazine*), Kanada (Calgary University) und Spanien (Patrimonio Nacional). **19**

BRIAN CARTER arbeitete als Architekt in Europa und ist Professor für Architektur an der University of Michigan. Neben zahlreichen Veröffentlichungen über Architektur und Design sind von ihm mehrere Bücher über zeitgenössische Architektur erschienen, darunter eines über die Bauten Frank Lloyd Wrights für Johnson Wax (1998). **41, 68, 70**

ROBIN CORMACK, stellvertretender Leiter und Professor für Kunstgeschichte am Courtauld Institute, London, ist spezialisiert auf die Kunst von der Antike bis zum ausgehenden Mittelalter mit Schwerpunkt Byzanz sowie auf theoretische Fragen vor allem zur Beziehung zwischen Geschriebenem und Visuellem. Zu seinen Veröffentlichungen zählen *Painting the Soul. Icons, Death Marks, Shrouds* (1997) und *Portrait of the Artist in Byzantium* (1997). **1**

PHILIP DENWOOD, Dozent für Tibetische Studien an der School of Oriental and African Studies, University of London, ist spezialisiert auf die tibetische Sprache sowie auf Bau- und Textilkunst. Er veröffentlichte unter anderem die Bücher *Tibetan* (1999) und *The Tibetan Carpet* (1974/2001). **21**

NILS FRANCKE lebt als freier Journalist und Schriftsteller in Kopenhagen. In seinen Veröffentlichungen befasste er sich ausführlich mit Konstruktion und Auswirkungen von Großprojekten, die Skandinaviens Infrastruktur zwischen 1988 und 2000 veränderten. Dazu gehören die Große-Belt-Querung, die Öresundbrücke zwischen Dänemark und Schweden und die Öresundregion. **59**

JOHN GLOVER, Verkehrsberater mit dem Fachgebiet Eisenbahnindustrie, ist Examiner des Institute of Logistics and Transport (ILT). Unter anderem veröffentlichte er *National Railways, A Guide to the Privatised Railway* (1996); *Londons' Underground* (9. Aufl. 1999); *Railway Operations* (1999); *Principles of London Underground Operations* (2000) und *Southern Electric* (6. Aufl. 2001). **52, 54, 55, 57**

GODFREY GOODWIN lehrte vor seinem Ruhestand Kunstgeschichte an der Bosporus-Universität, Istanbul, speziell osmanische und byzantinische Kunst und Architektur. Nach wie vor hält er Sommerkurse ab. Zu seinen Veröffentlichungen zählen: *A History of Ottoman Architecture, Sinan, Ottoman Architecture and its Values Today* und *Islamic Spain*. **9, 17**

JESSICA HARRISON-HALL, Assistant Keeper in der Orientabteilung des British Museum, London, ist spezialisiert auf chinesische Keramiken und vietnamesische Kunst. Sie veröffentlichte *Ancient Chinese Trade Ceramics* (1994 mit Regina Krahl); *Ming Ceramics – A Catalogue of Late Yuan and Ming Pottery and Porcelain in the British Museum* (2001) und *Vietnam: Behind the Lines* (2002). **16**

ALAN HESS, Architekt, Historiker und Architekturkritiker für *San Jose Mercury News*, Kalifornien, veröffentlichte bisher *Googie: Fifties Coffee Shop Architecture* (1985); *Viva Las Vegas* (1993); *The Architecture of John Lautner* (1999) und *Palm Springs Weekend* (2001). **26, 32, 47**

EBBA KOCH, Professorin für asiatische Kunst im Fachbereich Kunstgeschichte an der Universität Wien, leitete größere Untersuchungen über die Mogul-Architektur Indiens und konzentrierte sich in letzter Zeit auf das Taj Mahal. Zu ihren Publikationen gehört das Standardwerk *Mughal Architecture* (2. Aufl. 2001) sowie *Mughal Art and Imperial Ideology* (2001); zudem wirkte sie als Mitautorin an dem Ausstellungskatalog *King of the World: The Padshahnama: An Imperial Mughal Manuscript* der Royal Library, Windsor Castle (1997) mit. **10**

ANNETTE LECUYER arbeitete einige Jahre als Architektin in London, bevor sie als Associate Professor für Architektur an die University of Michigan ging. Neben zahlreichen Beiträgen über zeitgenössische Architektur in europäischen und nordamerikanischen Fachzeitschriften veröffentlichte sie das Buch *Radical Tectonics* (2001). **28, 37, 43**

BERT MCCLURE, Architekt, Planer und ehemaliger Loeb Fellow der Harvard University, leitet derzeit das Planungs- und Entwicklungsprogramm Aménagement et maîtrise d'ouvrage urbaine an der französischen École Nationale des Ponts et Chaussés und ist zudem in freien Planungsaufgaben tätig. Zu seinen Veröffentlichungen zählen: *Promenades d'Architectures à Paris*, ein Führer zu den Bauwerken von Paris; *Le Corbusier*, ein Führer zu den für die Öffentlichkeit zugänglichen Bauten des französischen Architekten; *Promenades d'Architecture à Lille*, ein Architekturführer der Stadt Lille; und *Plans et Dessins*, Stadtplanungsprojekte für das französische Bauministerium. **12, 14, 20, 29, 35, 39**

GEORGE MICHELL machte nach seinem Studium in Melbourne seinen Doktor in indischer Archäologie an der School of Oriental and African Studies, University of London. Er unternahm ausgedehnte Reisen durch Indien und arbeitete dort an verschiedenen Stätten, namentlich in Vijayanagara. Zu seinen zahlreichen Veröffentlichungen gehören *The Hindu Temple: An Introduction to its Meaning and Forms* (1997); *The Royal Palaces of India* (1994) und *Hindu Art and Architecture* (2000). **2**

DAVID MORRIS arbeitet seit fast 40 Jahren als Spezialist für Geotechnik bei Water Resources Engineering. Er ist mit der Sicherheit von Dämmen befasst und hat mehr als 44 Dämme inspiziert und über 20 Dämme und Stauseen geplant. Er verfasste diverse Schriften über Planung, Sanierung und Betrieb von Dämmen sowie über Erdbeben und Erdrutsche. Zurzeit gehört er der britischen Firma Faber Maunsell, Consulting Engineers an und ist Mitglied des »All Reservations Panel« Großbritanniens. **62, 65, 67**

M.D. MORRIS, PE, ist Autor und Herausgeber zahlreicher Artikel und Bücher über Bauwesen und verwandte Gebiete. Er wurde mit dem Peurifoy Construction Research Reward der American Society of Civil Engineers und mit dem Construction Writers Association Silver Hard Hat Award ausgezeichnet. Er ist Fellow der American Society of Civil Engineers und der Society for Technical Communication und lehrt in Kursen für Industrie und staatliche Stellen, wie man Sachbücher schreibt. **34, 61, 63, 64**

LAWRENCE NIELD zeichnet als australischer Architekt verantwortlich für eine Reihe bedeutender Bauten, darunter das National Science and Technology Centre in Canberra, die University of the Sunshine Coast Library in Queensland und Cook an Philip Park in Sydney. Er war wesentlich an Planung und Gestaltung der Olympischen Spiele 2000 in Sydney beteiligt und leitet eine Reihe von Projekten für die Olympischen Spiele 2004 in Athen. Von 1990 bis 1992 war er Gastprofessor für Architektur an der University of New South Wales und von 1992 bis 1996 Professor für Architektur an der University of Sydney. **33**

LINDA S. PHIPPS ist Gastdozentin für Architekturgeschichte an der University of California, Berkeley. Ihren Doktor in Kunstgeschichte und Architektur machte sie an der Harvard University. Zurzeit arbeitet sie an einem Buch über das Gebäude der Vereinten Nationen. **42, 69**

NICHOLAS RAY ist Senior Lecturer an der University of Cambridge, Department Architecture, Fellow des Jesus College und Direktor der Cambridge Historic Buildings Group. Neben zahlreichen Beiträgen zu Fachzeitschriften schrieb er das Buch *Cambridge Architecture, a Concise Guide* (1994). **7**

PETER ROSS ist als Bauingenieur in der Forschungs- und Entwicklungsabteilung von Ove Arup & Partners tätig. Sein Spezialgebiet ist die Begutachtung historischer Bausubstanz und Holz als Baumaterial. Er war zeitweise als beratender Ingenieur für die Historic Royal Palaces (Kensington Palace und Banqueting House) tätig. **3, 24, 36, 45, 58**

ELLEN R. SHAPIRO ist Professorin für Architekturgeschichte und Leiterin der Abteilung Kunstgeschichte am Massachusetts College of Art in Boston sowie Fellow der American Academy of Rome. Sie hat zahlreiche Publikationen zu Architektur und Design in der Zeit des italienischen Faschismus veröffentlicht und an dem Buch *Giuseppe Terragni: Opera Completa* (1996) mitgewirkt. Zuletzt war sie als Mitherausgeberin an dem Buch *Mimmo Jodice: Inlands, Visions of Boston* (2001) beteiligt. **30, 38, 40, 46, 60**

ROGER A.F. SMOOK, ist Professor für Design und Baumanagement am Fachbereich Tiefbau und Geowissenschaften der Technischen Hochschule Delft, Niederlande. Nach seiner Ausbildung zum Architekten und Stadtplaner wandte er sich dem Tief- und Hochbau zu. Neben seinem Buch *Inner Towns Change: the Atlas of the Process of Spatial Change of Dutch Inner Towns* (1984) veröffentlichte er Publikationen zu Baumanagement und Bebauungsplanung. **66**

IAN SUTTON studierte Architekturgeschichte bei Nikolaus Pevsner, John Summerson und Peter Murray, bevor er eine Laufbahn als Kunstpublizist einschlug. Er ist Autor des Buches *Western Architecture, A Survey from Ancient Greece to the Present* (1999) und Mitherausgeber von *The Faber Guide to Victorian Churches* (1989). **4, 6, 8, 11, 22**

ALEXANDRA WEDGWOOD war lange Jahre als Architekturarchivarin im House of Lords Record Office tätig. Ihr Spezialgebiet ist viktorianische Architektur, worüber sie zahlreiche Publikationen veröffentlicht hat. **27**

MARK WHITBY war 2001/2002 Präsident der Institution of Civil Engineers und ist Mitbegründer von Whitby Bird & Partners, einem führenden Ingenieurbüro Großbritanniens. **51, 53, 56, 53** gemeinsam mit SCOTT LOMAX, der seit 1998 bei Whitby Bird & Partners tätig ist und dort an Entwurf und Bau von Fußgängerbrücken mitgewirkt hat, unter anderem der York Millenium Bridge und der River Lune Millenium Bridge. **56** gemeinsam mit AI-HUA TAO, zunächst in Singapur und London bei Peter Brett Associates und Whitby Bird & Partners beschäftigt, derzeit bei Alan Conisbee & Associates tätig.

31 Guggenheim-Museum, New York

40 Empire State Building

42 World Trade Center

51 Brooklyn Bridge

68 Freiheitsstatue

52 Canadian Pacific Railway

61 Eriekanal

44 CN Tower

43 Sears Tower

70 Mount Rushmore

56 Golden Gate Bridge

41 Gateway Arch

26 La Cuesta Encantada: Hearsts Schloss

30 Pentagon

47 New York-New York

38 Washington Monument

64 Hooverdamm

34 Louisiana Superdome

32 Walt Disney World

63 Panamakanal

53 Eisenbahnbrücke über den Firth of Forth

7 King's College Chapel

49 Iron Bridge, Coalbrookdale

11 St Paul's Cathedral

27 Houses of Parliament

28 Kristallpalast

48 London Eye

50 Themsetunnel

58 Kanaltunnel

37 Guggenheim-Museum, Bilbao

19 Escorial

15 Alhambra

6 Notre-Dame, Chartres

12 Panthéon, Paris

20 Versailles

29 Oper, Paris

35 Centre Pompidou

39 Eiffelturm

13 Sagrada Familia

69 Christusstatue, Rio de Janeiro

65 Itaipú-Staudamm

66 Oosterschelde-Sperrwerk

59 Ostbrücke über den Großen Belt

23 Winterpalais

18 Kreml

55 Moskauer Metro

14 Notre-Dame-du-Haut, Ronchamp

24 Neuschwanstein

22 Schönbrunn

4 Markusdom

1 Hagia Sophia

17 Topkapi-Serail

9 Selimiye-Moschee

62 Suezkanal

8 St. Peter

5 Schiefer Turm von Pisa

54 Jungfraubahn

25 Palast des Vizekönigs

10 Taj Mahal

21 Potala-Palast

60 Akashi-Kaikyo-Brücke

36 Kansai International Airport

3 Byodo-in-Tempel

57 Seikan-Eisenbahntunnel

16 Verbotene Stadt

45 Hongkong and Shanghai Bank

67 Drei-Schluchten-Staudamm

2 Tempel in Thanjavur

46 Petronas-Türme

33 Oper, Sydney

Vorwort

SELBST IN EINEM ZEITALTER der Miniaturisierung versetzen uns die großen Bauwerke der Menschheit immer noch in Staunen. Bei der Auswahl der siebzig architektonischen Wunderwerke für dieses Buch hätten wir mit gleicher Berechtigung viele andere Kriterien anwenden können. Wir haben für unsere Zwecke als »Wunder« solche Bauwerke definiert, die menschliche Dimensionen übersteigen, aber dennoch von Männern und Frauen geschaffen wurden und in gewisser Weise einen Meilenstein darstellen, sei es in der Konstruktion großer Brücken oder in der Geschichte von Staudämmen, Kanälen oder Kathedralen.

Welchen Wertmaßstab man auch anlegen mag, die hier vorgestellten Bauwerke besitzen weiterhin etwas Erhebendes und Inspirierendes, ob man sie nun besucht oder lediglich über sie liest. Da bemerkenswerte Leistungen nie auf den westlichen Einflussbereich beschränkt waren, haben wir uns weltweit umgesehen. Die hier vorgestellten Wunderwerke sind würdige Erben früherer berühmter Bauten, die bis weit in die menschliche Geschichte zurückreichen wie die Pyramiden Ägyptens, die imposanten Tempel Griechenlands oder das Colosseum in Rom. Denn es gibt über die Jahrhunderte hinweg zahlreiche Gemeinsamkeiten zum Beispiel zwischen großen Arenen oder Sakralbauten von heute und jenen, die vor Jahrtausenden errichtet wurden.

All diese Bauwerke hatten in erster Linie einen bestimmten Zweck zu erfüllen, reichen aber weit über ihren praktischen Nutzen hinaus. Sie besitzen die vitruvischen Tugenden der *firmitas* (Festigkeit) und *utilitas* (Nützlichkeit oder Funktionalität), beeindrucken aber zugleich als elegante, entschlossene Lösungen, die auch das dritte Ideal des Vitruv für sich in Anspruch nehmen dürfen: *venustas* (Schönheit). Nur selten

Der Myrtenhof mit seinem rechteckigen Wasserbecken ist typisch für die ausgewogene Harmonie zwischen Architektur und Wasser, die in der Alhambra in Granada herrscht – ein Komplex, in dem Innenhöfe ein wesentliches Ordnungselement darstellen.

resultieren diese Eigenschaften jedoch aus einem bewussten »Design« in jenem Sinne, wie moderne Produkte auf den Geschmack des Marktes abgestimmt werden.

Die Sicht anderer

Größe, Ausmaß, Gewicht, umbauter Raum oder Spannweite machen allein noch kein »Wunderwerk« aus. In der Geschichte der Ingenieurkunst und der Architektur gibt es viele Bauten, die bei ihrer Fertigstellung als Gipfel an Modernität, Größe, technischer Kühnheit oder sozialem Fortschritt gefeiert wurden, die sich aus heutiger Sicht jedoch nur als Trittsteine zum nächsten großen Sprung nach vorn erweisen.

Ruhm ist vergänglich. Wer wüsste das besser als die Erbauer des Chrysler Building in New York, damals das höchste Gebäude der Welt, das schon kurze Zeit später vom Empire State Building an Höhe übertroffen wurde. Oder die Erbauer mittelalterlicher Kathedralen in der Île de France von St. Denis und Sens über Chartres bis hin nach Amiens und Beauvais – eine Reihe, die mit dem Einsturz von Beauvais endete.

Überlegene Dimensionen sind an sich also noch kein zuverlässiger Gradmesser für herausragende Bedeutung und Einmaligkeit, wohl aber die Ansichten zeitgenössischer Kommentatoren. So wurde dem bemerkenswertesten »temporären« Bauwerk, Joseph Paxtons Kristallpalast im Londoner Hyde Park, damals zu Recht eine größere Bedeutung beigemessen als den Exponaten der Weltausstellung von 1851, die es beherbergte.

Bastionen des Glaubens

Gemahnt an unsere irdische Sterblichkeit, errichteten sich die großen Weltreligionen schon immer beruhigend dauerhafte, majestätische Bauwerke als Rahmen für ihre kultischen Handlungen. Viele verdanken sich dem durchaus weltlichen Bestreben von Herrschern und Priestern, ihre Vorherrschaft zu demonstrieren und sich ein Denkmal zu setzen; sie hinterließen uns nicht nur so bekannte Monumente wie den Petersdom in Rom oder St Paul's Cathedral in der Londoner City, sondern auch unbekanntere, aber nicht minder bemerkenswerte Bauten wie Soufflots Panthéon in Paris oder den Hindutempel in Thanjavur, Indien. Das Streben nach immer größeren Kuppeln oder zunehmend höheren und leichteren Kirchenschiffen, die allein der Prachtentfaltung und dem imposanten Erscheinungsbild dienten, führte manchmal zu Fort-

schritten in der Bautechnik. Gelegentlich fielen innovative Konstruktion und Ästhetik zusammen wie bei dem spektakulären Fächergewölbe der Kapelle im King's College, Cambridge, oder bei der geschwungenen Betondecke, die über Le Corbusiers Kapelle in Ronchamp, Frankreich, zu schweben scheint.

Paläste der Macht und Lust

Wenn weltliche Herrscher und Regime ihrer – häufig vergänglichen – Macht und Stellung Ausdruck verleihen wollten, taten sie dies gern durch den Bau von Palästen, in denen sie Hof halten und Gesandte aus dem Ausland ange-

Das beeindruckende Fächergewölbe in King's College Chapel, Cambridge, ist als komplexe Steinmetzarbeit zugleich von bautechnischer Effizienz und von großer Schönheit geprägt.

Gegenüberliegende Seite: Der Architekt Cesar Pelli verband beim Bau der Petronas-Türme in Kuala Lumpur, dem derzeit höchsten Gebäude der Welt, innovative Baumaterialien und Techniken mit traditioneller islamischer Symbolik.

Unten: Der Potala-Palast in Lhasa, Tibet, wurde von einheimischen Bauern mit traditionellen Materialien und Bauweisen errichtet.

messen empfangen konnten. Ihre ambitionierten Projekte und größenwahnsinnigen Vorstellungen erforderten häufig den Einsatz unzähliger Arbeitskräfte wie die Verbotene Stadt in Bejing (Peking) mit ihren 9000 Räumen, die angeblich von einer Million Menschen erbaut wurden, oder einen tiefen Griff in die Staatskasse wie der Neubau des Winterpalais in Petersburg, den die russische Kaiserin Elisabeth vornehmen ließ.

Zu allen Zeiten haben Architekten und Baumeister die Herausforderung angenommen, Königshöfen einen prunkvollen und dem Protokoll genügenden Rahmen zu liefern, sei es Johann Fischer von Erlach, der für Leopold I. Schloss Schönbrunn bei Wien baute, oder Sir Edwin Lutyens, der in Neu-Delhi das Haus des Vizekönigs als Zentrum der britischen Herrschaft errichtete.

Wo Vergnügen und persönlicher Komfort im Vordergrund standen, konnten sich Paläste als Oasen der Lust entfalten: Zum Beispiel auf den Bergen oberhalb der andalusischen Stadt Granada die Alhambra oder an der Felsenküste Südkaliforniens, wo die Architektin Julia Morgan drei Jahrzehnte mit dem Medienmogul William Randolph Hearst am Bau seines bis heute unvollendeten Herrenhauses arbeitete, das der junge Orson Welles in seinem wunderbaren Film *Citizen Kane* (1941) verewigt hat.

Herausforderungen der Natur

Ein Großteil menschlichen Strebens richtete sich auf die Lösung von Problemen, die sich uns aufgrund der Launen der Geographie stellen. Ein unbequemer Isthmus hier, ein störender Gebirgskamm dort oder Wasserbarrieren, die den Verkehr von Menschen und Waren nicht zulassen – all das erwies sich letztlich als überwindbar, und zwar häufig durch einige der größten und kühnsten technischen Lösungen.

Die Canadian Pacific Railway erschloss einen ganzen Kontinent; der Panamakanal verband Atlantik und Pazifik; und der Suezkanal eröffnete Schiffen, die vorher ganz Afrika umfahren mussten, eine kürzere Route nach Osten. Die Technik dieser Großprojekte bestand manchmal schlicht aus dem Einsatz unzähliger Arbeitskräfte unter oftmals unwirtlichen Klimaverhältnissen; 125 000 Ägypter ließen beim Bau des Suezkanals ihr Leben.

Das Milleniumsrad oder London Eye hat sich bereits als wesentliche Ergänzung der Londoner Skyline etabliert, obwohl es nur als vorübergehende Einrichtung geplant ist.

Große Brückenbauwerke wurden dagegen weniger durch schiere Kraftanwendung ermöglicht als vielmehr durch dramatische Fortschritte im Gebrauch von Materialien wie Eisen und Stahlbeton. Ingenieure lernten anfangs durch Versuch und Irrtum, später jedoch durch Experimente und Weiterentwicklung der Architektonik, diese Baustoffe innovativ einzusetzen. So entstanden Brücken, die mit der gleichen Materialmenge größere Spannweiten erreichen und als dynamische Konstruktionen den Belastungen ihres Eigengewichts, des Verkehrsaufkommens und äußerer Einwirkungen sicher standhalten und sogar Erdbeben und Taifune überstehen konnten wie die Golden Gate Bridge in San Francisco oder die Akashi-Kaikyo-Brücke in Japan.

Einen weniger offensichtlichen, aber nicht minder entscheidenden technischen Fortschritt gab es im Tunnelbau. Eine Schlüsselinnovation des 19. Jahrhunderts war hier das Schildvortriebverfahren, erfunden von dem Ingenieur Marc Brunel. Zum Einsatz kam diese Methode erstmals beim Bau des ersten Themsetunnels, der achtzehn Jahre dauerte. In einer weiterentwickelten Form nutzte man sie später beim Bau des Kanaltunnels und bei Schweizer Alpentunneln.

Manchmal lässt sich die Natur jedoch auch zum Vorteil nutzen. Staudämme können Seen schaffen und Flüsse lassen sich umleiten, um mit Wasserkraft Strom zu erzeugen, die Schifffahrt zu verbessern, Land zu bewässern oder ganze Flusstäler vor unkontrollierten Überschwemmungen zu schützen. Bauwerke wie der Hoover-(Boulder-)Damm im Colorado River oder der chinesische Drei-Schluchten-Damm im Jangtsekiang haben erhebliche Auswirkungen für die Ökonomie und Ökologie ganzer Regionen.

Urbane Wahrzeichen

Was wäre Paris ohne den Eiffelturm und Barcelona ohne seine außergewöhnliche Kathedrale Sagrada Familia? Selbst relativ junge Bauten wie die Oper von Sydney, das Guggenheim-Museum in Bilbao oder die Petronas Türme in Kuala Lumpur konnten sich als urbane Wahrzeichen etablieren und fungieren mittlerweile als internationale Botschafter ihrer Heimatstädte.

Ein solches Wahrzeichen, entworfen von einem Architekten von Weltruf, kann nicht nur ökonomische und kulturelle Vorteile bringen, sondern auch die internationale Wahrnehmung der Stadt erheblich verändern. Ob ein Bauwerk zum Wahrzeichen einer Stadt werden kann, hängt anscheinend unter anderem von einer einprägsamen, im Idealfall einmaligen Silhouette in der Skyline ab sowie von einer zentralen Lage als Fokus der Innenstadtsanierung. Doch wie die tragische Zerstörung des World Trade Center am Morgen des 11. September 2001 zeigt, lassen sich auch Wahrzeichen allzu leicht in einen Trümmerhaufen aus verbogenem Metall und pulverisiertem Beton verwandeln.

Computer und das Zeitalter der Wunder

Neue Baustoffe allein führen noch nicht zu neuen Wunderwerken. Das war nie der Fall. Frühere Pioniere der Ingenieurkunst und Architektur arbeiteten häufig mit durchaus traditionellen, bewährten Materialien wie Stein oder Eisen und später Stahl und Stahlbeton, die sie jedoch auf spektakuläre Weise kombinierten. Heute leben wir in einem Zeitalter, in dem alles technisch machbar ist – auch wenn es seinen Preis hat. Wolkenkratzer lassen sich höher, die Spannweite von Brücken ein bisschen größer und Tunnel ein paar Kilometer länger bauen, aber letztlich gibt es äußerst greifbare Beschränkungen der Kosten, der Bauplanung oder – wahrscheinlicher – des Nutzens.

Interessanter ist vermutlich, wie die Entwicklung der Bautechnik zur Befreiung der Form beigetragen hat. Gehry kann sich in Bilbao – und überall – jede Form ausdenken, die ihm einfällt, und sie mit Hilfe des Computers in realisierbare Bauteile übersetzen. Computer können diese Bauteile sogar mit Strichcodes versehen, um die Montage vor Ort zu beschleunigen, wie man es in Bilbao gemacht hat.

Wird all das zu einem Zeitalter der »Wunder« an Phantasterei und Schrulligkeit führen, vorangetrieben von den Ambitionen der mit neuem Selbstbewusstsein erfüllten Kommunen und Regionen? Die Technologie ist gewiss ebenso leicht verfügbar wie die innovativen Architekten, die ihre Talente in der ganzen Welt einsetzen. Dabei sollte man jedoch nie den zutiefst altmodischen Unterschied vergessen zwischen dem Arbeiter mit der Schubkarre, der sich über die endlose Plackerei beklagt, und seinem Kollegen, der erklärt: »Ja, aber *ich* baue die Kathedrale von Chartres!«

Blick auf die unverwechselbaren Kurven und reflektierenden Flächen des Guggenheim-Museums in Bilbao

Kirchen, Moscheen, Tempel und Schreine

NUR WENIGE DER IN DIESEM BUCH vorgestellten Bauwerke wirken erhebender und inspirierender als die Gebäude, die eigens zu diesem Zweck errichtet wurden. Sei es hoch oben in den ostfranzösischen Vogesen die Wallfahrtskirche Ronchamp, entworfen von dem französisch-schweizerischen Architekten Le Corbusier, oder in der türkischen Stadt Edirne die Selimiye-Moschee, das Meisterwerk des osmanischen Baumeisters Sinan – beide zeugen von einer erlesenen Architektur. Das geschwungene Dach der kleinen Wallfahrtskirche Ronchamp scheint über den massigen Mauern zu schweben, deren Buntglasfenster in ihrer Lichtwirkung an die um Jahrhunderte älteren großartigen Fenster der Kathedrale von Chartres erinnern. Auch der exquisite Byodo-in-Tempel bei Kyoto verkörpert mit seinem eleganten Holzdach und der Stabilität seiner Konstruktion Jahrhunderte des Tempelbaus in dieser Region.

Für den Bau solcher Monumente des Glaubens oder der Andacht gibt es sicher recht unterschiedliche Motive. Der englische König Heinrich VI. hinterließ in seinem Testament genaue Anweisungen für den Bau einer schlichten, schmucklosen Kapelle, doch sein späterer Nachfolger, Heinrich VIII., sah in der Fertigstellung der King's College Chapel eine Gelegenheit zu kunstvoller Prachtentfaltung und dynastischer Propaganda. Im Markusdom in Venedig vermitteln Marmor und Mosaike an allen Wänden und Decken sowie

Notre-Dame-du-Haut, Ronchamp: Die geschwungenen Mauern schaffen Räume von großer plastischer Ausdruckskraft und bilden zugleich das Tragwerk der Kirche.

Blick in die Kuppel des Panthéon, Paris: Soufflot leitete das erhebliche Gewicht der Kuppel über ein ausgeklügeltes System von Bögen und Pendentifs auf die Stützen ab, die sich jedoch als zu schwach erwiesen und später verstärkt werden mussten.

wie das Taj Mahal in Agra, das Mausoleum, das Shah Jahan für seine Lieblingsfrau Mumtaz-i-Mahal baute, ließen sich innerhalb eines Lebens errichten, größere Vorhaben brauchten dagegen mehrere Spender und Baumeister in Folge. Am Petersdom waren nacheinander Bramante, Raffael, Michelangelo, Maderno und Bernini beteiligt und die Kathedrale von Chartres lässt die Handschrift von mindestens neun Baumeistern mit jeweils eigenen Handwerkern erkennen, obwohl sie eine Bauzeit von nur 30 Jahren hatte. In jüngerer Zeit entstand in Barcelona die Kathedrale Sagrada Familia, der Antoni Gaudí einen Großteil seines Lebens widmete. Getrieben von einer einzigartigen, hingebungsvollen Vision wollte dieser bemerkenswerte katalanische Architekt in dem bis heute unvollendeten Bauwerk seine ureigene, absolut originelle Form organischer Architektur verwirklichen.

Rein funktionell ist Kirchen und Moscheen gemeinsam, dass sie einen großen Innenraum überspannen. Mit Einfallsreichtum und beträchtlichen Mühen schufen die Baumeister immer größere und höhere Innenräume mit einem Minimum an störenden Stützmauern. Die Hagia Sophia in Istanbul erzielt durch die geometrischen Übergangselemente zwischen der runden Kuppel und ihren quadratisch angeordneten Stützpfeilern eine atemraubende Leichtigkeit. Wrens St Paul's Cathedral in London und Soufflots Panthéon in Paris kombinieren den traditionellen Kreuzkuppelbau mit einem Langschiff. Da Soufflot das tragende Mauerwerk für seine Kuppel leider zu schwach auslegte, musste es später verstärkt werden.

Nur selten scheint die Frömmigkeit des Architekten eine Rolle zu spielen. Ebenso wie erklärte Ungläubige in der Musik große Sakralwerke komponieren konnten – Brahms oder Verdi mit ihren Requiems –, so wurden auch viele der eindrucksvollsten Sakralbauten von Baumeistern geschaffen, die nach eigenem Bekunden an nichts glaubten als an ihre Fähigkeit, für andere erhebende Räume zu schaffen. Die Kraft dieser Bauten erwächst aus der Qualität ihrer Baukunst und der Tatsache, dass sie mühelos über Jahrhunderte hinweg etwas verkörpern, was Madame de Staël einmal als »Abbild der Unendlichkeit« bezeichnete.

die Beuteschätze aus Konstantinopel einen nachhaltigen Eindruck vom Stolz dieses reichen, mächtigen Stadtstaates. In dem ebenso erfolgreichen und selbstbewussten Stadtstaat Pisa gaben die Stadtväter einen Dom mit Glockenturm in Auftrag – ein Bauwerk, das ein Juwel mittelalterlicher Baukunst darstellt, auch ohne die Schräglage des Schiefen Turms, der inzwischen dank internationaler Anstrengungen stabilisiert wurde.

Hinter vielen dieser Bauten standen die Macht, die Inspiration und häufig auch die Gelder starker Persönlichkeiten, seien es kirchliche oder weltliche Fürsten. So förderte Papst Leo X. zur Finanzierung des Petersdoms in Rom den Verkauf von Ablässen, was Martin Luther zu seinem Protest in Wittenberg veranlasste, der zur Reformation führte. Andere Förderer zeigten ihr Engagement für ein Bauprojekt durch Gesten, wie König Rajaraja I., der persönlich auf seinen Tempel in Thanjavur stieg, um einen Kupferkessel als Turmspitze aufzusetzen.

Nicht immer lebten diese Gönner lange genug, um die Vollendung ihrer Kirche, Moschee oder ihres Tempels zu erleben. Formvollendete Bauten

Hagia Sophia

Bauzeit: 532–537   Ort: Istanbul, Türkei

Gelobt sei Gott, der mich für würdig befunden hat, ein solches Werk zu schaffen:
Ich habe dich besiegt, Salomon.

JUSTINIAN ZUGESCHRIEBENE ÄUSSERUNG BEI DER EINWEIHUNG DER HAGIA SOPHIA 537

DIE HAGIA SOPHIA ist einer der größten Kuppelbauten der Welt. Schon die äußere Silhouette lässt den imposanten Innenraum erahnen, wahrhaft zu würdigen sind die visuelle Kraft und gelungene Wirkung der Kuppel mit ihrem Durchmesser von 31 Metern jedoch nur von innen. Die Kirche Hagia Sophia – »Heilige Weisheit« – wurde in nur sechs Jahren zwischen 532 und 537 erbaut und ausgestattet. Mit ihrer Pracht und ihrem baulichen Raffinement straft sie jede Behauptung Lügen, die frühchristliche Architektur habe sich an der Schwelle zum Mittelalter im Niedergang befunden.

Ursprünge

Die Hagia Sophia entstand als dritte Kirche an dieser Stelle. Vor ihr befand sich dort die erste große Basilika von Konstantinopel, erbaut Mitte des 4. Jahrhunderts im Zentrum der neuen Hauptstadt und 360 vom römischen Kaiser Konstantin

Blick auf die Südseite der Hagia Sohpia. Die Strebepfeiler zu beiden Seiten der Kuppel wurden nachträglich verstärkt, um die Schubkräfte aufzufangen. Die Minarette entstanden erst nach 1453.

dem Großen geweiht. Sie lag in unmittelbarer Nähe des byzantinischen Kaiserpalastes und des Hippodroms, der Arena für Wagenrennen und andere populäre Unterhaltungen. Im Zuge politischer und religiöser Unruhen brannte diese erste Kirche 404 nieder. Nach ihrem Wiederaufbau wurde sie 415 neu geweiht. Im 6. Jahrhundert rückte sie als Symbol kaiserlicher Macht erneut in den Mittelpunkt von Unruhen und ging im Januar 532 in Flammen auf. Die neue (dritte) Kirche mit ihrer riesigen Kuppel errichteten die Baumeister Anthemios von Tralles und Isidoros von Milet (der Legende nach mit Hilfe von 10 000 Handwerkern) im Auftrag des byzantinischen Kaisers Justinian (527–565), der sie am 27. Dezember 537 weihte.

Die zu Anfang des 6. Jahrhunderts erbaute kleinere Sergios- und Bakchos-Kirche in Konstantinopel lässt vermuten, dass sich hier dieselben Architekten im Auftrag Justinians am Kuppelbau versuchten. Diese Kirche mit achteckigem Grundriss hat mit der Hagia Sophia eine unendliche Formenvielfalt in der Gestaltung und Ausstattung des Innenraums gemeinsam, die sich leider hinter einem wenig ausdrucksvollen, schwerfälligen Äußeren verbirgt.

Die Konstruktion der Hagia Sophia beruht auf einem Gleichgewicht gegensätzlicher Kräfte: Dem Schub der Kuppel wirken im Westen und Osten Halbkuppeln und im Norden und Süden Strebepfeiler entgegen.

Konzeption und Planung

Als Justinian seinen Baumeistern den Auftrag zum Bau der Hagia Sophia erteilte, war ihnen durchaus klar, dass es sich hier um eine Kirche neuen Stils in der frühchristlichen Welt handelte. Der Legende nach gab ein Engel Justinian den Entwurf ein. Dessen Komplexität zeugt von einem außergewöhnlichen architektonischen Vertrauen auf einen großen Maßstab, der präzise Messungen und technische Kühnheit erforderte. Anthemios und Isidoros sollten einen Sakralraum bauen, wie er bis dahin in keiner anderen Kirche zu finden war und der sich für die byzantinische Liturgiefeier ebenso eignete wie für pompöse staatliche Feiern.

Zu den liturgischen Ritualen gehörten neben Bibellesungen und einer Predigt auch Prozessionen, bei denen Brot und Wein von der Gemeinde zum östlichen Altarraum getragen wurden, um in der Eucharistiefeier geweiht zu werden. Diesen liturgischen Höhepunkt zelebrierte der Patriarch am silbernen Altar, der mit Silber, Gold und Edelsteinen geschmückt war und nur dem Klerus und dem Kaiser als Vertreter Christi auf Erden zugänglich war.

Mit großer Detailgenauigkeit gliederten die Architekten den Marmorboden durch Streifen (»Flüsse«), die dem Klerus die Durchführung der Zeremonie erleichterten. Diese durchaus zweckmäßige Architektur bot den Gläubigen zugleich ein umfassendes Licht- und Raumerlebnis, vor allem unter der Zentralkuppel, die in der Exegese der byzantinischen Theologie sehr bald als Symbol des Himmels galt.

Sämtliche Deckengewölbe und Wände oberhalb der Gläubigen waren mit Mosaiken bedeckt. Im 6. Jahrhundert beschränkten sich die Darstellungen auf unzählige goldene Kreuze und nicht figürliche Ornamente; erst ab dem 9. Jahrhundert kamen nach und nach, gefördert von den jeweiligen Kaisern, figürliche Darstellungen hinzu wie die Jungfrau mit Kind zwischen den Erzengeln in der Apsis, Christus in der Kuppel sowie Kaiserporträts und Bilder der Hauptheiligen, die mit der Hagia Sophia in Verbindung gebracht wurden. Da die Kirche mit der Zeit auch verschiedene christliche Reliquien erhielt und zur Schau stellte, unter anderem ein Stück vom Kreuz Christi, wurde sie zunehmend nicht nur für große Gottesdienste, sondern auch für private Gebete genutzt. Man betrat die Kirche durch ein Atrium von

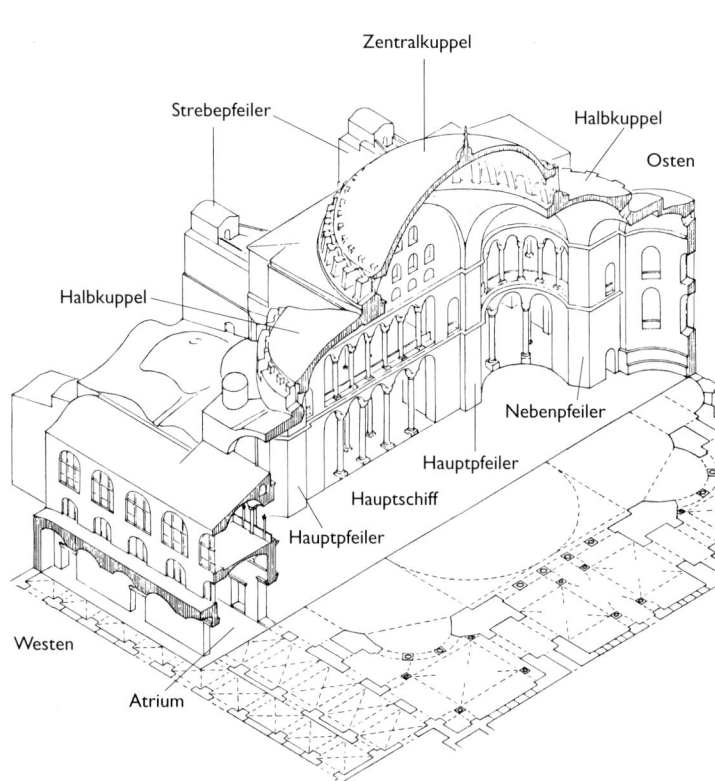

Zentralkuppel

Strebepfeiler

Halbkuppel

Osten

Halbkuppel

Nebenpfeiler

Hauptpfeiler

Hauptschiff

Hauptpfeiler

Westen

Atrium

Blick nach Osten ins Innere der Hagia Sophia und den Chor der ehemals christlichen Kirche, deren Wandflächen fast alle mit Marmor verkleidet oder mit Glasmosaiken geschmückt sind oder waren. Der Fensterkranz an der Basis der Kuppel verleiht ihr etwas Schwereloses.

Westen. Ein zweites monumentales Portal befand sich an der Südwestseite neben dem Palast des Patriarchen, der Ende des 6. Jahrhunderts in der Nähe des Baptisteriums an die Kirche angebaut wurde. Vom Narthex gibt es neun Türen ins Kircheninnere, wo Aufgänge in den vier Gebäudeecken zu den Galerien an der Nord-, West- und Südseite führen.

Bau

Die Hagia Sophia war die größte Kirche, die in der frühchristlichen Welt gebaut wurde; am besten kommen ihre Dimensionen in der Morgendämmerung bei flackerndem Kerzenlicht während der Liturgiefeier zur Geltung. Procopios, der kurz nach der Weihe der Kirche 537 die offizielle Huldigung an Justinian schrieb, schildert die Verblüffung, die Besucher seit jeher empfunden haben: Was hält die Kuppel mitten in der Luft?

Die Antwort lautet, dass die tragende Konstruktion verborgen ist. Besucher sehen die zentrale Kuppel mit stützenden Halbkuppeln im Osten und Westen und bewundern die Sonnenstrahlen, die durch die Fenster in die Kirche fallen. Sie sehen die Marmorkolonnaden (mit farbigem Marmor aus verschiedenen Steinbrüchen im Mittelmeerraum), die Verkleidungen aus gemasertem Marmor (häufig spiegelsymmetrisch zusammengesetzt, sodass die Maserung geheimnisvolle Formen im Stein vermuten lässt) und die tief profilierten Marmorkapitelle, Zwickel und Karniese (der weiße Marmor stammt aus Stein-

Die farbigen Marmorsäulen und weißen Marmorkapitelle der Hagia Sophia weisen eine erlesene Maserung und kunstvoll gemeißelte Ornamente auf.

Spätere Geschichte

Die Hagia Sophia blieb die größte Kirche des Byzantinischen Reiches und das zentrale Baudenkmal der orthodoxen Christenheit. Bis 1453 war sie – abgesehen von einer kurzen Periode zwischen 1204 bis 1261, als sie Kathedrale des Lateinischen Kaiserreiches war – Sitz des Patriarchen von Konstantinopel und Hauptkirche des Byzantinischen Kaiserreiches.

Seit ihrem Bau erfuhr Justinians Kirche einige Veränderungen: Nach ihrem Einsturz 558 wurde die Kuppel (durch Isidoros den Jüngeren) wieder aufgebaut und um 7 Meter erhöht, was ihr die bis heute erhaltene Silhouette verlieh und den gefährlichen Seitenschub der ersten, niedrigeren Kuppel behob. Nach einem Erdbeben 869 wurden vermutlich die Nord- und Südtympana des Mittelschiffes wieder aufgebaut. Nach einem weiteren Erdbeben 989 erneuerte der armenische Architekt Trdat den westlichen Hauptbogen, die Halbkuppel und Teile der Kuppel. 1317 kamen Strebepfeiler an der Nord- und Ostseite hinzu und nach dem Erdbeben von 1346 wurden der Ostbogen, die Halbkuppel und Teile der Kuppel erneuert.

Die Stadt Konstantinopel fiel 1453 an die Osmanen, deren Truppen während der letzten Messe, die je in dieser Kirche gehalten wurde, einfielen. Die Hagia Sophia wurde in eine Moschee umgewandelt und erhielt bald vier Minarette und weitere muslimische Ergänzungen: Aus der Apsis wurde eine nach Mekka ausgerichtete Gebetsnische, der *Mihrab,* flankiert rechts vom *Mimbar,* der Predigtkanzel, und links von der Sultansloge; die Pfeiler wurden mit riesigen Rundtafeln mit arabischen Inschriften versehen. Die Süleymaniye Cami (1550–1557) des Architekten Sinan kopiert auf beeindruckende Weise die Architektur der Hagia Sophia und entwickelt sie weiter. Die letzte große Restaurierung an der Hagia Sophia führten die Schweizer Architekten Gaspare und Giuseppe Fossati 1847 bis 1849 durch, die einen bemerkenswerten Beitrag zur Konsolidierung und Renovierung leisteten. Seit 1931 dient das Bauwerk als Museum.

brüchen der Insel Marmara im Marmarameer). Kaum auffallen werden Besuchern dagegen Kalkstein, heimischer grüner Granit, Backstein, Mörtel und Blei- und Eisenklammern, die das Tragwerk unter all diesen Verkleidungen bilden; ebenso wenig bemerken sie vielleicht die Zugbalken zwischen den Säulen und Gewölben, die wesentlich zur Stabilisierung des Tragwerks gegen die Schubkräfte beitragen. Die Kombination aus Marmorsäulen und Backsteingewölben stammt aus der römischen Betonarchitektur in Italien, aber die Auswahl der Materialien war von den örtlichen Bautraditionen im römischen Kleinasien bestimmt.

Technische Daten

Basilika	78 x 72 m
Kuppel:	
Durchmesser	31 m
Höhe	62 m
Materialien	Naturstein, Backstein, Mörtel, Eisen und Holz für Zugbalken und -anker

Der Tempel in Thanjavur

2

Bauzeit: ca. 995–1010   Ort: Thanjavur (Tanjore), Südindien

Am 275. Tag des 25. Jahres [seiner Regierungszeit = 1010] stiftete
König Shri Rajarajadeva einen Kupferkessel für die kupferne Turmspitze
des heiligen Schreins des Gottes Shri Rajarajeshvara.
INSCHRIFT IM BRIHADISHVARA-TEMPEL

DER VON RAJARAJA I. in Thanjavur erbaute Shiva-Tempel zählt zu den großartigsten hinduistischen Baudenkmälern Asiens, und zwar nicht nur aufgrund seiner Kolossalgröße, sondern auch wegen seiner vollkommenen Bautechnik und seiner klaren architektonischen Konzeption. Über den Auftraggeber dieses Tempels und die Umstände seiner Erbauung wissen wir sehr viel aus den ausführlichen Inschriften im Sockelfries. Nachdem der Tempel mehrfach aufgegeben und umgebaut wurde, dient er heute wieder als Gebetsstätte.

Rajaraja (Regierungszeit 985–1014) war der erste König der Chola-Dynastie, der Thanjavur (britisch: Tanjore) zur Hauptstadt seines rasch wachsenden Reiches machte. Von dieser Stadt aus, strategisch günstig am Deltabeginn des Cauvery gelegen, der durch das Siedlungsgebiet der

Blick auf den Tempel in Thanjavur mit dem steilen Pyramidenturm über dem Heiligtum der Lingam-Statue; im Vordergrund der offene Pavillon für den Nandi-Stier.

Tamilen fließt, unternahm Rajaraja militärische Vorstöße in ganz Südindien bis hin nach Orissa und Sri Lanka; seine Gesandten sollen sogar bis nach Sumatra gekommen sein.

Aus den Inschriften im Sockelbereich geht hervor, dass Rajaraja großes Interesse am Bau dieses Tempels hatte und persönlich bei seiner Fertigstellung die Turmspitze aufsetzte. Gemeinsam mit seinen Königinnen stiftete er mehrere Bildtafeln aus Gold und Silber. In den Inschriften sind auch gut 600 Tempeldiener mit ihren Löhnen angeführt. Unter ihnen waren Tanzmeister, Tänzerinnen, Sänger und Musikanten, Muschelbläser, Baldachinträger, Lampenanzünder, Töpfer, Wäscher, Astrologen, Schneider, Zimmerleute und Gärtner. Auch wenn der Tempel zur Verherrlichung seines königlichen Stifters errichtet

wurde, war er offiziell Shiva unter dem Namen Rajarajeshvara geweiht, später umbenannt in Brihadishvara. Wie in Shiva-Heiligtümern üblich wurde der Gott auch hier durch einen Phallus oder Lingam symbolisiert, eine gut vier Meter hohe Skulptur aus geschliffenem Basalt.

Bau

Der Brihadishvara-Tempel stellt den Höhepunkt südindischen Tempelbaus dar. Er steht in der Mitte eines großen, rechteckigen Hofes, der von Kolonnaden mit kleinen Schreinen umgeben ist. Diesen Hof betritt man in der Mitte der Ostseite durch ein rechteckiges Torhaus mit Tonnengewölbe. Etwas vorgelagert ist ein freistehendes Torhaus, das höher und breiter, aber ansonsten gleichartig ist.

Der eigentliche Tempel umfasst ein quadratisches Heiligtum mit dem Lingam, umgeben von einem zweigeschossigen Umgang, den man über eine schmale Vorhalle mit transversal angeordneten Eingängen und vorgelagerten Treppen an der Nord- und Südseite erreicht. Zwei geräumige Säulenhallen schließen sich im Osten an die Vorhalle an. Die Außenmauern ruhen auf einem doppelten Sockelgesims, das oben von einem Tierfries abgeschlossen wird. Darüber folgen zwei Mauergeschosse mit vorgelagerten Pilastern und vorkragenden, gewölbten Traufsteinen. Statuen von Hindu-Gottheiten stehen in den tiefen Nischen der Mauervorsprünge, und die flacheren Rücksprünge zwischen ihnen zieren als Relief ausgeführte Pilaster in Töpfen. Der Pyramidenturm, der sich darüber erhebt, hat 13 stetig niedriger werdende Stockwerke, jeweils mit gewölbten oder kuppelartigen Zierdächern versehen, wie es für südindische Tempel typisch ist. Den Abschluss bildet ein halbkugelförmiges Kuppeldach mit dem von Rajaraja persönlich aufgesetzten Kupferkessel als Spitze.

Der Tempel besteht vollständig aus Granitblöcken in Trockenbauweise ohne Mörtel. Beim Tempelturm sind die Granitblöcke abgetreppt so aufeinander gesetzt, dass sie Schicht für Schicht weiter nach innen vorkragen, bis die verbleibende Deckenöffnung vom Kuppeldach geschlossen wird. Obwohl der Turm hohl ist, hat sein Bau ungeheure Mengen an Stein verschlungen, schätzungsweise 17 000 Kubikmeter. Da es in der näheren Umgebung keinen Granit gab, mussten grob behauene Blöcke von einem etwa 45 Kilometer flussaufwärts gelegenen Steinbruch nach Thanjavur geschafft werden. Wissenschaftler

Blick auf die Fassade des Säulenumgangs, in dem sich das Lingam-Heiligtum befindet: Den mit Inschriften versehenen Sockel schließt ein Tierfries ab. Steinstatuen füllen die Wandnischen darüber.

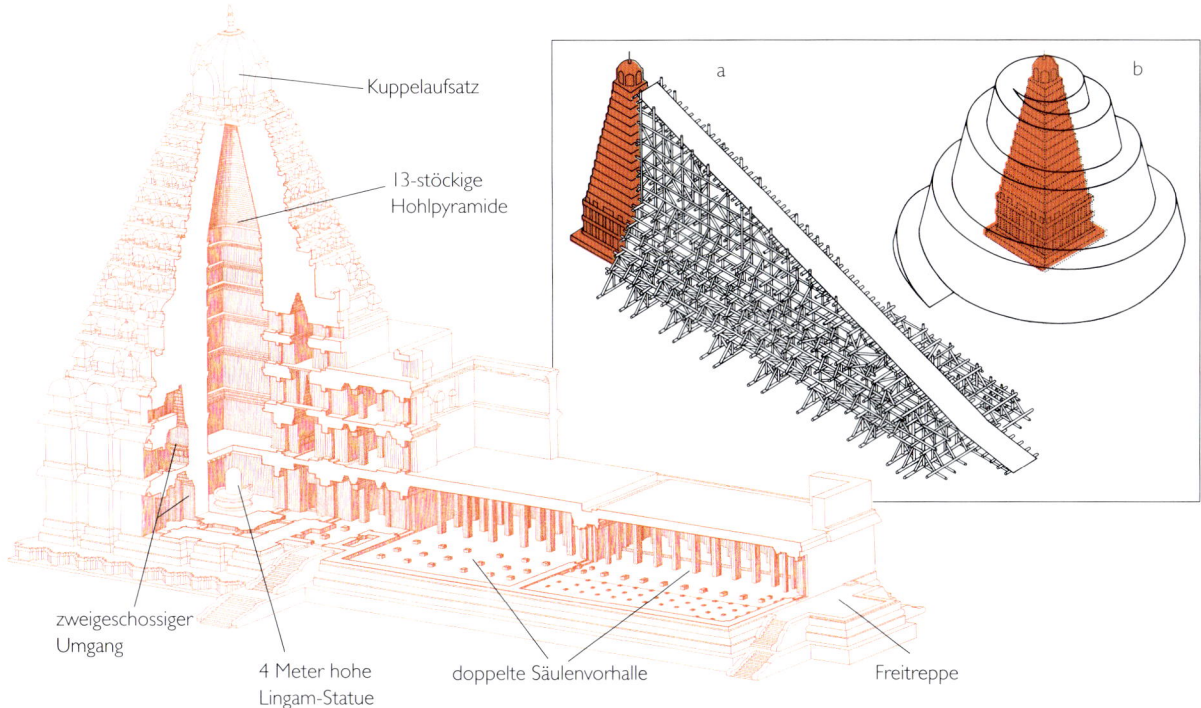

Kuppelaufsatz

13-stöckige
Hohlpyramide

zweigeschossiger
Umgang

4 Meter hohe
Lingam-Statue

doppelte Säulenvorhalle

Freitreppe

a

b

Links: **Der isometrische Querschnitt zeigt das Innere des Turms, das Lingam-Heiligtum mit seinem zweigeschossigen Umgang und die Vorhallen.**

Rechts: **Zwei mögliche Methoden, Steinblöcke bis zur Turmspitze zu transportieren:**
a) Rampe auf einem Bambusgerüst;
b) spiralförmige Erdrampe.

haben Vermutungen angestellt, wie die Hausteine wohl in die oberen Stockwerke des Tempelturms befördert wurden. Etwa 6 Kilometer von Thanjavur entfernt gibt es ein Dorf namens Sarapallam, Tal des Gerüstes. Man nimmt an, dass hier eine Rampe anfing, die von einem Bambusgerüst getragen wurde und bis zur Spitze des Tempelturms führte. Nach einer anderen Theorie wand sich eine spiralförmige Erdrampe um den Turm, auf der die Hausteine hochgeschleppt wurden. Welche Methode die Cholas auch benutzt haben mögen, der Turm zeugt noch heute von ihren virtuosen Bautechniken.

Spätere Ergänzungen
Als die Marathas von Thanjavur den Tempel im 18. und 19. Jahrhundert renovieren ließen, wurden die Granitblöcke des Turms verputzt und mit Stuckornamenten versehen. Bereits im 17. Jahrhundert hatten die Nayakas die große Vorhalle des Tempels und den frei stehenden Pavillon mit der Kolossalstatue Nandis erbaut, des Stiers, auf dem Shiva reitet. Von ihnen stammt auch der aufwendig gearbeitete Subrahmanya-Tempel und

der Göttinnen-Schrein, die zum Tempelkomplex gehören. Diese Erweiterungen zeugen von der Bedeutung, die dem Brihadishvara-Tempel als Königsdenkmal auch nach der Chola-Dynastie noch beigemessen wurde. Die größte Leistung vollbrachten jedoch Rajaraja und sein Baumeister.

Technische Daten

Tempelturm	Grundfläche: 25 x 25 m
	Höhe: 60 m
Kuppel	7 m Durchmesser
	7 m Höhe
Tempelhof	241 x 121 m
Materialien	Trockenmauerwerk aus Granitquadern
Dekoration	farbig verputzter Granit
Renovierungen	im 17. und 19. Jahrhundert

Der Byodo-in-Tempel

Erbaut: 1053   Ort: Kyoto, Japan

Wenn du zweifelst, ob es ein Paradies gibt, bete vor dem hellen Tempel in Uji.
JAPANISCHER KINDERVERS, 12. JAHRHUNDERT

SEIT FAST 1000 JAHREN steht der Byodo-in-Tempel inmitten von Bäumen an einem kleinen See. Trotz seiner frühen Entstehung ist er ein perfektes Beispiel für einen ausgereiften Baustil. Da er nicht aus Stein gebaut ist, sondern aus Holz, somit anfällig gegen Verrottung und Feuer und zudem in einem Land steht, in dem es Erdbeben und früher politische Unruhen gab, kommt es einem kleinen Wunder gleich, dass er mehr oder weniger in seiner ursprünglichen Form bis heute erhalten ist.

Die Form des Tempels stammt aus China und kam im 6. Jahrhundert mit dem Buddhismus nach Japan. Die Japaner übernahmen das Grundmodell, entwickelten es aber in einer bis heute fortgesetzten Bautradition von beispielloser Ausdruckskraft weiter.

Der Byodo-in-Tempel liegt malerisch an einer alten Landstraße von Kyoto nach Nara in der Nähe des turbulenten Flusses Uji-gawa. Hier bauten Adelsfamilien aus Kyoto ihre Villen; 1053 wandelte der Regent Fujiwara-no-Yorimichi die Villa seines Vaters in ein Kloster um und ließ einen Gebäudekomplex zur Verehrung des Buddha Amida bauen, von dem nur noch der Byodo-in-Tempel erhalten ist.

Der Baustil unterscheidet sich erheblich vom europäischen Fachwerkbau: Die Betonung liegt auf den geschwungenen Dächern, deren kühne Überstände neben ihrer Schönheit den prak-

tischen Zweck erfüllen, das Tragwerk in einem niederschlagreichen Land vor Feuchtigkeit zu schützen. In der Konstruktion des Tragwerks wird völlig auf Verstrebungen verzichtet, die beim europäischen Fachwerk ein grundlegendes Element der Stabilität darstellen. Dachstuhl und Ständer sind hier durch komplexe Holzverbindungen verknüpft, die hohen Zugkräften standhalten. So steht das Gebäude wie ein Tisch mit vielen Beinen und konnte dank des leicht flexiblen Rahmens selbst regelmäßig wiederkehrende Erdbeben überdauern.

Im Grundriss besteht der Tempel aus einer Halle im Zentrum, dem Hoodo oder Phönixsaal, an den sich an zwei gegenüberliegenden Seiten erhöhte Galerien anschließen, die an den Enden L-förmig zum See hin abknicken. Die Form erinnert an einen Vogel mit ausgebreiteten Schwingen, ein Eindruck, der von der Leichtigkeit der Konstruktion und der Seelage unterstützt wird.

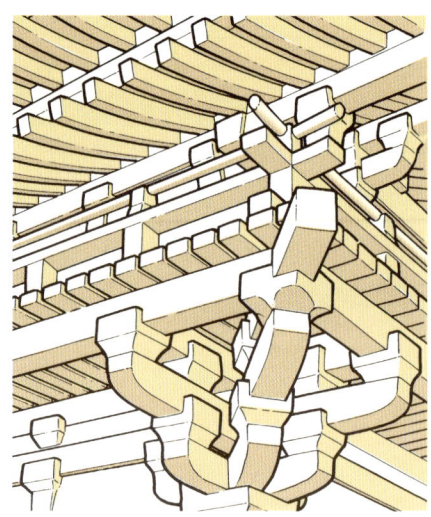

Die japanische Tradition des Holzständerbaus unterscheidet sich vom europäischen Fachwerk: Ein komplex verfugtes System aus Ständern und Balkenwerk verleiht dem Gebäude eine gewisse Flexibilität, was nicht nur von außerordentlicher Schönheit, sondern in einem Erdbebengebiet zudem überaus nützlich ist.

Technische Daten

Gesamtbreite	48 m
Zahl der Geschosse	2
Höhe der Buddhastatue	3 m

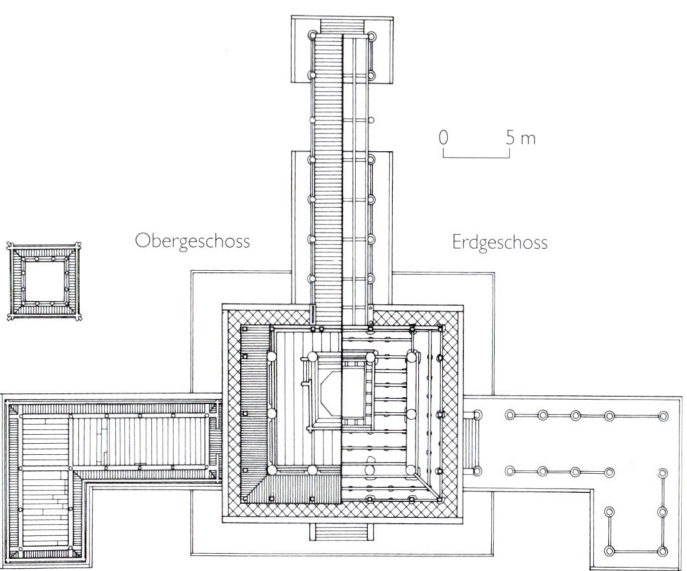

Die beiden Phönixfiguren aus Bronze auf dem Hoodo-First (Kopien der Originale) versinnbildlichen die im Buddhismus zentrale Vorstellung von Tod und Reinkarnation.

Dieser aufwendige Bau dient als prunkvoller Rahmen für eine große, holzgeschnitzte Buddhastatue, die Yorimichi bei dem berühmten Bildhauer Jocho in Auftrag gab. Die fast 3 Meter hohe Figur gilt als Meisterwerk des Künstlers.

Altes Holz verleiht Räumen durch die elementare Textur des organischen Materials einen ganz eigenen Charakter. Angesichts des Alters dieses Gebäudes kann man wohl kaum erwarten, dass noch sämtliche Bauteile original sind. Allerdings wurde es einfühlsam erhalten und besitzt die Patina des Alters. Der Tempel ist einer der wenigen Holzbauten, die zum Weltkulturerbe gehören.

Oben: Der Tempel mit seinen beiden Phönixfiguren auf dem First spiegelt sich im Wasser des Sees, der ebenso wie die Gartenanlage ein wesentliches Element des Tempelkomplexes ist.

Obergeschoss   Erdgeschoss

0   5 m

Unten: Grundriss des Byodo-in-Tempels: Die Haupthalle mit der Buddhastatue ist symmetrisch flankiert von zwei L-förmigen Gängen.

29

Der Markusdom

Erbaut: 1063–1071   Ort: Venedig, Italien

… eine Vielzahl von Säulen und weißen Kuppeln, gedrängt zu einer langen, flachen Pyramide bunten Lichts; ein Schatzhaufen, so scheint es, aus Gold, Opal und Perlmutt, von unten ausgehöhlt zu fünf überwölbten Portalen.

JOHN RUSKIN, 1851–1853

Markusdom, West-fassade zur Piazza. Während der Bau-körper noch aus dem 11. Jahrhundert stammt, wurden große Teile der De-koration erst spä-ter hinzugefügt, wie die an Spitze erin-nernden gotischen Steinornamente.

VENEDIG WURDE 813 inmitten seiner Lagunen als sicherer Hafen gegründet. Die Reliquien des Evangelisten Markus, aus Frömmigkeit der Stadt Alexandria in Ägypten geraubt, kamen 828 in die Stadt. Ein Brand zerstörte 976 die ihm geweihte Kirche. Der Bau des heutigen Markusdoms neben dem Dogenpalast begann 1063; geweiht wurde er 1094.

San Marco ist und war durchgängig ein ein-maliges Bauwerk in Westeuropa, teils wegen sei-ner Architektur, teils wegen seiner ungewöhn-lich reichen Ausstattung mit Mosaiken. Beides ist der Tatsache zu verdanken, dass Venedig als Handels- und Seemacht den Blick nicht nach Westen, sondern gen Osten nach Konstantinopel wandte. Von dort stammten die Anlage der Kirche und vielleicht auch ihr Architekt. Sie orientierte sich an der wesentlich älteren Apos-telkirche Justinians in Konstantinopel, die nach der Eroberung durch die Türken zerstört wurde.

Ebenso wie diese Kaiserkirche besitzt auch San Marco einen Grundriss in Form eines griechischen Kreuzes: Vier gleich lange Arme bilden Mittelschiff, Querschiff und Chor und sind ebenso wie die Vierung überkuppelt. Der Chor mündet in einer Apsis und Mittel- und Querschiff sind von Seitenschiffen flankiert. Ursprünglich befanden sich über den eingeschossigen Seitenschiffen Galerien, die jedoch später entfernt wurden; heute reicht daher der gesamte Innenraum über zwei Geschosshöhen, durchbrochen von schmalen, von Balustraden begrenzten Gängen auf den Arkaden. Das Ergebnis sind komplex verflochtene Räume mit geheimnisvollen Ausblicken zwischen Marmorsäulen.

Die eingeschossige Vorhalle setzt sich an der Nord- und Südseite des Westarmes fort und ist mit kleineren Kuppeln versehen. Die Mosaiken in diesen Kuppeln sind in konzentrischen Kreisen angeordnet und schildern fortlaufende Geschichten.

Da sie klein und nah genug sind, um sie deutlich zu erkennen, gehören sie zu den faszinierendsten Werken der Kirche. So zeugt die

Darstellung zur Erschaffung der Fische und Vögel von einer ungewöhnlich reichen Fantasie. Besucher betreten den eigentlichen Innenraum der Kirche durch diesen Narthex.

Oben: In der Halbkuppel über dem nördlichsten Portal der Westfassade (ganz links im Bild S. 30) befindet sich das einzige Mosaik der Fassade, das noch aus dem Mittelalter stammt. Es zeigt die Westfassade in ihrer ursprünglichen Form.

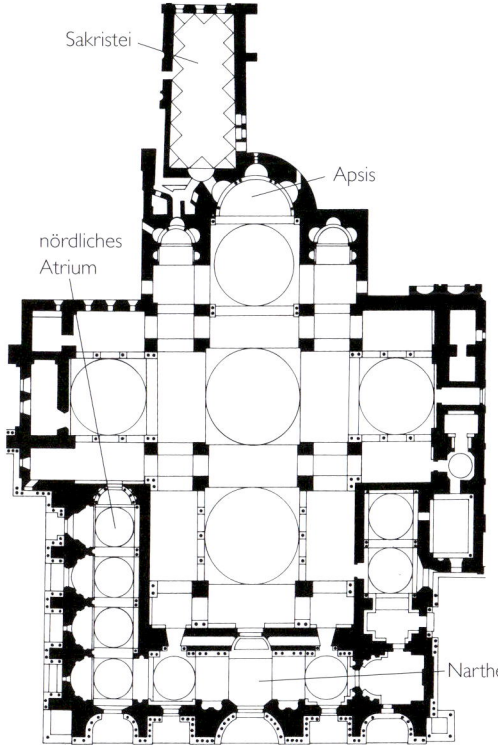

Sakristei

Apsis

nördliches Atrium

Narthex

Unten: Der Grundriss des Markusdoms hat die Form eines griechischen Kreuzes mit Kuppeln über den vier Kreuzarmen und der Vierung; die (ebenfalls überkuppelte) Vorhalle setzt sich an der Nord- und Südseite des westlichen Kreuzarmes fort.

Bau

Der Markusdom ist ein Backsteinbau (deutlich zu erkennen in der unverputzten Krypta), allerdings vollständig mit kostbarem Marmor oder Mosaiken verkleidet, die einen Gesamteindruck von überwältigendem Reichtum vermitteln. Bautechnisch war diese Kirche keineswegs innovativ und versuchte nicht, an Größe oder Kühnheit der Hagia Sophia in Konstantinopel heranzureichen (s. S. 21). Das wäre allein schon wegen des instabilen Untergrunds Venedigs unmöglich gewesen, der trotz unzähliger Gründungspfähle für die Bauten gefährlich ist, wie der inzwischen unebene Boden der Kirche zeigt.

San Marco wurde im Wesentlichen in der Form, wie wir den Dom noch heute sehen, 1071 fertig gestellt. Die Westfassade präsentiert sich mit fünf tiefen, marmorverkleideten Portalen, deren Halbkuppeln mit Mosaiken geschmückt sind. Sie werden in den darüber liegenden größeren Lünetten aufgegriffen, die bis auf die mittlere – heute verglaste – ebenfalls Mosaike aufweisen, verziert mit einem Kranz spätgotischer Ornamente, die John Ruskin mit der Gischt des Meeres verglich.

Ausstattung

So wunderbar der Markusdom auch ist, er stellt wesentlich mehr dar als ein prachtvolles Bauwerk. Über 1000 Jahre hinweg haben sich hier Kunstwerke angesammelt. Manche, wie die Marmordekoration und die Mosaiken, sind fester Bestandteil des Gebäudes, andere wie die Pala d'Oro (Goldaltar) und die Bronzepferde, sind Spo-

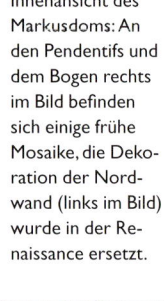

Innenansicht des Markusdoms: An den Pendentifs und dem Bogen rechts im Bild befinden sich einige frühe Mosaike, die Dekoration der Nordwand (links im Bild) wurde in der Renaissance ersetzt.

lien, die manchmal unter moralisch fragwürdigen Umständen erbeutet wurden.

Die byzantinischen Mosaike stammen von italienischen Handwerkern, die einer im 6. Jahrhundert in Ravenna entstandenen Tradition verbunden waren. Inhaltlich behandeln sie die gesamte christliche Lehre, von der Schöpfung bis zum Ende der Welt. Die Arbeit an den Mosaiken begann unmittelbar nach Fertigstellung der Kirche und dauerte bis ins 13. Jahrhundert. Für die Marmorverkleidung der Wände im Erdgeschoss verwendete man großenteils Material, das von antiken römischen Stätten auf dem Festland geraubt wurde. Im Boden verraten runde Marmorplatten in Rot und Grün, dass für das Fliesenmuster antike Säulen aufgeschnitten wurden.

Durch das Hauptportal treten Besucher in die Vorhalle, deren Kuppelmosaike verschiedene Themen des Alten Testaments zeigen: die Schöpfungsgeschichte, Adam und Eva, den Sündenfall, Kain und Abel, Noah und die Sintflut, den Turmbau zu Babel, die Geschichte Abrahams und Josephs und schließlich Moses und den Exodus.

Im Kircheninneren behandeln die Darstellungen das Neue Testament: das Leben Christi, Kreuzigung und Himmelfahrt, das Wirken der Apostel und schließlich das Jüngste Gericht. Das Leben der Apostel, vor allem natürlich das des heiligen Markus, ist sehr detailliert dargestellt. Nicht alle Mosaike stammen aus dem Mittelalter. Mehrere Gewölbe- und Wandflächen wurden in der Renaissance nach Entwürfen führender Künstler Venedigs wie Tintoretto erneuert.

Unter den im Mittelalter erworbenen Kunstschätzen sind vor allem die Pala d'Oro und die Bronzepferde zu erwähnen. Der »Goldaltar« entstand 975 in Konstantinopel, wurde allerdings stark verändert und ergänzt. Der große Altar zeigt auf Goldplatten mit farbigem Zellenschmelz und Edelsteinen sechs große Bildszenen aus der Passion und zum Tod der Jungfrau Maria mit dem Erzengel Michael in der Mitte sowie Szenen aus dem Leben Christi und verschiedene Heilige.

Die Bronzepferde gehörten zum Beutegut, das die Kreuzfahrer 1204 bei der Plünderung Konstantinopels eroberten, eine unrühmliche Episode des vierten Kreuzzugs. Stolz stehen sie über dem Hauptportal (mittlerweile durch Kopien ersetzt). Über ihre genaue Entstehungszeit und Herkunft wird bis heute heftig gestritten.

Es dürfte Tage dauern, sich sämtliche Schätze von San Marco anzuschauen. Einige sind heute

in einem Museum untergebracht, das sich an den Südarm des Querschiffes anschließt. Eigentlich ist der ganze Dom ein Museum, das jedoch seine ursprüngliche Funktion und Bedeutung beibehalten hat und auf einzigartige Weise von der Vergangenheit durchdrungen ist, ein Monument, das gleichermaßen vom Stolz der Stadt als auch von religiöser Hingabe zeugt.

Die vier großen Bronzepferde über dem Hauptportal kamen nach dem vierten Kreuzzug als Beutegut aus Konstantinopel, aber ihre eigentliche Herkunft ist bis heute rätselhaft. Mit Sicherheit sind sie klassischen Ursprungs, ob sie aber aus der griechischen oder römischen Antike stammen, lässt sich nicht feststellen.

Technische Daten

Gesamtlänge	76 m
Länge des Querschiffs	61 m
Breite des Narthex	47 m
Mittelkuppel:	
Durchmesser	13 m
Scheitelhöhe	29 m
Außenhöhe	40 m

Der Schiefe Turm von Pisa

Erbaut: 1173 – ca. 1370   Ort: Pisa, Italien

*Die Stabilisierung des Turms ist ebenso heikel, als müsse ein Arzt
einen älteren Kranken behandeln, ohne dessen Brust abzuhören, und wüsste genau,
dass der Patient auf jede Medizin besorgniserregend reagiert.*
JEAN KERISEL, 1987

STELLEN SIE SICH EINEN TURM vor, der auf schaumgummiweichen Grund gebaut ist und sich langsam und unausweichlich immer weiter neigt, bis er kurz vor dem Umfallen ist. Außerdem ist das Mauerwerk des Turms so mürbe, dass die zunehmende Schräglage die Belastungsgrenze des Materials zu überschreiten und es jeden Augenblick zu sprengen droht. Würde man die Fundamente auf der überhängenden Seite mit Beton oder Stützen unterfangen, könnte der Turm umfallen; würde man ihn abstützen oder mit Zugseilen abspannen, könnte das Mauerwerk einstürzen. Genau so sieht es beim Schiefen Turm von Pisa aus, dessen Stabilisierung eine Herausforderung an die Ingenieurkunst darstellt.

Der Schiefe Turm von Pisa ist jedoch nicht nur eine baufällige Touristenattraktion, sondern ein architektonisches Juwel, das auch ohne seine Schräglage zu den bedeutendsten Baudenkmälern des europäischen Mittelalters zählte. Er gehört zu dem strahlend weißen Gebäudekomplex auf der Piazza del Duomo, der den Dom (Duomo), seinen Glockenturm (Campanile – der Schiefe Turm), das Baptisterium und den Friedhof (Camposanto) umfasst und den Bürgerstolz und Glanz des wohlhabenden Stadtstaates Pisa repräsentieren sollte.

Konstruktion

Der achtstöckige Turm ist 58,40 Meter hoch, wiegt 14 500 Tonnen und hat ein gemauertes Fundament mit einem Durchmesser von 19,60 Metern, das maximal 5,50 Meter tief in den Boden reicht. An der Südseite hat sich das Fundament inzwischen um 5,5 Grad geneigt, wodurch das siebte Stockwerk um 4,50 Meter gegenüber dem Erdgeschoss vorragt. Der Turm besteht aus einem von Kolonnaden umgebenen Hohlzylinder mit fest gefügtem Marmor innen und außen. Das Material zwischen diesen Marmorummantelungen besteht jedoch nur aus Mörtel und Steinen und weist große Lücken auf. Im Inneren des Turms führt eine Wendeltreppe nach oben.

Das Erdreich unter dem Turm besteht aus drei Schichten: Die etwa 10 Meter dicke Schicht A setzt sich aus verschiedenen weichen Sedimenten zusammen, die sich vor weniger als 10 000 Jahren in flachem Wasser abgelagert haben. Die

Hinter dem Puttenbrunnen mit drei Putti und dem Wappenschild Pisas, geschaffen 1764 von Giuseppe Vaccà, erhebt sich der Schiefe Turm von Pisa.

bis zu 40 Meter dicke Schicht B besteht aus sehr weichem, empfindlichem Lehm, der sich vor bis zu 30 000 Jahren in einem Meer abgelagert hat. Schicht C ist ein dichter Sand, der bis in beträchtliche Tiefen reicht. Der Grundwasserspiegel in Schicht A ist ein bis zwei Meter tief. Zahlreiche Bohrungen rund um den Turm und sogar unter ihm zeigen, dass die Oberfläche von Schicht B durch das Gewicht des Turmes eine Schüsselform angenommen hat. Daraus lässt sich ableiten, dass der Turm sich durchschnittlich um 2,50 bis 3 Meter gesetzt hat, was zeigt, wie stark sich der Boden darunter verdichten lässt.

Baugeschichte

Der Bau des Turms begann im August 1173 unter der Leitung von Bonanno Pisano. Bis etwa 1178 war das vierte Stockwerk zu einem Viertel fertig, als man die Arbeit aus unbekannten Gründen einstellte. Hätte man sie noch weiter fortgesetzt, hätte der Boden in Schicht B die Last nicht mehr tragen können und der Turm wäre umgefallen. Nach einer Pause von fast 100 Jahren begann Giovanni di Simone 1272 mit dem Weiterbau. Inzwischen hatte das Gewicht des Turms die Lehmschicht verdichtet und ihre Tragfähigkeit vergrößert (was man aber damals wohl kaum gewusst haben dürfte). Bis 1278 war das siebte

Stockwerk fertig gestellt, als man die Arbeiten erneut einstellte, vermutlich wegen eines Krieges. Es steht außer Zweifel, dass der Turm eingestürzt wäre, wenn man ihn in diesem Stadium fertig gebaut hätte. Gegen 1360, als der Untergrund sich weiter verdichtet hatte, nahm Tommaso Pisano den Bau des Glockenstuhls in Angriff, der um 1370 fertig gestellt wurde – fast 200 Jahre nach Baubeginn.

Als die Arbeiten am Glockenstuhl begannen, muss der Turm bereits eine gewisse Neigung aufgewiesen haben, da er deutlich senkrechter steht als die Stockwerke darunter. Zudem führen an der Südseite sieben Stufen vom siebten Stock in den Glockenstuhl, während es an der Nordseite nur vier sind.

Geschichte der Neigung

Es gibt Hinweise, dass der Turm sich schon sehr früh in seiner Baugeschichte zu neigen begann: Seine Achse ist nicht gerade, sondern nach Norden abgeknickt. Um die Schräglage zu korrigieren und die Turmachse gegen die Neigung auszurichten, wurden in jedem Stockwerk keilförmige Mauerblöcke verwendet. Eine sorgfältige Analyse der Mauerschichten gibt Aufschluss über die Neigungsgeschichte. Am Ende der ersten Bauphase neigte sich der Turm um etwa ein Viertel

Blick auf den Dom von Pisa mit seinem schiefen Glockenturm im Hintergrund. Deutlich ist zu erkennen, dass der Glockenstuhl senkrechter steht als der Unterbau.

Der Schiefe Turm von Norden aus gesehen. Die Stahlseile sicherten den Turm, während an der Nordseite Erdmaterial unter dem Turm abgetragen wurde.

Grad nach Norden. Als der Bau über das vierte Stockwerk hinausging, fing der Turm an, sich nach Süden zu neigen, und hatte 1278, als das siebte Stockwerk erreicht war, eine Schräglage von etwa 0,6 Grad. Bis 1360 wuchs sie auf 1,6 Grad an.

Wie aufwendige Computeranalysen ergeben haben, entspricht die rasche Zunahme der Nei-

Befestigung der stählernen Spannseile im dritten Turmgeschoss

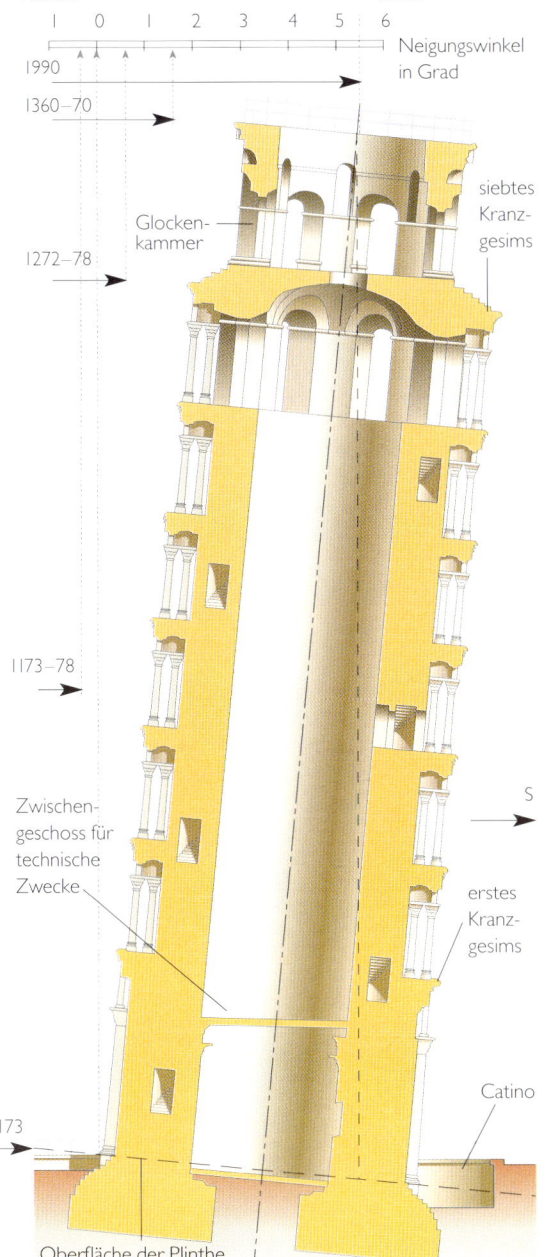

Norden   Süden

| 0 | 1 | 2 | 3 | 4 | 5 | 6 |

Neigungswinkel in Grad

1990

1360–70

siebtes Kranzgesims

Glockenkammer

1272–78

1173–78

Zwischengeschoss für technische Zwecke

S

erstes Kranzgesims

Catino

1173

Oberfläche der Plinthe

gung nach Fertigstellung des siebten Stockwerks und Hinzufügen des Glockenstuhls genau dem Verhalten eines Turms aus Bauklötzen, den man auf einem weichen Teppich baut. Bis zu einer kritischen Höhe lassen sich die Steine übereinander setzen, aber nicht höher, wie vorsichtig man auch sein mag. Der Schiefe Turm von Pisa hat exakt die kritische Höhe und ist kurz vor dem Umfallen!

Als 1817 zwei Briten die Neigung mit einem Lot maßen, betrug sie 5 Grad. Der Architekt Alessandro della Gherardesca ließ 1838 das Erdreich rund um den Turm entfernen, um die Turmplinthe und die Stufen der Grundmauern freizulegen, wie es vor dem Absinken des Turms geplant war. Da die Grabungen an der Südseite bis unter den Grundwasserspiegel reichten, kam es in dem ausgehobenen Becken (Catino) zu einem Wassereinbruch. Manches deutet darauf hin, dass die Neigung des Turms sich damals dramatisch um fast ein halbes Grad auf etwa 5,4 Grad verschlimmerte.

Genaue Messungen seit 1911 zeigen, dass der Turm sich von Jahr zu Jahr unaufhaltsam weiter neigte und die Neigungsrate sich seit Mitte der dreißiger Jahre verdoppelte. Sie entsprach 1990 einer Horizontalbewegung der Turmspitze von etwa 1,5 Millimeter pro Jahr. Sämtliche Eingriffe führten lediglich zu einer deutlich stärkeren Neigung. So löste der Versuch, das Mauerwerk der Fundamente durch Einspritzen von Beton zu konsolidieren, 1934 eine plötzliche Neigungsbewegung von 10 Millimetern aus; um weitere 12 Millimeter neigte sich der Turm, als man 1970 aus den unteren Sandschichten Grundwasser abpumpte. Diese Reaktionen zeigen, wie empfindlich das Gleichgewicht des Turmes ist und wie behutsam jeder Stabilisierungsversuch erfolgen muss.

Links: **Das Diagramm des Schiefen Turms zeigt die zunehmende Neigung in den verschiedenen Bauphasen.**

Oben: Bohrvorrichtung für die Bodenextraktion

Rechts: Anordnung der Bohrer für die Bodenextraktion unter der Nordseite des Turmfundaments

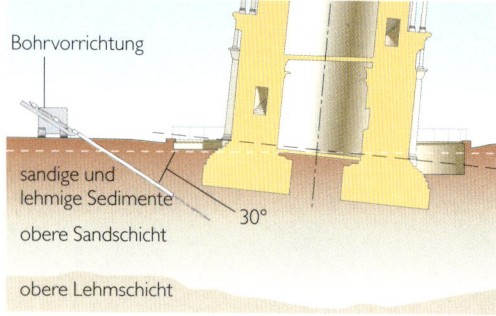

Stabilisierung des Turms

Als 1990 ein Glockenturm in Pavia einstürzte, der bis dahin nicht schief gestanden hatte, setzte der italienische Ministerpräsident eine Kommission unter Leitung von Professor Michele Jamiolkowski ein, die Maßnahmen zur Stabilisierung des Schiefen Turms vorschlagen und ausführen sollte. Da nach international geltenden Konventionen für den Denkmalschutz Erhaltungsmaßnahmen an wertvollen historischen Bauten deren wesentlichen Charakter, Geschichte und Handwerkskunst bewahren sollen, mussten sich alle Eingriffe in das Erscheinungsbild des Turmes auf ein absolutes Minimum beschränken, was permanente, sichtbare Stützen ausschloss, die allerdings ohnehin zum Einsturz des brüchigen Mauerwerks hätten führen können.

Die Kommission suchte nach einer Lösung, die eine geringfügige, kaum sichtbare Verringerung des Neigungswinkels bewirken und damit die Belastung des Mauerwerks reduzieren und die Fundamente stabilisieren würde. Nach jahrelangen Studien, Analysen und Großversuchen entschied man sich für eine Technik, die man als Bodenextraktion bezeichnet. Dazu trieb man Bohrvorrichtungen neben und unmittelbar unter die Nordseite des Fundaments. Ganz behutsam, Schritt für Schritt und unter ständiger Überwachung begann man im Februar 1999 unter großer Spannung mit Spezialbohrern Erde aus Schicht A zu entnehmen. Der weiche Untergrund sackte nach und nach in die durch den Aushub entstandene Höhle, was eine minimale Absenkung und Aufrichtung des Turms bewirkte.

Zweieinhalb Jahre dauerten diese Bodenentnahmen und erzielten eine Verringerung der Turmneigung um ein halbes Grad. Sollte er sich wieder nach Süden neigen, ließe sich dieses Verfahren später wiederholen. Parallel zur Absenkung des Turms verstärkte man das Mauerwerk an einigen besonders gefährdeten Stellen der Südseite.

So wurde dieser wunderbare Turm mit einer Technik stabilisiert, die sowohl seinem Charakter als auch seiner faszinierenden Wechselwirkung mit dem Untergrund Rechnung trägt.

Technische Daten	
Höhe vom Fundament bis zum Glockenstuhl	58,4 m
Durchmesser des Fundaments	19,6 m
Turmgewicht	14 500 t
Grundsteinlegung	9. August 1173
Baustopp am vierten Stockwerk	um 1178
Weiterbau bis zum siebten Stock	ca. 1272–1278
Fertigstellung des Glockenstuhls	um 1370
Aushebung des Beckens um die Turmbasis	1838
Neigungswinkel des Turms	ca. 5,5 Grad
Absenkung des Fundaments	ca. 3 m

Notre-Dame, Chartres

6

Erbaut: 1194 bis Mitte des 13. Jahrhunderts   Ort: Chartres, Frankreich

*Vom Kreuz auf dem Spitzturm und dem Schlussstein des Gewölbes
über die Gewölberippen, Säulen und Fenster bis hin zu den Fundamenten
der Strebepfeiler ist jede Linie von einer einzigen Idee beherrscht.*
HENRY ADAMS, 1913

CHARTRES IST DIE BESTERHALTENE von mehreren großen Kathedralen in der Île de France, der Region um Paris, die gemeinsam die Gotik in Europa etablierten. Auf St. Denis und Sens (um 1140) folgten Laon und Paris (um 1160), Bourges und Chartres (um 1190), Reims und Le Mans (um 1210) und Amiens und Beauvais (um 1220 und 1240). Jede dieser Kirchen ist einzigartig, doch gemeinsam begründeten sie einen Baustil, der sich über ein Jahrhundert hielt und in der gesamten christlichen Welt der damaligen Zeit ausbreitete. Ihm liegt ein System zugrunde, das nicht auf der Stärke soliden Mauerwerks beruht, sondern auf einem ausgewogenen Gleichgewicht der Kräfte. Mit Einführung des Spitzbogens, der den Rundbogen der Romanik ersetzte, konnten Bögen unterschiedlicher Breite die gleiche Höhe erreichen; da die Last eines steinernen Gewölbes sich nun auf gewisse Punkte konzentrieren ließ, statt sie auf die gesamte Wand zu verteilen, konnte man die Zwischenräume zu immer größeren Fenstern öffnen und an diesen Stellen den Schub über Strebepfeiler nach außen in den Boden ableiten, was der gesamten Konstruktion eine bis dahin nie erreichte Leichtigkeit und Dynamik verlieh.

Die Kathedrale Notre-Dame von Chartres folgt dem traditionellen Grundriss in Form eines lateinischen Kreuzes, bei dem Langhaus, Querschiff und Chor in einer Vierung münden. Den Chor schließt eine Apsis mit Kapellenkranz ab. Der

Die Westfront der Kathedrale von Chartres weist eine Mischung verschiedener Baustile auf. Die Türme wurden in den dreißiger und vierziger Jahren des 12. Jahrhunderts begonnen, aber die linke Turmspitze erst fast vierhundert Jahre später hinzugefügt. Das gotische Rosettenfenster entstand um 1210.

Innenraum ist in der Höhe dreigeschossig gegliedert: Auf eine Arkade mit weiten Bögen auf zylindrischen Pfeilern, vierseitig von Diensten umstellt, die im Mittelschiff bis hinauf ins Gewölbe reichen, folgt ein niedriges Triforium mit fünf kleinen Bögen pro Joch und ein hoher Lichtgaden mit Maßwerk. Ungewöhnlich ist, dass der Lichtgaden bereits ein gutes Stück unterhalb der Kämpferlinie des Gewölbes beginnt. Von den neun ursprünglich geplanten Türmen wurden nur zwei gebaut.

Die Kathedrale von Chartres ist zwar typisch für die Frühgotik, aber insofern einzigartig, als ihr gesamter Skulpturenschmuck und sämtliche Buntglasfenster vollständig erhalten sind – was sehr ungewöhnlich ist. Als Gesamtkunstwerk zählt sie daher zu den Höhepunkten der Weltarchitektur.

Baugeschichte

In den vierziger Jahren des 12. Jahrhunderts entstand an dieser Stelle eine große romanische Kathedrale mit einem spektakulären dreijochigen Portal, dem »Portail Royal«, Königsportal. Fünfzig Jahre später, am 10. Juni 1194, wurde sie durch einen Brand bis auf das Portal zerstört. Der Rest musste völlig neu gebaut werden.

Man beschloss, das alte Königsportal zu erhalten. Eine glückliche Entscheidung, da uns so einige der schönsten Skulpturen des frühen Mittelalters erhalten geblieben sind, auch wenn es für die stilistische Einheit des Bauwerks einen Kompromiss darstellte. Dennoch vermittelt die Kathedrale von Chartres insgesamt den Eindruck einer einheitlichen Konzeption aufgrund klarer Entscheidungen und ästhetischer Urteile, was darauf schließen lässt, dass für den Bau nur ein Architekt verantwortlich war, den Historiker als »Meister von Chartres« bezeichnen. Mittlerweile wurde jedoch überzeugend nachgewiesen, dass im Laufe der dreißigjährigen Bauzeit mindestens

Die runden Strebebögen mit den strahlenförmig angeordneten Säulchen erwiesen sich als unzweckmäßig.

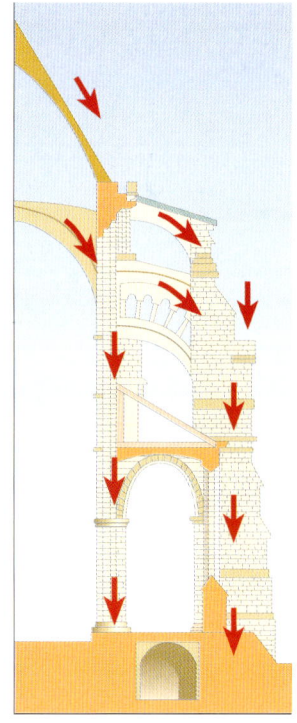

Die Last des Gewölbes wird in Chartres wie bei allen gotischen Kathedralen über Strebepfeiler abgeleitet.

Vorherige Seite: **Blick** *von der Vierung in südliches Querschiff und Chor (links). Große Fenster im Lichtgaden bieten reichlich Platz für Buntglas. Von den Pfeilern der Arkaden sind jeweils fünf Dienste bis oben durchgeführt: zwei bis zu den Spitzbögen der beiden benachbarten Fenster, zwei für die Kreuzrippen und eine für den Gurtbogen des Gewölbes.*

Technische Daten

Gesamtlänge	155 m
Breite der Westfassade	47,5 m
Breite des Mittelschiffs	14 m
Länge des Langhauses	73 m
Gewölbehöhe des Mittelschiffs	37 m
Höhe des Nordturms	115 m
Höhe des Südturms	107 m
Durchmesser des großen Rosettenfensters	13,4 m

neun Baumeister hier tätig waren, deren jeweils eigene Handschrift an unzähligen kleinen Details und einigen größeren Entscheidungen erkennbar ist. Ob sie alle einem übergeordneten Plan folgten oder jeder dem Werk seiner Vorgänger seine eigenen Ideen hinzufügte, ist eine interessante Frage, die sich aber nicht beantworten lässt.

Bautechniken

Gotische Kathedralen wurden von »Bauhütten« errichtet, Handwerkern unterschiedlicher Gewerke, die sich unter einem Hüttenmeister zusammentaten und von Baustelle zu Baustelle, manchmal sogar von Land zu Land zogen. Der Stein kam bereits so präzise wie möglich aus dem Steinbruch, um die Transporte auf ein Minimum zu beschränken. Komplizierte Bauteile wie profilierte Bögen oder Maßwerk wurden an Ort und Stelle nach Zeichnungen in Originalgröße angefertigt (die teilweise heute noch im Boden zu finden sind). Im Idealfall steckte man den gesamten Grundriss ab und legte in einem Arbeitsgang die Fundamente an. Nun wuchs der Bau Schicht um Schicht. An den Mauerwerkslagen lässt sich häufig die Baugeschichte verfolgen, da bei großen Kirchen wie der Kathedrale von Chartres vertikale Brüche und Lagenwechsel im Mauerwerk verschiedene Bauabschnitte anzeigen.

In der Regel begann der Bau einer Kirche an der Ostseite. In Chartres könnte man jedoch anders vorgegangen sein, da im Langhaus sowohl die Strebebögen in Form eines Viertelrades mit Speichen als auch die schlichten Lanzettfenster wesentlich primitiver sind als im Chor.

Um kostspielige Gerüste zu sparen, stützte man gewöhnlich Holzplattformen auf den bereits vorhandenen Mauern statt auf dem Boden

ab. Sobald die Mauern ihre endgültige Höhe erreicht hatten, zog man vor dem Bau des Gewölbes eine Holzdecke ein, die die Arbeiter vor der Witterung schützte. Anschließend entstand ein Skelett aus Steinrippen mit einem hölzernen Lehrgerüst, das deren Zwischenräume (Fächer) füllte.

Steine schaffte man über Rampen oder mit Kränen hinauf, die von Treträdern im Gebäudeinneren betrieben wurden. Steinmetzarbeiten an Ornamenten wie Kapitellen führten die Handwerker vor Ort aus, während sie Figuren in der Werkstatt anfertigten und erst anschließend anbrachten. Auf manchen mittelalterlichen Figuren finden sich Zahlen, die ihre Position markieren. Als Letzte kamen die Glaser und setzten präzise zugeschnittenes Buntglas in das Maßwerk der Fenster ein.

All diese Tätigkeiten standen unter der Leitung des Hüttenmeisters, der ständig zur Stelle war. Ein Kleriker des Mittelalters beklagte, der Hüttenmeister »hält ständig Rute und Handschuhe in der Hand, sagt den anderen: ›Schneidet mir das so und so zu‹, arbeitet selbst nicht und bekommt dennoch einen höheren Lohn.«

Rechts: **Vier Säulenfiguren am Gewände des Königsportals** – die ältesten Skulpturen der Kathedrale. Sie stellen Figuren des Alten Testaments dar, die sich jedoch nicht näher identifizieren lassen.

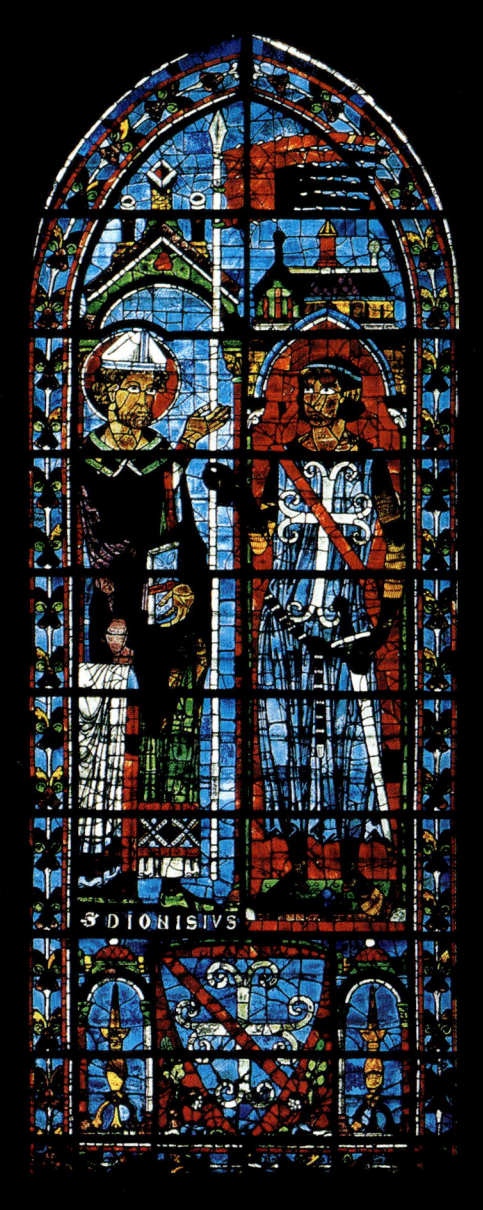

Skulpturen und Glas

Architektonisch scheint die Kathedrale von Chartres bewusst schlicht gehalten zu sein, um den Blick außen nicht von den Skulpturen und innen nicht von den Buntglasfenstern abzulenken.

Die Geschichte der Skulpturen beginnt in den vierziger Jahren des 12. Jahrhunderts mit dem Königsportal. Gemeinsam mit St. Denis markiert es im Westen den Beginn frei stehender figürlicher Plastiken in Form von Säulenfiguren. Sie standen an den Gewändesäulen der Kirchenportale oder ersetzten diese, während Gebälk und Tympanon weitere Reliefs mit Skulpturenschmuck aufwiesen.

Noch kunstvoller sind die Portale am südlichen und nördlichen Querhaus gestaltet. Gut 80 Jahre nach dem Königsportal entstanden, gehören sie bereits der humanistischen Welt des 13. Jahrhunderts voller lebensnaher, idealisierter Figuren an, die spirituelle Eindringlichkeit mit heroischer Körperkraft verbinden.

Das berühmteste Merkmal der Kathedrale von Chartres sind jedoch ihre Buntglasfenster. Wenn man die Kirche betritt, reagieren viele verblüfft, denn sie ist fast stockfinster. Glas war im frühen Mittelalter nicht strahlend transparent. Durch die dunklen, edelsteinartigen Farben bedarf es daher einiger Zeit, sich an die Lichtverhältnisse zu gewöhnen (die Details der Fenster sind nur mit dem Fernglas genau zu erkennen). Von diesen Schwierigkeiten abgesehen, bietet die Kathedrale von Chartres ein einmaliges Erlebnis.

Die Buntglasfenster entstanden in der ersten Hälfte des 13. Jahrhunderts. Bezahlt wurden sie aus Spenden von Pilgern, adeligen Mäzenen, Kaufleuten und Handwerkern der Stadt, zu erkennen an den Schutzpatronen ihrer Berufe, die mit Bibelepisoden verknüpft sind (so zeigt das Fenster der Zimmerleute den Bau der Arche Noah). Der gesamte Bilderzyklus umfasst das Alte und Neue Testament, Leben und Wunder der Heiligen und historische Legenden wie die von Karl dem Großen und Roland. Schon immer bedurfte es wohl sachkundiger Anleitung, die Bedeutung der meisten Fenster zu verstehen. Die hohen Lanzettfenster in den Seitenschiffen enthalten oft 20 bis 30 kleinere Szenen. Von den höher gelegenen Fenstern mit ihren größeren

Ein Buntglasfenster im östlichen Lichtgaden des südlichen Querschiffs: St. Denis (Dionysus), der Schutzpatron Frankreichs, reicht einem Kreuzritter die geweihte Fahne, die Oriflamme.

Darstellungen schauen riesige Figuren wie Aaron mit seinem juwelenbesetzten Schild mit großen Augen auf uns herab. Von den Sujets der Fensterbilder einmal abgesehen, schrieben die Theologen des Mittelalters Farbe und Licht an sich eine mystische Qualität zu, wie Abt Suger in seinem Bericht über den Bau der Kirche von St. Denis ausführt: »Stoffliches Licht, wie es von der Natur im Himmel geschaffen und durch menschliche Kunstfertigkeit auf Erden hervorgebracht wird, ist Ebenbild des Lichts der Erleuchtung und vor allem des Wahren Lichtes selbst.«

King's College Chapel

Erbaut: 1446–1515   Ort: Cambridge, England

*Es ist mein Wille, dass der Bau meines Kollegiums
in großer Form, rein und auf das Wesentliche beschränkt erfolgt, unter Verzicht
auf allzu eigenwillige Schnitzwerke und Gesimse.*
TESTAMENT HEINRICHS VI., 1448

INTERNATIONAL BERÜHMT ist die Kapelle des King's College in Cambridge zwar durch seinen Chor und die Weihnachtsmesse, die in die ganze Welt übertragen wird, doch dass sie alljährlich tausende Besucher anlockt, liegt an ihrer eindrucksvollen Architektur. Sie ist das herausragende Beispiel des englischen Perpendicular Style, einer Sonderform der Spätgotik, die sich in ihren schönsten Ausprägungen vor allem durch ihre Fächergewölbe auszeichnet, deren Konstruktion ausschließlich in englischen Bauwerken dieser Zeit zu finden ist. Zudem gehören die großen Buntglasfenster der Kapelle des King's College mit zu den schönsten Europas. Und den gewaltigen Lettner mit Chorgestühl bezeichnete Nikolaus Pevsner als das »reinste Werk der Frührenaissance in England«.

Baugeschichte

Heinrich VI. (1421–1471) gründete 1441 das College St Nicholas (seines Schutzpatrons), das 1443 in »King's College of the Blessed Mary and St Nicholas« umbenannt wurde. Die Collegegebäude (heute die »Old Schools« der Universität) säumen einen Hof an der Nordseite der heutigen Kapelle. In seinem Testament legte Heinrich 1448 einen wesentlich umfangreicheren Grundriss mit genau angegebenen Maßen fest, der einen großen Hof an der Südseite der Kapelle vorsah. Er bestimmte auch, dass der Bau einen eher zurückhaltenden als prunkvollen Charakter haben sollte. Erst im 19. Jahrhundert wurden die Gebäude an den übrigen drei Seiten der Kapelle fertig gestellt, darunter auch die berühmte transparente Eingangsfront von William Wilkins, die den Stil der Kapelle malerisch imitiert.

So ist die Kapelle ebenso wie ähnliche Kapellen in Oxford Teil einer geschlossenen Hofanlage. Da King's College Chapel wie die im frühen Perpendicular gebaute St Stephen's Chapel in Westminster nicht als Kirche, sondern als Königskapelle geplant war, hat sie im Grundriss die Form eines lang gestreckten Rechtecks, wirkt jedoch größer und räumlich schlichter als jede andere Kapelle Englands. Die Seitenkapellen liegen zwischen den Strebepfeilern zu beiden Seiten und beeinträchtigen die Wirkung des Hauptraumes nicht.

Drei Bauphasen lassen sich ausmachen: Die erste von 1446 bis 1461 unter Baumeister Reginald Ely endete, als Heinrich VI. entthront wurde. Nach einer Baupause von etwa 15 Jahren wurden die Arbeiten zwischen 1476 und 1485 fortgesetzt, bis die Regierungszeit Richards III. endete. Die letzte Bauphase begann 1508 im letzten Regierungsjahr Heinrichs VII. und dauerte bis 1515. Aus dieser Periode unter der Herrschaft Heinrichs VIII. stammen das (1512 begonnene) Gewölbe sowie die meisten der kunstvollen Ornamente von Thomas Stockton: die bekrönten Rosetten, das Gitterwerk und die Fleurs-de-Lis als Symbol für den königlichen Stifter. Was als »Akt der Frömmigkeit und tiefen Religiosität« begann, wie Francis Woodman sagt, galt bei seiner Fertigstellung »als Objekt künstlerischer Prachtentfaltung und dynastischer Propaganda« und widersprach somit der von seinem Gründer geforderten Zurückhaltung.

Das Gewölbe

Der hölzerne Dachstuhl der Kapelle – der von unten natürlich nicht zu sehen ist – gehört zu den schönsten und größten mittelalterlichen Dächern Englands. Er wird verdeckt von dem herrlichen Fächergewölbe, das in der letzten Bauphase entstand. Die Wandvorlagen der Pfeiler, die aus der ersten Bauphase stammen, deuten auf einen anderen Gewölbetyp (Liernen) hin, den

Gegenüberliegende Seite: **King's College Chapel**, Innenansicht vom Mittelschiff nach Osten zum Chor mit Blick auf das Fächergewölbe und den hölzernen Lettner

44

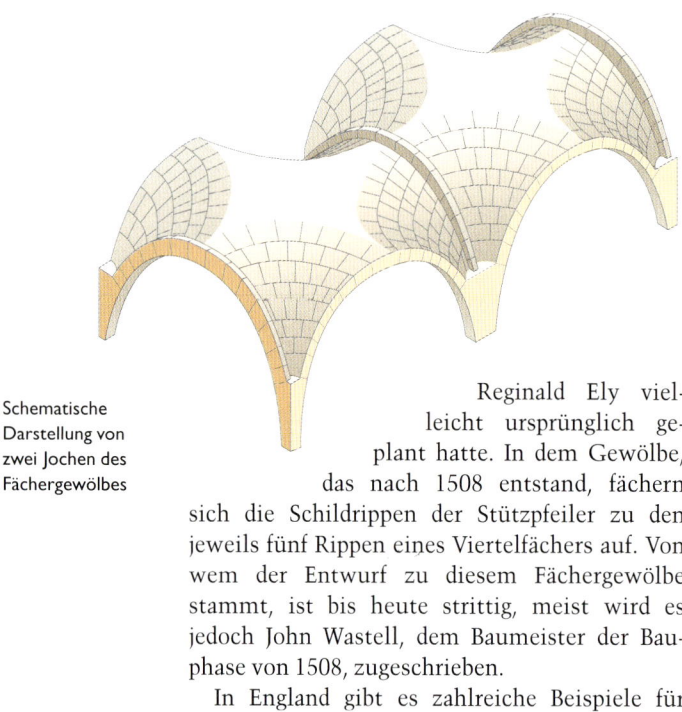

Schematische
Darstellung von
zwei Jochen des
Fächergewölbes

überdecken. In Sherborne Abbey, die um 1475 umgebaut wurde, hat das Fächergewölbe über Langhaus und Querschiff eine Spannweite von 7,90 Meter, bei vier weiteren Bauwerken beträgt sie jeweils 8 Meter und mehr: in der Kapelle Heinrich VII. in Westminster, in Bath Abbey, in den so genannten New Buldings (Neubauten) der Peterborough Cathedral und in der King's College Chapel, wo die Spannweite 12,70 Meter beträgt. Wie bei anderen spätgotischen Bauwerken besitzt auch das Fächergewölbe dekorative Rippen, allerdings unterscheidet es sich in der Gewölbeschale grundlegend von anderen Gewölbeformen. Ein Klostergewölbe ist zum Beispiel nur in eine Richtung gewölbt und seine Konstruktion lässt sich anhand einer seiner typischen Sektionen berechnen. Ein Fächergewölbe ist dagegen in zwei Richtungen gewölbt, was die Analyse seiner Konstruktion ähnlich komplex gestaltet wie die einer Kuppel. Professor Jacques Heyman demonstrierte anhand der Membran- und Schalentheorie die Funktionsweise dieser Gewölbeform. In der Kapelle des King's College entsprechen die horizontalen Schubkräfte in jedem Joch nach ersten Schätzungen etwa 16 Tonnen. Der kegelförmige Hohlraum eines jeden Gewölbes ist jedoch zum Teil mit Schotter angefüllt, der zur Stabilität des Gewölbes beiträgt und die Schubkräfte, die auf jeden Strebepfeiler wirken, auf etwa 10 Tonnen reduziert.

Reginald Ely vielleicht ursprünglich geplant hatte. In dem Gewölbe, das nach 1508 entstand, fächern sich die Schildrippen der Stützpfeiler zu den jeweils fünf Rippen eines Viertelfächers auf. Von wem der Entwurf zu diesem Fächergewölbe stammt, ist bis heute strittig, meist wird es jedoch John Wastell, dem Baumeister der Bauphase von 1508, zugeschrieben.

In England gibt es zahlreiche Beispiele für Fächergewölbe, die meist relativ kleine Spannweiten über den Seitenkapellen älterer Kirchen

John Wastell entwarf auch das Gewölbe über der Vierung der Kathedrale von Canterbury. Sein Stil zeichnet sich durch eine gewisse Klarheit aus, neben der die fast zeitgleich entstandenen Fächergewölbe in der Kapelle Heinrichs VII. in Westminster zwar üppig, aber verwirrend wirken. Wastells Gewölbe in der King's College Chapel sind nicht nur tragfähig, sondern auch durch Scheidbögen klar gegliedert. In der Ausführung zeugt das Gewölbe ebenfalls von ungewöhnlich hoher Qualität – »unzweifelhaft das am besten geplante, behauene und ausgeführte Steingewölbe Englands« –, ein Standard, der sich in Stocktons in Stein gehauene Wanddekorationen wie Rosetten, Gitterwerk und Kronen fortsetzt.

Die Buntglasfenster

Die Buntglasfenster der King's College Chapel sind die am vollständigsten erhaltenen Kirchenfenster aus der Zeit Heinrichs VIII. Aus den Verträgen über ihren Entwurf und ihre Ausführung geht hervor, dass Barnard Flower einen Teil der

Detail des Ostfensters:
Pilatus wäscht
sich die Hände.

Arbeit sechs weiteren Glasmalern übertrug. Von wem das Gesamtkonzept der Fenster stammt, ist strittig; wer immer es sein mag – höchstwahrscheinlich sind es die Niederländer Adrian van den Houte oder Dierick Vellert –, sie waren sicher mit Holzschnitten und Kupferstichen vom Kontinent vertraut, denen die Entwürfe großenteils entlehnt sind. Die malerisch gekonnt über mehrere Paneele angelegten Kompositionen weisen eine feine Linienführung auf und sind ausdrucksstark. Hauptthema ist das Leben Christi, ergänzt durch Szenen aus dem Leben der Jungfrau Maria; da ein Großteil der Ikonographie typologisch ist, lassen sich Entsprechungen herstellen zum Beispiel zwischen Jonas, der drei Tage im Bauch des Wales verbrachte, und der Kreuzigung und Auferstehung Christi. Die dargestellten architektonischen Details sind eher der Renaissance als der Gotik zuzurechnen, und es gibt viele Hinweise auf Stifter aus dem Hause Tudor, vor allem im wunderbaren Ostfenster. Auf einer abstrakteren Ebene lassen sich die bemerkenswerten Farbkombinationen der Fenster auch als reine Ornamente bewundern.

Der Lettner

Der Lettner oder das Pulpitum wurde vermutlich zwischen 1530 und 1535 eingebaut; er trägt die Orgel und setzt sich nach Osten als Rückwand des Chorgestühls fort. Ausgeführt wurde er eindeutig von vielen Händen; leider geht aus den Unterlagen des King's College nicht hervor, von wem der Entwurf stammt. Stilistisch steht er der französischen oder niederländischen Renaissance näher als der italienischen, wirkt aber trotz seines kunstvollen Schnitzwerks nicht so »manieristisch« wie zum Beispiel die Arbeit in Fontainebleau. Die sich wiederholenden Rundbögen, die Untergliederung in Basis, Säulenschaft und Gebälk und die sorgfältige Hierarchie der Komposition gewährleisten den Eindruck klassischer Ordnung, doch in diesem Rahmen sind Cherubine, Tiere, Vögel und stilisierte Pflanzenformen auf Pilastern, Friesen und Bogenfeldern eingeflochten.

Die Monogramme HR und AR und die gevierten Wappen von Heinrich VIII. und Anne Boleyn, die vom 14. November 1532 bis zum 9. Mai 1536 Königin war, liefern den besten Hinweis auf die Entstehungszeit des Lettners. Besonders kunstvoll sind die Wappen an der Rückwand des Chorgestühls sowie die Darstellung des heiligen Georg mit dem Drachen, gerahmt von einem

King's College Chapel, Außenansicht von Südwest

Figurenfries. Auf seine Weise reicht der Lettner durchaus an das spätgotische Meisterwerk heran, das ihn beherbergt.

Nach einigen Debatten wurde in den sechziger Jahren des 20. Jahrhunderts der Chor der Kapelle umgestaltet und unter dem Ostfenster Rubens Anbetung der Könige aufgestellt. Ein niederländisches Meisterwerk des 17. Jahrhunderts steht also nun im Dialog mit den spätgotischen Steinmetzarbeiten, ungewöhnlichen Buntglasfenstern und dem hölzernen Renaissance-Lettner der Kapelle.

Technische Daten

Länge	88 m
Breite	12,7 m
Höhe	24,4 m
Fenster	25 fertig gestellt

St. Peter

Erbaut: 1506–1666   Ort: Rom, Italien

*Diese Kirche ist ein Abbild der Unendlichkeit, grenzenlos sind die Gefühle,
die sie eingibt, die Ideen, an die sie erinnert, die gewaltige Zahl der Jahre, die sie wachruft,
sei es in der Vergangenheit oder der Zukunft.*
MADAME DE STAËL, 1807

IM SOMMER 1505 beschloss Papst Julius II., das ehrwürdigste Denkmal der Christenheit – die Kirche, die Konstantin mehr als 1000 Jahre zuvor über dem Grab des heiligen Petrus errichtet hatte – abzureißen und neu zu bauen. Seine neue Basilika sollte eine nie zuvor angestrebte Größe erreichen und zu den Weltwundern zählen. Im Laufe der folgenden 200 Jahre arbeitete eine Reihe bedeutender Architekten am Bau dieser Kirche und das Ergebnis entsprach am Ende tatsächlich weitgehend Papst Julius' ehrgeizigen Vorstellungen. So ist der Petersdom ein erstaunlicher Ausdruck von Selbstvertrauen, Größe und Macht.

Als Baumeister wählte Julius II. Donato Bramante, einen genialen Architekten, der die Hochrenaissance nach Rom brachte. Sein kühner Plan für den Neubau von St. Peter war für ihn ebenso charakteristisch wie für Papst Julius: Ein (in alle vier Richtungen symmetrischer) überkuppelter Zentralbau mit dem Grundriss eines griechischen Kreuzes, dessen vier Arme in Apsiden mündeten. Die Vierungskuppel sollte auf vier kräftigen Pfeilern ruhen, flankiert von quadratischen, ebenfalls überkuppelten Kapellen. An der Fassade waren zwei Türme vorgesehen. Unsere einzigen Informationen über den geplanten Neubau stammen aus fragmentarischen Grundrisszeichnungen und einer Gründungsmedaille, die 1506 herausgegeben wurde.

Zunächst gingen die Arbeiten zügig voran und konzentrierten sich auf die großen Vierungsbögen, auf denen die Kuppel ruhen sollte. Als 1513 Papst Julius II. und ein Jahr später Bramante starben, verzögerte sich der Weiterbau. Ein Problem war die Finanzierung, die Julius' Nachfolger, Papst Leo X., durch Ablassverkauf zu bestreiten versuchte, was zu Luthers Protest in Wittenberg führte. So wurde der Bau von St. Peter mit zum Anlass für die Reformation.

Als Nachfolger Bramantes bestellte Leo X. Raffael, eine seltsame Wahl, da er nicht in erster Linie Architekt war und auf den technischen Rat von Antonio da Sangallo vertrauen musste. Der Chor der früheren Basilika war bereits abgerissen und durch einen kleinen tempelartigen Bau ersetzt, der das Grab des heiligen Petrus schützte. Die Bauarbeiten kamen praktisch völlig zum Erliegen, als sich eine Debatte entspann, ob man Bramantes geplanten Zentralbau weiterverfolgen oder einen traditionelleren Grundriss mit Langhaus verwirklichen sollte. Eine Reihe von Zeichnungen aus den zwanziger und dreißiger Jahren des 16. Jahrhunderts zeigen die riesigen Vierungsbögen, die den provisorischen Schutzbau des Märtyrergrabes überragen, während sich davor noch die nackten Wände der Basilika Konstantins erheben. Fast alle der im Laufe von Jahrhunderten angesammelten Schätze, darunter auch die Grabstätten von Päpsten, wurden zerstört.

In den Jahren nach Raffaels Tod 1520 entstanden verschiedene Entwürfe, manche für einen Zentralbau, andere für ein Langhaus, aber die Bauarbeiten machten kaum Fortschritte. Antonio da Sangallo fertigte ein detailliertes Modell, das erhalten geblieben ist, aber sein Plan wurde nie umgesetzt. Das Papsttum erlebte schwierige

Diese 1506 zur Grundsteinlegung des Neubaus von St. Peter geprägte Medaille ist der einzige Beleg für Bramantes ursprüngliche Planung.

Gegenüberliegende Seite: Der Blick auf St. Peter vom Dach der Kolonnade Berninis zeigt die Kuppel etwa so, wie Michelangelo ihre Wirkung geplant hatte: So dominiert sie die Fassade, während sie von unten betrachtet durch Madernos Langhaus verdeckt wird.

Rechts: Vier Entwicklungsstadien der Peterskirche mit den verschiedenen Lösungen, die von vier ihrer Architekten vorgeschlagen wurden. Letztlich entschied man sich aus liturgischen Gründen für den Bau eines Langhauses, das gegenüber den Vorstellungen von Bramante und Michelangelo einen Kompromiss darstellte.

Bramante, 1506

Bramante/Raffael, 1515–20

Antonio da Sangallo, 1539

Michelangelo, 1546–64

Zeiten mit dem Aufstieg des Protestantismus und der Plünderung Roms.

Neuanfang

Papst Paul III. beauftragte 1546 Michelangelo, den Bau von St. Peter weiterzuführen – eine Aufgabe, die er zögernd ohne Bezahlung allein »für die Liebe Gottes« übernahm. Michelangelo griff sofort Bramantes ursprüngliche Planung wieder auf. »Wer von Bramante abgeht, geht von der Wahrheit ab«, erklärte er. Dennoch stellte sein architektonisches Konzept fast eine Antithese zu Bramante dar. Statt logisch verknüpfter geometrischer Formen sah Michelangelo Volumen und Raum als Verkörperung unwiderstehlicher Kräfte. Dieses im Grunde bildhauerische Konzept zeichnet ihn ebenso als Vorläufer des Barock wie als Kind der Renaissance aus. Er verstärkte die Pfeiler der Kuppelvierung und die Außenwände erheblich, da er sie (zu Recht) für zu schwach hielt, die riesige Kuppel zu tragen. Als Michelangelo 1564 starb, war der Kuppeltambour des Neubaus fertig gestellt und ein detailliertes Modell der Kuppel vorhanden, das seine Intentionen klar machte.

Sein Nachfolger, der Architekt Giacomo della Porta, hielt sich zwar nicht genau an Michelangelos Entwurf, übernahm ihn jedoch in Grundzügen. Die Kuppel besteht aus einer Doppelschale: einer Halbkugel, die von innen zu sehen ist, und einer spitzeren Außenkalotte. Mit den schwungvollen Linien der Rippen, die die Außenschale in Segmente gliedern und im Scheitelpunkt zusammenlaufen, hat sie den Kuppelbau seither stark beeinflusst. Heute ist Michelangelos Schöpfergeist in seiner wahren Kraft nur noch vom Vatikangarten aus zu erkennen. Von hier vermittelt die komplexe Hierarchie der Formen einen unvergesslich kraftvollen Eindruck: die Kolossalordnung der Pilaster, deren Zwischenräume zu klein für die Fensteröffnungen scheinen, die Attika mit den kunstvollen Fensterrahmen, der kraftvolle Ring gekuppelter Säulen rund um den Tambour und die aufstrebende Form der Kuppel.

Diesen Eindruck hatte Michelangelo auch für die Front der Kirche angestrebt, doch seine Fassade wurde nie realisiert. Stattdessen gewann der alte Plan eines Langhauses (Grundriss in Form des lateinischen Kreuzes) wieder die Oberhand. Nachdem ein Komitee aus zehn Architekten 1607 die endgültige Entscheidung gefällt hatte, übertrug man die Bauleitung Carlo Maderno, der

Aus der Luft kommt Berninis Piazza San Pietro mit ihren ovalen Kolonnaden gut zur Geltung. Er plante einen Mittelteil, der den Platz noch geschlossener hätte wirken lassen. Stattdessen wurde er von Mussolini noch weiter geöffnet.

zur ersten Generation von Barock-Baumeistern gehörte. Innerhalb von zehn Jahren wurde das Langhaus fertig gestellt.

Vollendung von St. Peter

Im Laufe der langen Bauzeit von St. Peter änderten sich unweigerlich auch die Bautechniken. In manchen Jahren, in denen der Bau rasche Fortschritte machte, beschäftigte er bis zu 2000 Arbeiter. So schloss Bramante bei Baubeginn Verträge mit fünf Baumeistern ab, die wiederum Handwerker beauftragten und im Stücklohn nach fertig gestellten Boden-, Mauer- und Deckenflächen bezahlten.

Da Bramantes Vierungspfeiler die von ihm geplante Kuppel, wie bereits erwähnt, nicht hätten tragen können, musste Michelangelo Abhilfe schaffen. Unter seiner Bauleitung stieg die Zahl der beschäftigten Arbeiter wieder beträchtlich. In dem Maße, wie der Bau wuchs, ließ Michelangelo spiralförmige Rampen für die Lastesel bauen, die Steine nach oben schafften. Der Fortschritt der Arbeiten hing stark vom Engagement des jeweiligen Papstes ab. Als della Porta die Bauleitung innehatte, kamen alle verfügbaren Kräfte zum Einsatz und 800 Arbeiter waren in Schichten Tag und Nacht mit dem Bau der Kuppel beschäftigt.

Einen ähnlichen Höhepunkt erfuhren die Arbeiten, als Maderno das Langhaus baute. Im Jahr 1600 wurde eine eigene Bauhütte gebildet, der die »Sampietrini« – Steinmetzen, Maler, Stuckateure, Glaser und Vergolder – angehörten, was darauf hindeutet, dass von nun an die Deko-

Gegenüberliegende Seite, unten: Michelangelos großartige Konzeption ist heute nur noch vom Vatikangarten aus zu erkennen und für die Öffentlichkeit nur selten zu sehen

Blick in die Vierung von St. Peter: Der Raum ist Michelangelo zu verdanken, aber Dekoration, Zimborium, Altar, Statuen und Mosaike stammen von Bernini.

Der in der Peterskirche verarbeitete Stein stammte großenteils aus Steinbrüchen der Umgebung, Kalktuff aus Porta Portense und Travertin aus Tivoli. Das hölzerne Wölbgerüst für Madernos Tonnengewölbe stellte an sich schon eine technische Meisterleistung dar, für die ganze Baumstämme nach Rom gebracht wurden. Über 1000 Männer waren mit seinem Bau sowie mit Abriss und Abtransport der Überreste der alten Basilika beschäftigt.

Maderno übernahm eine undankbare Aufgabe. In der Gestaltung des Aufrisses musste er innen wie außen Michelangelo folgen. Eine neue Fassade zu entwerfen erwies sich als noch undankbarer, und so bringt das Ergebnis Madernos Talente denn auch nicht recht zur Geltung. Statt einer echten Barockfront übernahm er Michelangelos Planung, interpretierte sie jedoch in einer schwerfälligen und wenig ansprechenden Weise, die nie sonderliche Bewunderung fand. Besonders bedauerlich war der Verzicht (aus Konstruktionsgründen) auf die beiden Türme, die die Fassade flankieren sollten. Daher wirkt sie heute unverhältnismäßig breit, während die Kuppel, die den Höhepunkt des gesamten Bauwerks bilden sollte, durch das Langhaus verdeckt und nur noch aus einer gewissen Entfernung zu sehen ist.

Der letzte große Architekt von St. Peter war Gianlorenzo Bernini, der Meister des Barock. Der vorherrschende Eindruck, den die meisten Besucher sowohl vom Inneren als auch vom Äußeren der Peterskirche mitnehmen, dürfte wohl ihm zu verdanken sein: im Inneren das große Ziborium (*Baldacchino*, fertig gestellt 1633) über dem Grab Petri, ein hoch aufragender Bronzebaldachin auf Spiralsäulen; und außen die weite, ovale Kolonnade (fertig gestellt 1666) in einer vier Reihen tiefen tuskischen Säulenordnung, die die Piazza San Pietro einschließt und jene Erhabenheit vermittelt, die Madernos Fassade fehlte.

Die ungemein üppige Dekoration und Innenausstattung der Peterskirche – Mosaike, Statuen (viele überlebensgroß), Holzschnitzereien, Stuck und zahlreiche Papstgräber – sind ebenfalls von Bernini inspiriert, auch wenn sie nicht von ihm stammen. St. Peter ist schier unerschöpflich, und auch wenn die Kirche keine einheitliche Vision für sich in Anspruch nehmen kann, ist sie doch insofern einmalig, als sie den Ausdruck des Schöpfergeistes einer Nation über zwei Jahrhunderte hinweg darstellt.

ration und nicht mehr der Rohbau im Vordergrund stand. Diese Spezialaufgaben wurden vom Vater an den Sohn weitervererbt.

Technische Daten

Länge des Innenraums	183 m
Gesamtlänge einschließlich Vorhalle	213 m
Breite des Querschiffes	137 m
Höhe der Kuppel mit Laterne	138 m
Kuppeldurchmesser	42 m
Breite des Mittelschiffes	25 m
Breite der Vorhalle	71 m
Breite der Piazza San Pietro	198 m
Zahl der Kolonnadensäulen	284

Die Selimiye-Moschee

9

Bauzeit: 1569–1575   Ort: Edirne, Türkei

Das Herzstück der Moschee ist eine wunderbare Kuppel.
Ich verstehe so wenig von Architektur, dass ich mir nicht anzumaßen wage,
über die Proportionen zu sprechen; mir erscheint sie sehr regelmäßig.
Ich bin sicher, dass sie sehr hoch ist; ich empfand sie als das edelste Bauwerk, das ich je sah.
LADY MARY WORTLEY-MONTAGU, 17. MAI 1717

DIE MOSCHEE SELIMS II. in Edirne, Selimiye Cami, ist das Meisterwerk eines der größten Architekten der Weltgeschichte: Sinan. Als Gipfel seiner Experimente bringt dieses Bauwerk unübertroffen monumentale Form, intelligente Struktur und erhabenen Raum zum Ausdruck. Sinan strebte eine Einheit an, in der Stärke durch Leichtigkeit und visuelle Anregung durch spirituellen Frieden ausgeglichen wird. Edirne ist die Krönung seiner langen Laufbahn.

Der Architekt und sein Meisterwerk

Sinan wurde in einem bescheidenen Dorf in Zentralanatolien geboren, das heute seinen Namen trägt. Er wurde in das Elitekorps der Janitscharen rekrutiert und beeindruckte die Offiziere bald mit seinen Fähigkeiten, als gelernter Zimmermann Straßen, Brücken und Dämme in kurzer Zeit zu bauen. Da er auch als Kommandeur im Feld war, verweist seine Grabinschrift in erster Linie auf seine militärischen Ehren und die große Büyükçekmiçe-Brücke, die er an der Straße von Istanbul nach Edirne über ein Sumpfgebiet baute.

Nach seiner Entlassung aus dem Militär wurde Sinan zum obersten Baumeister des Sultanreiches, ein Amt, das er bis zu seinem Tod bekleidete und in dem er Generationen von Architekten ausbildete. Sinan war achtzig Jahre alt, als er mit dem Bau der Selimiye-Moschee begann.

Selim II. (Regierungszeit 1566–1574) war ein Dichter und aufgeschlossener Mäzen, der die Regierung seines ausgedehnten Reiches seinem

Sinans Meisterwerk: Selimiye Cami, die Moschee Sultan Selims II., mit ihren vier Minaretten, den höchsten der islamischen Welt, und den Halbkuppeln, die den Seitenschub der gewaltigen Kuppel abfangen.

Oben: Blick in die Kuppel der Selimiye-Moschee in Edirne, die ebenso groß ist wie die Kuppel der Hagia Sophia. Die Bemalung ist nicht original.

Gegenüberliegende Seite, oben: Der Moscheehof, der die gleiche Grundfläche hat wie die Moschee, ist in Edirne von hellen, luftigen Kolonnaden umgeben.

Gegenüberliegende Seite, unten: Grundriss der Moschee, des Moscheehofs und der Nebengebäude

Großwesir Sokollu Mehmet Pascha – ebenfalls ein Ästhet – überließ. Da in Istanbul kein Hügel mehr für eine Sultansmoschee zur Verfügung stand, wählte man als Standort die einzige erhöhte Stelle in der Sommerhauptstadt Edirne, die noch heute mit ihren Flüssen, Wiesen und Wäldern von ansprechender Schönheit ist.

Kommt man von Griechenland nach Edirne, so zeichnet sich die einmalige Silhouette der Kuppeln und Minarette ab, dominiert von der Moschee Selims II. mit ihren vier Minaretten. Von Istanbul kommend ist die Moschee bereits aus einer Entfernung von 10 Kilometern zu

Technische Daten	
Größe des Hofes	60 x 44 m
Kuppeldurchmesser	31 m
Höhe	43,5 m
Minarette	4
Höhe	71 m
Zahl der Arbeiter	20 000

sehen, wie es auch bei vielen Kathedralen Europas der Fall ist. Die Kuppel reicht mit ihrem Durchmesser von 31 Metern an die der Hagia Sophia heran, die 1000 Jahre lang die größte der Welt war. Bei Kuppeln stellt sich immer das Problem der Schubkräfte, die auf das tragende Mauerwerk wirken. In Edirne fangen vier kleine Halbkuppeln den Schub auf, der jedoch hauptsächlich direkt über die Pfeiler abgeleitet wird. Sinan hatte die Lösung für dieses Konstruktionsproblem bereits bei seiner früheren Moschee für Süleyman den Prächtigen in Istanbul entwickelt.

Auch in Edirne besteht die Grundstruktur aus Kalksteinquadern, die nur mit einer dünnen Sandschicht vermauert wurden. Sinans großer Coup war, die vier zentralen Stützen durch acht Pfeiler zu ersetzen, die in die Schildmauern gesetzt sind und sich außen in Türmchen fortsetzen. Stolz war Sinan auch auf die vier Minarette, die mit einer Höhe von 71 Metern die höchsten der islamischen Welt sind.

Bei der Vorbereitung des Baus kam Sinan seine militärische Ausbildung zustatten. Das gesamte Material musste in der Reihenfolge, wie es gebraucht wurde, bestellt, gesammelt und gelagert werden. Der Stein stammte aus der Region, doch die Marmorsäulen kamen aus dem ganzen Osmanischen Reich. Zudem brauchte man geschnitzte Fensterläden, Fensterrahmen und vieles andere bis hin zu Eisengittern und Zugbalken für die Bögen.

Die Löhne wurden für jeden Mann einzeln abgerechnet. Abgesehen von Militärangehörigen, die von der Armee bezahlt wurden, waren Zimmerleute, Bildhauer oder Handwerker, die sich auf Kanalisation spezialisiert hatten, beschäftigt. In den drei Wintermonaten, in denen die Schiffe aufgelegt waren, wurden auch Galeerensklaven eingesetzt. Es waren wohl an die 200 000 Männer mit dem Bau der Moschee beschäftigt, hinzu kamen Stallburschen und Maultiere. So war es möglich, sie in nur sechs Jahren zu errichten.

Gestaltung

Der geräumige Hof vor der Moschee hat die gleiche Grundfläche wie der Gebetssaal. Die traditionell große Arkade vor dem Hauptportal ist rhythmisch gegliedert durch zwei kleinere Bögen mit zwei Schmuckscheiben darüber, die wohl Sonne und Mond symbolisieren. Seitliche Kolonnaden von beträchtlicher Größe und der nicht überkuppelte Brunnen für die rituellen Waschungen vervollständigen den Moscheehof.

Die Freifläche mit ihren vergoldeten Gittern und geschliffenen Marmorflächen – am eindrucksvollsten nach einem Regen – wird nur noch übertroffen vom Durchblick, den die Seitentüren bieten. Die Seitenwände der Moschee springen weit zurück und werfen tiefe Schatten auf die Eingänge und die Arkadennischen dazwischen, was entscheidend für den Eindruck ist, den der Innenraum hinterlässt.

Die Innengestaltung ist eine Revolution der osmanischen Architektur, weil der Raum durch den achteckigen Grundriss nicht von Pfeilern verstellt ist und offen wirkt. Dieser Eindruck wird noch verstärkt durch die im Erdgeschoss weit zurückspringenden und daher schattigeren Fenster. Dagegen haben die seitlichen Galerien große Fenster, die das Licht ebenso ungehindert einströmen lassen wie die oberen Fensterreihen. So teilt die Lichtwirkung das vergängliche Irdische vom Himmlischen.

Zum ersten Mal ist hier die große Tribüne, von der aus der Muezzin zum letzten Mal zum Gebet ruft, mitten unter die Kuppel gerückt und steht über einem symbolischen Lebensbrunnen, der ebenfalls einzigartig ist. Gut erhalten sind die

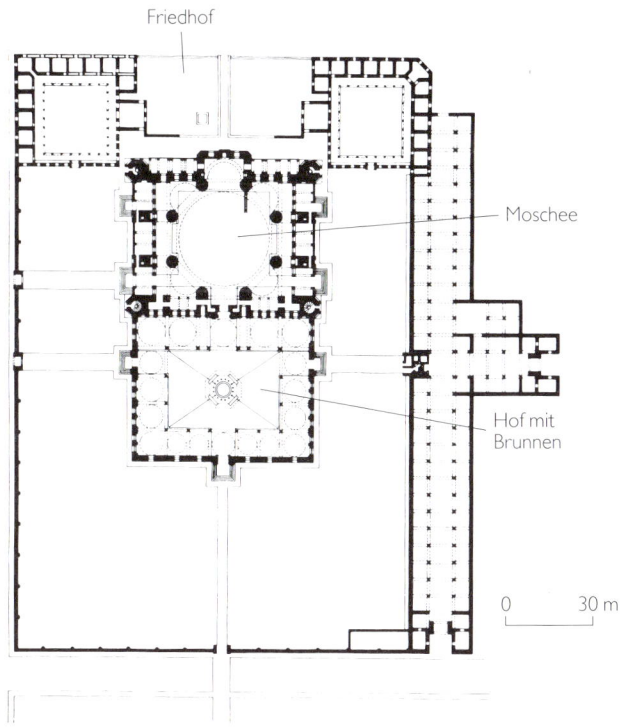

Friedhof

Moschee

Hof mit Brunnen

0   30 m

Blick auf die Tribüne des Muezzins und den Mimbar. Eine der vielen Neuerungen, die Sinan in der Selimiye einführte, ist die zentrale Position der Muezzintribüne unter der Kuppel.

aufwendigen Malereien an den Seitenwänden der Tribüne. Der hohe Mimbar aus weißem Marmor, von dem die Freitagspredigten gehalten und neue Gesetze verkündet wurden, ist üppig mit Blumenornamenten als Symbol des Paradieses verziert. Die Apsis der Gebetsnische, der nach Mekka weisende Mihrab, erstrahlt durch große Fenster in hellem Licht. Die dekorative Zurückhaltung der Gebetshalle weicht hier Iznik-Keramiken mit Paradiesblumen der gesamten Farb

palette. Ansonsten wurden Keramiken außer in der Sultansloge nur sparsam eingesetzt. In den Zwickeln der Seitenarkaden, auf denen die Galerien ruhen, finden sich kunstvoll geschwungene Kacheln, deren unregelmäßige Formen Blumenbouquets gleichen und ihren Schöpfern in den Keramikwerkstätten des Sultans große Genugtuung bereitet haben müssen.

Abends wurden die großen Kerzen neben dem Mimbar angezündet, deren Rauch in Bronzehauben aufgefangen und zu feinster schwarzer Tusche verarbeitet wurde. Sie standen dem Saal zugewandt unter niedrig hängenden, flackernden Öllampen, die diesen Bereich vom unsichtbaren Göttlichen abteilten. Aus dem Gründungsdokument der Moschee geht hervor, dass vor der Elektrifizierung zwei Moscheediener die Besucher hindern mussten, ihre Brotkrusten in das Olivenöl der Lampen zu tunken. Dort ist auch festgehalten, dass der Obermuezzin ein junges, schönes Mädchen heiraten sollte, um nicht in Versuchung zu kommen, eine weitere Frau zu nehmen.

Die prachtvolle Sultansloge ist über eine in die Wand eingelassene Treppe zu erreichen, die über einen Gang und einen gekachelten Durchgang in eine Kammer mit herrlichem Keramikschmuck führt – eine dieser Kacheln wurde von den Russen bei der Invasion 1878 mitgenommen und befindet sich heute in der Eremitage in St. Petersburg. Den Höhepunkt bildet der kleine Eingangsalkoven, an den sich der Mihrab anschließt. Er diente als Rückzugsort für ein vierzigtägiges Beten und Fasten, da aber kein Herrscher seinen Regierungsgeschäften so lange fern bleiben konnte, bezog sich die magische Zahl vierzig vielleicht eher auf Stunden. Der hölzerne Mimbar weist außerordentlich kostbare Intarsienarbeiten auf. Ein weiterer Geniestreich Sinans ist die Wand, die lediglich aus Jalousien besteht: So konnte der Sultan auf Knien unmittelbar zum Paradies beten – ein emotionales Moment, wie nur je ein Architekt es erzielt hat.

Das Sultanat endete 1924, aber die Moschee ist bis heute die bedeutendste der Türkei außerhalb Istanbuls. Erst kürzlich wurde bei Untersuchungen festgestellt, dass dieses Bauwerk trotz der Verwüstungen durch die russische Armee in hervorragendem Zustand ist. Kein anderer Architekt, auch nicht sein Meisterschüler Mehmet Agha, reichte in Können und Einfallsreichtum an Sinan heran. Er schuf die Krönung der osmanischen Baukunst.

Taj Mahal

Bauzeit: 1632–1647 Ort: Agra, Uttar Pradesh, Indien

Ein prachtvolles Bauwerk wurde begründet – wie das Auge des Zeitalters seinesgleichen unter den neun Himmelsgewölben noch nicht gesehen und das Ohr der Zeit Ähnliches und Ebenbürtiges von keiner vergangenen Epoche je gehört hat.
MUHAMMAD AMIN QAZWINI, GESCHICHTSSCHREIBER SHAH JAHANS, UM 1630

ALS DER MOGULKAISER SHAH JAHAN (Regierungszeit 1628–1658) in Agra, Nordindien, ein Mausoleum für seine Lieblingsfrau, Kaiserin Mumtaz-i-Mahal, erbauen ließ, schwebte ihm vor, ein weltweit bewundertes Bauwerk zu schaffen, das Meisterwerk kommender Zeiten.

Diese Erwartung hat es gewiss erfüllt: Das Taj Mahal ist das bekannteste Bauwerk Indiens und eine Hauptattraktion für tausende Besucher des Subkontinents. Das 1632 begonnene Taj Mahal bringt die typische Mogulkonzeption für ein Grabmal in einer architektonisch gestalteten Gartenanlage in ihrer monumentalen Form ideal zum Ausdruck.

Anlage

Der Erfolg des Taj Mahal beruht auf seinem ästhetischen, romantischen und symbolischen Reiz sowie auf der Tatsache, dass es die architektonischen Prinzipien seiner Zeit, die von den Moguln nie schriftlich festgehalten wurden, in kanonischer Form zum Ausdruck bringt: Erstens eine rationale, strikte Geometrie, der als Raster das Shahjahani *gaz* (ca. 80–82 cm) zugrunde liegt; zweitens ein durchgängig symmetrischer Grundriss, der die Spiegelsymmetrie entlang einer Mittelachse betont und weitere symmetrische Elemente integriert; drittens eine hierarchische Abstufung der Materialien, Formen und Farben bis hin zum kleinsten Detail der Ornamente; und

Das Taj Mahal vom gegenüberliegenden Ufer der Yamuna gesehen; das Mausoleum ist von zwei gleichförmigen Gebäuden flankiert, links vom Mehman Khana, wörtlich »Gästehaus«, und rechts von der Moschee.

Grundriss des gesamten Taj-Mahal-Komplexes, dessen südlichster Hof (D) nicht mehr existiert

A Terrasse
B Mausoleums-
  garten
C Vorhof (Jilau
  Khana)
D Basar- und
  Karawanserei-
  komplex
E Wasserspiele

1 Mausoleum
2 Mausoleums-
  moschee
3 Mehman Khana
  (Gästehaus)
4 Gartenpavillon
5 Torhaus
6 Turmpavillon
7 Quartier der
  Grabwächter
  (Khawasspura)
8 Basargasse
9 Grabmale der
  Nebenfrauen
  (a,b: Saheli Burj,
  c: Saheli Burj
  und Sandli
  Masjid)
10 Karawanserei
11 äußeres
  Grabmal
12 äußere Moschee
  (Fatehpuri
  Masjid)

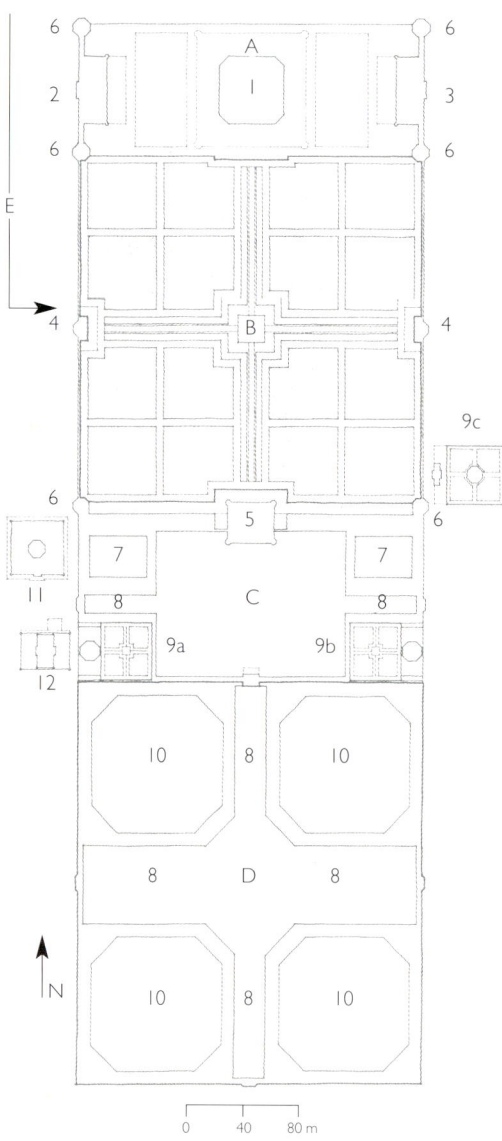

viergeteilten Gartens: Er besteht aus einer rechteckigen erhöhten Uferterrasse (A) mit den Hauptgebäuden, an die sich landeinwärts ein quadratischer, viergeteilter Garten anschließt (B).

Die beiden Hofkomplexe mit Nebengebäuden griffen die Anordnung des Mausoleumsgartens auf, allerdings gruppierten sich die Gebäude als schmale Flügel mit Arkaden um offene Innenhöfe, wie es für Wohn- und Nutzbauten dieser Periode typisch war. Der rechteckige Vorhof des Mausoleumsgartens (C) ist flankiert von zwei Wohnbauten mit Innenhof für die Grabwächter (7) und zwei Grabmalen für Nebenfrauen Shah Jahans (9a, 9b), jeweils getrennt durch Gassen für

viertens ein ausgeklügelter Symbolismus, durch den das Bauwerk Mumtaz' Wohnstatt im Paradiesgarten verkörpert.

Das Mausoleum steht in einer großen, ummauerten Anlage von ursprünglich 1113×373 *gaz* (ca. $897,3 \times 300$ m) Größe, auf deren südlichem Drittel inzwischen das Stadtviertel Taj Ganj entstanden ist. Das Grabmal und der Garten mit seinen kunstvollen Wasserspielen liegen am Nordende (im Plan: A, B und E); nach Süden schlossen sich zwei Hofkomplexe mit Nebengebäuden an (C und der nicht mehr vorhandene Hof D). Der Mausoleumsgarten ist als Monumentalversion eines Ufergartens angelegt, eine dem Mogulstil eigene Variante des persischen *Chaharbagh* oder

den offenen Basar (8), die im Vorhof münden. Der quadratische Hof (D) südlich davon bestand ursprünglich aus zwei kreuzförmigen offenen Basarstraßen und vier Karawansereigebäuden mit offenen Innenhöfen und spiegelte die vierteilige Gliederung des Mausoleumsgartens wider. Neben der formalen erfüllte er auch eine praktische Funktion: Die Einnahmen des Basars und der Karawansereien dienten zur Erhaltung des Mausoleums.

Die Erbauer

Der Architekt des Taj Mahal ist nicht eindeutig zu benennen, da die offizielle Geschichtsschreibung zur Regierungszeit Shah Jahans den Schwerpunkt auf die Verdienste des Herrschers legte. Allerdings wissen wir, dass der Bau unter seiner strengen Aufsicht von mehreren Architekten geplant wurde: Namentlich genannt sind Ustad Ahmad Lahauri, dem sein Sohn den Bau des Taj Mahal zuschrieb, sowie Mir 'Abdul Karim, der Lieblingsarchitekt von Shah Jahans Vater Jahangir (1605–1627). In den Steinplatten der Gartenwege und der Fassadenverkleidung finden sich zahlreiche Steinmetzzeichen eingeritzt: Sterne, Swastiken, Fische, Blumen, verflochtene Figuren und muslimische und hinduistische Namen in persischen oder Dewanagari-Schriftzeichen.

Das Mausoleum vom Ende des Wasserbeckens, das auf der Mittelachse des Gartens in den Boden eingelassen ist.

Bau des Mausoleums

Das Taj Mahal liegt am Südufer der Yamuna und gehörte früher zu den Gärten, die in der Mogulzeit das Flussufer säumten. Mumtaz-i-Mahal starb im Juni 1631 in Burhanpur. Die Bauarbeiten begannen im Januar 1632, als ihr Leichnam in Agra eintraf und vorübergehend unter einer Kuppel im Bereich des Mausoleumsgartens beigesetzt wurde. Jean-Baptiste Tavernier, ein französischer Juwelier, der das Taj Mahal 1640 besuchte, behauptet, im Laufe der Jahre wären 20 000 Männer mit dem Bau des Grabmals beschäftigt gewesen.

Die größte technische Herausforderung war, das Terrassenfundament im Sandboden des Flussufers so sicher zu verankern, dass es das überkuppelte Mausoleum mit seiner Gesamthöhe von 68 Metern tragen konnte. Shah Jahans Hofdichter Abu Talib Kalim, die einzige, wenn auch ungewöhnliche Quelle für technische Angaben, berichtet, dass man diese Aufgabe mit holzverschalten Brunnen löste, die mit Schutt aufgefüllt wurden, was Untersuchungen im 20. Jahrhundert bestätigten.

Die hohe doppelschalige Kuppel – eine Kalotte ist von außen, die andere von innen sichtbar – besteht entgegen verbreiteter Annahmen nicht aus massivem Marmor, sondern aus Backstein, der mit weißem Marmor verkleidet ist. Die Ziegelsteine haben die damals übliche Standardgröße von etwa $19 \times 12,5 \times 3$ Zentimeter oder etwas kleiner. Bei einem typischen Bau von Shah Jahan wurden sie großenteils in Läuferschichten mit einzelnen Bindern und dicker Kalkmörtelfuge vermauert; bei den konzentrischen Ringlagen

der Gewölbe sind die Mörtelfugen noch dicker. Durch diese Bauweise erhielt das Mauerwerk die nötige Stabilität, um die Wölbung der inneren Flachkuppel und die hohe Zwiebelkuppel darüber ohne aussteifende Innenwände zu tragen.

Sämtliche Nebengebäude des Komplexes sind ebenfalls aus Backstein, aber vorwiegend mit rotem Sandstein verkleidet, während sich die Marmorverkleidung auf einige besondere Bauteile wie Kuppeln beschränkt. Diese hierarchische Farbaufteilung in weißen Marmor und roten Sandstein ist charakteristisch für die gesamte kaiserliche Mogularchitektur, hier jedoch mit besonderem Raffinement angewandt. Sie knüpft an die altindische Architekturtheorie an, in der weiße Steine für Brahmanen und rote für die fürstliche Kriegerkaste der Kshatriyas standen. So brachten sich die Mogulkaiser mit den beiden höchsten Stufen des indischen Kastenwesens in Verbindung.

Der Marmor für das Taj Mahal wurde mit Ochsenkarren über 400 Kilometer weit aus Makrana in Rajasthan herbeigeschafft. Der Sandstein kam aus Steinbrüchen der Vindya-Kette bei Fatehpur und Rupbas, die über Jahrhunderte hinweg Baustoffe in die Städte der angrenzenden Ebenen lieferten.

Die Pietra-dura-Dekoration

Das Gitter um die Kenotaphen von Mumtaz-i-Mahal und Shah Jahan in der Halle des Mausoleums, die mit ihren naturalistischen Blumen- und Pflanzenornamenten heute zahlreiche Besucher anlockt, wurde 1643 als Ersatz für ein früheres

Oben: **Auswahl typischer Steinmetzzeichen auf den Gehwegplatten im Garten**

Rechts: **Schnitt durch das Mausoleum mit der doppelschaligen Kuppel**

Goldgitter mit Zellenschmelz aufgestellt, das man für zu kostbar hielt. Die gleiche Einlegetechnik mit Halbedelsteinen findet sich auf den Kenotaphen. Mittlerweile ist erhärtet, dass Steininkrustationen des Mogulstils, so genannte *parchin kari*, auf einer heimischen Tradition beruhen, während Einlegearbeiten mit Edelsteinen in Marmor florentinischen Ursprungs sind, daher auch der Name *commesso di pietre dure* oder *pietra dura*. Die kunstvollen Inschriften aus dem Koran rund um die Bögen wurden von Amanat Khan al-Shirazi entworfen und als schlichte Inkrustationen ausgeführt; sie beziehen sich hauptsächlich auf den Tag der Auferstehung, das Jüngste Gericht und den Lohn der Gläubigen.

Fertigstellung, Kosten und Zukunft

Aus zwei Inschriften, einer im Inneren und einer im Portal der Westfassade, geht hervor, dass das Mausoleum des Taj Mahal 1638/39 fertig gestellt wurde. Laut Geschichtsschreibung war der gesamte Komplex 1643 fertig, eine Inschrift an der Gartenfassade des Torhauses zeigt jedoch, dass die Arbeit an den Dekorationen noch bis mindestens 1647 dauerte. Die Baukosten beliefen sich Hinweisen zufolge auf 40 bis 50 *lakhs* Rupien (4 bis 5 Millionen Rupien). Steinmetzen, die im Mogulreich an der Spitze der Handwerker-

Technische Daten	
Größe des Gesamtkomplexes	897,3 x 300 m
Davon erhalten	561,2 x 300 m
Höhe des Mausoleums	68 m
Höhe der Innenkuppel	24,74 m
Durchmesser der Innenkuppel	17,72 m
Scheitelhöhe der Außenkuppel	29,61 m
Höhe des Torhauses	23,07 m
Arbeitskräfte	20 000 (?)

hierarchie standen, verdienten zwischen 9 und 20 Rupien monatlich.

Das Taj Mahal hat bisher dreieinhalb Jahrhunderte überdauert, aber die einmalige Wandverkleidung aus Marmor und Sandstein mit ihren Einlegearbeiten und gemeißelten Ornamenten leidet zunehmend unter den Auswirkungen der Luftverschmutzung, chemischer Reinigungsverfahren und natürlichen Faktoren wie den Tauben, die rund um die Innenschale der Kuppel nisten. Ein zusätzliches Problem sind die Touristen, die ihren Namen an den Wänden dieses Meisterwerks Shah Jahans verewigen möchten.

Blumenornament vom Deckel des Kenotaphens Shah Jahans

Kenotaph von Mumtaz-i-Mahal, eingemeißelt ihr Todesjahr, 1631, und das 1666 hinzugefügte Kenotaph Shah Jahans, beide wie auch die Abschirmung mit Blumen- und Pflanzenornamenten in pietra dura geschmückt.

11 St Paul's Cathedral

Bauzeit: 1675–1711   Ort: London, England

Wenn du ein Monument willst, sieh dich um.
INSCHRIFT VON WRENS SOHN IM INNEREN VON ST PAUL'S, 1723

Der endgültige Grundriss von St Paul's Cathedral mit konventionellem Langhaus und Chor, wie sie nach vielen Entwürfen und Änderungen gebaut wurde. Ursprünglich wollte Wren einen Zentralbau mit dem Grundriss eines griechischen Kreuzes und einer dominanteren Kuppel.

CHRISTOPHER WRENS St Paul's Cathedral, Englands größtes Barockbauwerk, wäre nie entstanden, wenn der große Brand 1666 nicht weite Teil Londons, darunter auch die mittelalterliche Paulskirche zerstört hätte. Doch schon vor dem Brand war Wren mit dieser Kirche befasst, zumal mit jenem Teil, der sein Denken von Anfang an beherrschte – der Kuppel. Die alte Kathedrale, die schon lange Grund zur Sorge gegeben hatte, zeigte 1663 alarmierende Zeichen von Baufälligkeit unter dem Vierungsturm. Wren schlug vor, den Turm abzureißen, die Vierung mit größerem Grundriss wiederaufzubauen und mit einer Kuppel zu versehen, die in einer riesigen Ananas als Bekrönung enden sollte. Sein Vorschlag wurde angenommen.

Jeder Architekt träumte davon, eine Kuppel zu bauen, aber nur selten bot sich Gelegenheit dazu. Brunelleschi hatte 1420 die Kuppel für den Dom von Florenz gebaut. Michelangelos Kuppel für St. Peter in Rom (s. S. 48) entstand Ende des 16. Jahrhunderts. In Paris baute gerade François Mansart die Kirche Val-de-Grâce und Jacques Lemercier die Kirche der Sorbonne, die Wren vermutlich während seiner Auslandsreise 1665 im Bau besuchte.

Entwicklung des Entwurfs

Da nach dem Brand alle bisherigen Pläne hinfällig waren, begann Wren ganz von vorn. Aus der Zeit bis zur Fertigstellung des Baus 1711 ist eine Fülle von Plänen und Zeichnungen aus Wrens Büro erhalten, die den Planungsprozess eigentlich verdeutlichen sollten, manchmal aber genau das Gegenteil tun.

Die Planung entwickelte sich in folgenden Stadien: Wren legte 1670 einen seltsam bescheidenen Entwurf für eine überkuppelte Vorhalle und eine verhältnismäßig kleine rechteckige Kirche vor. Nachdem dieser Vorschlag als zu wenig imposant abgelehnt worden war, machte er weitere Entwürfe, die teils auf einem lateinischen Kreuz mit überkuppelter Vierung, teils auf einem griechischen Kreuz mit Kuppel beruhten wie Bramantes ursprünglicher Plan für St. Peter in Rom.

Wren bevorzugte das griechische Kreuz für den Grundriss und fertigte 1673 das »Große Modell« an, um die Zustimmung für diesen Entwurf zu erlangen. Ebenso wie beim Petersdom bestanden jedoch auch hier die Kirchenvertreter auf dem traditionellen Grundriss mit Langhaus (das griechische Kreuz fanden sie »nicht kathedralenhaft genug«). Allerdings zeugt das Große Modell bis heute von Wrens Schöpfergeist und hätte architektonisch sicher mehr Reiz besessen als die Kirche, die tatsächlich gebaut wurde: Es sah vier gleich lange Kreuzarme mit großer Vierungskuppel und eine geräumige Vorhalle am Westarm vor. Die Verbindung der Kreuzarme nicht rechtwinklig, sondern in einer geschwungenen Linie auszuführen, war eine originale Idee, einmalig

Technische Daten

Gesamtlänge	156 m
Länge des Querschiffs	76 m
Breite des Langhauses	37 m
Breite der Westfassade mit Seitenkapellen	55 m
Höhe bis zur Balustrade	33 m
Höhe bis zur goldenen Galerie	86 m
Höhe bis zum Kuppelkreuz	110 m
Höhe der Westtürme	68 m
Grundfläche	5480 qm

Die Westfassade der St Paul's Cathedral wurde zuletzt entworfen. Die Tympanonszene zeigt die Bekehrung des heiligen Paulus auf dem Weg nach Damaskus und stammt von Francis Bird (1706), ein zu wenig gewürdigtes, seltenes Werk monumentaler Barockskulptur in England.

in England und der ganzen Welt. Das Kurvenspiel zwischen konkaven Wänden und konvexer Kuppel hätte den Inbegriff barocker Bravour verkörpert.

Das nächste Planungsstadium ist insofern verwirrend, als das überzeugende Große Modell einer offenbar grotesken Amateurhaftigkeit weicht. Wren kehrte zum Grundriss des lateinischen Kreuzes zurück, krönte aber die Vierung mit einer vierstöckigen Kombination aus Kuppel und Turm: Eine zwiebelförmige Basis trägt eine Trommel mit gekuppelten Säulen, auf der eine

kleine Kuppel mit einem pagodenartigen Turm ruht, wie er sie in ähnlicher Form später bei der Kirche St Bride's in der Fleet Street baute. Für diesen Entwurf erhielt Wren im Mai 1675 die Baugenehmigung, behielt sich jedoch Änderungen im Bauverlauf vor.

Fast unverzüglich nahm er diese Änderungen auch vor und von nun an entwickelte sich die Planung recht geradlinig. Die ausgefallene Turm-Kuppel-Kombination wich der Kuppel, wie wir sie kennen, und die detaillierte Wandgestaltung nahm ihre endgültige Form an. Die einzigen Bau-

Um den Eindruck eines Ringes aus acht gleichen Bögen zu erzielen, glich Wren die vier Bögen der Diagonalen durch Lünetten den Bögen der Hauptachsen optisch an.

teile, die noch ungeklärt blieben, waren die Türme und die Westfassade, die erst nach 1700 Gestalt annahmen.

Der Bau von St Paul's

Bei der Realisierung seiner Vorstellung stieß Wren auf einige Probleme, die er brillant löste, auch wenn es ihm von Verfechtern der Prinzipien A. W. N. Pugins und John Ruskins im 19. Jahrhundert den Vorwurf der »Unredlichkeit« eintrug. Der Grundriss weist die herkömmlichen Elemente auf: Langhaus, Querhaus und Chor jeweils mit Mittel- und Seitenschiffen. Die Kuppel ruht nicht auf vier, sondern auf acht Vierungspfeilern, an denen die Seitenschiffe diagonal

auslaufen. Ursprünglich waren über diesen Pfeilern gleich große Bögen geplant, wie das Große Modell zeigt, aber letztlich war Wren gezwungen, sie so sehr zu verstärken, dass die Bögen in Diagonalrichtung wesentlich kleiner ausfallen als die der Hauptachsen. Diese Diskrepanz versuchte er optisch durch große Lünetten mit Balkonen zu überwinden, die über die angrenzenden Pfeiler hinwegreichen. So entsteht der Eindruck eines Ringes aus acht gleichen Bögen. Dass sie nicht konzentrisch zu den Segmentbögen darunter verlaufen, gilt sicher zu Recht als Mangel.

Wie vorherzusehen stellte das Tragwerk der Kuppel Wren vor größere Probleme als jeder andere Teil der Kathedrale. Er hatte die acht Pfeiler als Schale aus Portland-Stein ausgeführt und mit Schutt (von Old St Paul's) angefüllt. Bald stellte er jedoch fest, dass sie den Belastungen nicht gewachsen waren, und musste die heikle Aufgabe bewältigen, die Pfeilerkerne durch massives Mauerwerk zu ersetzen. Um eine Ausdehnung der Kuppel zu verhindern, versah man sie 1706 an der Basis mit einer/einem »Großen Eisenkette oder Gürtel«, gefertigt vom Kunstschmied Jean Tijou, besser bekannt durch seine prachtvollen schmiedeeisernen Gitter für die Seitenflügel des Chores; ein Jahr später kamen weitere Ketten hinzu.

Eine einfallsreiche Täuschung gelang Wren auch bei der Kuppel. Frühere Kuppeln wie die des Doms von Florenz oder der Peterskirche hatten Doppelschalen, eine von innen zu sehen, die andere von außen. Wren, der seine Kuppel mit einer ungewöhnlich schweren Laterne bekrönen wollte, fügte zwischen beiden Schalen von der Flüstergalerie aus einen Backsteinkegel ein, der die Laterne trägt und weder von innen noch von außen zu sehen ist.

Die innere Kuppel ist gemauert, die äußere aus bleigedecktem Holz.

Schließlich führte Wren die Außenwände der eingeschossigen Seitenschiffe von Langhaus, Querhaus und Chor zweigeschossig aus. Diese Blendfassaden verdecken von außen völlig den Lichtgaden, der den Innenraum wie bei einer mittelalterlichen Kathedrale erhellt, und das Strebewerk, das (in der gleichen Tradition) das Gewölbe stützt. Von innen fällt es nicht auf, und auch von außen bemerken es nur wenige. Tatsächlich erzielt Wren die beabsichtigte Wirkung, optisch eine solide Basis für die hoch aufstrebende Kuppel und für die Konstruktion zusätzliche Widerlager für ihren Seitenschub zu schaffen.

Ohne diese drei einfallsreichen Kunstgriffe wäre St Paul's Cathedral sicher ärmer, allerdings lieferten sie Pugin einen Vorwand für die bissige Bemerkung: »Eine Hälfte des Gebäudes dient dazu, die andere zu kaschieren.«

Als Letztes wurde die Westfassade fertig gestellt. Manches deutet darauf hin, dass Wren eine ionische Kolossalordnung für den Portikus bevorzugt hätte, aber keine Steine auftreiben konnte, die lang genug für das Säulengebälk waren. Die beiden Türme lassen ebenso Einflüsse des italienischen Barock erkennen (Francesco Borrominis S. Agnese in Rom) wie die übrigen späteren Bauteile der Kathedrale. So deuten die Querhausfassaden darauf hin, dass Wren Pietro da Cortonas römische Kirche S. Maria della Pace kannte. Das mag Wrens eigener geschmacklicher Entwicklung entsprechen oder auf Beiträge jüngerer Mitarbeiter seines Büros zurückgehen. Welche Rolle seine zahlreichen Zeichner spielten, die teilweise selbst Architekten waren wie Nicholas Hawksmoor, ist bislang noch nicht endgültig geklärt.

Wren war Architekt, kein Handwerker, und stellte für die praktische Ausführung der Arbeiten ein großes Team von Fachleuten zusammen. Im Laufe der fast vierzigjährigen Bauzeit wurden 14 Bauleiter beschäftigt, die jeden Schritt der Arbeiten beaufsichtigten, vom Steinbruch in Portland bis zu den endgültigen Details vor Ort. In einem betriebsamen Jahr (1694) arbeiteten Berichten zufolge neben Zimmerleuten, Klempnern, Steinmetzen und Putzern auch 64 Maurer auf der Baustelle. Unter den Bildhauern ist besonders Grinling Gibbons zu erwähnen, der gemeinsam mit Edward Pearce für die Holzschnitzereien des Kirchengestühls und die Steinskulpturen der Fassade verantwortlich war, wo Cherubine aus Friesen und Fensterrahmen starren.

In hohem Alter wurde Wren aus seinem Amt als Surveyor General der königlichen Bauverwaltung entlassen. Eine der letzten Entscheidungen, die die Bauherren der Kathedrale gegen Wrens Willen trafen, war, sämtliche Fassaden mit Balustraden zu versehen. »Damen finden nichts gut, was keine Umrandung hat«, kommentierte Wren bitter.

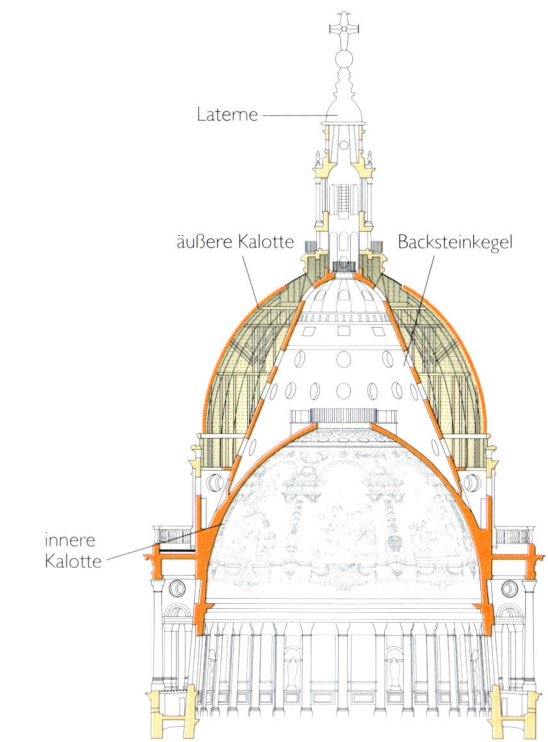

Schnitt durch Wrens dreischalige Kuppel: Unter der äußeren, nicht tragenden Kalotte befindet sich ein nicht sichtbarer Kegel, der die Laterne trägt, und erst darunter die von innen sichtbare Kuppelschale.

Von oben betrachtet (ein Blick, den Wren nie für möglich gehalten hätte) ist deutlich zu erkennen, wie die Blendfassaden das Strebewerk verdecken.

12

Panthéon, Paris

Bauzeit: 1757–1790   Ort: Paris, Frankreich

*Sainte-Geneviève wird die Leichtigkeit gotischer Bauten mit der Reinheit
griechischer Baukunst verbinden.*
SOUFFLOT ZUGESCHRIEBEN, VON SEINEM ASSISTENTEN UND NACHFOLGER RONDELET

Beim Blick auf die prachtvolle Westfassade und die Kuppel
des Panthéon, ursprünglich erbaut als Kirche Sainte-Geneviève,
drängt sich ein Vergleich mit dem Petersdom in Rom und
St Paul's Cathedral in London auf.

DAS PANTHÉON, ursprünglich die Kirche Ste-Geneviève, beeindruckt auf Anhieb jeden Besucher: Es ist hell, elegant, raffiniert, räumlich komplex und besitzt nichts von der Schwere, die man ansonsten mit dem Klassizismus verbindet. Das ist kein Zufall. Ihr Architekt, Jacques-Germain Soufflot, war fasziniert von der Gotik und versuchte bei Ste-Geneviève, in einer klassizistischen Kirche, das gotische System vom Gleichgewicht der Kräfte anzuwenden, statt die Last unmittelbar auf das Tragwerk zu bringen. Dies ist für den Betrachter jedoch keineswegs offenkundig, da jedes Detail durch und durch klassizistisch ist. Soufflot kannte Wrens St Paul's Cathedral (s. S. 62) gut, wie seine Kuppel deutlich erkennen lässt, und ebenso wie Wren setzte auch er ein verdecktes Strebewerk ein. Dieser Aspekt des Gebäudes lässt sich erst wirklich würdigen, wenn man Soufflots Theorien kennt.

Entwicklung des Projekts

Am Anfang dieses Bauprojekts stand die Erkrankung Ludwigs XV. im Jahr 1744 und sein Schwur, der Schutzpatronin von Paris, Geneviève, eine prachtvolle Kirche zu bauen. Der Generalbaudirektor des Königs, Marigny, der Soufflot zum Oberhofbaumeister ernannt hatte, bewilligte 1757 den Entwurf seines Protegés für den Kirchenneubau. Ebenso wie Bramante und Michelangelo hatte Soufflot einen Zentralbau geplant, musste aber den Westarm zu einem Langhaus verlängern.

Länge	110 m
Breite	83 m
Höhe	92 m
Materialien	Haustein, Eisenträger

Soufflot öffnete den Innenraum, indem er unter Rückgriff auf gotische Bautechniken Dach und Kuppel auf eine fortlaufende Reihe frei stehender Säulen stellte. Eine sorgfältige Untersuchung der Dachkuppeln, Gewölbe und Widerlager zeigt, dass Last und Schubkräfte raffiniert auf die Säulen im Inneren verlagert werden.

Die herrliche Kuppel erforderte ein komplizierteres System aus Bögen und Pendentifs, um den beträchtlichen Schub auf Vierungspfeiler und Säulen zu verlagern; Brüstungsmauern verbergen eine Konstruktion, die nur bei genauer Analyse des Grund- und Aufrisses zu verstehen ist. Besonders im Querhaus erzeugt die zierlich »gotische« Mischung aus Gewölben, Pendentifs und Säulen eine visuelle Offenheit im Obergadenbereich und eine Kontinuität mit den Seitenschiffen, die für klassizistische Bauten ungewöhnlich ist.

Der Bau von Sainte-Geneviève entwickelte sich nur langsam über viele Jahre hinweg. Als Soufflot 1780 starb, waren die Arbeiten erst bis zur Trommel der Kuppel fortgeschritten (fertig gestellt 1790). Nach seinem Tod wurden drastische Änderungen notwendig. Wie beim Petersdom und der St Paul's Cathedral stellte man auch hier fest, dass die tragenden Pfeiler verstärkt werden mussten. Zu diesem Zweck wurden Flächen, die Soufflot als offene Bögen geplant hatte, durch Mauerwerk geschlossen, was sein Ideal der Schwerelosigkeit ernstlich beeinträchtigte. Die gleiche Wirkung hatte eine weitere Änderung: Als die Kirche nach der Französischen Revolution säkularisiert und in ein staatliches Monument für französische Helden umgewandelt wurde – das es bis heute geblieben ist –, mauerte man 42 der unteren Fenster zu.

Der französische Architekt, Restaurator und Schriftsteller Viollet-le-Duc führte später Soufflots Ste-Geneviève (zusammen mit der gotischen Kathedrale von Beauvais) als Beleg an, dass sich die Proportionen von Tragwerken nur bis zu einem gewissen Punkt vergrößern lassen, bevor

sie einstürzen; denn »die Grundfläche wächst als Funktion von zwei Dimensionen, während das Gewicht des Bauwerks eine Funktion von drei Dimensionen ist«. Schon bald sollten Eisenkonstruktionen, Anfang des 20. Jahrhunderts gefolgt von Stahlbeton, Architekten und Baumeistern die Möglichkeit bieten, diese Hürde zu nehmen.

Im Laufe des 19. Jahrhunderts diente das Gebäude verschiedenen säkularen Zwecken. Im Querschiff fand sogar eine öffentliche Demonstration des Foucault'schen Pendelversuchs statt, das die Erdrotation demonstriert. Mit dem Staatsbegräbnis des französischen Schriftstellers Victor Hugo 1885 fand es seine endgültige Bestimmung als Panthéon bedeutender Franzosen. In der Krypta befinden sich die Grabstätten unter anderem von Pierre und Marie Curie, Voltaire und Jean-Jacques Rousseau. Als bisher Letzter wurde hier 1996 auf Anweisung Präsident Chiracs der französische Widerstandskämpfer, Schriftsteller und Kultusminister André Malraux beigesetzt.

Der klassizistische Innenraum wirkt durch die Gewölbe und Pendentifs, die die Last auf sichtbare Säulen und verborgene Strebepfeiler verteilen, überraschend leicht und luftig. Die Pfeiler mussten nachträglich verstärkt werden, da sie zu schwach waren.

Sagrada Familia

Bauzeit: ab 1882   Ort: Barcelona, Katalonien, Spanien

Das ist nicht die letzte Kathedrale,
aber wahrscheinlich die erste einer neuen Linie.
ANTONI GAUDÍ

Oben: Die Sagrada Familia um 1912, als die Apsis und die Ostfassade bereits fertig und die Türme noch im Bau waren.

Rechts: Der Architekt Antoni Gaudí 1924 bei einer religiösen Feier in Barcelona

ES MAG PARADOX SCHEINEN, stellt vielleicht aber auch nur zwei Seiten einer Medaille dar: Während des gesamten 19. Jahrhunderts wurden in Barcelona Kirchen im Namen des Fortschritts eingerissen und Sakralbauten bei Gewaltausbrüchen niedergebrannt, geplündert und zerstört. Dennoch begann man in ebendieser Stadt Ende des 19. Jahrhunderts mit dem Bau einer Monumentalkirche, die zugleich die alten Ideale gotischer Kathedralen wiederbeleben und zu einem der großartigsten Beispiele zeitgenössischer Sakralarchitektur werden sollte.

Die Initiative für diesen großen Plan kam von einer kleinen religiösen Gemeinschaft zu Ehren des heiligen Joseph. Ihr Präsident, Josep María Bocabella, kündigte den Plan an, eine Kirche zu bauen, die der heiligen Familie, Jesus, Maria und Joseph, als Vorbild aller christlichen Familien geweiht sein sollte. Als Sühnekirche sollte sie ausschließlich durch Spenden und Almosen finanziert werden.

Da die ersten Kollekten nicht genügend Geld einbrachten, um ein Grundstück in der Nähe des damaligen Stadtzentrums zu kaufen, erwarb man ein Gelände am Stadtrand in der so genannten Ensanche, einer rasch wachsenden Neubausiedlung, die nach Städtebauplänen des Ingenieurs Ildefons Cerdà von 1859 entstanden war. Das Grundstück kostete 170 000 Peseten und am 19. März 1882, dem Tag des heiligen Joseph, wurde symbolisch der Grundstein der neuen Kirche gelegt.

Die Arbeiten begannen unter der Leitung des Architekten Francisco Villar y Lozano, dessen neugotischer Entwurf unmittelbar von der Basilika in Loreto, Italien, inspiriert war. Als Antoni Gaudí Ende 1883 den Auftrag erhielt, Villars Projekt fortzuführen, wurde die Planung völlig neu überdacht.

Gaudí, der 1878 sein Architekturstudium abgeschlossen hatte, übernahm den Bau der Sagrada Familia zu Beginn seiner Architektenlaufbahn und blieb diesem Projekt bis zu seinem Tod 1926 eng verbunden. Ab 1918 widmete er sich ausschließlich der Sagrada Familia und wohnte und arbeitete auf dem Baugelände. So lässt sich diese Kirche als Gipfel des architektonischen Schaffens Antoni Gaudís sehen, als Werk, das sämtliche Erfahrungen und Innovationen seiner Karriere in sich vereint.

Stil und Geist

Gaudís Architektur entstand im Kontext des Art Nouveau, auch wenn sich sein Schaffen aufgrund seiner starken Persönlichkeit von den typischen Merkmalen dieses Stils abhebt. Manche Elemente in Gaudís Bauten nehmen Stilrichtungen vorweg, so deutet seine Verwendung von Materialien bereits auf den Expressionismus hin. Vertreter der organischen Architektur entwickelten später die plastischen Qualitäten seines Werkes weiter, und die Einzigartigkeit seiner Vision fügt sich gut in einen postmodernen Kontext. Die Architektur von Frank O. Gehry, um nur einen zu nennen, ist voller Anklänge an Gaudí.

Trotz dieser innovativen Konzepte und Vorgriffe auf die Postmoderne, ist die Sagrada Familia im Kern ein gotisches Bauwerk. Gaudí nutzte das gotische Prinzip des Gleichgewichts der Kräfte und trieb es weiter als jeder mittelalterliche Baumeister. Die Pfeiler des Kirchenschiffes neigen sich nach innen und bilden ihre eigenen Widerlager – eine logische Weiterentwicklung des Systems von Schub und Gegenschub. Schematisch stellte Gaudí die Kräfte anhand eines Bindfadenmodells dar, das er umgekehrt aufhängte, mit Gewichten beschwerte, die der späteren Traglast entsprachen, und mit Gips stabilisierte. Als der Gips abgebunden hatte, drehte er das Modell um und hatte den Entwurf, den wir heute sehen. Diese Art von Bögen nennt man Ketten- oder Parabelbogen.

Eines der auffallendsten Merkmale an Gaudís Architektur ist seine formale Erfindungsgabe. Formen, die willkürlich oder eigenwillig wirken, basieren in Wahrheit auf zutiefst logischen Überlegungen. Die Architektur der Sagrada Familia erwächst aus einer soliden geometrischen Basis, und der gesamte Bau ist nach einem festen Proportionssystem gestaltet. Es dominieren Parboloide und Hyperboloide, die Gaudí empirisch entwickelte; heute lassen sich solche Formen

mit Computer-aided-design-Systemen (CAD) berechnen.

Ein weiterer Aspekt in Gaudís Architektur, der in der Sagrada Familia manifest wird, ist seine tiefe Religiosität. Obwohl manche seine Gläubigkeit bezweifeln, begann im Jahr 2000 ein Verfahren, das vielleicht zu seiner Seligsprechung führt. Die Sagrada Familia sollte den Triumph der Kirche über die Widersprüche und den Aufruhr der modernen Welt zum Ausdruck bringen; aus diesem Grund wollte Gaudí, dass sie in der Skyline von Barcelona eine dominante

Die Weihnachtsfassade der Sagrada Familia mit ihren drei Portalen und den vier Türmen, die für vier der Apostel stehen.

Oben: Die Ostseite der Sagrada Familia heute. Die Weihnachtsfassade und die Außenmauern der Apsis wurden noch zu Lebzeiten Gaudís fertig; das Langhaus befindet sich noch im Bau.

Stellung einnimmt. Diese religiöse Motivation und Gaudís Konzept einer die Natur nachahmenden Architektur sind die Schlüssel zum Verständnis der komplexen Symbolik dieses Bauwerks.

Technische Daten

Geplante Maximalhöhe	170 m
Innenlänge	90 m
Maximale Breite (Querhaus)	60 m
Langhausbreite	45 m
Höhe der Schiffe:	
Mittelschiff	45 m
Seitenschiffe	30 m

Grundriss und Symbolik

Die aufstrebenden Linien der Sagrada Familia erinnern an ein Gebirge und wurden manchmal mit dem Montserrat-Massiv verglichen, einer Felsformation in der Nähe von Barcelona, auf dem das Benediktinerkloster mit der Schwarzen Madonna von Montserrat steht. Als höchster Punkt der Sagrada Familia ist eine große Kuppel von 170 Metern Höhe geplant. Sie soll von vier, ebenfalls noch nicht errichteten Türmen mit einer Höhe von 130 Metern umgeben sein, die für die vier Evangelisten stehen, während ein fünfter, 140 Meter hoher Turm über der Apsis die Jungfrau Maria symbolisieren soll. Vervollständigt wird das vertikale Thema durch die jeweils vier Türme über den drei Fassaden. Diese zwölf Türme, Sinnbild der zwölf Apostel, sind oder werden jeweils 100 Meter hoch. Zurzeit sind acht davon fertig.

Die Ostfassade, der aufgehenden Sonne zugewandt, steht für die Geburt Christi, während die der untergehenden Sonne zugewandte Westfassade die Passion darstellt. Die nach Süden gewandte Hauptfassade soll der Herrlichkeit Gottes gewidmet sein. Im Kircheninneren, das Ähnlichkeit mit einem Wald bekommen soll, werden sich baumartige Säulen ab einer gewissen Höhe zu einem Netzgewölbe aus Sternformen verzweigen.

Um 1890 legte Gaudí den Gesamtplan fest. Der Bau der Weihnachtsfassade begann 1892; es ist die einzige, die unter Gaudís Leitung fertig wurde. Bis zu seinem Tod 1926 hatte er detaillierte Pläne für die Passionsfassade sowie das symbolische und ikonographische Programm für die gesamte Kirche entwickelt und in Modellen im Maßstab 1:10 und 1:25 festgehalten. Bei der Plünderung der Sagrada Familie während des Spanischen Bürgerkrieges wurden diese Modelle zerstört, aber später rekonstruiert. Zwischen 1936 und 1952 ruhten die Bauarbeiten; bei der Wiederaufnahme war beabsichtigt, Gaudís Plänen so treu wie möglich zu bleiben, aber neue Techniken und Materialien wie Beton einzubeziehen.

Gleichzeitig wurde Kritik an einem Weiterbau der Sagrada Familia laut, und regelmäßig wird der Wert des Projekts sowohl aus religiösen – was soll eine Monumentalkirche in einer modernen Welt? – als auch aus ästhetischen Gründen kritisiert. Ist es richtig, Gaudís äußerst persönlichen Stil fortzusetzen, oder sollte man neue künstlerische Ausdrucksformen einbeziehen?

Die Arbeiten gehen mal zügiger, mal langsamer voran, da der Bau ausschließlich aus Spenden und Stiftungen bestritten wird. Die Passionsfassade mit ihren vier Türmen wurde 1976 fertig gestellt, und seit 1986 arbeitet der Bildhauer Josep M. Subirachs an ihrem Skulpturenschmuck. Im Jahr 2000 wurde an den Langhausschiffen gearbeitet, die mittlerweile zum Teil überdacht sind. Ein Termin für die mögliche Fertigstellung der Sagrada Familia ist nicht festgelegt.

Die polychromen Türmchen der Sagrada Familia. Die Zypresse über dem Hauptportal der Weihnachtsfassade symbolisiert die katholische Kirche.

14 Notre-Dame-du-Haut, Ronchamp

Bauzeit: 1950–1954   Ort: Ronchamp, Haute-Saône, Frankreich

Ein Gefäß intensiver Kontemplation und Meditation …
LE CORBUSIER

FÜR ALLE, DIE LE CORBUSIERS Wallfahrtskapelle Notre-Dame-du-Haut in Ronchamp besucht haben, dürfte kein mit Bildern versehener Text ausreichen, das Gefühl der Magie und spirituellen Intensität wiederzugeben, das dieses Bauwerk vermittelt. Diese bescheidene, aber dennoch außergewöhnliche Kapelle ist eine Synthese der mannigfachen Einflüsse, die in Le Corbusiers Schaffen nach dem Zweiten Weltkrieg präsent sind, und lässt eine Sensibilität für die Umgebung des Gebäudes erkennen, die bei vielen seiner leichter zugänglichen urbanen Bauten weniger offenkundig ist. Darüber hinaus demonstriert diese Kapelle das bemerkenswerte Bemühen des Dominikanerpaters Alain Couturier, den Klerus zu einer Wiederbelebung der Sakralkunst zu bewegen, indem sie die besten modernen Künstler und Architekten beauftragen.

Pater Couturier hatte Matisse den Auftrag erteilt, eine Dominikanerkapelle in Saint Paul de Vence auszugestalten. Er war mit Le Corbusiers Schaffen vertraut und riet der Diözese Besançon, den Architekten mit dem Neubau der im Zweiten Weltkrieg zerstörten Wallfahrtskapelle Notre-Dame-du-Haut zu beauftragen. Le Corbusier (Charles-Édouard Jeanneret) war zwar erklärter Atheist, aber dennoch überaus empfänglich für die von vielen Sakralbauten geschaffenen Räume und nahm den Auftrag an. Die freundschaftliche Zusammenarbeit veranlasste Pater Couturier später, Le Corbusier mit dem Bau des wesentlich größeren Klosters La Tourette bei Lyon zu betrauen.

Die Umgebung

Auf der herausragenden Hügelkuppe in der Nähe des Jura, wo Le Corbusier geboren wurde, befand sich ursprünglich eine Kultstätte von Sonnenanbetern, anschließend ein römischer Tempel und seit dem Mittelalter eine Marienwallfahrtsstätte. Der Ort nahm Le Corbusier auf Anhieb gefangen, und nach und nach entwarf er in groben Zügen die Form der Kapelle, die sein Assistent, André Maisonnier, detailliert ausarbeitete.

Unter Maisonniers Leitung baute ein kleines Team nach häufig persönlich erteilten Anweisungen Le Corbusiers die Kapelle weitgehend von Hand. Ihre fast spontane Bauweise hat mehr Ähnlichkeit mit der Entstehung einer Skulptur als mit der eines vorher festgelegten Bauwerks.

Das raue, graue Betondach, das über den variationsreichen weißen Wänden zu schweben scheint, bringt Le Corbusiers meisterhaftes Spiel mit Licht und Texturen voll zur Geltung.

Gegenüberliegende Seite, oben: Das Sonnenlicht, das über die vielfältigen Formen der Kapelle wandert, zeigt, wie die Zeit vergeht.

Von weitem betrachtet scheint die Kapelle aus der Hügelkuppe herauszuwachsen. Besucher, die sich ihr vom tiefer gelegenen Dorf aus nähern und allmählich ihre skulpturenhaften Umrisse entdecken, verlässt in keinem Augenblick ein Gefühl des Staunens und der Überraschung. Der Eindruck von Dramatik, gepaart mit Harmonie, hat sicher komplexe Ursachen, erwächst aber zum Großteil aus der Hingabe, mit der Le Corbusier den Bau bis ins kleinste Detail entwarf.

Die Harmonie beruht auf der Tatsache, dass Le Corbusier die Gesamtproportionen, Bodenmuster, Fensteröffnungen und Abstände – alle Größenverhältnisse – aus dem Modulor abgeleitet hat, einem von ihm entwickelten Proportionssystem auf der Grundlage des Goldenen Schnitts und des menschlichen Körpers. Und die subtile Entfaltung konkaver und konvexer Formen und rauer und glatter Texturen hält das Staunen wach.

Oben: Schon Le Corbusiers erste Skizzen lassen deutlich die endgültige Form der Kapelle erkennen.

Technische Daten

Innenraum:

Länge	25 m
Breite	13 m
Max. Höhe an der Altarwand	10 m
Höhe der Halbkuppeln	15 und 22 m
Materialien	Stahlbeton, Naturstein- mauerwerk, Spritzbeton

Das wuchtige Betondach – nach allgemeiner Überzeugung von der Form des Königskrebses inspiriert, den der Architekt bewunderte – besteht aus einer Leichtbetonschale, die an eine Flugzeugtragfläche erinnert. Tatsächlich scheint das Dach über der Ost- und Südfassade zu schweben. Die sehr kleinen Stützpfeiler verschwinden von außen in einer Schattenfuge und werden innen von dem hellen Lichtstreifen überstrahlt, der zwischen Dach und Wand einfällt und den Eindruck erweckt, als schwebe es über den frei stehenden Mauern. Diesen Effekt setzte Le Corbusier später auch beim Kloster La Tourette ein.

Konstruktion

Die drei geschwungenen Wände erfüllen eine doppelte Funktion: Sie schaffen außen wie innen Räume von großer plastischer Expressivität und bilden zugleich ein Tragwerk, über dem sich das Dach und die drei Türme fast wie losgelöst erheben. Jede der drei tragenden Wände besteht aus Sichtbetonplatten und Mauerwerksfüllungen (aus Steinen der früheren Kapelle), die anschließend mit Drahtgeflecht und Spritzbeton versehen wurden. Jede Wand hat eine andere Oberflächenstruktur, die das Spiel des Lichts im Laufe des Tages betont.

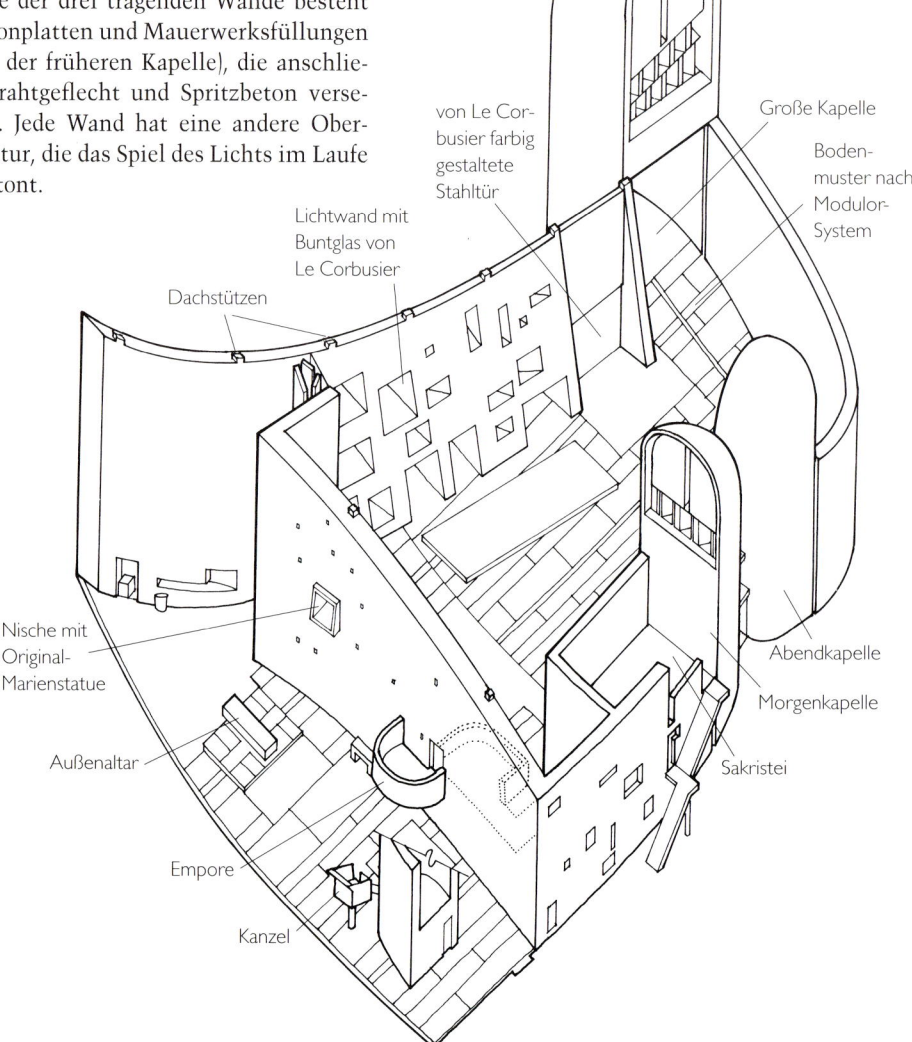

von Le Corbusier farbig gestaltete Stahltür

Große Kapelle

Bodenmuster nach Modulor-System

Lichtwand mit Buntglas von Le Corbusier

Dachstützen

Nische mit Original-Marienstatue

Außenaltar

Empore

Kanzel

Abendkapelle

Morgenkapelle

Sakristei

Diagramm der Wallfahrtskapelle

Unter dem vorkragenden Dach befinden sich an der Ostfassade ein Altar, eine Kanzel und eine Empore, um für größere Pilgerscharen Gottesdienste im Freien abzuhalten. Die Wiese hat an dieser Seite die Form eines Amphitheaters. In einer Nische, die von innen und außen einzusehen ist, steht die alte Madonnenfigur.

Die ungewöhnliche Lichtwand an der Südseite besteht aus einer schweren, geschwungenen Mauer, die sich von 4,50 Meter Dicke nach oben auf 1,50 Meter verjüngt. Die Fensteröffnungen in dieser verputzten Natursteinmauer sind nach dem Modulor-System bestimmt und mit Buntglasscheiben von Le Corbusier versehen; auch das große emaillierte Stahlportal an der Südseite stammt von ihm.

Eine Symphonie des Lichts

Sehr bald erkennen Besucher, dass die Kapelle zugleich eine riesige Sonnenuhr ist, deren vielfältige Texturen, Kanten, Formen und Nischen das Vergehen der Zeit genau widerspiegeln. Es scheint eine Ewigkeit zu dauern, bis die Sonnenstrahlen um die scharfe Kante des »Bugs« im Südosten wandern und die Südwand erreichen. Vom Morgengrauen bis zur Abenddämmerung wechselt die Kapelle unablässig Form und Charakter.

Das faszinierende Spiel von Licht und Schatten setzt sich im Innenraum fort, wo die wechselnde Atmosphäre durch Lichtschächte der unterschiedlich ausgerichteten Türme die geeignete Tageszeit für die Nutzung der drei Seitenkapellen vorgibt. Der raue Beton der Decke, der glatte Steinboden, die grob behauenen Holzbänke, die Buntglasfenster und die emaillierte Tür fügen sich zu einer reichhaltigen Palette von Materialien und Oberflächenstrukturen.

Das schwebende Dach, die Lichtwand und die satte Akustik der geschwungenen Flächen schaffen in der Gesamtwirkung ein vielschichtiges, intimes und sehr modernes Ambiente, das Le Corbusiers und Pater Couturiers Intuitionen bestätigt.

Die Proportionen sämtlicher Fensteröffnungen in der Lichtwand sowie der Möbel sind nach dem Modulor-System des Architekten entwickelt. Die Buntglasfenster stammen ebenfalls von Le Corbusier.

Schlösser und Paläste

KURZ VOR DEM STURZ von Herrschern und Regimen formierte sich der Protest der Bevölkerung oftmals vor den Toren und Mauern eines Schlosses oder einer Festung, wie der sowjetische Regisseur Sergej Eisenstein in seinem denkwürdigen, wenn auch historisch nicht ganz korrekten Film über den Sturm auf das Winterpalais in St. Petersburg 1917 gezeigt hat.

Nicht umsonst waren die großen Paläste ab dem 17. Jahrhundert bewusst als einheitliche architektonische Kompositionen konzipiert, die durch ihre Größe und Würde beeindrucken sollten. Welchen besseren Weg hätte es geben können, der fortdauernden britischen Herrschaft in Indien äußere Form und greifbare Gestalt zu verleihen, als Sir Edwin Lutyens mit der Planung einer neuen Hauptstadt für den Subkontinent zu beauftragen? Ihr Herzstück war das prachtvolle Haus des Vizekönigs, das durchaus nicht heimelig, sondern eher ein Palast war, der in Größe und Prunk dem 300 Jahre früher für Ludwig XIV. erbauten Palast in Versailles in nichts nachstand.

Durch seine Architektur stellte Lutyens eine Verbindung zwischen den neuen Herrschern Indiens und den Dynastien her, die das Land vorher regiert hatten. Ähnliche Absichten verfolgte Kaiserin Elisabeth von Russland, als sie weitgehend aus Prestigegründen und ohne Rücksicht auf die Staatskasse während des Siebenjährigen Krieges ihr Winterpalais in St. Petersburg bauen ließ. Die Verbotene Stadt in Peking umfasste Wohnpaläste und Verwaltungsbauten für die hierher verlegte Hauptstadt der Ming-Dynastie: insgesamt 800 Einzelgebäude mit über 9000 Räumen, deren Bau angeblich eine Million Arbeitskräfte erforderte.

Fürstliche Residenzen wie das Topkapi-Serail des osmanischen Sultans Mehmet II. in Istanbul lassen sich eher als organisch gewachsene Kom-

Im Kreml, der Zitadelle im Herzen Moskaus, befanden sich die Residenz des Herrschers, die Hauptkathedralen sowie Regierungsgebäude, Klöster und kleinere Kirchen.

Schloss Neuschwanstein in Bayern, Realität gewordene Vision seines Schöpfers, Ludwig II., war Zufluchtsort vor der Welt und nicht wie die meisten anderen Paläste Ausdruck von Macht und Wohlstand des Staates.

plexe mit Räumen sowohl für öffentliche als auch für private Zwecke bezeichnen. Deren einzelne Elemente können zwar prachtvoll sein, entsprechen aber kaum einem übergeordneten Plan oder einer durchgängigen Absicht. Der Kreml in Moskau entwickelte sich von seinen Anfängen als Zitadelle, entworfen von italienischen Festungsspezialisten, über schöne spätbarocke Architektur bis hin zu weniger eleganten Ergänzungen aus der Stalin-Ära.

Paläste können auch privateren Zwecken dienen und Herrschern und deren Entourage einen Rückzugsort vor der sommerlichen Hitze oder den Aufwartungen ausländischer Gesandter bieten. König Ludwig von Bayern verschaffte sich mit seinem Fantasieschloss Neuschwanstein sogar eine Zuflucht vor der Realität.

An solchen Bauprojekten zeigten Herrscher häufig ein starkes persönliches Interesse. Sultan

Muhammad I. suchte 1238 zu Pferde einen geeigneten Ort für den Bau der späteren Alhambra in Granada, Andalusien; König Philipp II. von Spanien wählte persönlich den Bauplatz für den riesigen Komplex des Escorial aus, der hoch oben am Südhang der Sierra de Guadarrama etwa 50 Kilometer nordwestlich von Madrid liegt und fast eine Stadt für sich bildet. William Randolph Hearst, der wohl erste Medientycoon der Welt, ließ sein Lustschloss in kluger Voraussicht an einer abgelegenen Stelle bei San Simeon an der kalifornischen Küste bauen, wo er lange zuvor als Junge mit seinen Eltern einmal gezeltet hatte. Die Architektin Julia Morgan fuhr 28 Jahre lang allwöchentlich auf die Baustelle hinaus, um Planung und Bau von Hearsts nie vollendetem Herrenhaus weiterzuentwickeln und zu beaufsichtigen.

Ein Königspalast oder Schloss hat per definitionem in jedem Entwicklungsstadium nur einen Bauherrn, der möglicherweise sehr dezidierte Anforderungen an den Architekten stellt, was die Aufgabe, zahlreiche Räume unterschiedlicher Größe und Bedeutung zu konzipieren, zu einer überaus anspruchsvollen Herausforderung machen kann. So musste Johann Fischer von Erlach, kaiserlich-königlicher Architekt des österreichischen Kaisers Leopold I., bei der Planung von Schloss Schönbrunn in der Nähe von Wien 1400 Räume sinnvoll entwerfen, ohne dabei das übergeordnete Konzept eines Palastes als idealer Residenz des heiligen römischen Kaisers aus den Augen zu verlieren. Juan Bautista, der Architekt Philips II., schaffte es, beim Bau des Escorial unzählige Funktionen in Einklang zu bringen: Neben einem Mausoleum beherbergte das strenge, aber imposante Bauwerk nach vitruvischem Proportionssystem ein Kloster, die Privatgemächer des Königs, seine umfangreiche Bibliothek, Räumlichkeiten für die Herstellung von Kräuterarzneien, Wandelhallen, eine theologische Hochschule und ein Seminar.

Der Potala-Palast in Tibet, der sich auf einer Felsformation oberhalb von Lhasa erstreckt, wuchs im Laufe der Zeit durch manche Erweiterungen und Umbauten mit traditionellen Materialien und Bauweisen. Technische Innovationen sind hier kaum auszumachen, und es lässt sich durchaus vertreten, dass neue Methoden gar nicht notwendig waren, wo die angestammten Bauweisen so hervorragende Vorbilder boten.

Alhambra

Bauzeit: 1238–1527   Ort: Granada, Andalusien, Spanien

Nenne es eine Festung und zugleich ein Lustschloss. Es ist ein Palast voller Pracht.
Zwischen Dach, Boden und Wänden findet sich in Stuck und Kacheln Erstaunliches,
noch außergewöhnlicher sind jedoch die geschnitzten Holzdecken.
IBN AL-YAYYAB, 1333–1349

DAS NASRIDEN-KÖNIGREICH Granada war der letzte Stützpunkt von Al-Andalus, dem islamisch beherrschten Teil der Iberischen Halbinsel, der den westlichen Rand der islamischen Welt des Mittelalters bildete. Nach der entscheidenden Schlacht von Las Navas de Tolosa (1212) eroberten die Christen die großen Städte von Al-Andalus: Cordoba, die ehemalige Hauptstadt des Kalifats, fiel 1236 und Sevilla 1248.

Nur das winzige Königreich Granada bewahrte seine Autonomie, weil der Begründer der Nasriden-Dynastie Muhammad I. (1232–1272) sich zum Vasallen des Königs von Kastilien erklärt hatte. Das Königreich Granada hielt sich bis zum Jahr 1492, dann wurde es von den katholischen Monarchen Ferdinand von Aragon und Isabella von Kastilien erobert. Im selben Jahr wurde Amerika entdeckt, ein historischer Moment, der für Spanien das Ende der Reconquista und den Auftakt zur Eroberung der Welt markierte.

Eine Bekräftigung islamischer Kultur

Die größte Leistung der Nasriden-Sultane bestand ohne Zweifel im Bau der Alhambra, eines Palastes, der Kultur, Geschmack und Vornehmheit der islamischen Zivilisation zum Ausdruck bringen sollte. Diese Bekräftigung der eigenen Identität war im Königreich Granada eng verknüpft mit dem Bewusstsein der eigenen Schwäche; vielleicht strahlt die Alhambra deshalb Nostalgie, Fantasie und Poesie aus. Ein herausragendes Merkmal sind denn auch die Gedichte, die die Wände zahlreicher Räume schmücken und teils von großen Hofdichtern wie Ibn al-Yayyab, Ibn al-Jatib und Ibn Zamrak stammen.

Auch in der Architektur des Palastes ist die Rückkehr zur Vergangenheit erkennbar. Jenseits der spezifisch islamischen Bezüge schöpft sie aus charakteristischen Palastformen der griechischen und römischen Antike. So zeugt die Alhambra nicht nur von Poesie, sondern auch von einer gewissen klassischen Bildung.

Blick auf die Nordseite der Alhambra; hinter dem mächtigen Torre de Comares liegt der Palast Karls V.

Baugeschichte

Die Alhambra erhebt sich auf einem Hochplateau oberhalb von Granada. Der Name leitet sich ab von *al-Qalat al Hamra*, »die rote Burg«, nach der Farbe der Steine, aus denen die erste Festung an dieser Stelle bestand. Der gesamte Komplex ist von einer Mauer umgeben, die ihn schützt und von der Stadt abschirmt. Die ältesten Teile der Festung stammen aus dem 11. und 12. Jahrhundert, doch erst Muhammad I. begann hier mit dem Bau eines Palastes. Historische Quellen schildern, wie der Sultan 1238 »zu dem Ort hinaufstieg, der Alhambra genannt wird, ihn inspizierte, die Grundmauern der Burg absteckte und den Bau unter Aufsicht stellte. Noch bevor das Jahr zu Ende ging, waren die Mauern errichtet. Zudem eröffnete er einen Kanal, der Wasser vom Fluss brachte.«

Diese erste Festung der Alhambra aus dem 13. Jahrhundert war ein nüchterner Bau mit typisch militärischem Gepräge. Der erste Sultan,

der die Alhambra zur Residenz machte, war Muhammad IV. (1303–1309), doch erst unter Yusuf I. (1333–1354) wurden die Innenräume einiger Türme üppig nach höfischem Geschmack ausgestattet. Aus dieser Zeit stammen die Dekorationen des Torre de Comares und des Torre de la Cautiva (Turm der Gefangenen), in dem sich epigraphische Gedichte des Dichters Ibn al-Yayyab (1274–1349) zum Lobe Yusufs I. finden.

Ihre Blütezeit erfuhr die Alhambra unter Muhammad V., dessen Regierungszeit von 1354 bis 1359 und nach inneren Zwistigkeiten, wie sie in der Geschichte Granadas häufig vorkamen, wieder von 1362 bis 1391 dauerte. Er schuf den Palacio de los Leones (Löwenpalast) rund um den gleichnamigen Hof sowie den Patio de los Arrayanes (Myrtenhof) und andere Teile des Palacio de Comares.

Entwurf und Bau

Da keine Dokumente über den Bauprozess erhalten sind, wissen wir nichts über die Architekten, Handwerker oder auch Baukosten der Nasriden-Paläste. Die Künstler der Alhambra sind anonym. Es gibt auch keine Überlieferungen über das Alltagsleben im Palast oder die ursprünglichen Namen vieler Säle und Räume. Da detaillierte Quellen fehlen, lassen sich verschiedene Teile der Alhambra nur anhand externer Quellen und Hypothesen datieren.

Die Gebäude des Palastkomplexes sind größtenteils aus Backstein, Beton und Zement gebaut. Haustein wurde relativ wenig verwendet und Marmor findet sich fast ausschließlich bei Böden, Säulen und Kapitellen. Die Dekorationen der Wände, Decken und Böden sind vorwiegend aus Holz, Keramik und Stuck. Ein prachtvolles Beispiel für Holzschnitzereien bietet die Decke der Sala de Comares oder Sala de Embajadores (Saal der Gesandten). Innen wie außen finden sich polychrome Keramiken mit geometrischen Kompositionen voller Reflexionen und intensiver Farben. Am faszinierendsten sind jedoch die Stuckarbeiten mit ihren Pflanzenmotiven

Technische Daten	
Myrtenhof	36,6 x 23,4 m
Sala de Comares	11,3 x 11,3 m
Hohe	18,22 m
Löwenhof	28,5 x 15,7 m

Detail der Stuckverzierung einer Wand. Gedichte und andere Texte an den Wänden der Alhambra sind die Stimme des Bauwerks.

Blick in die stern-
förmige Stalaktiten-
kuppel der Sala de
los Abencerrajes
im Löwenpalast, der
unter Muhammad V.
erbaut wurde.

und Inschriften, vor allem die spektakulären *muqarnas* (Stukkaturen) der Sala de las Dos Hermanas (Saal der beiden Schwestern) und der Sala de los Abencerrajes.

Die Alhambra gliedert sich innerhalb der Umfassungsmauern in drei Bereiche: die Alcazaba, an der höchsten Stelle gelegen und rein militärischen Zwecken vorbehalten, die Medina und die Paläste. Früher gab es hier bis zu sieben Paläste, erhalten sind jedoch nur zwei, die am besten die nasridische Alhambra repräsentieren: der Palacio de Comares und der Palacio de los Leones. Auffallend ist die Bedeutung der Innenhöfe

als ordnendes Element, in denen Wasser in Form von Brunnen und Becken eine wesentliche Rolle spielt.

Der rechteckige Innenhof des Palacio de Comares (Patio de los Arrayanes) ist der Länge nach geteilt durch ein Wasserbecken in Nord-Süd-Richtung. Wesentlich komplexer und kunstvoller gestaltet ist der Patio de los Leones im gleichnamigen Palastteil, umgeben von Arkaden mit insgesamt 124 Marmorsäulen. Von dem berühmten Löwenbrunnen in seinem Zentrum führen Wasserkanäle in alle vier Richtungen, die ebenso die Hauptachsen des Hofes

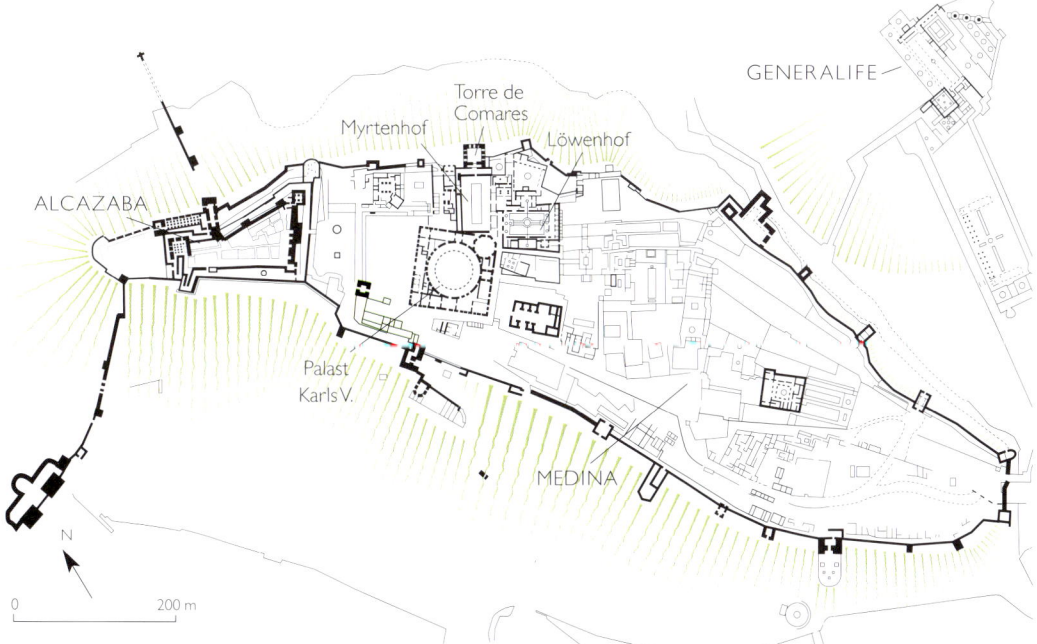

Palast Karls V.;
Grundriss
der Alhambra

betonen wie die Anordnung der vier angrenzenden Säle.

In unmittelbarer Nachbarschaft zur Alhambra,
aber außerhalb ihrer Mauern, liegt der Palacio del
Generalife, eine von Sultan Muhammad II.
(1272–1302) erbaute Sommerresidenz mit berühmten Gärten, die getreu die typischsten
Merkmale islamischer Gartenanlagen widerspiegeln.

Spätere Baugeschichte

Im Laufe des 15. Jahrhunderts, von der Regierungszeit Muhammads V. bis nach der christlichen Eroberung, behielt die Alhambra ihr Erscheinungsbild aus dem 14. Jahrhundert weitgehend unverändert bei. Nach 1492 nahmen die
Herrscher von Spanien in Granada einige Bauprojekte von großer politischer und symbolischer
Bedeutung in Angriff. Karl V. hinterließ sogar
innerhalb der Mauern der Alhambra seine Spu-
ren: Sein Renaissance-Palast, entworfen von dem
Architekten Pedro Machuca (1527), hebt bewusst
mit seiner nüchternen Dekoration und geometrischen Anlage (ein Kreis, eingeschrieben in ein
Quadrat) den Kontrast zwischen islamischer und

christlicher Baukunst hervor. Karl V. bewohnte
diesen Palast jedoch nie, und nach seiner Regierungszeit kamen keine neuen Bauten mehr hinzu. Die Gebäude der Alhambra wurden danach
nur noch instand gehalten, restauriert oder teils
abgerissen.

Erst in der Romantik entdeckten vor allem
britische Künstler die Alhambra wieder, rückten
sie ins Blickfeld der westlichen Welt des 19. Jahrhunderts und idealisierten sie als mythischen
Ort voller Exotik und Sinnlichkeit. Dieses Bild
spiegelt sich im Schaffen der Maler David Ro-
berts und John Frederick Lewis ebenso wider wie
in den Schriften von Chateaubriand, Théophile
Gautier und vor allem in Washington Irvings
Conquest of Granada (1829) und *Tales of the
Alhambra* (1832). Einen nennenswerten Beitrag
zur Wiederbelebung islamischer Kunst leistete
auch Owen Jones mit seinen *Plans, Elevations,
Sections and Details of the Alhambra* (1842–
1845). Seit dem 19. Jahrhundert gilt die Alhambra als große Touristenattraktion. Gemeinsam
mit dem Palast Generalife wurde sie 1984 von
der UNESCO zum Weltkulturerbe erklärt.

Das Wunder der Alhambra hat nichts mit
ihrer monumentalen Größe oder üppigen Pracht
zu tun; auch stilistisch ist sie keineswegs einzigartig, da sie in verschiedenen Perioden erbaut
und umgebaut wurde. Der Charme der Alhambra
beruht vielmehr auf ihrer ungewöhnlichen Ausstattung und auf der Ausgewogenheit und Klug-
heit, mit der hier Natur und Architektur vereint
sind. Denn in der gesamten Alhambra spielen
Wasser und Pflanzen eine aktive, harmonische
Rolle.

Die Verbotene Stadt

Bauzeit: 1406–1421   Ort: Bejing (Peking), Nordchina

*Keine unserer europäischen Hauptstädte zielt in Planung und Anlage
auf ein derart vorherrschendes Gepränge, um vor allem dem Erscheinen
des Kaisers eine imposante Wirkung zu verleihen …*
PIERRE LOTI, 1902

DIE VERBOTENE STADT ist weltweit der größte intakte Komplex historischer Bauten und umfasst etwa 800 Gebäude mit über 9000 Räumen. Als Oase der Ruhe liegt sie mitten in Chinas geschäftiger Hauptstadt Bejing. Das heutige Palastmuseum *(Gu gong)* hieß früher die Purpurne Verbotene Stadt *(Zi jin cheng),* da der Zutritt nur mit Sondergenehmigung möglich war. Die typisch chinesische Bauweise verknüpft diesen Gebäudekomplex mit der Vergangenheit des Landes: Beispielhaft verdeutlicht er die traditionelle chinesische Architektur mit einem Holzständerwerk, das ein Schrägdach mit kompliziertem Dachstuhl, geschwungener Traufkante und dekorativen Holzschindeln trägt und mit Backsteinmauerwerk ausgefacht ist.

Über 500 Jahre, von ihrer Fertigstellung 1421 bis zu ihrer Umwandlung in ein Museum 1925, diente die Verbotene Stadt 24 Kaisern der Ming- und Qing-Dynastie als Regierungszentrum und Privatresidenz. Der letzte Kaiser von China, Aisin Gioro Pu-Yi (Regierungszeit 1908–1912) lebte bis zum Alter von fünf Jahren als Regent in der Verbotenen Stadt und durfte nach seiner Abdankung und der Einführung der Republik dort weiter unter Hausarrest wohnen, bis er 1924 von Warlords gezwungen wurde, nach Tianjin zu fliehen. Im folgenden Jahr machte man die Verbotene Stadt zum Museum. Heute ist sie das größte Museum der Welt im bevölkerungsreichsten Land der Welt. Sie beherbergt einige der bedeutendsten chinesischen Kunstschätze, Antiquitäten und Gemälde und verzeichnet alljährlich zehn Millionen Besucher. Seit 1987 führt die UNESCO die Verbotene Stadt in ihrer Liste des Weltkulturerbes.

Baugeschichte

Der Bau der Verbotenen Stadt begann 1406 auf Anweisung von Kaiser Yong-Lo, auch Zhu Di genannt (Regierungszeit 1403–1424), einem mächtigen Feldherrn und geschickten politischen Strategen. In einem blutigen Bürgerkrieg hatte er seinem jüngeren Neffen unter fadenscheinigen Vorwänden den Thron entrissen. Anfangs behielt Kaiser Yong-Lo Nanjing als Hauptstadt bei, erkannte jedoch bald das aufrührerische Potenzial im Süden und verlegte die Hauptstadt ins weiter nördlich gelegene Bejing, näher an seine eigene Machtbasis. Der neue Palast wurde auf dem Gelände des früheren Kaiserpalastes der Yüan-Dynastie erbaut, den der erste Ming-Kaiser, Hongwu (Regierungszeit 1368–1398), während der Vertreibung der Mongolen zerstört hatte.

Die Gebäude, die wir heute sehen, stammen großenteils nicht mehr aus dem 15. Jahrhundert. Da sie vorwiegend aus Holz bestanden, wurden sie im Laufe der sechshundertjährigen Geschichte der Verbotenen Stadt mehrfach durch verheerende Brände zerstört und wiederaufgebaut. So ließ Kaiser Qianlong (Regierungszeit 1736–1795) die Verbotene Stadt erheblich umbauen, umgestalten und durch erlesene Gärten und die 27,5 Meter lange und 5,5 Meter hohe Neun-Drachen-Wand mit farbigen Keramiken erweitern. Auch sein Sohn und Nachfolger, Kaiser Jiaqing (Regierungszeit 1797–1799), musste drei große Hallen mit Privatgemächern nach einem Brand wiederaufbauen.

Orientierung und Farbgebung

Gemäß traditionellen chinesischen Regeln für die architektonische Ausrichtung ist die Verbotene Stadt mehr oder weniger symmetrisch an einer Nord-Süd-Achse angeordnet. Im Norden schließt sich der »Kohlehügel« *Jing shan* an, ein künstlicher Hügel aus dem Abraum des breiten Grabens, der den Kaiserkomplex umgibt; im Süden liegt der Tiananmen-Platz. Die Gesamtfläche der Verbotenen Stadt entspricht über 100 Fußballfeldern. Sie besteht im Wesentlichen aus verschiedenen, von Höfen umgebenen Gebäuden, die sich in zwei Hauptbereiche gliedern: den vorderen Palast im Süden *(Qian chao)* und den inneren Palast im Norden *(Nei ting)*. Der vordere Palast umfasst – jeweils auf einer dreigeschossi-

Oben: Detail der gelb glasierten Dachziegel in der Verbotenen Stadt, die zum Teil vermutlich in jüngerer Zeit oder während der Qing-Dynastie erneuert wurden.

Technische Daten

Areal	720 000 qm
Breite des Walls	54 m
Höhe des Walls	10 m
Zahl der Gebäude	800
Zahl der Räume	ca. 9000
Arbeitskräfte	1 Million (geschätzt)

Gegenüberliegende Seite: Der Blick auf die Verbotene Stadt zeigt die Fülle der Einzelgebäude mit gelb glasierten Dächern und roten Wänden, die auf dem weitläufigen Areal stehen.

Die Halle der Höchsten Harmonie liegt erhöht am Ende eines großen Platzes; über eine von steinernen Drachen gesäumte Rampe, flankiert von zwei Marmortreppen, trug man den Kaiser auf einer Sänfte hinauf.

gen Plattform – drei große Hallen, die für zivile und militärische Zeremonien und Audienzen benutzt wurden. Der innere Palast besteht aus drei großen Palästen auf eingeschossigen Plattformen für den kaiserlichen Hof und weniger förmliche Unterkünfte für die kaiserliche Familie sowie Lagerhäuser, Bibliotheken, Gärten und Tempel.

Wasser wird von einem See im Nordwesten bis in den Südteil des Komplexes geleitet, wo Marmorbrücken mit kunstvollem Skulpturenschmuck den Kanal überqueren. Geschützt wurde die Verbotene Stadt durch einen breiten Graben und dicke Mauern aus Stampflehm und Backstein mit großen Toren an den Kardinalpunkten und Wachtürmen an den vier Ecken.

Zwischen den imposanten Bauten liegen große Freiflächen, flankiert von niedrigeren Gebäuden, die das großartige Erscheinungsbild der drei kaiserlichen Audienzhallen betonen. Von Süden kommend, erreicht man zunächst die Halle der Höchsten Harmonie *(Taihe dian)*, das größte und imposanteste Bauwerk des Komplexes. Sie ist etwa 64 Meter lang und 37 Meter breit und entspricht mit 2370 Quadratmetern Grundfläche etwa neun Tennisfeldern. Größe, Form, Dekoration und Ausstattung der Halle verstärken den Eindruck von der Macht des Kaisers über seine Untertanen, die sich zu großen Feierlichkeiten

hier versammelt haben: zu Inthronisierungen, Hochzeiten, Einführungsritualen, Verkündung von Prüfungsergebnissen und zum Empfang neuer Gesandter.

Während der Qing-Dynastie (1368–1644) wurde diese Halle dreimal im Jahr genutzt: am Neujahrstag, am Geburtstag des Kaisers und zur Wintersonnwende. Bei besonders feierlichen Anlässen versammelten sich bis zu 100 000 Menschen auf dem Platz vor der Halle der Höchsten Harmonie, darunter die Garden in Uniform und Scharen von Hofmusikanten. In großen Schalen auf Dreifüßen brannte Weihrauch, der die Luft mit seinem schweren Duft erfüllte. Hinter dieser Halle liegt die Halle der Vollkommenen Harmonie *(Zhonge dian)*, die zur Vorbereitung größerer Festlichkeiten genutzt wurde. In der letzten großen Halle, der Halle der Bewahrung der Harmonie *(Baohe dian)*, fanden prunkvolle Bankette und Prüfungen für angehende Hofbeamte statt, deren erfolgreicher Abschluss den Beginn einer einträglichen Verwaltungslaufbahn bedeutete.

Von dieser Halle führt zwischen zwei Treppen eine Rampe hinunter, geschmückt mit einem Relief, auf dem neun Drachen in Glück verheißenden Wolken Perlen jagen. Über dieses Emblem der Macht und des Glücks wurde der Kaiser auf einer Sänfte getragen. Diese 200 bis 250 Ton-

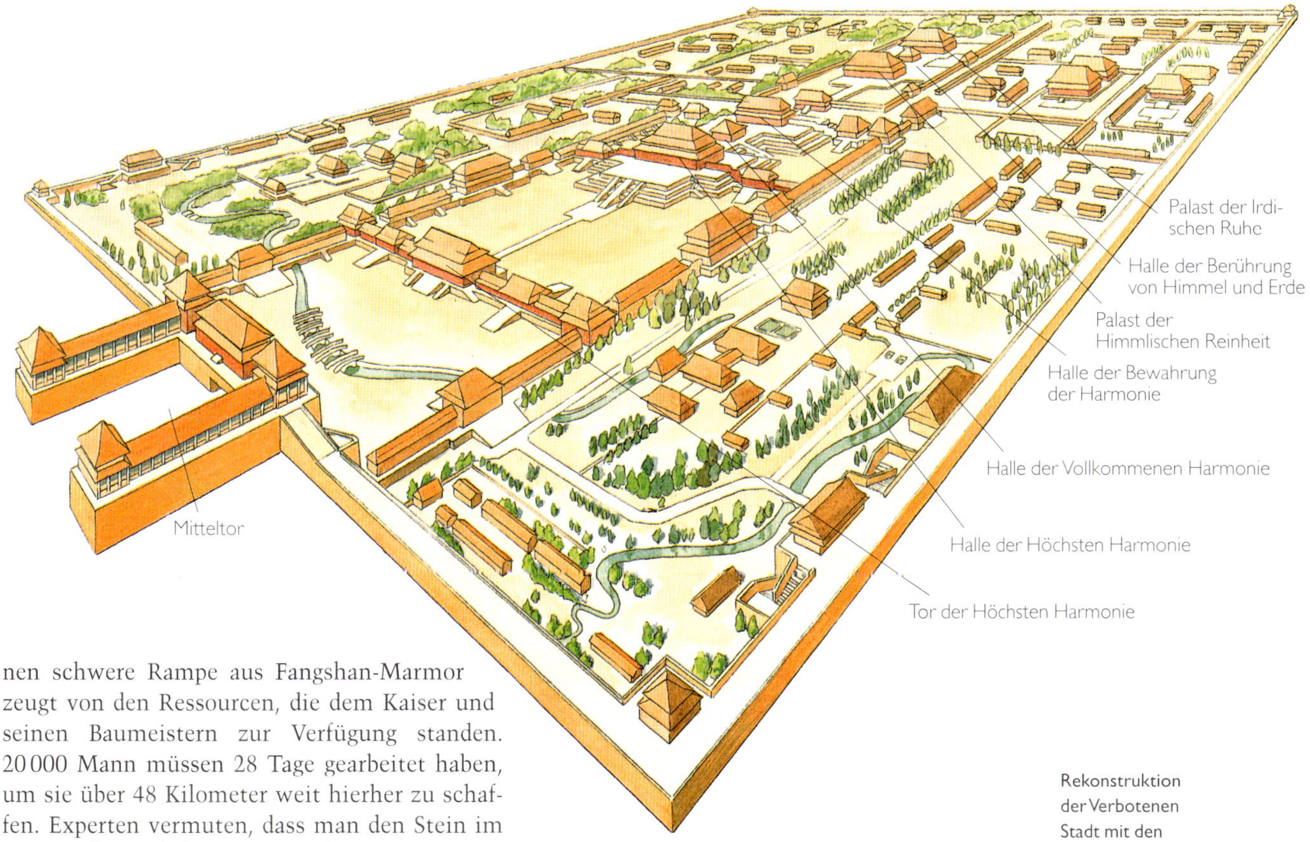

Palast der Irdi-
schen Ruhe

Halle der Berührung
von Himmel und Erde

Palast der
Himmlischen Reinheit

Halle der Bewahrung
der Harmonie

Halle der Vollkommenen Harmonie

Halle der Höchsten Harmonie

Tor der Höchsten Harmonie

Mitteltor

nen schwere Rampe aus Fangshan-Marmor
zeugt von den Ressourcen, die dem Kaiser und
seinen Baumeistern zur Verfügung standen.
20 000 Mann müssen 28 Tage gearbeitet haben,
um sie über 48 Kilometer weit hierher zu schaffen. Experten vermuten, dass man den Stein im
Winter über Eisbahnen gezogen hat.

Rekonstruktion
der Verbotenen
Stadt mit den
Hauptgebäuden

Oben: Ein farbig
gekacheltes Tor
mit Inschrift
in chinesischen
Schriftzeichen und
Manchu-Schrift-
zeichen

Unten: Detail der
Neun-Drachen-
Mauer

wurden verraten und hingerichtet. Der zweite Palast ist die Halle der Berührung von Himmel und Erde *(Jiao tai dian),* wo der Kaiser Geburtstagsglückwünsche seiner Konkubinen und Prinzessinnen entgegennahm und seit 1746 die 25 kaiserlichen Siegel aufbewahrt wurden. Der Palast der Irdischen Ruhe *(Kunning gong)* diente während der Ming-Dynastie als Schlafgemach der Kaiserin. Die Frau des letzten Ming-Kaisers nahm sich hier das Leben, als die Manchu-Truppen näher rückten. Während der Qing-Dynastie diente er als Brautgemach für die ersten drei Tage nach der kaiserlichen Hochzeit. Flankiert werden diese drei Paläste im Osten und Westen von den je sechs Palästen für Konkubinen und andere Mitglieder des Hofes.

Im Gegensatz zu zeitgenössischen Königspalästen im Westen ist die Verbotene Stadt von außen überaus farbenfroh gestaltet mit roten Wänden, purpurfarbenen Pfeilern und geschwungenen Dächern voller glitzernd gelber Ziegel mit plastischen Ornamenten. Die in halbierten Bambusstangen geformten Klosterziegel wurden auf dem Dach abwechselnd mit der konvexen und der konkaven Seite nach oben verlegt. Die Schmuckziegel an den Firsten, deren Formen – wie Fische oder Drachen – mit Wasser zu tun haben, sollten Feuer abwehren. Die mit Marmor und blass grauen Pflastersteinen ausgelegten Höfe zwischen den Gebäuden lassen die farbigen Dächer, Wände und Säulen noch stärker hervortreten.

In der Verbotenen Stadt fanden üppige Feste statt. So tafelten 1796 über 5000 Gäste im Alter von 60 Jahren und mehr an 800 Tischen, um die Amtsübergabe von Kaiser Qianlong an Kaiser Jiaqing zu feiern.

Hinter den Hallen für offizielle Anlässe liegen die drei inneren Paläste. Der erste, der Palast der Himmlischen Reinheit *(Qian qing gong)* war die Residenz der Ming-Kaiser. Der despotische und unbeliebte Kaiser Chia Ching (Regierungszeit 1522–1566) überlebte hier ein Attentat. Hofdamen versuchten ihn zu erdrosseln, scheiterten aber an ihren schlecht geknüpften Knoten. Sie

Das Topkapi-Serail

Bauzeit: 1463–1853   Ort: Istanbul, Türkei

Er war darauf bedacht, die kostbarsten und edelsten Stoffe zusammenzutragen
und die besten Handwerker von überallher zu holen.
Denn er schuf große Bauwerke, die in jeder Hinsicht mit den größten und besten
der Vergangenheit wetteifern sollten.

KRITAVOULOS, SEKRETÄR MEHMETS II., 1451–1467

ALS DER OSMANISCHE SULTAN Mehmet II. 1453 Konstantinopel (das heutige Istanbul) eroberte, war die Stadt so verwüstet und entvölkert, dass ein großartiger Palast als Regierungssitz bis zu ihrem Wiederaufbau und der Neubesiedlung unnötig war. Erst als Istanbul 1472 zur Hauptstadt seines Reiches wurde, erlangte das Topkapi-Serail (wörtlich: »Kanonentorpalast«, wie er seit dem 19. Jahrhundert hieß) allmählich Bedeutung als Sultansresidenz und Verwaltungszentrum. Das Palastareal liegt auf einer Landzunge mit spektakulärer Aussicht auf Bosporus, Goldenes Horn und Marmarameer.

Das Topkapi-Serail als Palast zu bezeichnen mag falsche Vorstellungen von einem architektonisch einheitlichen Bauwerk wie Versailles (s. S. 102) wecken, das schon von seinem Konzept her durch Größe und Würde beeindrucken sollte. Im 15. Jahrhundert gab es Paläste dieser Art nicht. Fürstliche Residenzen und Regierungssitze setzten sich aus verschiedenen Gebäuden zusammen, die je nach Bedarf errichtet wurden (ein gut erhaltenes Beispiel ist der Kreml in Moskau, s. S. 93).

Einzigartig ist das Topkapi-Serail durch seine durchgängig luxuriöse Ausstattung und die Tatsache, dass es weitgehend unverändert als lebendiges Symbol eines absolutistischen Hofes erhalten ist, der zu den mächtigsten der Welt gehörte. Noch heute strahlt es eine Atmosphäre des Wohlstands und der Kultiviertheit sowie einen leicht finsteren Charme aus, der seinesgleichen sucht.

Der erste Hof

Da das Topkapi-Serail im Laufe mehrerer Jahrhunderte entstand, setzt es sich aus Einzelbauten zusammen, die sich um vier Höfe gruppieren. Der erste, am nächsten zur Stadt gelegene Hof,

den man von Westen betritt, ist der größte und war öffentlichen Zwecken vorbehalten. Dominiert wird er von der Hagia Irene, einer byzantinischen Kirche aus dem 6. Jahrhundert, und von einem großen Hospital, in dem Pagen der strengen Disziplin der Palastschule entgehen konnten. Außer der Münze befand sich hier auch ein Bauhof, der neben anderen Schwerlasten jährlich 500 Schiffsladungen Holz erhielt.

In diesen ersten Hof gelangt man durch das wuchtig mittelalterliche Königstor, an dem eben-

Der Revan-Kiosk, erbaut 1635 für Murat IV., war als Rückzugsort des Sultans gedacht. Die Fassade ist mit wiederverwendeten byzantinischen Dekorationselementen verkleidet

so wie an der London Bridge die Köpfe von Verrätern zur Schau gestellt wurden. Das Mitteltor oder Tor der Begrüßung *(Bab-i Salam)* mit seinen Gefangenentürmen, das Murat III. um 1570 verschönern ließ, führt in den zweiten Hof. Ab hier musste jeder außer dem Sultan vom Pferd steigen und zu Fuß gehen.

Innerhalb des Palastes herrschte strikte Ruhe und Besucher wurden von Rutenträgern, Zwergen und Stummen begleitet, die lesen und schreiben konnten. Hier erhielten nur die wichtigsten neuen Gesandten mit ihren Geschenken Zutritt wie William Harborne, der erste englische Gesandte. Als der französische König Franz I. im 16. Jahrhundert Pierre Gyllius aussandte, um griechische Manuskripte zu kaufen, aber vergaß, ihn zu bezahlen, erhielt dieser die Erlaubnis, in das Elitekorps der Janitscharen einzutreten. So konnte er über Details berichten wie die Kacheln, die vom inneren Tor entfernt wurden. Der Venezianer Alvise Gritti wurde ein enger Vertrauter von Süleyman dem Prächtigen, der ihn in seinem Haus in Pera besuchte; allerdings kam es

für den Sultan nicht in Frage, diese Gastfreundschaft zu erwidern.

Hasan, ein mitteloser Gefangener aus der englischen Stadt Lowestoft, ließ sich entmannen und brachte es als Lehrer an der Palastschule, an der nur weiße Eunuchen unterrichteten, zu Wohlstand. Da er den Palast verlassen durfte, war er ein wertvoller Freund englischer Kaufleute, die er mit nützlichem Klatsch versorgte; je saftiger die Skandalgeschichten, umso höher fiel sein Lohn aus.

Der zweite Hof

Auf dem zweiten Hof oder Diwan-Hof finden sich noch heute Gras und ein paar alte Bäume, die durch Mauern vor Gazellen geschützt wurden. Hinter einer lang gestreckten Kolonnade liegen die Küchen – heute Porzellanmuseum –, Unterkünfte für die Köche und Küchenjungen und ausgedehnte Vorratsräume. Gegenüber steht der Ratssaal oder Diwan, der Anfang des 16. Jahrhunderts erbaut und im 18. und 20. Jahrhundert renoviert wurde. An seiner Rückseite schließt sich das Quartier der Hellebardenträger an, das Ende des 16. Jahrhunderts von Davut Agha nach einem Brand wiederaufgebaut wurde und als einzige Unterkunft der niederen Bediensteten erhalten ist. Davut war der talentierteste Schüler des großen Architekten Sinan, er führte einen Großteil der Bauten aus, die seinem Meister als Alterswerk zugeschrieben werden. Sinans entscheidender Beitrag zum Topkapi-Serail war, dass er zwei sehr tiefe byzantinische Brunnen entdeckte und vier Wasserräder baute. Davut baute den größten der Pavillons an der Uferseite des Areals, den Perlen-Kiosk, von dem nur noch die Grundmauern vorhanden sind.

Blick aus der Vogelperspektive auf den zweiten bis vierten Hof des Topkapi-Serail

Bagdad Kiosk
Revan Kiosk
vierter Hof
dritter Hof
Audienzsaal
Tor der Glückseligkeit
Moschee
Harem
Küchen
Diwanhalle
zweiter Hof
Begrüßungstor

Zwischen den Unterkünften der Hellebarden-träger und dem Ratssaal steht der Turm mit der Loge, von der aus der Sultan die Ratsversammlungen verfolgen konnte. Seine klassizistische Spitze erhielt er erst Mitte des 19. Jahrhunderts, vielleicht von den Schweizer Architekten Fossati, die in St. Petersburg gearbeitet hatten. In der Verlängerung des Diwans erhebt sich der massive Steinbau der Schatzkammer, die bis an das barocke Tor der Glückseligkeit *(Bab-üs Saadet)* zum dritten Hof heranreicht.

Im Diwan-Hof fällt es leicht, sich die Ratsherren des Reiches in ihren prachtvoll bestickten Kaftanen unter den Arkaden mit ihren glatten Säulen und vergoldeten Kapitellen vorzustellen. Auf dem Rasen mochten bis zu 600 Würdenträger und Bittsteller versammelt sein, die mit Essen versorgt wurden und Wasser aus dem Brunnen schöpften. Der Hof vermittelt eine Vorstellung von der Blütezeit des Osmanischen Reiches.

Der dritte Hof

Unmittelbar hinter dem Tor der Glückseligkeit liegt der Audienzsaal. Er wurde von Ala'ettin Agha umgestaltet, dem Hofarchitekten Süleymans von 1515 bis 1529, der nach dem schweren Erdbeben von 1508 ausgedehnte Baumaßnahmen und Erweiterungen am Topkapi-Serail vornahm. Vorbei an einem nach Süleyman benannten Brunnen gelangt man zu dem von prächtigen Arkaden umgebenen Audienzsaal, dessen Eingang mit außergewöhnlich schönen Iznik-Keramiken geschmückt ist. Das Innere zierten goldgewirkte und mit Perlen bestickte Wandbehänge und Teppiche. Während einer Wirtschaftskrise im 18. Jahrhundert wurden die Teppiche eingeschmolzen. Links vom Audienzsaal steht die große, nach Mekka ausgerichtete Moschee der Palastschule, die heute die Palastbibliothek beherbergt.

An drei Seiten ist dieser Hof umschlossen von den ehemaligen Schlafsälen der Pagenschule, von denen zwei Trakte 1857 abgebrannt sind; in den übrigen befinden sich ein Kunstmuseum, ein Kleidermuseum und die Palastverwaltung. Die besten Schüler der Palastschule stiegen zu Hofbeamten auf, wenn Posten wie der des Schwertträgers oder Hofmarschalls frei wurden. An der vierten Seite des Hofes liegen die ehemaligen

Rechts: Tür zum Pavillon des heiligen Mantels; der ehemalige Königspavillon beherbergt heute Schätze des Propheten Mohammed.

Privatgemächer des Sultans, in denen nach der Eroberung Ägyptens durch Selim I. die Reliquien des Propheten Mohammed untergebracht wurden. Die große mit Keramiken geschmückte Vorhalle und ein Brunnen wurden unter Murat III. von Davut Agha gebaut. Im ehemaligen Schlafgemach des Sultans befinden sich heute die Standarte und das Gewand des Propheten. Die Wände sind mit den schönsten Iznik-Keramiken des 16. Jahrhunderts verziert. Gegenüber mit Blick auf das Marmarameer liegen die Tagesgemächer Mehmets II., eine Flucht hoher Räume, die in einen Belvedere mit Springbrunnen münden. Dort ist heute die Schatzkammer zu besichtigen.

Der Harem

Der Weg in den Harem führt durch den Hof der schwarzen Eunuchen, vorbei an ihren Unterkünften. Die schwarzen Eunuchen bewachten den Harem, die Residenz der Frauen, Mätressen und weiblichen Verwandten des Sultans, von denen manche durchaus Macht und Einfluss besaßen. Der Harem wirkt keineswegs grandios,

Detailansicht einer leuchtenden Iznik-Kachel von 1572

Der Thronsaal im Harem wurde für offizielle Anlässe genutzt. Er wurde 1588 für Murat III. gebaut.

nicht einmal die Gemächer der Valide, der Sultansmutter. Die Kacheln aus dem 17. Jahrhundert haben keine intensiven Farben, aber dramatische Muster. Ende des 18. Jahrhunderts wurde der Harem um eine Zimmerflucht erweitert, ausgestattet im Rokokostil mit Spiegeln und leuchtenden Landschaftsgemälden. Der schönste Raum ist das Gemach Murats III. mit einem Brunnen in der Mitte; die Fenster sind jedoch durch einen Anbau von Ahmet I. versperrt. Darunter befindet sich das Bad des Harems mit einem großen Wasserbecken. Der Thronsaal im Harem stammt vermutlich von Davut, hatte jedoch unter wechselnden Modeströmungen zu leiden. Sehr schön sind die Gemächer des Kronprinzen mit der einzigen erhaltenen Originalkuppel aus dem frühen 17. Jahrhundert, kunstvoll mit Blumenornamenten bemalt und mit vergoldeten Bordüren versehen.

Der vierte Hof

Auf den Terrassen des vierten Hofes finden sich die schönsten Pavillons des Palastes – vermutlich Arbeiten von Hasan Agha –, die die Siege Murats IV. feiern. Der größte von ihnen ist der Bagdad-Kiosk mit aufwendigen Kacheln und Intarsien. Das Gazellenmuster der Fliesen zu beiden Seiten des großen Kupferherdes ähnelt dem am anderen Ende der Terrasse. Dort findet sich ein Pavillon mit Wasserbecken, an dem die Sultane entspannten. Sinnbildlich für die Poesie des Privatlebens stehen die schönen Kuppeln und die klassischen Proportionen. Viele der Pavillons im Park sind mittlerweile verschwunden, unter ihnen auch der Perlen-Kiosk. Dort stellte der englische Orgelbauer Dallam die Wasserorgel auf, die Elisabeth I. dem Sultan geschenkt hatte.

Technische Daten

Areal	700 000 qm
Zweiter Hof	160 × 130 m
Länge der Mauern	5 km
Tore	6 Haupttore
Bevölkerung 1640	40 000 (geschätzt)

Kreml

Bauzeit: ab 1475   Ort: Moskau, Russland

Über Moskau steht nur der Kreml und über dem Kreml nur der Himmel.
RUSSISCHES SPRICHWORT

NUR WENIGE BAUWERKE haben größere Resonanz gefunden als der Kreml in
Moskau. Über Jahrzehnte stand im Westen
»Kreml« für die geheimnisvollen, bedrohlichen
Kräfte des Sowjetkommunismus. Es gab zwar in
vielen russischen Städten des Mittelalters einen
»Kreml«, eine befestigte Zitadelle, doch keiner
von ihnen ist so berühmt – oder berüchtigt – wie
der in Moskau. Dafür lassen sich viele Erklärun-
gen finden, aber der Hauptgrund ist schlicht und
einfach: Macht.

Unter den alten Städten Russlands war Mos-
kau, gegründet um 1147, eine relativ junge Sied-
lung, wuchs aber durch skrupellose Ausnutzung
der Verhältnisse, bis es sämtliche russischen
Länder unter seinen Einfluss gebracht hatte. Der
Kreml, die Zitadelle im Herzen der Stadt, nimmt
ein etwa dreieckiges Areal am Flussufer ein. Als
Machtzentrum des Fürstentums Moskau und
später des russischen Reiches beherbergte der
Kreml neben den Hauptkathedralen auch die
Residenz des Herrschers, bis Peter der Große die
Hauptstadt 1711 nach St. Petersburg verlegte.
Zudem befanden sich hier größere Regierungs-
gebäude, Klöster und kleinere Kirchen, die von
den Angehörigen des Hofes besucht wurden.

Baugeschichte

Die Kremlmauern, die zum ausdrucksstarken
Symbol russischer Macht geworden sind, verdanken ihr berühmtes Erscheinungsbild – besonders
die im 17. Jahrhundert von heimischen Architekten hinzugefügten Turmspitzen – großteils russischer Fantasie. Die Haupttürme und Mauern

Die Osttürme des Kreml in der Abendsonne vor einem
Gewitter. Sie wurden zwischen dem 15. und 19. Jahrhundert
erbaut.

sind jedoch Produkte des italienischen Festungsbaus des Quattrocento, der in Italien schon lange überholt war, als sie in Moskau entstanden.

Um 1460 befanden sich die Kalksteinmauern des Kreml, die aus dem ausgehenden 14. Jahrhundert stammten, in einem bedrohlich baufälligen Zustand. Heimische Baumeister erhielten den Auftrag, sie zu flicken, doch für deren grundlegende Erneuerung holte Iwan III. Festungsbauspezialisten aus Italien. Zwischen 1485 und 1516 ersetzten sie die alte Anlage durch Backsteinmauern mit Türmen. Die 2235 Meter langen Mauern hatten eine Dicke von 3,50 bis 6,50 Meter und eine Höhe von 8 bis 19 Metern und waren mit typisch italienischen Schwalbenschwanzzinnen versehen.

Die kunstvollsten der insgesamt 20 Türme im Mauerverlauf erhoben sich an den Ecken und Haupttoren der Zitadelle. Der imposanteste ist der Frolow-Turm (später Spasski- oder Erlöser-

Turm genannt), erbaut 1464 bis 1466 von Wassili Ermolin, 1491 umgebaut von Pietro Antonio Solari, der 1490 aus Mailand nach Moskau kam. Die dekorative Spitze fügten Bashen Ogurzow und der Engländer Christopher Halloway hinzu (1624–1625). Der Beklemischew-Turm (1487–1488 mit oktagonaler Spitze von 1680) in der Südostecke der Mauer stammt von Mark Frjasin, der häufig mit Solari zusammenarbeitete. Dieser und ähnliche Kremltürme legen Vergleiche mit der Festung in Mailand nahe.

Solari spielte eine große Rolle bei der Umgestaltung des Kreml, nicht nur bei den vier Tortürmen – Borowitzki-, Konstantin-und-Helena-, Frolow- und Nikolsky-Turm (alle 1490–1493) – sowie dem herrlichen Arsenal-Eckturm und der Kremlmauer zum Roten Platz, sondern auch bei der Fertigstellung des Facettenpalastes (Granowitaja Palata), so benannt nach dem rautenförmigen Bossenwerk der Kalksteinfassade.

Die Ostmauer des Kreml mit dem Lenin-Mausoleum

Begonnen hatte den Bau dieses Palastes, der zu Banketten und Staatsempfängen genutzt wurde, Mark Frjasin 1487.

Die Kathedralen des Kreml

Der Bau der Uspenskij-Kathedrale (Mariä-Himmelfahrt-Kathedrale), der Hauptkirche Moskaus, begann um 1470 mit Unterstützung von Großfürst Iwan III. und Metropolit Philip, dem Patriarchen der russisch-orthodoxen Kirche. Als sich herausstellte, dass die heimischen Baumeister einer derart großen und komplexen Aufgabe nicht gewachsen waren und ein Teil der Mauern einstürzte, zog Iwan einen weiteren italienischen Architekten und Ingenieur hinzu, Aristotele Fioravanti, der 1475 in Moskau eintraf. Er erhielt Anweisung, die Kirche an dem Vorbild der Himmelfahrtskathedrale in Wladimir auszurichten. Der Architekt stützte seinen Entwurf auf gewisse Merkmale des russisch-byzantinischen Stils (besonders die große Mittelkuppel mit kleineren Eckkuppeln), führte aber auch einige Neuerungen ein: kräftige Eichenpfeiler für die Fundamente, eiserne Zugstangen für das Gewölbe und Backstein (statt Haustein) für Gewölbe und Tamboure.

Technische Daten	
Areal	24 ha
Mauer:	
Länge	2235 m
Höhe	8–19 m
Zahl der Türme	20
Glockenturm Iwan der Große	81 m hoch

Die Kalksteinfassaden spiegeln die perfekten Proportionen der gleichseitigen Joche des Grundrisses wider, und das Innere – das statt massiger Pfeiler Säulen aufweist – wirkt leichter und geräumiger als alle früheren Kirchen Moskaus. In der gleichen Zeit entstanden kleinere Kirchen im traditionellen russischen Baustil wie die Gewandniederlegungs-Kirche (1484–1488) und die Blagowjeschtschenskij-(Verkündigungs-)Kirche (1484–89).

Die letzte von Iwan III. in Auftrag gegebene Kirche war die Archangelskij-(Erzengel-Michael-)Kathedrale, erbaut 1505 bis 1508 von Aloisio Nuovo. Sie zeigt die extravagantesten italienisch inspirierten Charakteristika der »italienischen Periode« des Kreml, stellt aber dennoch eine

Schematische Darstellung des Kreml mit seinen verschiedenen Gebäuden (von Ost nach West gesehen)

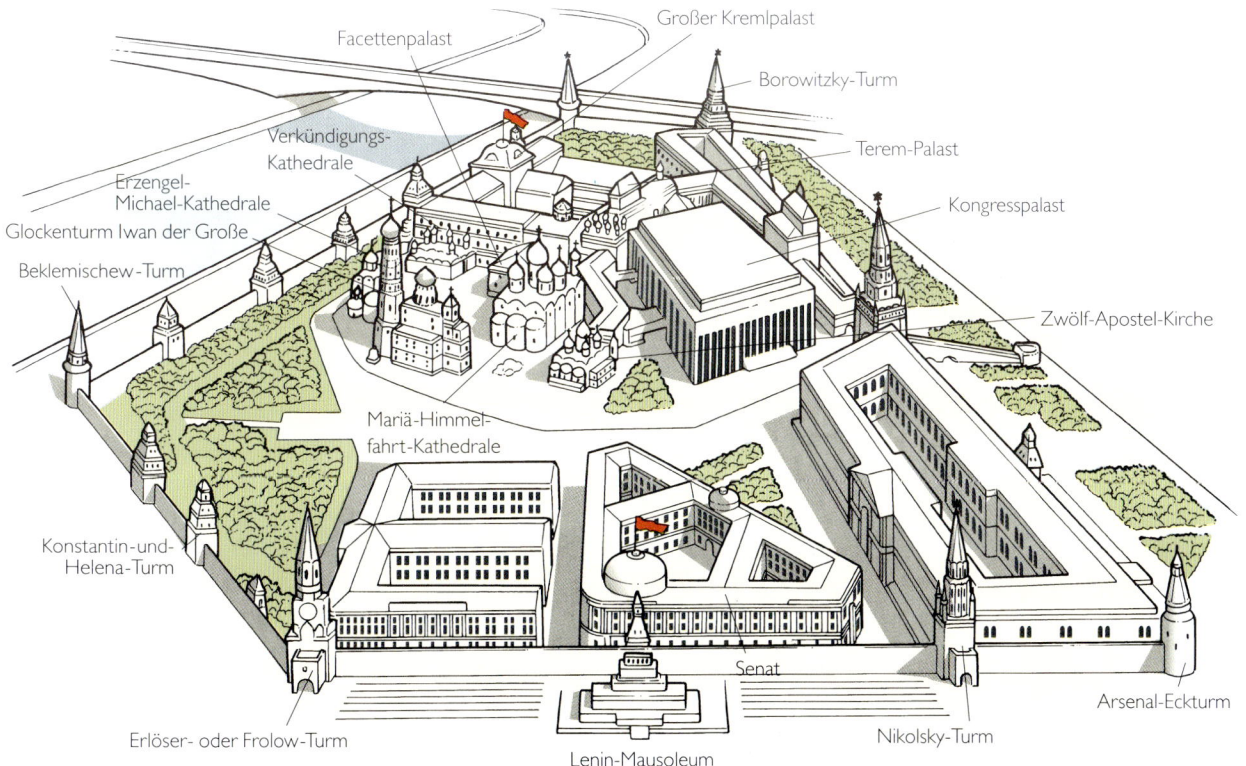

Facettenpalast

Großer Kremlpalast

Borowitzky-Turm

Verkündigungs-Kathedrale

Terem-Palast

Erzengel-Michael-Kathedrale

Kongresspalast

Glockenturm Iwan der Große

Beklemischew-Turm

Zwölf-Apostel-Kirche

Mariä-Himmelfahrt-Kathedrale

Konstantin-und-Helena-Turm

Senat

Arsenal-Eckturm

Erlöser- oder Frolow-Turm

Lenin-Mausoleum

Nikolsky-Turm

Rückkehr zu den traditionelleren Formen großer russischer Kreuzkuppelkirchen dar. Das Muschelmotiv – ein venezianisches Element, das bald zum Repertoire Moskauer Architekten gehören sollte – setzt einen nachdrücklichen Akzent in den Fassaden, die durch Gesimse, Bögen und Pilaster gegliedert sind. Die Wandgemälde im Inneren stammen von Mitte des 17. Jahrhunderts und zeigen neben religiösen Motiven Porträts russischer Herrscher, unter anderen solche, die vom 16. bis Ende des 17. Jahrhunderts hier beigesetzt wurden.

Den Höhepunkt dieser Bauphase des Kreml bildet der Glockenturm Iwan Welikij (Iwan der Große), zeitgleich mit der Erzengel-Kathedrale erbaut 1505 bis 1508. Über den Architekten, Buon Frjasin, wissen wir so gut wie nichts, aber er muss ein guter Ingenieur gewesen sein, da sein 60 Meter hoher, zweistöckiger Glockenturm nicht nur die Brände und sonstigen Katastrophen überstand, die den Kreml immer wieder heim-

suchten, sondern 1812 auch eine französische Sprengladung, die zwei große benachbarte Gebäude dem Erdboden gleich machte. Der Turm, der unter Boris Godunow um 21 Meter aufgestockt wurde, ruht auf soliden Backsteinmauern, die an der Basis 5 Meter und im zweiten Stock 2,50 Meter dick sind. Die Mauern des unteren Geschosses sind mit eingearbeiteten Eisenträgern verstärkt.

Im 17. Jahrhundert kam als bedeutendste Erweiterung des Kreml die Zwölf-Apostel-Kirche hinzu, in Auftrag gegeben von Patriarch Nikon als Teil des Patriarchenpalastes im Kreml. Diese große Kirche war ursprünglich dem Apostel Philippus geweiht als Hommage an den Metropoliten Philip, der für seine Opposition gegen die Schreckensherrschaft Iwans IV. das Martyrium erlitten hatte. Anlage und Ausstattung dieser großen Backsteinkirche, erbaut 1652 bis 1656, waren den Kalksteinkirchen in Wladimir aus dem 12. Jahrhundert entlehnt. Nikon verstand seine Kirche als Vorbild für eine Rückkehr zu den symbolisch korrekten Kirchenbauformen.

Der Kreml in der Kaiserzeit

In der ersten Hälfte des 18. Jahrhunderts konzentrierte sich das architektonische Interesse der russischen Herrscher auf den Bau der neuen Hauptstadt St. Petersburg. Unter Kaiserin Katharina der Großen rückte der Kreml jedoch wieder in den Blickpunkt des Interesses. Katharina förderte Pläne, den gesamten Komplex einschließlich der Umfassungsmauern in klassizistischem Stil umzubauen, was sich glücklicherweise zerschlug. Dennoch beauftragte Katharina den talentierten Moskauer Architekten Matwei Kasakow mit dem Bau des wichtigsten Staatsgebäudes ihrer Zeit: dem Senatsgebäude im Kreml. Nach einer Rechtsreform von 1763 wurde Moskau, die heimliche Hauptstadt, zum Sitz der beiden höchsten Gerichte des Landes.

Kasakow nutzte meisterhaft ein großes, aber ungünstig geschnittenes Grundstück in der Nordwestecke des Kreml für einen vierstöckigen Bau mit dreieckigem Grundriss. Die symmetrische Anlage hat zwei Querflügel, die den Zugang von einer Seite des Dreiecks zu den anderen erleichtern und drei Innenhöfe schaffen. Am Scheitelpunkt des Dreiecks befindet sich das dominierende Element des gesamten Bauwerks: die große Rotunde, die weithin über die östliche Kremlmauer hinweg zu sehen ist. Die Rotunde diente als Sitzungssaal des Senats oder obersten

Die Südmauer des Kreml mit den Kathedralen und dem Glockenturm Iwan der Große im Hintergrund

Gerichtshofes. Außen ist sie von einer dorischen Kolonnade umgeben, während sie innen mit prachtvollen korinthischen Säulen und Basreliefs von Gawriil Samarajeff ausgestattet ist. Im oberen Teil befanden sich Stuckmedaillons mit klassizistischen Porträts russischer Fürsten und Zaren.

Im 19. Jahrhundert veranlasste Nikolaus I. den Umbau des Großen Kremlpalastes (1839–1849), der während der französischen Besatzung 1812 stark beschädigt und anschließend instand gesetzt wurde. Mit der Gestaltung dieses Palastes schuf der Architekt Konstantin Ton eine imposante Fassade des Kreml zum Ufer der Moskwa und im Inneren des Areals eine stilistische Verknüpfung zu Terem-Palast, Facettenpalast und Verkündigungs-Kathedrale. Bei der Innenausstattung arbeitete Ton mit dem Hofarchitekten Friedrich Richter zusammen, der klassizistische, barocke, gotische und russisch-mittelalterliche Motive kombinierte. Von Ton stammt auch das benachbarte Zeughaus (1844–1851), dessen historisierender Baustil seine Funktion als Museum für einige der kostbarsten historischen Reliquien Russlands widerspiegelt.

Der Kreml unter Sowjetherrschaft

Als Moskau 1918 zur Hauptstadt der Sowjetunion wurde, entwickelte sich der Kreml erneut zum Machtzentrum Russlands. Das erwies sich jedoch als zweifelhafter Segen, da man einige der altehrwürdigen Baudenkmäler abriss, um Platz für Regierungsgebäude zu schaffen. Erst nach dem Tod Joseph Stalins wurde der Kreml wieder für Touristen geöffnet.

Die bemerkenswerteste sowjetische Ergänzung zum Kreml war der Kongresspalast (1959–1961), entworfen von Michail Posochin und anderen. Er wirkt wie eine moderne Konzerthalle (was einem seiner Verwendungszwecke entspricht), deren marmorverkleideter Kubus durch schmale Pfeiler und eine mehrstöckige Glasfassade gegliedert ist. Ein Vorzug dieses nüchternen Baus ist, dass er nicht mit den historischen Gebäuden des Kreml in Konflikt gerät, die nach wie vor den wichtigsten Kulturschatz Russlands bilden.

Die Südwestseite des Kreml mit dem Großen Kremlpalast aus dem 19. Jahrhundert, der das Bild beherrscht.

Escorial

Bauzeit: 1563–1584   Ort: Nordwestlich von Madrid, Spanien

*Dieser Klosterpalast übertrifft an Schönheit,
wie ich gestehen muss, das Serail von Konstantinopel, den Palast
des Großen Türken, wenngleich nicht an Untergliederungen
und Grundfläche, so doch als geschlossenes, einheitliches Bauwerk.*
WILLIAM LITHGOW, 1623

Blick von Südwest auf den Escorial: Hinter dem Wasserbecken im Vordergrund erhebt sich die Stützmauer einer Gartenterrasse, deren Blindarkade als Kontrast zu der schlichten Fassade mit ihren 259 Fenstern gedacht ist.

SCHON DER METAPHYSISCHE Dichter John Donne erwähnte in seiner *Funeral Elegie* von 1611 das königliche Kloster San Lorenzo de El Escorial als Beispiel ungeheurer Größe, und noch heute vermag es Besucher durch seine Ausmaße zu beeindrucken. Von Anfang an stieß die Tatsache auf Verwunderung, dass dieses gewaltige Bauwerk zu Lebzeiten seines Gründers, König Philipp II. von Spanien (Regierungszeit 1556–1598), geplant und fertig gestellt wurde. Es gibt eine ausführliche zeitgenössische Beschrei-

bung des Escorial, veröffentlicht 1605 von dem Mönch und Gelehrten José de Sigüenza, der später Abt dieses Klosters wurde.

Konzeption

In erster Linie wollte Philipp II. seinem Vater, Kaiser Karl V., und seinen Nachkommen ein würdiges Mausoleum errichten, das in einem Kloster liegen musste, damit unablässig für die Seelen der königlichen Verstorbenen gebetet würde. Dass dieses Kloster dem heiligen Laurentius geweiht

war, einem spanischen Märtyrer, den Philipp seit seiner Kindheit verehrte, war als Dank für den spanischen Sieg über die Franzosen bei St.-Quentin am Laurentiustag 1557 gedacht; die viel erzählte Anekdote, der Grundriss des Escorial sei durch das Gitterrost inspiriert, an dem der heilige Laurentius den Märtyrertod fand, ist jedoch ein Mythos.

Der Escorial ist in erster Linie Mausoleum und Kloster, sollte aber innerhalb seines rechteckigen Grundrisses noch weitere Funktionen erfüllen. Etwa ein Viertel der Grundfläche (Nordostecke) nimmt der Königspalast ein. Der Königshof, der in Madrid residierte, konnte sich im Sommer in den kühleren Escorial zurückziehen, was bei der Wahl des 1125 Meter hohen Standortes in der Nähe des Dorfes El Escorial oder Escurial am Fuß der Sierra de Guadarrama wohl eine Rolle gespielt haben mag.

Darüber hinaus sollte die Anlage Platz für schulische und medizinische Aufgaben bieten. Das Konzil von Trient (1545–1563) hatte festgelegt, dass jede größere kirchliche Einrichtung eine Schule zur religiösen und weltlichen Unterweisung und ein Priesterseminar einrichten müsse. Diese nahmen den Nordwestteil des Gebäudes ein, während die Südwestecke Räumlichkeiten für Besucher und ein Hospital sowie eine Apotheke mit beträchtlichen Herstellungskapazitäten für Arzneimittel bot.

Anlage und Bau

Mit Planung und Bau beauftragte König Philipp II. den Architekten Juan Bautista Alfonsis de Toledo (ca. 1515–1567), der elf Jahre als Hofarchitekt und Baumeister im Dienst des Vizekönigs von Neapel gestanden und vorher unter Michelangelo am Petersdom (s. S. 48) in Rom mitgewirkt hatte. Der Entwurf, dem der König 1562 zustimmte, war geprägt von einer vitruvischgeometrischen Konstruktion aus gleichseitigen Dreiecken, eingeschrieben in einen Kreis. Eine genaue Untersuchung des Grundrisses deutet darauf hin, dass Juan Bautista die Gliederung im Inneren nach einem Modul vornahm, das einem Sechstel von 100 Fuß, also etwa 5 Metern entsprach.

Rechts: Dieser Stich von 1657 (nach einem Original von 1587) zeigt den Escorial von Westen aus der Vogelperspektive.

Darüber: Stich aus Serlios Buch über Architektur (1537), der die Fassadengestaltung des Portals inspiriert hat.

Im Umriss besteht das Gebäude aus einem großen Rechteck von 204 Metern Länge in Nord-Süd-Richtung und 160 Metern in Ost-West-Richtung mit Anbauten an der Ostfassade (königliche Privatgemächer) und an der Südwestseite (Galerien für Rekonvaleszente). Der gesamte Block ist umgeben von 30 Meter breiten gepflasterten Terrassen und Gärten (60 m breit vor der Westfassade mit Hauptportal). Ursprünglich hatte Juan Bautista de Toledo zehn Türme auf den Außenmauern des Blocks geplant, bei Änderungen der Entwürfe 1563 und 1564 wurde deren Zahl jedoch auf sechs reduziert, vier an den Gebäudeecken und zwei in der Mitte.

Der von Juan Bautista 1562 entworfene Grundriss blieb unverändert, den Aufriss musste er jedoch zweimal umgestalten:

Oben: Das runde, überkuppelte Mausoleum mit marmornen Königssarkophagen unter dem Hochaltar der Escorial-Kirche

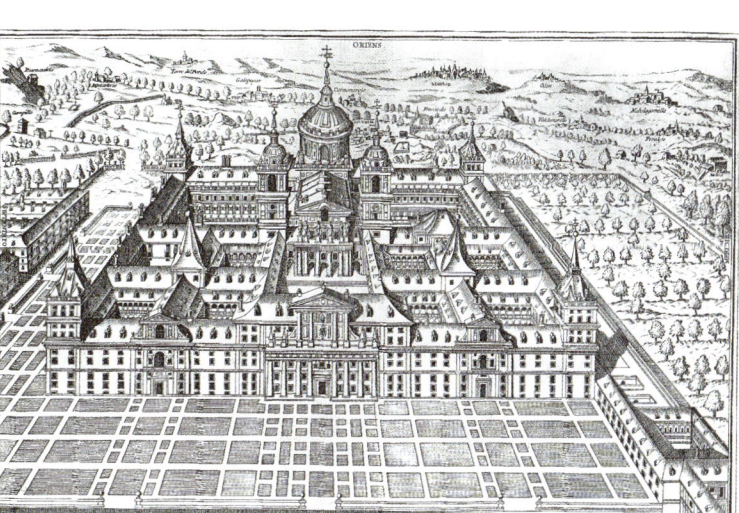

ICONOGRAPHIA MONASTERII DIVI LAVRENTII A PHILIPO II. HISPANIARVM REGE PROPE ESCVRIALE EXTRVCTI

Technische Daten

Hauptgebäude	204 x 160 m
Terrassen	30 m breit (60 m im Westen)
Zahl der Türme	6

Zum einen 1563, kurz nach Baubeginn, als der hinzugezogene italienische Architekt, Francesco Paciotto aus Urbino, radikale Änderungsvorschläge für die Gestaltung der Kirche machte. Und zum anderen 1564, als er die Westhälfte des Gebäudes aufstocken musste, um zusätzliche Unterkünfte für Mönche zu schaffen, nachdem Philipp zugestimmt hatte, deren Zahl von 50 auf 100 zu erhöhen.

Als Juan Bautista 1567 starb, waren die Fundamente gelegt und viele der Mauern im Bau. Der Architekt hatte zudem ein Holzmodell und detaillierte Zeichnungen hinterlassen, die vom König bereits bewilligt waren. Juan de Herrera (1530–1597), der Juan Bautista seit 1563 als Zeichner assistiert hatte, sorgte für eine gewisse Kontinuität der Arbeiten. Nach Bautistas Tod übernahm er die Leitung des Zeichenbüros und übte somit einen gewissen Einfluss auf die Gestaltung des Baus aus. In jüngster Zeit wurde ver-

sucht, ihm wesentliche Änderungen am Escorial zuzuschreiben, darunter auch der Kirche und der großen Haupttreppe des Klosters. Diesen Annahmen widersprechen jedoch Äußerungen von José de Sigüenza, der sicher über die Vorgänge Bescheid wusste. Er erklärt eindeutig, dass die Kirche nach den überarbeiteten Plänen von Francesco Paciotto und die Treppe nach den Entwürfen eines weiteren italienischen Architekten erbaut wurde, G. B. Castello aus Bergamo, der ein erfahrener Treppenbaumeister war, wie wir aus anderen Quellen wissen. Tatsächlich von Herrera stammt die Änderung der Dächer, die er als einzigen Planungsbeitrag für sich in Anspruch nimmt.

Im Laufe der einundzwanzigjährigen Bauzeit wurden die Handwerker und Arbeitskräfte teils unmittelbar vom Kloster eingestellt und nach Stücklohn bezahlt, teils schrieb man Aufgaben aus und vergab die Aufträge an eigenständige Baumeister, wobei jedes System Verfechter und Kritiker besaß.

Sämtliche Außenmauern wurden aus dem heimischen grauen Guadarrama-Granit gearbeitet oder mit ihm verkleidet, der das Gebäude harmonisch in seine Umgebung einfügt. Die Granitblöcke schaffte man vom Steinbruch mit Ochsenfuhrwerken heran, für die das Kloster 200 Ochsen hielt. Für die Aufsicht über deren Pflege

Tuschezeichnung des Escorial im Bau. Auf der Rückseite befindet sich eine handschriftliche Anmerkung von Lord Burghley, Minister der britischen Königin Elisabeth I.: »Das Haus des Königs von Spanien«. Damals waren das Kloster (links) und die Privatgemächer des Königs (Vordergrund) fertig gestellt und die gezeigten Bauarbeiten konzentrierten sich auf die Kirche (Mitte), wo 16 Kräne im Einsatz waren. Auf dem Hang am rechten Bildrand sind die Hütten der Bauarbeiter zu erkennen. Augustin Bustamente schrieb diese Zeichnung dem niederländischen Künstler Rodrigo de Holanda zu.

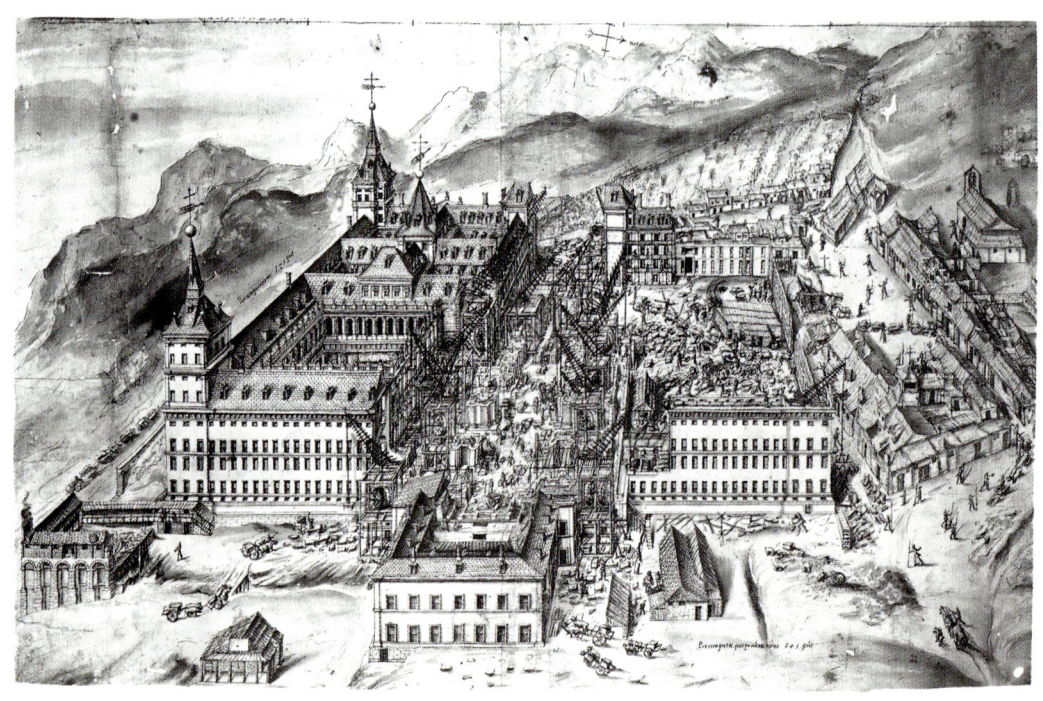

und Wohlergehen war eigens ein Mönch abgestellt.

Auf Wunsch des Königs wurde der Escorial im Stil der Spätrenaissance gehalten, die in Italien durch Architekten wie Giorgio Vasari und Giacomo Barozzi da Vignola vertreten wurde. Es ist bekannt, dass Philipp II. Vignolas Palazzo Farnese in Piacenza (begonnen 1558) besonders bewunderte. Zeitgenossen wie Sigüenza stuften diesen Stil als vitruvisch ein, und tatsächlich enthält der Escorial zahlreiche Elemente, die den Anweisungen dieses antiken römischen Architekten entsprechen. Die Antike nachzuahmen war ja das Ziel der Architekten und Bauherrn der Renaissance, und schon 1578 bezeichnete man den Escorial als *octavo milagro*, als achtes Weltwunder, das die sieben antiken Weltwunder übertraf.

Die Außenfassaden stießen wegen ihrer Schmucklosigkeit (Desornamentado-Stil) auf Kritik, die jedoch die Absicht des Architekten übersieht, Kontraste zwischen den nüchternen Mauern und den angrenzenden Flächen zu schaffen: zu den hängenden Gärten mit Obstwiesen und einem Park nach Süden und Osten; zu breiten Terrassen *(lonjas)* im Westen und Norden, deren Pflaster die dreidimensionale Pilastergliederung der Fassaden fortsetzt. Ganz ähnlich kontrastieren und akzentuieren die schlichten Mauern der Innenhöfe die reich geschmückten Interieurs.

Innenausstattung

An der Innenausstattung des Escorial durch Gemälde und Skulpturen zeigte Philipp II. ebenso viel Interesse wie an der architektonischen Gestaltung. Für die Kirche, den Hauptkreuzgang und die Bibliothek schufen Luca Cambiaso und Pellegrino Pellegrini (Tibaldi) ausgedehnte Freskenzyklen. Zahlreiche Altarbilder wurden bei spanischen und italienischen Malern in Auftrag gegeben, darunter das *Martyrium des heiligen Laurentius* von Tizian und das *Martyrium des heiligen Mauritius* von El Greco. Dieses Werk lehnte der König jedoch ab, da es im Gegensatz zu den Arbeiten des Spaniers Fernandez de Navarrete nicht die angemessene Andacht hervorrufe. Auch Philipps Nachfolger hielten an der Praxis fest, dem Kloster Gemälde zu stiften, die in den Kapitelsälen ausgestellt sind. Darunter

finden sich Werke von Tintoretto, Rubens und Velázquez.

Planung und Ausstattung des Escorial wurden in allen Details Philipp vorgelegt und von ihm entschieden. Er sorgte sogar persönlich dafür, dass man die Terrassengärten rechtzeitig und nach seinem Geschmack anlegte, damit sie gleichzeitig mit dem Bau fertig waren. Architektur gehörte zu seinen Hauptinteressen, seit er im Alter von 14 Jahren anfing, Abhandlungen über Baukunst zu sammeln. Man könnte ihn sogar als verhinderten Architekten bezeichnen. Da er unter anderem den Titel König von Jerusalem trug, mag er sich durchaus als Nachfolger jener alttestamentarischen Könige und Bauherren gesehen haben, deren Kolossalstatuen in den großen Hof hinter dem Hauptportal hinabschauen, der nach ihnen Patio de los Reyes, »Königshof«, heißt.

Blick von der Vierung auf Kanzel und Hochaltar der Escorial-Kirche. In der Südwand des Chores (rechter Bildrand) knien vergoldete Bronzestatuen Philipps II. und seiner Familie in ewigem Gebet in einer Nische mit dorischen Säulen über einer Seitenkapelle der Königsfamilie. Die Figuren stammen von Pompeo Leoni aus Mailand; die Altarbilder und Deckenfresken sind von den italienischen Künstlern Zuccari, Pellegrini (Tibaldi) und Cambiaso.

Versailles

Bauzeit: 1623–1820   Ort: Versailles bei Paris, Frankreich

Überdies kann ich Ihnen ohne Übertreibung versichern,
dass Sie noch nie etwas Vergleichbares gesehen haben.
MADEMOISELLE DE SENDÉRY, 1682

Der Marmorhof ist der einzige Überrest des ursprünglichen Schlosses, das Le Roy für Ludwig XIII. baute und das von Le Vau völlig umgestaltet wurde.

ALS KÖNIG LUDWIG XIII. von Frankreich starb, war der Thronfolger Ludwig XIV. fünf Jahre alt und die französischen Könige residierten im Louvre und im Palast Saint-Germain-en-Laye.

Nach seiner Heirat 1660 im Alter von 17 Jahren, verlegte Luwdig XIV. die Residenz nach Versailles in das Jagdschloss, das sein Vater 1623 hatte bauen und später erweitern lassen.

Während der fünfzigjährigen Regierungszeit Ludwigs XIV. arbeiteten die besten Architekten und Künstler Frankreichs am Bau von Versailles. So entwickelte es sich zum größten und prächtigsten Schloss Europas, das mit seiner subtilen Kombination aus italienisch beeinflussten klassischen Barockfassaden, überschwänglich barocken Interieurs und ebenso üppigen Gartenanlagen zum Inbegriff eines Stils wurde, den man als *Classicisme* oder barocken Klassizismus be-

zeichnet. Der Palast und sein Park übten auf alle europäischen Königsresidenzen des 18. Jahrhunderts einen starken Einfluss aus.

Ludwig XV. und Ludwig XVI. führten die Arbeiten an dem Palast fort, änderten die Ausstattung und vervollständigten einen Stilzyklus, der von der Renaissance (Ludwig XIII.) über *Classicisme* (Ludwig XIV.) und Rokoko (Ludwig XV.) bis hin zum Klassizismus (Ludwig XVI.) reicht. Nach der Revolution nahm Napoleon I. kleinere Erweiterungen vor, bevor Louis-Philippe den Palast in ein Museum »zum Ruhme Frankreichs« umwandelte. In seiner endgültigen Form ist der Palast mit seinen über 700 Räumen mit insgesamt 51000 Quadratmetern und 65 Treppen schlichtweg kolossal.

Die Architekten

Der Umbau von Schloss Versailles unter Ludwig XIV. begann 1661. Dass der König mit dieser Aufgabe den Architekten Louis Le Vau, den Maler und Dekorateur Charles Le Brun und den Landschaftsarchitekten André Le Nôtre beauftragte, war durchaus kein Zufall. Im Jahr zuvor hatte Finanzminister Fouquet in seinem neuen Schloss Vaux-le-Vicomte bei Melun ein Fest zu Ehren des Königs gegeben. Beeindruckt von der Pracht des Schlosses und seines Parks – wie auch von der Anmaßung seines Besitzers, den er prompt ins Gefängnis brachte –, engagierte Ludwig XIV. die Architekten dieses Châteaus für den Umbau seiner vergleichsweise bescheidenen Residenz Versailles.

Le Vau (1612–1670) stammte aus einer Baumeisterfamilie und wurde 1654 zum Hofarchitekten ernannt. In Versailles baute er zunächst das von Philibert Le Roy erbaute Jagdschloss Ludwigs XIII. um, indem er es von drei Seiten mit einer vom italienischen Barock inspirierten Erweiterung und einer Terrasse umgab. Nach Le Vaus Tod vollendete sein Assistent, François d'Orbay, sein Werk, in dem sich heute staatliche Appartements befinden.

Im Amt des Hofarchitekten folgte ihm Jules Hardouin (1646–1708), Neffe und Nachfolger des Architekten François Mansart (dessen Namen er annahm). Als Ludwig XIV. 1682 beschloss, den gesamten Hof nach Versailles zu verlegen, nahm Hardouin-Mansart mehrere große Erweiterungen vor, durch die er die Gesamtfläche des Schlosses verfünffachte.

Zu seinen bemerkenswertesten Beiträgen in Versailles gehören der prachtvolle Spiegelsaal (1678), den er vor Le Vaus zurückspringende Gartenfassade setzte, und die erstaunliche, 13 Meter hohe Orangerie, deren massive Mauern ganzjährig eine praktisch konstante Temperatur gewährleisten. Gegen Ende seines Lebens schuf Hardouin-Mansart die üppig ausgestattete königliche Kapelle, die sein Schwager, Robert de Cotte, 1710 fertig stellte.

Unter Ludwig XV. wurde die Barockausstattung durch Rokokodekorationen (abgeleitet von französisch *rocaille*: Muschelwerk, dem beliebtesten Ornament dieses Stils) ersetzt und in dem ausgedehnten Park ein weiteres königliches

Le Vaus Gartenfassade bestand ursprünglich aus zwei vorspringenden Pavillons und einem zurückspringenden Mittelteil, der über elf Joche reichte. Vor diesen Mittelteil setzte Jules Hardouin-Mansart seinen Spiegelsaal, der jedoch die alte Fassade einfühlsam kopiert.

Schloss, der Große Trianon, errichtet. Unter Ludwig XVI. schuf Jacques-Ange Gabriel 1770 das letzte große Bauwerk des Schlosses, die klassizistische Oper, eine prachtvolle Holzkonstruktion, die 700 bis 1000 Zuschauern Platz bot; sein schönstes klassizistisches Bauwerk ist jedoch der Kleine Trianon im Park von Versailles (1768).

Ausstattung

Der Maler Charles Le Brun (1619–1690) war ein Schüler von François Vouet und Nicolas Poussin, der in Rom lebte. Ludwig XIV., der Le Bruns an klassischen Vorbildern orientierte Malweise zu schätzen wusste, beauftragte den Maler 1661, die

Ausstattung von Versailles zu leiten, und ernannte ihn 1662 zum Hofmaler.

Da das Schloss weitgehend öffentlichen Zwecken diente, gestaltete Le Brun die Räume ungewöhnlich prunkvoll und bewusst imposant. Eine zentrale Rolle spielte in der barocken Kunst das Bemühen, durch Architektur, Ausstattung und Licht die Illusion von Bewegung und räumlicher Unendlichkeit zu schaffen; der umbaute Raum tritt zurück, wenn der Besucher sich in den Raum hineingezogen fühlt und sein Blick auf die Deckenfresken gelenkt wird. Astrologische und mythische Themen erinnern den Betrachter ständig an die Gleichsetzung des Königs mit der Sonne: Apollo als Lebensspender, um den sich das Universum dreht.

Der Überfluss an edlen Materialien und ausgesuchter Handwerkskunst aus ganz Europa soll bewusst in Erstaunen versetzen. Einer der schönsten Räume ist Hardouin-Mansarts zum Park gelegener Spiegelsaal, in dem erstmals großflächig Spiegel eingesetzt wurden (17 hohe Spiegel reflektieren das Licht der ebenso großen Fenster an der gegenüberliegenden Wand); an der Decke schildern 30 Fresken von Le Brun die Taten Ludwigs XIV.

Einen Großteil seiner Kunstschätze verdankt Versailles der üppigen Architektur, Dekoration und Möblierung unter Ludwig XIV. sowie den Beiträgen späterer kunstsinniger Könige. So gab König Louis-Philippe mehr als 3000 Gemälde in Auftrag, die bisher ausgesparte Episoden der französischen Geschichte vom Mittelalter bis in die dreißiger Jahre des 19. Jahrhunderts behandeln sollten (selbstredend zeigt keines davon eine französische Niederlage).

Parkanlage

André Le Nôtre (1613–1700), Sohn des Gartenbaumeisters unter Ludwig XIII., Jean Le Nôtre, war von Kind an mit Botanik und Gartenbau vertraut. Ein Studium der Malerei und Architektur bei François Vouet und François Mansart lehrte ihn die Regeln der Perspektive und Baukunst, die er in all seinen Anlagen anwenden sollte.

Als viel beschäftigter Landschaftsarchitekt schuf Le Nôtre auch die Trianon-Gärten, die Gartenanlagen der Schlösser Saint-Cloud und Chantilly sowie die Parks von Saint-Germain-en-Laye und Fontainebleau. Möglicherweise war er auch für den St James' Park in London (1662) verantwortlich, da sein Talent weithin Anerkennung

fand. Seine Schüler und Mitarbeiter verbreiteten seinen Stil der Landschaftsplanung und Gartenbaukunst in ganz Europa. Selbst die geometrischen Anlagen mehrerer nordamerikanischer Städte (so L'Enfants Plan der US-Hauptstadt Washington, D. C.) spiegelt Le Nôtres Einfluss wider.

Seine Gartenanlagen wirken schlicht, sie lassen erst bei genauerem Hinsehen ihre meisterhaft großflächigen Kompositionen und subtilen Details erkennen. Bei einem Spaziergang durch den Park von Versailles entfaltet sich ein komplexes Gespinst aus sich eröffnenden Perspektiven, Ebenen- und Maßstabswechseln und architektonischen Kompositionen. Unablässig bietet die scheinbar schlichte Organisation des Parks in seiner Größe und Üppigkeit überraschende Ausblicke und Details. Ludwig XIV. war von dem Ergebnis so angetan, dass er einen eigenen Führer mit Wegbeschreibungen verfasste, der Besuchern helfen sollte, seine Lieblingskompositionen zu entdecken.

Das unmittelbar an das Schloss anschließende Gartenparterre mit seinen geometrischen Kompositionen aus niedrigen Hecken, Blumenbeeten und Rasen ist dazu gedacht, vom Inneren des Schlosses gesehen zu werden, ohne die Aussicht

Technische Daten

Château:	
Länge	680 m
Grundfläche	51 210 qm
Anzahl der Räume	700

Park:	
Areal	800 ha
Mauern	20 km lang
Grand Canal	1650 m lang, 65 m breit
Petit Canal	1070 m lang, 80 m breit

Gärten:	
Areal	100 ha
Blumenbeete	14 (9 erhalten)
Brunnen	50, Durchlauf:
	3600 m³ pro Stunde
Leitungsnetz	35 km

Le Nôtres täuschend schlicht wirkende barocke Mittelachse des Parks eröffnet bei genauerem Hinsehen eine endlose Folge von Ausblicken, architektonischen Kompositionen und interessanten Details.

zu behindern. Der große Kanal, der für Bootsfahrten genutzt wurde, ist ebenfalls ein eindrucksvolles Beispiel für die barocke Technik, den Blick des Betrachters über die Mittelachse zum Horizont zu lenken. Vom Park aus betrachtet, besteht diese Mittelachse aus einer ansprechenden Aneinanderreihung verschiedener Wasserbecken, Figuren, die die Ströme und Flüsse Frankreichs symbolisieren, und geometrisch beschnittener Bäume, unterbrochen von Brunnen und Nebenachsen, die wiederum zu versteckteren Brunnen für die vier Jahreszeiten und zu überraschenden Grotten (9 von ursprünglich 14 sind erhalten) in den umgebenden Wäldern führen.

Das wohl imposanteste Merkmal der Gartenanlage ist das allgegenwärtige Wasser, das in Marly aus der Seine gepumpt wird. Der (23 ha) große Kanal und die übrigen Bassins beziehen ebenso wie die Spiegel des Spiegelsaals den Himmel als ständig wechselndes Element in die Dekoration ein und verstärken damit die barocke Illusion des unendlichen Raumes. Bei den Brunnen findet sich erneut die Gleichsetzung des Königs mit der Sonne wieder: Die beiden Hauptbrunnen erinnern an den Weg der Sonne am

Himmel, sie zeigen den Kriegsgott und Lebensspender Apollo im Westen und Lete, die Mutter Apollos, im Osten; weitere Brunnen stellen die vier Jahreszeiten dar.

In Versailles sprechen die Wasserspiele – als Säulen, geometrisch gewölbte Kompositionen und Kaskaden – alle Sinne an. Wenn die 35 Kilometer langen, originalen Leitungen bei der Vorführung der »Grandes Eaux« die 50 Brunnen zu Leben erwecken, erleben Besucher wahrhaft magische Momente, wie kein anderer Garten sie vermitteln kann.

Versailles heute

Bis in die heutige Zeit dient Versailles zugleich als Museum und als Ort für wichtige Staatsereignisse; so wurde hier nach dem Ersten Weltkrieg der Versailler Vertrag unterzeichnet und noch heute finden hier Konferenzen europäischer Staatschefs und die Versammlung der beiden Kammern des französischen Parlaments statt, wenn es um Verfassungsänderungen geht. Trotz der Änderungen, die nachfolgende Herrscher vornahmen, ist Versailles nach wie vor im Wesentlichen das Werk der talentierten Architekten und Dekorateure unter Ludwig XIV.

Der Potala-Palast

Bauzeit: 1645–1694 (mit späteren Ergänzungen)   Ort: Lhasa, Tibet

*Die Straße war nicht mehr als eine Wasserrinne, und wir mussten absteigen und einzeln
hintereinander hergehen. Doch als wir erst einmal durch waren,
was für ein Anblick bot sich unseren Augen … Unmittelbar zu unserer Linken sahen
wir uns dem gigantischen Bau des Potala-Palastes gegenüber,
der die gesamte Hügelkuppe einnahm … Wie benommen stand ich vor seiner Pracht.*
MONTGOMERY MCGOVERN, 1924

DER POTALA ENTSTAND als Symbol des Staates Tibet, als das Land unter der Herrschaft des buddhistisch-lamaistischen Dalai Lama wieder vereint wurde. Dieser Funktion entsprach das Bauwerk hervorragend: Nach außen gilt es als Wahrzeichen Tibets und nach innen haben es diverse Gruppen als Zeichen ihres Machtanspruchs oder ihrer Zugehörigkeit zum Land für sich reklamiert. Der Potala-Palast zeugt gleichermaßen von den indischen Wurzeln des tibetischen Buddhismus, der praktischen Unterstützung durch die Mongolen, die seinen Bau ermöglicht haben, und von den chinesischen Traditionen, Architektur auszuschmücken.

Der Name Potala leitet sich von dem mythischen Palast der tibetischen Schutzgottheit Avalokiteshvara ab. Er wurde an einer Stelle erbaut, an der angeblich ein kleiner Palast des tibetischen Staatsgründers im 7. Jahrhundert, König Songtsen Gampo, stand, der ebenso wie der Bau-

Blick auf den Potala, aufgenommen um 1940 von dem britischen Gesandten in Tibet, Hugh Richardson. Anlässlich eines Festes hängt eine große Buddhadarstellung an der Fassade.

herr des Potala, der fünfte Dalai Lama (Regierungszeit 1642–1682), als Reinkarnation Avalokiteshvaras gilt. Der Palast bekräftigt also bewusst die Kontinuität und Renaissance des Staates Tibet nach einer Periode des Zerfalls.

Der Potala steht auf einem Felskamm im Norden der Stadt Lhasa und gehört zu einem Festungskomplex, der ein rechteckiges, ummauertes Areal am Fuß des Felsens einschließt. Seinen Kern bilden der weiße Palast im Osten und der rote Palast im Westen.

Nachdem der Mongole Gushri Khan den fünften Dalai Lama 1642 als Herrscher Tibets eingesetzt hatte, begann dieser zwischen 1645 und 1648 mit dem Bau des weißen Palastes, den er zu seiner offiziellen Residenz machte. Sein Regent, Sangye Gyatsho, baute zwischen 1690 und 1694, nach dem offiziell geheim gehaltenen Tod des fünften Dalai Lama, den roten Palast mit dem Mausoleum des Dalai Lama.

Sowohl der weiße als auch der rote Palast sind eine Weiterentwicklung des altindischen Klosterbaus. Eine rechteckige Versammlungshalle im Erdgeschoss ist umgeben von zwei oder mehr Geschossen mit nach innen gewandten Zellen und einer Galerie, rund um eine offene Terrasse über der Halle. Diese Räume dienen als Kapellen, Mönchszellen, Wohnung des jeweiligen Dalai Lama und Grabstätten früherer Dalai Lamas.

Die Grabstätte des dreizehnten Dalai Lama (Regierungszeit 1895–1933) befindet sich westlich vom roten Palast in einem Anbau, der 1934 bis 1936 entstand. Die Nebengebäude an der Westseite mit Wohnbereichen für Mönche, Lagerräumen und äußeren Befestigungen gehen offenbar auf das späte 17. Jahrhundert zurück, wurden aber im Laufe der Zeit geringfügig verändert. Zugänglich ist der Palast über schmale, gut zu verteidigende Tore und mehrere Wege, deren Steigung und Stufen von Lasttieren gut zu bewältigen sind.

Trotz mehrerer Belagerungen, ständig drohender Brände und Erdbeben und der Verwüstungen durch die Kulturrevolution wurde der Potala nie ernstlich beschädigt und weitgehend gut instand gehalten. Seit 1994 gehört der Potala-Palast zum Weltkulturerbe.

In den letzten Jahrzehnten ist Lhasa zwar stark gewachsen und um zahlreiche moderne Neubauten erweitert worden, aber noch immer beherrscht der Potala das Stadtbild.

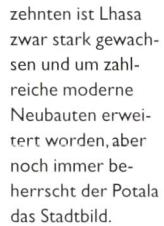

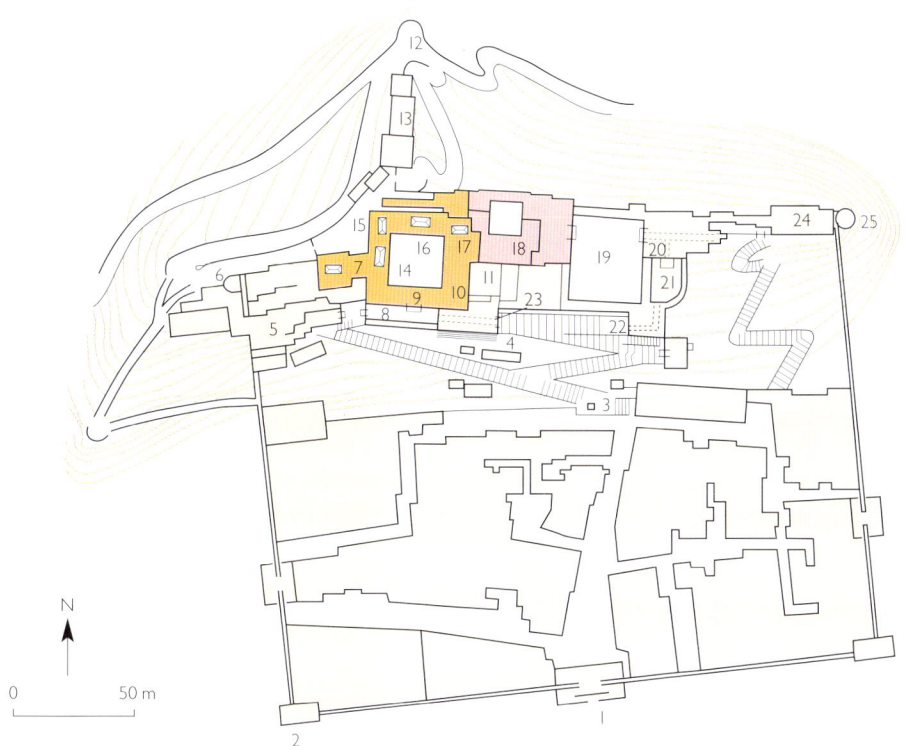

Bauweise

Der Felskamm, auf dem der Potala steht, wurde offenbar nach einer in Tibet gebräuchlichen Technik durch Abtragen und Verfüllen geebnet; die Außenmauern des Gebäudes, die unterschiedlich weit bis unter diese Terrasse hinuntergezogen sind, wirken, als wüchsen sie aus dem Berg heraus. In Bauweise und Materialien unterscheidet sich der Potala kaum von einem gewöhnlichen tibetischen Bauernhaus – was nicht verwunderlich ist, da die Mehrheit der Arbeitskräfte sicherlich aus der heimischen Bauernschaft stammte. Das Tragwerk besteht aus massivem Mauerwerk – in diesem Fall grob behauenem Naturstein mit Lehmmörtel vermauert –, in das schwere Balken als Binder eingelassen sind, die wiederum die Deckenbalken tragen. Im Inneren ruhen die Binder auf Holzständern mit großen Kopfbändern. Während also bei den Fassaden Mauerwerk dominiert, herrscht im Inneren Holz vor. Im Unterschied zu einem Bauernhaus besitzt der Potala jedoch am West- und Ostende jeweils einen kleinen, runden Wehrturm.

Der Stein wurde großenteils von Trägern und Booten aus Steinbrüchen flussaufwärts herbeigeschafft, während man den Lehm an Ort und Stelle aushob und die entstehende Grube als Zierteich nutzte. Innen- und Außenschale des Mauerwerks bestehen aus schichtweise vermauerten Hausteinen von etwa 25 Zentimetern Breite und 30 bis 50 Zentimetern Länge, verbunden durch dünne Schichten kleinerer, flacher Steine in dicken Lehmfugen, die das Mörtelbett für die nächste Steinschicht bilden.

Im unteren Teil der Mauern und Befestigungen sind die Steine oft nur sehr grob behauen und die großen Zwischenräume mit Lehm aufgefüllt; manchmal sind die Steine völlig in Lehm eingehüllt. Zwischen diesen Schalen sind die bis zu fünf Meter dicken Mauern mit Erde, Schotter und Weidengeflecht verfüllt. Bei den Behauptungen, dass die Fundamente in geschmolzene Bronze gegossen wurden, dürfte es sich um eine Legende handeln.

Technische Daten

Anzahl der Stockwerke	13
Höhe	117 m
Materialien	Haustein, Holz, Lehm
Höhe über dem Meeresspiegel	3700 m

Die Fassade des weißen Palastes ist typisch für tibetische Sakralbauten mit ihren nach innen geneigten Mauern, den lebhaften Farbkontrasten und den im oberen Teil konzentrierten Ornamenten.

Die metallgedeckten Dächer im chinesischen Stil tragen Blätterknäufe indischen Ursprungs. Markisen spenden Fenstern und Türen Schatten und zieren die Vordächer.

Typisch für die tibetische Architektur sind die um sechs bis neun Grad nach innen geneigten, nach oben verjüngten Außenmauern, die im unteren Bereich noch stärker abgeschrägt sein können. An den Ecken müssen die Schichten sorgfältig abgeschrägt werden.

Ein optisches Gegengewicht zu den nach innen geneigten Wänden bilden die übereinander angeordneten, holzgerahmten Fenster, die im unteren Bereich als schmale Schlitze gehalten sind, nach oben hin immer breiter werden und teils mit Balkonen versehen sind. Die Fensterstürze sind mit Vordächern bekrönt, die auf vorkragenden Balkenköpfen ruhen und aus Weidengeflecht und Lehm gebaut sind. Die Flachdächer haben eine gerade Brüstung, in deren Außenseite rot bemalte, nach außen weisende Bündel von Weidenruten oder Tamariskenreisig gesteckt sind – eine Spielart der Brennholz- oder Futterbündel, die noch heute rund um die Dächer tibetischer Bauernhäuser gestapelt werden. Die Wände sind weiß gekalkt oder mit rotem Ocker behandelt, das regelmäßig zur Erneuerung von oben heruntergeschüttet wird. Aus der Nähe betrachtet, verstärkt die grobe Textur der Fassaden die rustikale Wirkung des Gebäudes.

Im Inneren sind Holzwerk und Wände farbig gestrichen und mit reichem Schnitzwerk verziert. Die wichtigsten Bereiche des Komplexes tragen kleine vergoldete Dächer nach chinesischer Art und vergoldete Ornamente indischen Ursprungs, die höchstwahrscheinlich von chinesischen und nepalesischen Handwerkern geschaffen wurden und eine weitere Abweichung vom bäuerlichen Stil darstellen.

Schönbrunn

Bauzeit: 1696–1700   Ort: Wien, Österreich

Die Möbel, alle mit reichem Brokat bezogen, sind so erlesen und edel,
nichts kann heiterer und prachtvoller aussehen, und im ganzen Haus Vergoldungen,
Schnitzwerk, Gemälde und Statuen aus Alabaster und Elfenbein
im Überfluss.
LADY MARY WORTLEY-MONTAGU, 1716

SCHLOSS SCHÖNBRUNN, der Sommer-palast der österreichisch-ungarischen Monar-chie, ist eines der großartigsten und prachtvolls-ten Barockschlösser Mitteleuropas. Dennoch ist es nur ein Fragment jener Anlage, die seinem Architekten, Johann Bernhard Fischer von Er-lach, ursprünglich vorschwebte.

Fischer, kaiserlich-königlicher Hofarchitekt Leopolds I., spielte eine Schlüsselrolle in der Ent-wicklung des österreichischen Barock. Im Alter von 15 Jahren ging er 1671 nach Italien, wo er 16 Jahre lang die Denkmäler der klassischen Antike und die Werke Borrominis, Berninis und Fonta-nas studierte. (Später verfasste er die erste illus-trierte Architekturgeschichte.) Er stand auch in Verbindung mit französischen Architekten, de-ren Bauten er aus Stichen kannte. Als er 1687 nach Österreich zurückkehrte, erholte Wien sich gerade von der türkischen Belagerung und war mit neu gewonnenem Selbstbewusstsein bereit für ehrgeizige Bauprojekte. Sehr bald fand Fischer einflussreiche Förderer, erhielt Zugang bei Hofe und wurde zum Lehrer des Kronprinzen und späteren Kaisers, Joseph I. Als er 1696 in den Adelsstand erhoben wurde, nahm er den Titel »von Erlach« an. Bei einer Reise nach Deutsch-land, Holland und England 1704 lernte er unter anderem Christopher Wren kennen.

Plan und Wirklichkeit

Wahrscheinlich ist es Joseph I. zu verdanken, dass Fischer von Erlach die ersten Pläne für den Bau von Schloss Schönbrunn anfertigte. Wann sie entstanden, ist unbekannt, angesichts ihrer ungeheuren Ausmaße kann er jedoch unmöglich erwartet haben, dass sie je realisiert würden. Als

Schloss Schönbrunn bei Wien, entworfen von Fischer von Erlach, wurde im 18. Jahrhundert von Nikolaus Pacassi drastisch umgebaut, der das Ober-geschoss aufstocken und ein Mezzanin-geschoss einfügen ließ.

ideale Residenz des Heiligen Römischen Kaisers
Deutscher Nation war die Anlage noch großartiger geplant als Ludwigs XIV. Schloss Versailles
(s. S. 102). Das riesige Schloss sollte auf dem
Schlossberg von Schönbrunn bei Wien stehen.
Durch einen Eingang mit Nachbildungen der
Trajanssäule in Rom gelangte man auf einen großen Turnierplatz, flankiert von kunstvoll gestalteten Brunnen in runden Wasserbassins. Dahinter sollten wie in Versailles Rampen über
verschiedene Terrassen zum Schloss hinauffüh-
ren, dessen Mittelteil durch viertelkreisförmige
Flügel mit den Seitenhöfen verbunden wäre.

Der Bau begann 1696, zwangsläufig in einer
reduzierten, aber – verglichen mit normalen

Technische Daten

Länge	190 m
Parkareal	1200 x 1300 m
Anzahl der Räume	1400

Standards – immer noch recht großzügigen Version. Der große Ehrenhof mit den beiden Brunnen
wurde realisiert und auch die Fassade mit der
großen Halle in der Mitte, flankiert von den
beiden Seitenflügeln für Kaiser und Kaiserin, erinnert an Versailles. Joseph I. trat 1705 die Thron-
folge seines Vaters an und starb 1711, bevor das
Schloss fertig war.

Fischer von Erlachs Interieurs waren angemessen imposant, mit üppigem Stuck und De-
ckengemälden führender Künstler. Allerdings
lässt sich nicht viel darüber sagen, da das gesamte
Schloss im 18. Jahrhundert von Nikolaus Pacassi,
dem Hofarchitekten Maria Theresias, völlig umgebaut wurde. Er veränderte auch das äußere Erscheinungsbild, stockte das Obergeschoss auf,
fügte ein Mezzaningeschoss ein und versah die
Nordfront mit ionischen Säulen, was Fischer von
Erlachs Fassade ernstlich beeinträchtigte.

Das Schloss Maria Theresias

Pacassis Interieurs sind wahre Rokoko-Kunst-
werke, die für den Verlust von Fischers Innenausstattung entschädigen. Anstelle der Haupthalle,
die vorher den Mittelteil des Gebäudes einnahm,
befindet sich nun die Große Galerie mit kanne-
lierten Pilastern, Akanthuskapitellen, vergoldeten Stuckdekorationen und Spiegeln. Wo heute
das blaue Treppenhaus liegt, befand sich bei
Fischer das Esszimmer; hier ist das einzige De-
ckengemälde aus seiner Zeit erhalten: Sebas-
tiano Riccis Apotheose Josephs I. Das Millionen-
zimmer hat eine Rosenholztäfelung, in die 260
indo-persische Miniaturen zum höfischen Leben
der Mogulkaiser eingelegt sind. Das nach Napoleon benannte Zimmer, in dem er 1805 und
1809 schlief, ist mit Brüsseler Tapisserien aus
dem 18. Jahrhundert ausgestattet, die Schlacht-
szenen zeigen. Das Vieux-Laque-Zimmer war
das Privatgemach Maria Theresias und kombi-
niert Wiener Rokoko mit schwarzen Lackpanee-
len aus Ostasien. Auch das chinesische Zimmer,
das Joseph I. als Arbeitszimmer diente, verbindet
chinesische Lackarbeiten mit einem Rokoko-
Ambiente.

Ebenso imposant wie das Schloss selbst ist der
umgebende Park, dessen kunstvoll beschnittene
Hecken so hoch sind wie ein dreistöckiges Haus.
Die bemerkenswertesten Bauten sind hier die
Gloriette, eine monumentale klassizistische Ko-
lonnade von Ferdinand von Hokenberg, sowie
das fast ebenso monumentale Palmenhaus, das
Kaiser Franz Joseph 1882 errichten ließ.

Das Winterpalais

Bauzeit: 1753–1762   Ort: St. Petersburg, Russland

Welche Einmaligkeit! Wie alle Teile sich zum Ganzen fügen!
KONSTANTIN BATJUSCHKOW, 1814

DAS WINTERPALAIS in St. Petersburg ist eines der schicksalhaften Bauwerke der Geschichte. Vom 18. Jahrhundert bis Endes des 20. Jahrhunderts erlebte es epochale Ereignisse und hat auch heute, da es in das Staatsmuseum Eremitage einbezogen ist, nicht an Bedeutung verloren. Die ersten Winterpaläste in St. Petersburg entstanden unter Peter dem Großen 1711 und 1716 bis 1719, entworfen von dem Architekten Georg Mattarnovi. Unter Kaiserin Anna Iwanowna begann 1732 der Bau eines wesentlich größeren, dritten Winterpalasts, unter der Leitung von Bartolomeo Francesco Rastrelli. Doch auch dieser Bau erwies sich schließlich als unzureichend für kaiserliche Zwecke.

Um 1750 begannen die Überlegungen zu einem vierten Winterpalais für Kaiserin Elisabeth, und 1753 legte Rastrelli seinen endgültigen Entwurf vor. Das Projekt wurde durch die Notwendigkeit erschwert, den bereits bestehenden dritten Palast in ein wesentlich größeres Bauwerk von Schwindel erregenden Ausmaßen und Kosten einzubeziehen. Während der Bauarbeiten kam Rastrelli 1754 zu dem Schluss, dass das neue Palais nicht als bloße Erweiterung des alten zu realisieren war, sondern den Abriss des bestehenden Gebäudes bis auf die Grundmauern erforderte.

Rastrelli hatte nie die Hoffnung, das Winterpalais innerhalb von zwei Jahren fertig stellen zu können, wie Elisabeth es erwartete, aber er setzte seine beträchtlichen Erfahrungen ein und leitete das gewaltige Projekt auf für St. Petersburg beispiellos durchorganisierte Weise. Trotz des strengen Winters wurde das ganze Jahr hindurch daran gearbeitet, weil die Kaiserin, für die das Palais während des Siebenjährigen Krieges (1756–1763) eine Prestigefrage war, ständig auf

Vom gegenüberliegenden Ufer der Newa aus betrachtet, kommt die Pracht des Winterpalais voll zur Geltung.

Barockdekoration
an der Westfassade

nehmlich wohl frequentiert vom Heer der Arbeitskräfte, die Rastrelli zu einem Monatslohn von einem Rubel beschäftigte.

Trotz der ungeheuren Summen, die für den Bau des Winterpalais bereit gestellt wurden, überstiegen die Kosten ständig die vorhandenen Mittel und gelegentlich mussten die Arbeiten aus Mangel an Material und Geld eingestellt werden, da Russlands finanzielle Möglichkeiten während des Siebenjährigen Krieges bis an die Grenzen ausgeschöpft waren. Letzten Endes kostete das Projekt gut zweieinhalb Millionen Rubel, die von der ohnehin schon stark belasteten Bevölkerung durch Alkohol- und Salzsteuern aufgebracht wurden. Elisabeth erlebte die Fertigstellung ihres größten Bauvorhabens nicht mehr. Sie starb am 25. Dezember 1761. Die Hauptempfangsräume und kaiserlichen Gemächer wurden im Jahr darauf für Zar Peter III. und seine Frau Katharina vollendet.

Grundriss und Ausstattung

Das Winterpalais besteht aus einem vierseitig umbauten Innenhof, dessen Wände ähnlich gestaltet sind wie die Außenfassaden. Drei dieser Fassaden liegen an weiten öffentlichen Plätzen und gehören zu den imposantesten der Welt. Zum Fluss hin präsentiert sich das Palais mit einer 200 Meter langen, durchgehenden Front, während die Fassade zum Palastplatz in der Mitte von den drei Bögen des Haupteingangs zum Innenhof geprägt ist, die Sergej Eisenstein und viele weniger bedeutende Künstler in ihren Darstellungen der »Erstürmung des Winterpalais« verewigt haben. Die zur Admiralität gewandte Fassade ist der einzige Teil des Gebäudes, der noch erhebliche Reste des älteren Palastes enthält; sie spiegelt in der dekorativen Gestaltung des von zwei Seitenflügeln flankierten Mittelteils die Manierismen in Rastrellis Frühstil wider.

Sämtliche Fassaden sind streng geometrisch gegliedert, allerdings erhält jede ihre eigene Prägung durch die Form der Ziergiebel und die Abstände der eingestellten Säulen, deren Verteilung der Mauerflucht einen ausgeprägten Rhythmus verleiht. Diese Säulen flankieren gut 700 Fenster (allein an den Außenfassaden) mit Umrahmungen in 20 verschiedenen Mustern, die erkennen lassen, welche Vielfalt an ornamentalen Motiven wie Löwenmasken und grotesken Figuren Rastrelli über drei Jahrzehnte hinweg gesammelt hatte.

Fertigstellung drängte und zusätzliche Gelder anforderte. Es wirft ein bezeichnendes Licht auf Elisabeths Finanzen, dass die ursprünglich für den Bau des Winterpalais vorgesehene Summe von 859 555 Rubel nach einem Plan ihres Günstlings Iwan Schuwalow aus den Steuereinnahmen der Wirtshäuser finanziert werden sollten – vor-

Technische Daten

Hauptfassade	ca. 225 m
Seitenfassade	ca. 185 m
Zahl der Räume	1000
Zahl der Backsteine	5 Millionen
Materialien	italienischer Marmor; roter Granit aus Finnland; sonstige Natursteine aus dem Ural
Max. Zahl der Arbeitskräfte	1757: 2300 Maurer und Steinmetzen

Die Arkadenwirkung der halbrunden Fenster im Kellergeschoss wird in den Fensterbekrönungen der drei darüber liegenden Stockwerke aufgegriffen. Ein umlaufender Fries, der die beiden Obergeschosse vom Erdgeschoss trennt, betont die Horizontale des Gebäudes ebenso wie das komplexe Profil des Kranzgesimses, das eine Balustrade mit 176 großen Ziervasen und allegorischen Statuen trägt.

Im Laufe der Zeit kam es unweigerlich zu Veränderungen an Baukörper und Ausstattung des Winterpalais. Ende des 19. Jahrhunderts ersetzte man die Steinstatuen, die durch das raue Klima der Stadt verwittert waren, durch Kupferfiguren; und die ursprünglich für die Stuckfassade vorgesehene Sandfarbe ist mit der Zeit unter einer Reihe verschiedener Anstriche verschwunden, die von einem matten Rot (Ende des 19. Jahrhunderts) bis zu dem heutigen Grün reichen.

Im Inneren hat das Winterpalais mit seinen über 1000 Räumen weitaus größere Veränderungen erfahren. Rastrelli verwendete in seinem ursprünglichen Entwurf ganz ähnliche dekorative Mittel wie in seinen früheren Palastbauten: vergoldete Stuck- und Holzornamente, kunstvolle Pilaster zur Wandgliederung in großen Räumen wie dem Thronsaal und aufwendige Parketts für die Böden. Von Rastrellis Rokoko-Interieurs ist jedoch wenig erhalten geblieben.

Die Arbeit an derart erlesenen Räumen zog sich über Jahrzehnte hin, da sie dem Geschmack Katharinas der Großen und ihrer Nachfolger entsprechend umgestaltet und angepasst wurden. Ein Brand, der 1837 zwei Tage lang wütete, hatte verheerende Folgen für das Palais. Beim Wiederaufbau stattete man die meisten Räume in eklektischen Stilrichtungen aus, wie sie Mitte des 19. Jahrhunderts beliebt waren, oder man stellte die klassizistische Dekoration wieder her, die Rastrellis Nachfolger, etwa Giacomo Quarenghi, verwendet hatten. Lediglich die Haupttreppe (Jordan-Treppenhaus) und den zu ihr führenden Korridor (Rastrelli-Galerie) rekonstruierte Wassilij Stassow in einem Zustand, der Rastrellis Original recht nahe kam.

Dennoch verbindet man zu Recht mit dem Winterpalais nach wie vor den Namen Rastrelli. Denn trotz Elisabeths Kaprizen und der Probleme, die ein Bauprojekt dieser Größenordnung stellt, gelang es Rastrelli genial, nicht nur einen der letzten Barockbauten Europas zu schaffen, sondern – im Licht späterer Ereignisse besehen – eines der zentralen Baudenkmäler in der Geschichte der modernen Welt.

Das Jordan- oder Botschafter-Treppenhaus bildet den grandiosen Eingangsbereich des Palastes.

Neuschwanstein

Bauzeit: 1869–1886   Ort: Hohenschwangau, Bayerische Alpen, Deutschland

Vollendet ist das unsterbliche Werk! Auf Bergeshöhn die Götter wohnen ...
RICHARD WAGNER, 1852

DAS ROMANTISCHE BILD, das Schloss Neuschwanstein auf einer Felsspitze in den bewaldeten Ausläufern der Bayerischen Alpen bietet, gehört wohl zu den bekanntesten der Welt. Von den übrigen Schlössern und Palästen dieses Buches unterscheidet es sich insofern, als es nicht zur Demonstration von Macht und Wohlstand erbaut wurde, sondern zum Privatgebrauch Ludwigs II. und einiger weniger Gefolgsleute.

Ludwigs Vater, Maximilian II., hatte 1837 ganz in der Nähe Schloss Hohenschwangau als Sommerresidenz erbauen lassen. Es war neugotisch gehalten, da man sich den Stil zu Beginn des 19. Jahrhunderts aus den Musterbüchern der Geschichte aussuchte. Hier wuchs Ludwig auf und begegnete im Musikzimmer zum ersten Mal dem Komponisten Richard Wagner, dessen Opern den jungen Prinzen stark beeindruckten. Im Alter von 18 Jahren wurde Ludwig, der nie eine offizielle Ausbildung erhalten hatte, König und geriet schon bald mit seinen Ministern in Zwist. Als ihm klar wurde, dass er weder das Talent noch eine Neigung zur Politik besaß, zog er sich zunehmend aus der Alltagswirklichkeit in eine Welt der Mythen und Legenden zurück.

Damals gab es an der Stelle, an der später Neuschwanstein entstehen sollte, die Ruinen einer alten Burg, und in einem Brief schrieb Ludwig im Mai 1868 an Wagner: »Ich habe die Absicht, die alte Burgruine Hohenschwangau bei der Pöllatschlucht neu aufbauen zu lassen im echten Stil der alten deutschen Ritterburgen ... sie werden sich rächen, die entweihten Götter, und oben weilen bei Uns auf steiler Höh', umweht von Himmelsluft.« In diesem Privatschloss sollten Wagners Opernhelden nicht nur in Aufführungen lebendig werden, sondern als Bilder ständig präsent sein.

Anlage und Stil

Die Skizzen für Schloss Neuschwanstein schuf denn auch passenderweise 1868 der Kulissenmaler des Münchener Hoftheaters, Christian Jank. Nachdem Eduard Riedel sie in technische Architekturzeichnungen übersetzt hatte, begannen im folgenden Jahr die Bauarbeiten. Beträchtliche Probleme bereitete das Baugrundstück, das 200 Meter oberhalb der vorhandenen Straße auf einem Felsvorsprung ohne Wasser lag. Schließlich fand man eine Quelle und legte eine Wasserleitung zum Schloss, die noch heute existiert. Riedel leitete den Bau bis 1872, gefolgt von zwei weiteren Architekten, bis die Arbeiten nach dem Tod Ludwigs II. 1886 eingestellt wurden. Bis dahin waren der Rohbau und die Ausstattung der königlichen Gemächer weitgehend abgeschlossen, während die übrigen Räume unvollendet blieben.

Stilistisch entspricht Neuschwanstein einer recht frei interpretierten deutschen Romanik des 13. Jahrhunderts. Gewisse Merkmale sind zwar echten Bauten entlehnt, aber insgesamt ist das Schloss eine originelle Komposition, deren unregelmäßige Massen und hohe Türme mit Kegeldächern sich als unvergesslicher Eindruck inmitten von Bäumen gegen die Silhouette der Berge abhebt. Kein Wunder, dass der König abends auf die Brücke an der Nordseite ging, um den märchenhaften Anblick seines von Kerzen und Kronleuchtern erhellten Schlosses zu genießen.

Von außen beeindruckt Neuschwanstein durch das Arrangement unterschiedlicher Bauelemente und die recht schmucklosen, wuchtigen Mauern; überraschend daher die üppige und komplexe Ausstattung im Inneren: Kaum ein Fleck, der nicht bemalt oder dekoriert ist. Besonders prachtvoll ist Ludwigs gotisch gehaltenes Schlafzimmer mit geschnitzter Eichentäfelung und Gemälden von August Spieß zu Tristan und Isolde. Das Wohnzimmer ist Lohengrin gewidmet, dem Schwanenritter, illustriert von Wilhelm Hauschild.

Die großartigsten Räume des Schlosses sind Thronsaal und Sängersaal. Der Thronsaal ist von kunstvollen byzantinisch geprägten Arkaden umgeben; leider wurde der Thron, der im Zentrum des Saales stehen sollte, nie realisiert. Der Sängersaal, der auf einem Original in der Wartburg basiert, weist in der Kassettendecke Motive von Tierkreiszeichen auf. Historische Rollen wie

Oben: Als perfekte Kombination aus romanischen Elementen und romantischer Bühnenkulisse steht Neuschwanstein auf einem Steilfelsen.

Gegenüberliegende Seite: Der von Edouard Ille gestaltete Thronsaal orientiert sich auf Ludwigs Wunsch an der Hagia Sophia und war ursprünglich als Gralshalle in Wagners Parsifal gedacht

Technische Daten

Grundfläche	5935 qm
Höhe	965 m
Zahl der fertiggestellten Räume	15 (von geplanten 228)
Kosten (bis zu Ludwigs Tod)	6 180 047 Mark

Die Sängerhalle war
eine Nachbildung
des Sängersaals
in der Wartburg,
die Wagner zu
seinem Tannhäuser
inspiriert hatte.

den Lohengrin konnte Ludwig hier in einer Umgebung nachspielen, in der die »Fantasie das Vorbild ist, nach dem die Wirklichkeit geschaffen wird«, wie Walt Disney feststellte, der das Logo von Disneyland nach der Silhouette des Schlosses von der Nordseite gestaltete.

Leider hat Ludwigs eigene Geschichte kein Happyend. Nach Schätzungen von 1880 sollte der Bau von Neuschwanstein bis zur geplanten Fertigstellung 1893 jährlich 900 000 Mark verschlingen. Inzwischen hatte Ludwig mit dem Bau von zwei weiteren Schlössern begonnen, deren Kosten seine finanziellen Möglichkeiten überschritten, da er die gesamten Arbeiten nicht aus der Staatskasse, sondern aus seiner Apanage als König bestritt. Vielleicht galt er deshalb bei seinen Untertanen als liebenswerter Exzentriker, doch seine Regierung, die seinem allen Anschein nach wahnhaften Verhalten zunehmend feindlich gegenüberstand, veranlasste, dass eine Kommission aus Psychiatern (die Ludwig nie untersuchte) den König für psychisch krank erklärte, und ernannte seinen sechzigjährigen Onkel zum Regenten. Unter starkem Druck willigte Ludwig schließlich ein abzudanken und wurde von Neuschwanstein fortgebracht. Drei Tage später, am 13. Juni 1886, fand man ihn gemeinsam mit seinem Arzt ertrunken im Starnberger See. Entgegen seinen Wünschen wurde das Schloss kaum drei Wochen nach seinem Tod für Besucher geöffnet, was ihn ironischerweise unsterblich machte: Der zurückgezogenste König der Geschichte hatte Deutschlands meist besuchte Touristenattraktion geschaffen.

Ein Drache bewacht
die Wendeltreppe
im Nordturm, die
Riedels Nachfolger,
Julius Hofmann, als
eines der letzten
Teile des Schlosses
1884 fertig stellte.

Der Palast des Vizekönigs

25

Bauzeit: 1912–1931   Ort: Neu-Delhi, Indien

*Die Kuppel auf dem Haus des Vizekönigs … scheint nicht gebaut,
sondern kompakt aus einem Guss zu sein, gefeit gegen das Alter, bestimmt,
für immer dort zu stehen … Sie erinnert an die architektonischen
Intentionen der Antike, Ägyptens, Babylons und Persiens.*
ROBERT BYRON, 1931

M APRIL 1912 inspizierten drei Engländer mittleren Alters – eine vom Minister für Indien in London bestellte Kommission – von ihren Elefanten aus die Gebirgskämme, Hügel und Ebenen rund um Delhi auf der Suche nach einem Standort für die neue Hauptstadt der größten Kolonie des British Empire. Man hatte beschlossen, die Hauptstadt Indiens von Kalkutta nach Delhi zu verlegen und eine neue Stadt für 30 000 Einwohner zu bauen mit Regierungsgebäuden für die Verwaltung des Dominion, deren Herzstück das Haus des Vizekönigs bilden sollte.

Die Kommission, zu der auch der Architekt Edwin Lutyens gehörte, fand schließlich ein geeignetes Areal fünf Kilometer südwestlich von Delhi. Es umfasste den Hügel Raisina, auf dessen

Blick vom Königsweg auf den Palast des Vizekönigs und die Jaipur-Säule

119

eingeebneter Kuppe das Haus des Vizekönigs als frei stehender Bau von wahrhaft palastartigen Ausmaßen die Gesamtkomposition krönen sollte. Von hier aus sollte eine Achse zur Freitagsmoschee (Jumma Masjid) in Shahjahanabad, dem historischen Mogulviertel von Delhi, und eine zweite, der Rajpath oder Königsweg, von Osten als Paraderoute zum Palast des Vizekönigs führen.

An Lutyens als Architekt führte wohl kaum ein Weg vorbei. Er war der führende britische Architekt seiner Generation, hatte bereits eine bemerkenswerte Reihe großartiger Häuser für die merkantile Elite der Edward'schen Zeit entworfen und sich sein Anrecht als Architekt des Empire gesichert. Neu-Delhi sollte der Auftrag seines Lebens werden. Sir Herbert Baker, ein weiterer herausragender englischer Architekt, war sein Kollege bei diesem großen Abenteuer.

Ost und West

Als Lutyens auf dem Dampfschiff zwischen Indien und seinem Londoner Büro hin- und herreiste und dabei die Pläne für den Palast des Vizekönigs entwarf, ließ er sich von den Eindrücken seiner ersten Indienreise inspirieren. Er hatte das rote Fort in Delhi besucht und eigens die historischen Wasserspiele in Gang setzen lassen, um die optische und akustische Wirkung fließenden Wassers besser ermessen zu können; diesen Eindruck übersetzte er später bei der Stadtplanung in allgegenwärtiges Wasser, in den prachtvollen Wasserlilienbrunnen seines Mogulgartens und auf dem Dach des riesigen Palastes in die Brunnenschalen, die dessen Kuppel als Motiv aufgreifen und umkehren.

Bestürmt von befehlsähnlichen Ratschlägen, dass er heimische oder traditionelle Elemente indischer Architektur wie den indo-sarazenischen Eselsrückenbogen aufgreifen müsse, griff Lutyens nicht auf Stilmusterbücher zurück, sondern auf bewährte Grundregeln. Ihm war klar, dass im erbarmungslos gleißenden Licht der indischen Ebenen Farbe und Form kaum zählen. Daher folgte er den großen Mogulbaumeistern in ihrem Spiel mit Schatten und übernahm das von ihnen erfundene blattdünne, weit vorkragende Kranzgesims, *chujja* genannt, das tiefe Schatten wirft und die Horizontale der Fassade betont. Eine weitere Betonung der Horizontalen erzielte

Schattenmalerei: Das blattdünne Kranzgesims, chujja, entlehnte Lutyens der Mogul-Architektur.

Links: Das große Treppenhaus im Palast des Vizekönigs, dessen offener Gewölbespiegel tagsüber gleißendes Sonnenlicht einfallen lässt und nachts den Blick auf den Sternenhimmel freigibt, bot eine angemessen dramatische Kulisse für den Empfang von Staatsgästen.

Unten: Westfassade des Vizekönigs-palastes mit seinen nach Mogul-Vorbildern gestalteten Gärten

Lutyens setzte die Dachpavillons oder *chattri* der Mogul-Architektur ebenso brillant ein wie den heimischen roten Sandstein.

Lutyens durch das zweifarbige Band in dem roten Sandstein, aus dem der Palast des Vizekönigs wie auch die beiden Verwaltungsgebäude Bakers mit einem bis heute atemraubenden handwerklichen Können erbaut sind.

Diese Elemente verbindet Lutyens mit seinem eigenen abstrakt klassischen Vokabular zu einer einzigartigen Synthese: Das ausdrucksvolle Spiel von Massen und Durchblicken, das in seinen Proportionen stärker italienisch anmutet als die größeren Maueröffnungen, die im Norden notwendig sind, um Licht in die Innenräume zu bringen; die kraftvolle Wirkung der kleinen, weit zurückspringenden Fenster; der prachtvolle Treppenhof unter einem Gewölbe mit zum Himmel offenem Spiegel; das Geflecht aus Terrassen und Veranden, Kolonnaden und Höfen als Widerhall heimischer Typologien dieses Subkontinents – all das ist in einem einzigen Bauwerk von enormen Ausmaßen überzeugend gelöst. Der Palast ist mit seinen 340 Räumen größer als das Schloss Versailles und nur unwesentlich kleiner als Westminster Palace. Dennoch fand Lutyens Zeit, für das Kinderzimmer kindgerechte Möbel zu entwerfen.

Unter der großen Kuppel, dem berühmtesten Element des Gebäudes, befindet sich die runde Durbar-Halle, wo der Thron des Vizekönigs mit Blick zum Hauptportal stand. Das Hauptgeschoss nehmen Empfangsräume, Salon, Ballsaal, Bibliothek und Speisesaal ein. Da der Palast zugleich auch Wohnzwecken diente, verfügt er über 54 Schlafzimmer.

Leider kam es zwischen Lutyens und Baker zu Unstimmigkeiten, die sich vor allem an der Schlüsselfrage des Geländeniveaus entzündeten. Nach Bakers Plänen stieg die axial ausgerichtete Straße bis zu seinen beiden Verwaltungsbauten steil an und führte von dort über flacheres Terrain weiter. Wenn man sich nun auf diesem Königsweg dem Palast des Vizekönigs näherte, war der Blick darauf verstellt und nur der obere Teil der Kuppel zu sehen. Als Lutyens dies merkte, schlug er vor, der Straße ein gleichmäßigeres Gefälle zu geben, was jedoch abgelehnt wurde.

Doch auch diese Auseinandersetzungen schmälern nicht die gemeinsame Leistung der beiden Architekten. Als Neu-Delhi 1931 eingeweiht wurde, rührte die großartige Anlage manch einen Ehrengast zu Tränen. Es folgten weitere am Reißbrett geplante Hauptstädte wie Chandigarh des indischen Bundesstaates Punjab von Le Corbusier und Brasilia, entworfen von Lúcio Costa und seinem Architekten Oscar Niemeyer, aber Neu-Delhi bleibt eine Klasse für sich, zeitlos über die 14 Jahre hinaus, die es als glanzvoller Gipfel des Raj diente.

Technische Daten

Areal	18 580 qm
Länge	192 m
Anzahl der Räume	340
Kuppelhöhe	50,5 m
Durbar-Halle	Durchmesser 22,8 m
Anzahl der Arbeitskräfte in der Hauptbauphase	23 000 Männer und Frauen, inclusive 3000 Steinmetzen

La Cuesta Encantada, Hearsts Schloss

Bauzeit: 1919–1951   Ort: San Simeon, Kalifornien, USA

… das ist die einzige wirklich romantische Architektur in Amerika …
BRUCE PORTER, 1923

LA CUESTA ENCANTADA, William Randolph Hearsts opulentes Herrenhaus auf dem »Zauberberg«, liegt buchstäblich am Ende der Welt. Während die übrigen Plutokraten Anfang des 20. Jahrhunderts es vorzogen, an der Ostküste zu bleiben, schwelgte Hearst in seiner Westküstenherkunft. Von einer Berghöhe im Santa Lucia Range mit erhebendem Blick auf eine zerklüftete Küste voll felsiger Buchten und den blauen Pazifik 490 Meter darunter war er buchstäblich Herr über alles, was er sah. Nur ein schlichter Feldweg – kaum mehr als ein paar ausgefahrene Pferdekarrenspuren – führte zu seinem Grundstück, als er das Projekt 1919 in Angriff nahm; eine Küstenstraße in das nördlich gelegene Monterey oder nach San Francisco gab es noch nicht. Nur eine Eisenbahnstation im 64 Kilometer entfernten San Luis Obispo verband die Gegend mit Los Angeles und dem Rest der Welt.

An diesem entlegenen Ort schuf er ein ungewöhnliches Haus, das ihm als Spielwiese für Freunde und Prominente diente – zu ihnen gehörten so glanzvolle Persönlichkeiten wie Charlie Chaplin und George Bernard Shaw – und zugleich als Schaltzentrale, von der aus er sein Firmenimperium beherrschte. Hearst, der erste Medienmogul des 20. Jahrhunderts, dem Zeitungen, Zeitschriften und ein Filmstudio gehörten, kontrollierte tagsüber per Telefon seine Firmenbeteiligungen und gab abends üppige Festessen, Bälle und Filmvorführungen.

Wie viele Teile in Hearsts nie endendem Bauprojekt wurde auch das Neptunbecken mehrmals entworfen, gebaut, abgerissen, umgestaltet und neu gebaut. Das echte römische Tempelfragment ist hier mit klassizistischen Kolonnaden und Skulpturen umgeben.

Mit charakteristischer Unbescheidenheit gestaltete Hearst das Haupthaus, Casa Grande, nach dem Vorbild einer spanischen Kathedrale, die ein kleines Dorf von Gästehäusern dominiert. In den Türmen befinden sich Schlafzimmer.

schweizerischen« Bungalow erteilte, schwebten ihm vermutlich die chaletartigen Häuser in Berkeley vor, gepaart mit den gerade aufkommenden Einflüssen japanischer Architektur, die sich im Craftsman Style niederschlugen. Damals ahnte Morgan wohl kaum, dass dieses Projekt sie 20 Jahre lang beschäftigen sollte.

Ein Palast in der Wildnis

Obwohl Hearst von seinen Firmen stark in Anspruch genommen war, fand er die Zeit, eng mit Morgan zusammenzuarbeiten, denn Architektur zählte zu seinen Passionen. In dem Maße, wie das Bauvorhaben wuchs, mehrten sich auch Morgans Probleme, Arbeitskräfte, Baumaterialien und die wertvollen Antiquitäten für das Projekt zu beschaffen. Auf der Baustelle mussten Unterkünfte für die Arbeiter geschaffen werden, da es in der Nähe keine größeren Städte gab. Sämtliche Materialien und Möbel wurden mit Trampschiffen in die kleine Ortschaft San Simeon am Fuß des Berges geliefert, wo Hearst ein Pier mit Lagerhäusern bauen ließ. Hier wurden sie sortiert und mit Kettenfahrzeugen auf einer eigens angelegten Straße auf den Berg geschafft. Morgan leitete von einer kleinen Hütte auf der Baustelle aus ein Team von Zeichnern und Zeichnerinnen und ein großes Aufgebot an Bauarbeitern. Hearst und Morgan einigten sich auf Stahlbetonbauten, die an der erdbebengefährdeten Küste Kaliforniens Bestand haben konnten. Sie sollten jedoch in ihren Proportionen so anmutig und in den Ornamenten so opulent sein wie ein spanischer Renaissancepalast.

Sofort begannen sie mit der Planung für drei Cottages, die 1921 fertig wurden: große Gästehäuser mit 10 bis 18 Zimmern, die sich über mehrere Stockwerke am Hang erstreckten. Auf der gesamten Bergkuppe entstanden 51 Hektar Gärten, Terrassen, Tennisplätze und ein Reitweg, auf dem Hearst und seine Gäste im Schatten einer hohen Pergola bequem reiten konnten. Das Haupthaus, Casa Grande, war nach dem Vorbild der Kirche von La Ronda in Spanien wie eine Renaissance-Kathedrale gestaltet und umfasste 130 Zimmer mit insgesamt 5640 Quadratmetern. Es stand an einer Plaza den drei Cottages gegenüber und bildete mit ihnen ein idyllisches Bergdorf in einem üppigen Paradiesgarten inmitten der Bergwildnis.

Für Hearst war im Laufe der Bauarbeiten nie etwas endgültig fertig: Wenn er einen größeren Kamin für ein Zimmer, einen größeren Pool oder

Ursprünglich hatte Hearst die Absicht, auf seinem 109 270 Hektar großen Areal mit Ackerland und Bergen ein Landhaus zu bauen. Als er Julia Morgan, einer von seiner Mutter bevorzugten Architektin, den Auftrag für einen »japanisch-

Technische Daten	
Areal (Haus und Garten)	51 ha
Zahl der Räume	165
Haupthaus:	
Fläche	5640 qm
Höhe	42 m
Zahl der Räume	130
Swimmingpool im Freien	155 qm

ein neues architektonisches Fragment, an dem ihm lag, ausprobieren wollte, ließ er Wand, Decke oder Kamin abreißen und neu bauen. Das 155 Quadratmeter große Neptun-Becken wurde vergrößert, als eine römische Tempelfassade und eine Kolonnade hinzukamen. Casa Grande war 1927 bezugsfertig.

Die Anlage besaß ein prunkvolles Schwimmbad mit blau gekacheltem Becken von byzantinischer Opulenz, einen Zoo mit Löwen, Zebras und anderen exotischen Tieren, 41 Kamine, 61 Bäder, 38 Schlafzimmer allein im Haupthaus, sowie Bibliotheken, Suiten, Küchen, ein Kino und ein Refektorium – alles entstanden unter der Leitung von Julia Morgan. 20 Jahre lang fuhr sie jedes Wochenende nach einer geschäftigen Arbeitswoche in ihrem Büro in San Francisco mit dem Nachtzug nach San Simeon, um den Bau zu beaufsichtigen, Details zu entwerfen und mit ihrem Auftraggeber zu beraten.

Ein unvollendeter Traum

La Cuesta Encantada wurde nie fertig. Die Bauarbeiten schritten unvermindert voran, bis 1937 selbst Hearsts enormes Vermögen fast erschöpft war. Seine hohen Schulden zwangen ihn, seinen extravaganten Lebensstil einzuschränken. Als Hearst mit 84 Jahren San Simeon zum letzten Mal verließ, war gerade ein viertes Stockwerk im Bau. Nach seinem Tod blieb der geplante Anbau für den Ballsaal unvollendet – noch heute sind die nackten Betonwände zu sehen, wo er an das Haupthaus angeschlossen hätte.

Das gewagte Bauvorhaben feierte Hearsts Reichtum und seine ikonoklastische Persönlichkeit, die das 20. Jahrhundert mit geprägt hat. Trotz der echten Kassettendecken aus spanischen Klöstern war La Cuesta Encantada weder ein Museum noch die Rekonstruktion eines historischen Gebäudes, sondern ein lebendiges Haus, das Modernes und Historisches nahtlos zu einem Gesamtbild verflocht. Nach Hearsts Tod hatte niemand mehr Verwendung für die Anlage. Seine Familie schenkte sie 1957 Kalifornien als Staatspark. Bis heute stellt sie eine der beliebtesten Touristenattraktionen des Bundesstaates dar.

Das blau-gold gekachelte Schwimmbad im Haus funkelt wie ein byzantinischer Thronsaal. Architektin Julia Morgan, die als erste Frau einen Abschluss an der École des Beaux-Arts in Paris machte, verfügte über eine kleine Armee begabter Handwerker.

Öffentliche Bauten

GEWALTIGE FORTSCHRITTE in Bautechnik und Materialkunde haben den Raum in großen öffentlichen Gebäuden in einem Maße befreit, wie es für die antike und mittelalterliche Welt unvorstellbar war. In der griechischen und römischen Antike und im Mittelalter bestanden Bauwerke aus Stein und Holz und litten unter den Beschränkungen durch das enorme Eigengewicht dieser Baustoffe und ihre eingeschränkte Aufnahmefähigkeit für Zug- und Schubkräfte. In der Regel nahm die tragende Konstruktion bei diesen Bauten fast die Hälfte der Grundfläche ein und verstellte den Blick. Dagegen ist heute ein Rundbau wie der Louisiana Superdome machbar, der bei einem Durchmesser von 210 Metern ohne Stützen im Inneren auskommt.

Eine erkennbar virtuose Konstruktionstechnik ist durchaus angemessen bei öffentlichen Bauten, die starken Publikumsverkehr oder Versammlungen zu bewältigen haben und in deren Zentrum ein einziger großer Raum mit schlichtem Grundriss steht wie beim Kansai International Airport in Japan, dem mit 1800 Metern längsten Gebäude der Welt. Obwohl bei einer solchen Länge die Gefahr von Banalität besteht, überzeugt der Flughafen Kansai sowohl architektonisch als auch technisch: Das vom Architekturbüro Renzo Piano Building Workshop und dem Ingenieurbüro Ove Arup and Partners entworfene Gebäude vermittelt durch seinen eleganten Querschnitt die Magie des Fliegens und bewältigt effizient die Verkehrsströme Tausender Passagiere.

Charles Barrys Entwurf für die Houses of Parliament war bewusst im Stil der Gotik gehalten, berücksichtigte jedoch sämtliche Einrichtungen, die ein modernes Parlamentsgebäude benötigte.

Charles Garniers Oper in Paris bietet in ihrer üppigen Innenausstattung einen operetten-haften Luxus, ist aber durchaus zweckmäßig für Publikum und Künstler gestaltet.

Betrachter mit einer recht selbstbewussten Industrieästhetik präsentiert.

Jüngere Bauten von internationalem Rang wie die Oper in Sydney und das Guggenheim-Museum in Bilbao loten die Möglichkeiten expressiver, plastischer Formen umfassend aus. Ihre markanten Silhouetten scheinen sich keineswegs einer begrenzten Palette standardisierter Bauteile zu verdanken, und dennoch setzen sich beide aus einer überschaubaren Anzahl unterschiedlicher Komponenten zusammen. Beim Bau größerer öffentlicher Gebäude sind heutzutage Computer ein wichtiges Hilfsmittel, sei es, um die Größe der Dachelemente zu berechnen, die bei der Oper in Sydney die unzähligen Majolikaplatten tragen, oder um mit computergesteuerten Maschinen die Stahlträger zu schneiden und mit Strichcodes zu versehen, die beim Guggenheim-Museum die Titanhaut tragen. Es ist interessant sich vorzustellen, was wohl Brigadegeneral Brehon B. Sommervell, der Erbauer des Pentagons bei Washington, bei der Planung des bis heute größten Verwaltungsgebäudes der Welt mit einem Computer angefangen hätte. Er brauchte 1000 Zeichner für die Baupläne dieses Mammutprojekts.

Von einem rationalisierten Bauprozess ist in der Spiralform des Guggenheim-Museums von Frank Lloyd Wright am New Yorker Central Park nur wenig zu spüren, anderen bekannten Architekten ist jedoch das Meisterwerk gelungen, mit einem rationalen Planungsprozess ein denkwürdiges öffentliches Bauwerk zu schaffen wie die Opéra von Charles Garnier in Paris. Statt sich persönlich um sämtliche Details zu kümmern, gab Garnier seinen sorgfältig ausgewählten Künstlern und Dekorateuren lediglich den groben Rahmen vor – Farben, Formen und Platzierung. Rationalität spielte auch beim Bau des Parlamentsgebäudes von Charles Barry und Augustus Pugin in London eine Rolle: Ein Großteil der Holzschnitzereien wurde auf patentierten Maschinen hergestellt, während bei den augenfälligsten Ausstattungselementen die Persönlichkeit des Handwerkers frei zur Entfaltung kommen durfte.

Die wohl vollkommenste und gekonnteste Mischung aus Fantasie und Technik findet sich im Freizeitpark Walt Disney World in Florida. Besucherattraktionen wie das Magic Kingdom sind hier auf einer gut 4,80 Meter erhöhten Ebene angesiedelt, sodass Entertainer vor ihrem Publikum auf die Bühne treten und wieder verschwinden können.

Moderne Bautechniken zu nutzen oder neuen Anwendungen zuzuführen hat sich als fruchtbare Triebkraft bei der Entwicklung von Bauten erwiesen, in denen große Mengen von Menschen zusammenkommen, um sich unterhalten oder ausbilden zu lassen. Als Joseph Paxton, ehemals Parkverwalter des englischen Herrenhauses Chatsworth, der königlichen Kommission, die für die bevorstehende Weltausstellung 1851 im Londoner Hyde Park eine Halle zum Schutz der Besucher und Exponate brauchte, seine radikale Lösung vorschlug, nutzte er seine Erfahrungen mit dem Bau großer Treibhäuser. Seine Idee war, das gesamte Areal einschließlich einiger vorhandener Bäume mit einem »Tischtuch« aus strikt standardisierten Glaselementen zu überdecken.

In gewisser Hinsicht lässt sich Paxtons Kristallpalast als Vorläufer von Bauten wie dem Centre Pompidou in Paris sehen, denn er lieferte das Vorbild für eine wetterfeste Mehrzweckhalle, die sich bequem für wechselnde Ausstellungen oder Aktivitäten nutzen ließ. Allerdings gibt es einen entscheidenden Unterschied: Während der Kristallpalast aus einem von Paxton mit rigoroser Logik durchdachten Konstruktionsprozess und dessen Rationalisierungsmöglichkeiten resultierte, ist das Centre Pompidou eigentlich ein riesiges handwerkliches Produkt, das sich dem

Houses of Parliament

Bauzeit: 1840–ca. 1860   Ort: London, England

*Kein Bauwerk in Europa, sei es alt oder modern, kann sich mit jenem messen,
das verdientermaßen den Namen New Palace of Westminster trägt.*
WILLIAM CUBITT, 1850

DAS LONDONER PARLAMENTS-GEBÄUDE, Houses of Parliament, ist weltweit bekannt. Besonders markant sind seine lang gestreckte Uferfassade zur Themse, seine filigranen Details im neugotischen Perpendicular Style und seine drei unterschiedlichen Türme: der massige, quadratische Victoria Tower am Südende, der achteckige Mittelturm und der schlanke Glockenturm am Nordende mit seinem steilen, reich verzierten Dach und der großen Glocke, Big Ben, deren Klang in der Öffentlichkeit eng mit dem Parlament verknüpft ist. Sein Gepräge aus dem 19. Jahrhundert und seine heutige Nutzung täuschen über die Tatsache hin-

Die Luftaufnahme der Houses of Parliament von Nordost zeigt die lang gestreckte Uferfassade.

derts mit dem Bau auf der damaligen Thorney Island begann, einem tief liegenden Sumpfgebiet, das durch Kanäle trockengelegt wurde. Hier baute er auch die große Abbey of St Peter wieder auf, deren Geschichte bis ins 16. Jahrhundert eng mit der des Palastes verknüpft blieb.

Der Palast war die Hauptresidenz der Normannenkönige, und die bis heute erhaltene große Halle, die Wilhelm II. 1097 bis 1099 erbauen ließ, war vermutlich die größte ihrer Zeit in ganz Europa und schon für sich genommen ein Wunderwerk. Ab 1292 begann man mit dem Bau einer neuen Königskapelle, die dem heiligen Stephan geweiht war. Die Krypta wurde 1297 fertig, die Kapelle darüber 1348, als hier ein Domkollegium eingerichtet wurde. Sie war prachtvoll ausgestattet, aber nur die Krypta und Fragmente der Kapelle sind erhalten.

Zwischen 1397 und 1399 entstand das letzte mittelalterliche Wunderwerk, die herrliche Stichbalkendecke von Westminster Hall, die ohne Stützen im Innenraum die gesamte Hallenbreite überspannt und bis heute weitgehend unverändert ist. Nach wie vor ist nicht eindeutig erwiesen, wie das Tragwerk die Deckenlast von geschätzten 660 Tonnen trägt. Nach der neuesten Theorie ruht sie direkt auf den Wänden und nicht auf den Strebepfeilern.

Schon bald nach Auflösung der Klöster 1547, von der auch St Stephen nicht verschont blieb, begann das Parlament, die leer stehenden Gebäude zu nutzen: Das Unterhaus tagte in der oberen Kapelle von St Stephen, das Oberhaus in einem großen Saal weiter südlich in den ehemaligen Gemächern der mittelalterlichen Königinnen. Man nimmt an, dass die Sitzordnung im House of Commons, wo die Abgeordneten sich, getrennt durch einen Mittelgang, gegenübersitzen, von ihren Sitzungen in diesem ehemaligen Domkolleg herrührt und später vom House of Lords übernommen wurde. Die Räumlichkeiten waren unangemessen und unzweckmäßig, aber mehrere Vorstöße, prachtvolle klassizistische Neubauten in Angriff zu nehmen, verliefen im Sande. Ab Anfang des 19. Jahrhunderts nahm man verschiedene Änderungen und Anbauten vor, doch die unpraktischen, aber altehrwürdigen Gebäude im Zentrum blieben bestehen, bis ein Brand sie im Oktober 1834 völlig zerstörte.

Blick in die Westminster Hall mit St Stephen's Porch an der Schmalseite; die Wände stammen aus dem 11. Jahrhundert, die Decke aus dem 14. Jahrhundert.

Gegenüberliegende Seite, oben: Diese Bauzeichnung der Dachkonstruktion für St Stephen's Hall lässt deutlich die Eisenträger erkennen.

weg, dass dieses Gebäude ursprünglich ein Königspalast mit fast tausendjähriger Geschichte war und noch einige eindrucksvolle Überreste aus dem Mittelalter bewahrt hat. Daher leitet sich auch der Name New Palace of Westminster ab, wie das Parlamentsgebäude häufig genannt wird.

Old Palace of Westminster

Die Grundmauern des Palastes gehen zurück auf Eduard den Bekenner, der Mitte des 11. Jahrhun-

New Palace of Westminster

Man beschloss einen völligen Neubau und schrieb einen Wettbewerb mit der Vorgabe aus,

dass die eingereichten Entwürfe gotisch oder eli-
sabethanisch gehalten sein sollten. Die stilisti-
schen Details des Gebäudes sollten sich zwar an
früheren Epochen orientieren, um sich harmonisch in die vor allem von Westminster Hall und
Westminster Abbey geprägte Umgebung einzu-
fügen, dennoch waren Räumlichkeiten auf dem
neuesten Stand der Technik für moderne gesetz-
gebende Organe gefordert. Im Januar 1836 entschied man sich für den Architekten Charles
Barry. Sein Entwurf war gut durchorganisiert und
bot effiziente Verkehrswege für die verschiedenen Benutzer: den König, die Abgeordneten von
Unter- und Oberhaus, Beamte und Publikum.
Sämtliche Haupträume liegen auf einer Ebene:
die Sitzungssäle der beiden Kammern auf der Mittelachse, getrennt durch jeweils eine Lobby und
einen Korridor, die in die achteckige Central
Lobby münden. Sein leider verloren gegangener
Wettbewerbsentwurf wurde von A.W. Pugin gezeichnet, dessen Können und einschlägige Kenntnisse gotischer Details die Entscheidung der Juroren sicher beeinflusst haben dürfte.

Eine Flussbegradigung vergrößerte das Areal
für den Neubau auf 3,25 Hektar. Dazu legte man
zunächst einen riesigen Kofferdamm an, hinter
dem die Uferbefestigung entstand. Fast 16 Monate erforderten die Bauarbeiten mit den traditionellen Methoden, die auch zum Einsatz kamen,
um die Ufermauer und die Terrasse anzulegen.
Die Ufermauer aus Granit reichte 7,60 Meter
unter die Trinity-Hochwassermarke. Das Fundament für die Granitblöcke bestand aus einem Be-
tonbett, das sich bis an die Ostmauer des Haupt-
gebäudes erstreckte. Der gesamte Bau ruhte auf
einer Plattengründung aus Massivbeton – eine
relativ neue Entwicklung, die man zum ersten
Mal ein paar Jahre zuvor bei den Fundamenten
des British Museum eingesetzt hatte.

Das Kellergeschoss war als Kreuzgewölbe aus
Backstein gemauert und mit Schutt aufgefüllt.
Darüber kamen die traditionellen Baustoffe Back-
und Haustein mit Guss- und Schmiedeeisen zum
Einsatz, während Holz nur bei der Ausstattung
Verwendung fand. Da der letzte Brand noch gut in
Erinnerung war, legte man großen Wert auf eine
möglichst feuersichere Bauweise. In der Regel
waren die Geschossdecken als Flachbögen aus
Backstein zwischen gusseiserne T-Träger gemau-
ert, in beiden Kammern des Parlaments bestan-

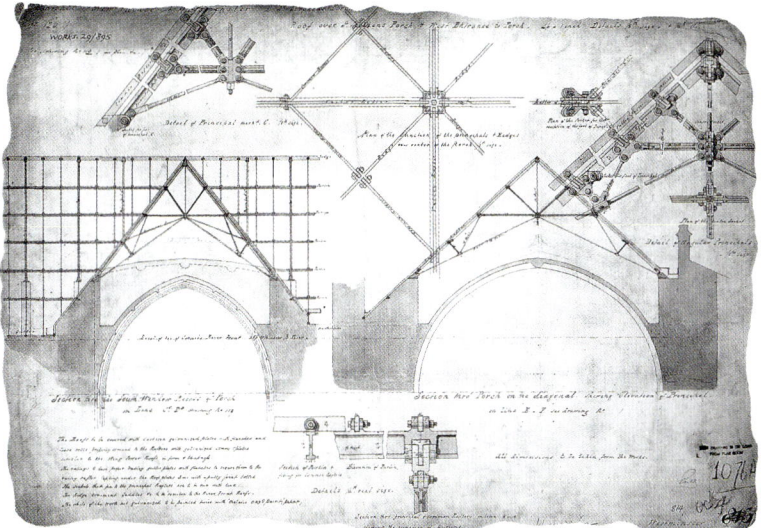

Rechts: Blick in das House of Lords mit dem Thron

Oben: Diese um 1852 entstandene Lithographie zeigt St Stephen's Porch mit der Westfassade des Parlaments im Vordergrund und dem im Bau befindlichen Mittelturm vom Old Palace Yard aus.

Oben: Diese um 1852 entstandene Lithographie zeigt St Stephen's Porch mit der Westfassade des Parlaments im Vordergrund und dem im Bau befindlichen Mittelturm vom Old Palace Yard aus.

den sie jedoch vollständig aus Gusseisen. (Jeder Eisenträger musste vor Ort geprüft werden.) Noch bemerkenswerter sind die Dächer des gesamten Gebäudes, die aus verfalzten Gusseisenplatten auf Eisenträgern bestehen. Auch die drei großen Türme des Parlamentsgebäudes sind bautechnische Paradebeispiele mit findiger Konstruktion. Das Erdgeschoss des Victoria-Turms war als prächtiger, reich geschmückter Eingang des Monarchen gestaltet, während die neun Stockwerke darüber als Archiv für Parlamentsakten dienten und daher ebenfalls feuersicher ausgeführt sein mussten. Sowohl der Victoria-Turm als auch der Glockenturm standen auf einer verstärkten Plattengründung aus Beton und wurden ohne Außengerüst aus Backstein gemauert und mit Naturstein verkleidet. Der Turm über der Central Hall dient zur Belüftung und hat

Grundriss vom Hauptgeschoss der Houses of Parliament

St Stephen's Porch

Old Palace Yard

Victoria-Turm

House of Lords

Westminster Hall

Houses of Commons

New Palace Yard

Central Hall

Glockenturm

Royal Court

Peers Court

Commons Court

Speaker's Court

Lobby

Lobby

im Inneren ein aus Backstein und Quaderwerk gemauertes Kegeldach, über dem sich die Laterne mit der Turmspitze erhebt. Am Fuß des Kegels fangen Zugstangen mit gusseisernen Tellerankern an den Ecken des Oktogons die Schubkräfte auf.

Die beispiellosen Ausmaße dieses Bauvorhabens hatten weitreichende Auswirkungen auf seine Organisation. Charles Barry stellte zusätzliche Mitarbeiter ein, um die zahlreichen notwendigen Zeichnungen und Aufmaße sowie die Bauleitung zu bewältigen. Die Baustoffe schaffte man überwiegend auf dem Wasserweg, meist mit flachen Lastkähnen heran, so auch den Haustein aus Anston in Yorkshire. Im Steinbruch arbeiteten 1843 etwa 300 Männer; das größte Bauunternehmen, Grisell & Peto, beschäftigte von 1845 bis 1846 über 800 Leute in Westminster, und in den Werkstätten von Thames Bank, wo die Bildhauer und Zimmerleute arbeiteten, erreichte die Zahl der Beschäftigten 1847 mit 300 Mann ihren Höhepunkt. In der Tischlerei machte eine von Taylor, William & Jordan entwickelte Fräsmaschine zwar eine gewisse Mechanisierung möglich, aber vieles wurde auch weiterhin von Hand gemacht, mit Ergebnissen von herausragender Qualität. Die Männer waren stolz auf ihre Arbeit und manch ein Bildhauer und Maler hinterließ seine Signatur im Gebäude. Dennoch kam es im Oktober 1841 zu einem Streik der Maurer, der sich gegen George Allen, Grisells tyrannischen Vorarbeiter richtete. Erst 1842 wurde er beendet.

Für Heizung, Belüftung und Beleuchtung des Gebäudes mussten neue, moderne Lösungen entwickelt werden. Die Beleuchtung erfolgte weitgehend mit Gas, anfangs nach dem Prinzip von Michael Faraday, später nach einem von Goldsworthy Gurney entwickelten System, wobei das House of Lords zunächst mit Kerzen beleuchtet wurde. Heizung und Belüftung erwiesen sich als weitaus problematischer. Auf Barrys Vorschlag, einen Ingenieur mit dieser Aufgabe zu betrauen, legte man im April 1840 die Belüftung des Gebäudes in die Hände von David Boswell Reid, einem Chemieprofessor aus Edinburgh. Sein Luftschachtsystem sah den Bau eines zentralen Turmes vor, der als großer Abzug für »verpestete Luft« und Rauch diente, sowie eine Reihe kleinerer Lüftungsschächte und unzählige Lüftungskanäle in den Wänden.

Barry akzeptierte zunächst all diese Änderungen als Verbesserungen seines Plans, doch um 1846 verschlechterte sich sein Verhältnis zu Reid. Schließlich einigte man sich, dass Barry die Belüftung des House of Lords übernehmen solle und Reid die des House of Commons, dessen Frischluft er vom Uhrturm holte. Barry ersetzte Reids Luftschachtsystem durch eines, das den Victoria-Turm als einziehenden Schacht nutzte, aber beide erwiesen sich als unzureichend. Im September 1852 wurde Reid entlassen und 1854 durch seinen Rivalen Goldsworthy Gurney ersetzt. Er nahm erneut Veränderungen vor, aber die Abgeordneten beklagten sich auch weiter über schlechte Luft. Um 1860 richtete schließlich Dr. John Percy ein funktionierendes System ein, das Frischluft von der Uferterrasse ins Gebäude führte.

Uhr und Glocken des beeindruckenden Glockenturms haben eine verzwickte Geschichte hinter sich. Die Installation der Glocken stellte eine große Herausforderung dar, vor allem die der großen Glocke, die den Spitznamen »Big Ben« trägt, vermutlich nach First Commissioner Sir Benjamin Hall; einmal musste sie neu gegossen werden, nachdem die alte gerissen war. Im Oktober 1858 wurde sie auf den Glockenturm gehoben und schlägt seither die Stunde.

Die Architektur der Houses of Parliament, die erheblich von ihren modernen Einrichtungen geprägt ist, findet bis heute viel Anklang.

Blick auf den Glockenturm, in dem der berühmte »Big Ben« hängt. Im Vordergrund ist ein Teil von St Stephen's Porch zu erkennen.

Technische Daten

Uferfassade	286,5 m lang
Glockenturm	94,5 m hoch
Victoria-Turm	102,5 m hoch
Baukosten	2,167 Millionen brit. Pfund
(geplant)	700 000 brit. Pfund
Eröffnung des Oberhauses	April 1847
Eröffnung des Unterhauses	Februar 1852
Mai 1941 von Bomben zerstört	
Wiedereröffnung Oktober 1950	

28 Der Kristallpalast, London

Bauzeit: 1850–1851   Ort: London, England

*Vermutlich hätte kein anderes Volk der Welt ein solches Wunder der Bautechnik
in so kurzer Zeit vollbringen können. Es ist unsere wunderbare industrielle Disziplin –
unsere vollendet durchdachte Organisation des Arbeitsablaufs und unsere gewohnte Art
der Arbeitsteilung –, der wir den gesamten Triumph verdanken.*
THE MORNING CHRONICLE, LONDON, 1. MAI 1851

Der Kristallpalast, erbaut im Hyde Park mitten in London zur Feier der kulturellen und wirtschaftlichen Leistungen des British Empire, war als Endlossystem aus industriell vorgefertigten Bauteilen konzipiert.

ALS PRODUKT industrieller Fertigungs- und Montageprozesse war Joseph Paxtons Kristallpalast eines der innovativsten Bauwerke des 19. Jahrhunderts. Auf Anhieb galt er als Inbegriff der Moderne, der in vielen seiner Errungenschaften bis heute seinesgleichen sucht. Das in weniger als acht Monaten geplante und errichtete Gebäude war damals die größte Halle der Welt, die eine künstliche Umgebung von riesigen Ausmaßen mit einer unvorstellbar dün-

nen, transparenten Außenhaut schuf. Da sie als Ausstellungsbau gedacht war, stand sie nur ein Jahr im Hyde Park und wurde danach ebenso schnell wieder abmontiert, wie sie errichtet worden war: eine spektakuläre, aber vergängliche Meisterleistung.

Die Idee einer Weltausstellung zur Feier von Frieden, privatem Wohlstand und Freihandel – alles durch die Brille des British Empire betrachtet – kam der Society of Arts unter der

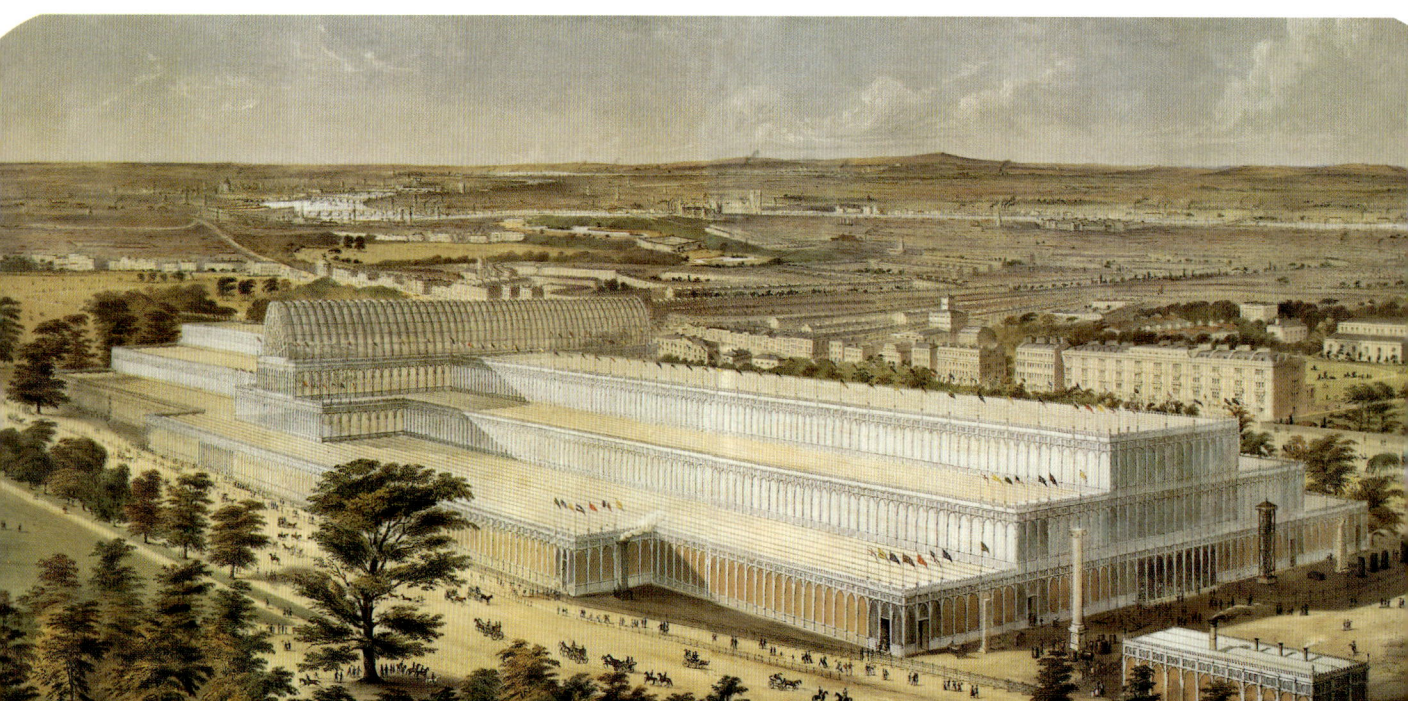

Leitung von Prinz Albert, dem Gemahl Königin Viktorias. Anfang 1850 schrieb die königliche Kommission, die das Projekt leiten sollte, einen Wettbewerb für ein Ausstellungsgebäude mit 74 350 Quadratmetern Grundfläche aus, das in nur 15 Monaten mit einem Budget von 100 000 Pfund zu errichten wäre. In der Ausschreibung hieß es ausdrücklich, dass »jede preiswerte Bauweise berücksichtigt« werde. Es gingen zwar Hunderte Entwürfe ein, aber die Kommission konnte sich für keinen entscheiden und beschloss, das Gebäude selbst zu entwerfen. Das Resultat war von typischen Kommissionskompromissen geprägt und hätte die geforderten Budget- und Zeitvorgaben unmöglich einhalten können, da es aus 17 Millionen Backsteinen bestehen sollte.

Glasbau

Joseph Paxton, ein Gärtner mit zwanzigjähriger Erfahrung im Bau von Gewächshäusern, rettete das Projekt. Seine bis dahin bekannteste Leistung war das 1840 fertig gestellte Gewächshaus Great Stove in Chatsworth, Derbyshire, wo er den Park verwaltete. Viele seiner Innovationen aus diesem Projekt flossen in sein Gebäude für die Weltausstellung ein, wenn auch in erheblich größerem Maßstab.

In Zusammenarbeit mit dem Glashersteller Robert Lucas Chance hatte Paxton für sein Gewächshaus Glasscheiben herstellen lassen, die 1,20 Meter lang waren, aber bei einer Dicke von nur 2 Millimetern lediglich 4,88 Kilogramm pro Quadratmeter wogen. Es waren die größten Glasscheiben, die bis dahin je produziert wurden, und entsprachen dem von Paxton gewählten Modul von 1,20 Meter Länge. Durch das geringe Gewicht der Scheiben konnte er die Stärke der Fensterrahmen und des Tragwerks erheblich reduzieren. Weiteres Gewicht konnte er beim Tragwerk einsparen, indem er die Spannweite der Fensterrahmen durch eine Verglasung von Rinne zu First – statt parallel zum First – verringerte. Um Zeit und Geld zu sparen und die Präzision zu erhöhen, entwickelte Paxton eine dampfgetriebene Maschine für die standardisierte Herstellung der hölzernen Rahmenschenkel, die beidseitig mit einer Nut versehen waren, um innen Schwitzwasser und außen Regenwasser abzuleiten. Und schließlich erfand er die »Paxton-Rinne«, eine flache hölzerne Regenrinne, die von einem Spannträger an der Unterseite leicht gewölbt wurde, um Regenwasser abzuleiten.

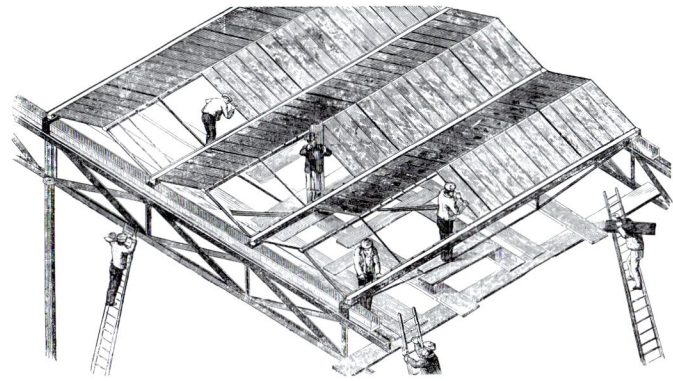

Paxtons Innovationen konzentrierten sich auf Holz und Glas, während er Eisen nur sparsam dort einsetzte, wo es aus Konstruktionsgründen notwendig war. Seine Holz-Glas-Hülle entwarf er als systematische, sich wiederholende Konstante: eine Art »Tischdecke« über einem variablen Eisenrahmen, der sich an die jeweiligen Anforderungen des Geländes und Bauvorhabens anpassen ließ. Durch die Steifheit und Seitenstabilität der Unterkonstruktion oder des Tisches konnte die Hülle oder Tischdecke recht dünn und leicht ausfallen. In Chatsworth baute Paxton 1849 ein weiteres Gewächshaus für die berühmte Seerose *Victoria regia* und behauptete, die kräftigen Rippen an der Unterseite der Blätter dieser Pflanze hätten ihn zu seinem doppellagigen Tragwerk inspiriert.

Die Glas-Holz-Hülle des Kristallpalastes mit seiner Verglasung von Rinne zu First aus 1,20 Meter langen Modulen erzielte durch manche Innovationen eine Gewichtsreduzierung des Tragwerks und ermöglichte eine standardisierte Herstellung der Bauteile.

Technische Daten

Länge	554,40 m
Breite	122,40 m
Höhe des Mittelschiffs	19,20 m
Höhe des Querschiffs	32,40 m
Nutzfläche auf drei Ebenen	92 000 qm
Grundfläche	7,7 ha
Gusseisen	3800 t
Schmiedeeisen	700 t
Holz	55 762 m³
Glas	ca. 270 000 Scheiben à 250 × 1225 mm; 83 610 qm
Rinnen	38,6 km
Baukosten (geplant)	79 800 brit. Pfund
Tatsächliche Baukosten (inclusive Einrichtung)	169 998 brit. Pfund

In enger Zusammenarbeit mit Paxton entwickelten die Bauunternehmer Spezialgerät, um die Montage des Gebäudes zu beschleunigen. Loren, deren Räder auf den Regenrinnen liefen, transportierten Arbeiter und Material und machten Gerüste für die Glaser überflüssig.

Im Juni 1851 erfuhr Paxton durch Freunde in der königlichen Kommission von den Schwierigkeiten, einen zufrieden stellenden Entwurf zu finden, und überredete sie, ihn eine Alternative einreichen zu lassen. Sein Vorschlag, der in Zusammenarbeit mit Chance Brothers und dem Ingenieurbüro Henderson & Co entstand, blieb als Einziger im vorgegebenen Kosten- und Zeit-

rahmen, der mittlerweile auf acht Monate geschrumpft war.

Bauprozess

Zwei Wochen nachdem Paxton seinen Entwurf eingereicht hatte, wurde er angenommen und Fox Henderson begann mit der Arbeit vor Ort. Mit halsbrecherischer Geschwindigkeit schritt die Arbeit an detaillierten Bauzeichnungen, bei der Herstellung und Montage der Elemente voran. Das Projekt wurde als erste Anwendung des von Adam Smith vertretenen Prinzips der Arbeitsteilung in der Architektur gefeiert. In verblüffendem Gegensatz zum architektonischen Ethos der damaligen Zeit stand im Vordergrund der Planung nicht die Form des Baus, sondern der Bauprozess. Ebenso wie die Eisenbahnen, die im 19. Jahrhundert den Fokus zahlreicher technischer Innovationen bildeten, war auch dieses Gebäude ein formal nicht festgelegtes, dynamisches, offenes System aus standardisierten Bauteilen.

Jede Komponente entsprach Paxtons Planungsmodul von 1,20 Meter Länge. Um die Zahl der Bauteile und das Gewicht der Konstruktion zu reduzieren, musste jedes Element mehrere Funktionen erfüllen: Fensterrahmen und gusseiserne Hohlsäulen dienten zugleich als Regenrinnen; der Bauzaun diente später als Dielenboden. Werkstätten in ganz Großbritannien stellten die Bauteile in Fließbandarbeit her, wobei jeder Arbeiter, wie der Architekturkritiker Matthew Digby Wyatt schilderte, »genauso funktionierte wie die verschiedenen Teile einer gut durchdachten Maschine, geschickt in seinem Fach, aber völlig unwissend in anderen«. Die Bauelemente wurden mit der Eisenbahn nach London transportiert und unverzüglich auf der Baustelle montiert, was die Lagerhaltung auf ein Minimum reduzierte.

Die einzelnen Bauteile war so bemessen, dass keines mehr als eine Tonne wog und die Konstruktion sich weitgehend von Hand zusammenbauen ließ, manchmal unterstützt von Pferden. Das Gewölbe für das 22,80 Meter breite Mittelschiff, das aus halbrunden Eisen- und Holzrippen bestand, wurde vollständig am Boden vormontiert und leicht geneigt durch das etwas engere Schiff nach oben gezogen. Um die Montage vor

Um die Bauzeit zu verkürzen, wurden die vorgefertigten Bauteile für das Gewölbe des Mittelschiffs am Boden montiert und anschließend leicht geneigt in dem engeren Mittelschiff nach oben gezogen.

Ort zu beschleunigen, entwickelte Fox Henderson Spezialgerät. Raffinierte Loren, deren Räder auf Paxtons Regenrinnen liefen, ersetzten die Gerüste für die Glaser. Mit diesen Loren konnten 80 Männer 18 000 Scheiben in einer Woche einsetzen.

Diese neue Form des Trockenbaus, bei der vorgefertigte Teile an der Baustelle zusammengesetzt wurden, war im Vergleich zu herkömmlichen Bautechniken schnell und sicher und versetzte sowohl die Arbeiter als auch die Öffentlichkeit in Hochstimmung. Der Bau wurde zum öffentlichen Spektakel, das zahlreiche Zuschauer anlockte; die Presse berichtete täglich darüber und gab ihm den Namen Crystal Palace.

Der Bauprozess, der in großem Maßstab Menschen, Maschinen und Material organisierte, gestaltete sich als lebendige öffentliche Demonstration der Effizienz einer logischen Planung von Zeit, Geschwindigkeit und Bewegungsabläufen, die Henry Ford später zur Fließbandproduktion anregen sollte. Aufgrund der Transparenz und Klarheit seiner Systeme war der Bau des Kristallpalastes eine weitaus anspruchsvollere Feier der Möglichkeiten der Industrie als die eigentliche Weltausstellung.

Nur sechs Monate nach Beginn der Arbeiten und vier Monate nach Errichtung der ersten Eisensäule wurde der Kristallpalast fertig gestellt und der königlichen Kommission übergeben, die nun die Exponate aufstellen ließ. Am 1. Mai 1851 eröffnete Königin Viktoria die Weltausstellung, die ein großer Erfolg wurde und in nur fünf Monaten über sechs Millionen Besucher anlockte. Abgesehen von den beträchtlichen Profiten, die diese Weltausstellung erwirtschaftete, bedeutete sie auch die Geburtsstunde einer öffentlichen Unterhaltung großen Stils, läutete das Zeitalter des Konsumenten ein und brachte einen neuartigen Gebäudetypus hervor, in dem Waren aller Art ausgestellt und verkauft wurden: das moderne Kaufhaus.

Die fein verglaste Halle, deren Querschiffgewölbe ausgewachsene Bäume des Hyde Park überspannte, schuf eine neuartige Erfahrung, die den Unterschied zwischen innen und außen, Kunst und Natur aufhob. Am Kristallpalast entzündete sich eine Debatte über den Unterschied zwischen Architektur und Ingenieurkunst. Der Berufsstand der Architekten sah in dem Bauwerk ein gutes Beispiel für die praktischen Anwendungen und Verfahren der Technik, lehnte es aber als unschön ab.

Wie geplant schloss die Weltausstellung im Oktober 1851 ihre Tore. Der Abbau des Kristallpalastes erfolgte 1852 ebenso zügig wie sein Aufbau und beendete sein kurzes, aber ruhmreiches Leben, das die Fantasie der Öffentlichkeit beflügelt hatte. Eine Gesellschaft unter Leitung von Joseph Paxton kaufte die Bauteile auf und baute sie nach erheblichen Änderungen auf einem Gelände in Südlondon wieder auf, das bis heute Crystal Palace heißt. Nach zweijähriger Bauzeit nutzte man ihn für Konzerte und verschiedene Ausstellungen, aber er brachte es nie zu einem Publikums- oder Wirtschaftserfolg. Ein Brand zerstörte ihn 1936.

Der Kristallpalast, zur damaligen Zeit die größte Halle, die je gebaut wurde, überspannte ausgewachsene Bäume des Hyde Park und schuf mit ihrer transparenten Außenhaut eine neue Ambiguität zwischen innen und außen.

Oper, Paris

Bauzeit: 1861–1875   Ort: Paris, Frankreich

Kurz, die Oper war wie ein Tempel für die Kunst als Gottheit.
CHARLES GARNIER

DIE OPER, die inzwischen zu Ehren ihres Architekten den Namen Palais Garnier trägt, gehört zu den bedeutendsten Bauwerken von Paris und war auch so gedacht. Als Napoleon III. und Baron Haussmann 1852 die Stadt mit breiten Boulevards und langen, geraden Ausblicken neu gestalteten, platzierten sie bestimmte Schlüsselbauten an Punkte, die der Gesamtanlage etwas Einheitliches verleihen sollten. Einer dieser Punkte war die Oper, auf einer Insel am Zusammenfluss mehrerer, radial angeordneter Straßen gelegen.

Die Wahl des Architekten wurde 1860 durch einen Wettbewerb getroffen, bei dem die Juroren über die Entwürfe zu entscheiden hatten, ohne die Namen der Einreicher zu kennen. Zu ihrer Überraschung stellte sich heraus, dass der Gewinner ein (33 Jahre) junger und praktisch unbekannter Architekt war: Charles Garnier, Absolvent der École des Beaux-Arts und der französischen Akademie in Rom. So unerfahren er auch war, hatte er instinktiv die Anforderungen begriffen: ein Gebäude, das aus Sicht so-

wohl des Publikums als auch der Künstler seine Funktion reibungslos erfüllte, gleichzeitig aber auch Ausdruck des Reichtums und des Vergnügens war, die man mit einem Abend in der Oper verband.

Konzeption

Als Ausgangspunkt wählte Garnier das meist bewunderte Theater Europas, das Grand Théatre in Bordeaux von Victor Louis. Dieses vornehme klassizistische Bauwerk, begonnen 1773, war eines der ersten, die ein Theater zu einem großen zivilen Monument machten. Der Besucher betritt zunächst eine geräumige Eingangshalle mit einer großen Treppe im Zentrum, die zu den Sitzplätzen der oberen Ränge führt; während der Pause dient sie gleichzeitig als Foyer. Der Zuschauerraum ist von einer Kuppel überspannt, die auf einem Säulenring ruht. Garnier hielt sich recht eng an dieses Vorbild, das er jedoch neubarock statt klassizistisch gestaltete. Sein Treppenhaus ist noch grandioser; voll opulenter Rundungen, üppig dekoriert,

macht es den Weg der Zuschauer zu ihren Sitz-plätzen an sich schon zu einem spektakulären Erlebnis. Eine polychrome Marmorkaskade von Balustraden, Karyatiden, Säulen und Treppen bie-tet ein imposantes Schauspiel, zumal wenn es auf allen vier Etagen von Opernbesuchern belebt wird. Im Zuschauerraum verbesserte Garnier die Sicht auf die Bühne, indem er die Säulen zu Paa-ren an den Ecken konzentrierte, statt sie gleich-mäßig im Kreis aufzustellen.

Ebenso durchdacht waren die Einrichtungen hinter den Kulissen, wo eine große Probenbühne die Symmetrie des Baus gewährleistete. Der Kai-ser erhielt einen eigenen Eingang an der Seite des Gebäudes (teils aus Sicherheitsgründen, da er bei einem früheren Opernbesuch fast einem Atten-tat zum Opfer gefallen wäre), der an der gegen-überliegenden Fassade sein Pendant in einem kleinen Museum fand. Die Massenverteilung des Gebäudes wirkt von außen betrachtet gleicher-maßen logisch wie ästhetisch ansprechend.

Innenausstattung

Obwohl Gliederung und Materialien im Inneren durchaus zweckmäßig sind, erzielt die opulente Dekoration eine durchgängig theatralische Ge-samtwirkung. Vor Garnier waren Marmor und

Mosaike keine in Paris üblichen Baumaterialien. Garnier durchkämmte Europa und ließ sogar an-tike Steinbrüche wieder öffnen, um genau die Baustoffe zu bekommen, die er sich vorstellte. Sobald er den Marmor hatte, überredete er seine Bildhauer, ihren klassischen Kanon umzugestal-ten und Karyatiden und Büsten aus Marmor in unterschiedlichen Farben zu schaffen, deren polychrome Wirkung mit der Zeit nicht verloren ging.

Seit Garniers poly-chrome Original-fassaden kürzlich gereinigt wurden, hat sich das Er-scheinungsbild der Oper in ihrer weitgehend mono-chromen Um-gebung erheblich verbessert.

Technische Daten

Grundfläche	11237 qm
Länge	97 m
Max. Breite	125 m
Höhe (vom Fundament bis zu Apollos Lyraspitze)	73,6 m
Große Treppe	30 m hoch
Zuschauerraum	20 m hoch; 32 m tief; (max.) 31 m breit; 2200 Sitzplätze
Kronleuchter	8 t schwer

Jedes der Öffentlichkeit zugängliche Fleckchen wurde dekorativ gestaltet: Dieses Mosaikpaneel befindet sich außen an der Decke der Loggia zum Place de l'Opéra.

Trotz der offenkundig üppigen Ausstattung gelang es Garnier durch harte Vertragsverhandlungen und neu entwickelte Techniken, die Kosten in Grenzen zu halten. Mosaike wurden nicht nach der traditionellen und teuren Methode direkt von Hand verlegt, sondern mit der Oberseite nach unten auf Papier gelegt und mit einer dünnen Mörtelschicht ausgegossen, sodass man sie als Paneele anbringen konnte. Garnier stellte anhand von Untersuchungen fest, dass nur bestimmte Dekorationsflächen, die Lichteinfall bekamen,

goldene Glanzlichter brauchten; andere Flächen ließ er einfach in einem Farbton bemalen, der im Schatten wie Gold aussah. Statt dekorative Statuen aufwendig in Bronze gießen zu lassen, verwendete Garnier ein Galvanisierungsverfahren, das wesentlich weniger Material erforderte.

Kein Fleckchen, so klein es auch sein mochte, entging Garniers Aufmerksamkeit, auch wenn er nicht alles persönlich entwarf. Ein Großteil seines Talents bestand darin, die von ihm gewünschten Größenordungen, Profile, Farben und Themen für eine Wandfläche oder Skulptur festzulegen und es dem von ihm ausgewählten Künstler zu überlassen, seine eigenen Ideen zu entwickeln. Über die endgültige Komposition entschieden dann beide gemeinsam. Garnier war umgänglich und überzeugend, ging aber keine Risiken ein und beauftragte nur hoch qualifizierte Künstler und Assistenten, die wie er eine Ausbildung an der École des Beaux-Arts und ein Stipendium in Rom hinter sich hatten. Dass er von Jean-Baptiste Carpeaux eine Skulptur mit dem Titel »Der Tanz« anfertigen ließ, zeugt von seinem Selbstbewusstsein als Dekorateur. Der endgültige Entwurf des eigenwilligen und talentierten Carpeaux überstieg Garniers ursprüngliche Vorstellungen und rief sogar bei der Enthüllung einen Skandal hervor. Garnier verteidigte den berühmten Bildhauer und wurde von der Geschichte bestätigt.

Garniers Erbe

Garnier war sich seiner Originalität durchaus bewusst und stolz darauf. Als Kaiserin Eugénie sich beklagte, sie könne gar nicht sagen, in welchem Stil das Bauwerk gehalten sei – »Ist es Henry IV. oder Louis XIV. oder Louis XV.?« –, antwortete Garnier: »Es ist im Stil Napoleons III.« Seine Antwort ist als Anerkennung zu verstehen, die zum einen die unbeirrbare Unterstützung seines Auftraggebers und zum anderen die kollektiven Bemühungen eines umfangreichen Teams talentierter Künstler würdigte, die unter seiner Leitung gearbeitet hatten. Die Oper ist keine intellektuelle, kontemplative Architektur, sondern ein Bau, der für Feste gedacht ist. Architektur als Unterhaltung – damit war die Oper ein erster Ausdruck der aufstrebenden bürgerlichen Gesellschaft, die vielleicht von ungefestigtem Geschmack geprägt, aber auch selbstbewusst und bereit war, jede Herausforderung anzunehmen. Die Magie des Palais Garnier verfehlt auch über ein Jahrhundert nach ihrer Eröffnung nicht ihre Wirkung.

Die Skulptur mit dem Titel »Der Tanz« von J.-B. Carpeaux erregte in der damaligen Zeit bei vielen Anstoß, doch Garnier stellte sich zu Recht hinter den Bildhauer (heute befindet sich das Original im Musée d'Orsay).

Pentagon

Bauzeit: 1941–1943   Ort: Arlington, Virginia, USA

Wissen Sie, Gentlemen, ich mag dieses fünfeckige Gebäude.
Und wissen Sie, warum?
Ich mag es, weil nie zuvor etwas Ähnliches gebaut wurde.
PRÄSIDENT FRANKLIN D. ROOSEVELT

30

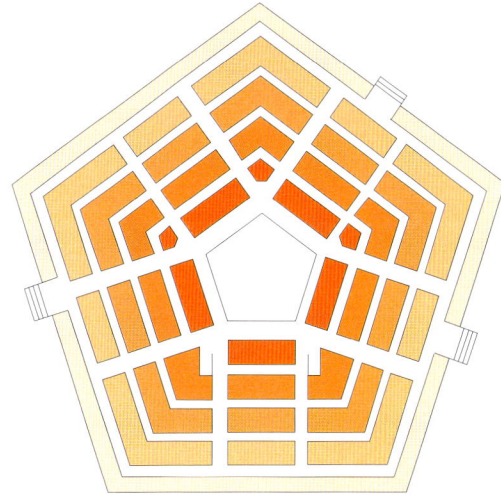

Links: Grundriss des Pentagons: Fünf gleichseitige Fünfecke umschließen konzentrisch einen zentralen Innenhof und sind durch Korridore verbunden.

DAS PENTAGON, das mit seiner Gesamtfläche von 604 000 Quadratmetern und 28,15 Kilometern Korridoren als größtes Verwaltungsgebäude der Welt gilt, liegt im Bundesstaat Virginia gegenüber von Washington D.C. am Ufer des Potomac und ist Sitz des Verteidigungsministeriums sowie der obersten Verwaltung von Armee, Marine und Luftwaffe der Vereinigten Staaten von Amerika. Es kann sich brüsten, dreimal so viel Fläche zu bieten wie das Empire State Building (s. S. 179). Das Capitol-Gebäude in Washington D.C. würde in jeden seiner fünf Flügel hineinpassen. Trotz dieser enormen Fläche ist das Pentagon ein Musterbeispiel an Effizienz: Zehn Korridore, angeordnet wie die Speichen eines Rades, verbinden die verschiedenen Gebäudeteile und machen es möglich, jeden Punkt in nur sieben Gehminuten zu erreichen.

Der nüchtern klassizistisch gehaltene Bau in Form eines gleichseitigen Fünfecks, erbaut 1941 bis 1943 nach Plänen von George Edwin Bergstrom, erinnert in seinem Grundriss an historische Festungsbauten. Allerdings geht das Pentagon in seiner Fünfeck-Metaphorik noch einen Schritt weiter als seine Vorläufer: Es besteht aus fünf konzentrisch angeordneten Fünfecken, die sich jeweils über fünf Stockwerke einschließlich Keller und Mezzanin erstrecken; und sein zentraler Innenhof hat eine Grundfläche von fünf *acres* (2 ha). Der charakteristische fünfseitige Grundriss war jedoch nicht nur vom Festungsbau beeinflusst, sondern auch von der Form des Grundstücks, auf dem es ursprünglich stehen sollte. Als man letzten Endes einen anderen Standort wählte, blieb die Pentagonform das auffallendste Merkmal des Baus.

Das Pentagon, das die auf 17 Gebäude verteilten Abteilungen des US-Kriegsministeriums unter einem Dach zusammenfassen sollte, war eine technische Meisterleistung, die in nur 16 Monaten vollbracht wurde. Brigadegeneral Brehon B. Sommervell, Leiter des Baudezernates im Amt

Unten: Das Pentagon während des Baus, der nur 16 Monate in Anspruch nahm.

Technische Daten

Seitenlänge je	280,72 m
Höhe	23,56 m
Gesamtlänge der Flure	28,15 km
Nutzfläche	616 538 qm
am Bau Beschäftigte	max. 13 000
Baukosten	49 600 000 US-Dollar

Unten: **Luftaufnahme des Pentagons; trotz der enormen Größe des Gebäudes ist jeder Punkt dank der effizienten Gliederung in nur sieben Gehminuten zu erreichen.**

des Obersten Quartiermeisters, entwickelte die Idee zu diesem ausgedehnten Bau, der vorübergehend als Hauptquartier dienen sollte, und bestand darauf, die Pläne in groben Zügen in nur vier Tagen fertig zu stellen. Sobald die umfangreichen Erschließungsmaßnahmen des Geländes, das aus Sümpfen, Mülldeponien und verfallenen Häusern bestand, abgeschlossen war, begann der Bau.

Für das Fundament wurden zunächst 4,2 Millionen Kubikmeter Erde angeschüttet und 41 492 Betonpfeiler gesetzt. Einen Großteil des Baumaterials holte man aus dem Potomac: 617 000 Tonnen Sand und Kies, die anschließend zu 332 000 Kubikmetern Beton verarbeitet wurden. Da der Eintritt der Vereinigten Staaten in den Zweiten Weltkrieg bevorstand und Baustahl knapp war, entschied man sich, vorwiegend Stahlbeton zu verwenden und die Fassaden mit Kalkstein aus Indiana zu verkleiden. Auf diese Weise wurde nach eigenen Angaben Stahl für ein ganzes Schlachtschiff gespart.

Ab August 1941 arbeiteten 13 000 Arbeiter schichtweise rund um die Uhr sieben Tage in der Woche auf der straff organisierten Baustelle, während 1000 Architekten in einem Hangar in der Nähe die entsprechenden Bauzeichnungen anfertigten. Sobald ein Gebäudeteil fertig wurde, konnten die Beamten einziehen; 300 Mitarbeiter des Ministeriums bezogen im April 1942 den ersten Komplex, und bis Dezember folgten weitere 22 000. Zur besseren Verkehrsanbindung entstanden 48 Kilometer Zufahrtsstraßen zu dem weitläufigen Gebäude. Das Pentagon verfügt über Polizeikräfte und Feuerwehrleute sowie eine eigene Wasser- und Abwasserversorgung. Seit 1956 gibt es hier auch einen Hubschrauberlandeplatz und mittlerweile auch eigene Taxi- und Bushaltestellen und eine U-Bahn-Anbindung.

Seit 1993 wird das Pentagon grundlegend renoviert, ein Vorhaben, das 1,2 Milliarden Dollar kosten und 2006 abgeschlossen sein soll. Geplant sind nicht nur Verbesserungen der elektrischen und technischen Einrichtungen sowie der Kommunikationsmittel, sondern auch 18 581 Quadratmeter zusätzliche Büroflächen durch ein neues Mezzanin im Untergeschoss. Zum ersten Mal sollen insgesamt 40 Personenaufzüge eingebaut und sämtliche 7748 Fenster erneuert werden. Bei der Renovierung nehmen sich die Bauunternehmen wie bei der Errichtung des Gebäudes einen Flügel nach dem anderen vor, mit dem Unterschied, dass statt der erstaunlich kurzen Zeit von 16 Monaten für die Errichtung dieses Mal 13 Jahre angesetzt sind.

Am 11. September 2001 wurde das Pentagon zum Schauplatz einer unglaublichen Tragödie, als Terroristen ein Linienflugzeug in das Gebäude lenkten, 189 Menschen töteten und einen Teil des Westflügels zerstörten.

Das Guggenheim-Museum, New York

Bauzeit: 1956–1959 Ort: New York City, USA

Erstaunlich, anders, verblüffend, kraftvoll, kühn, hypnotisierend, einzigartig – mit all diesen Adjektiven und noch weiteren lässt sich [das Museum] beschreiben, aber schön ist es nicht.
BERNARD LEVIN, 1989

UNTER DEN GRÜNDUNGSVÄTERN der modernen Architektur, die oft auch als die »Großen Vier« bezeichnet werden, entwickelte der amerikanische Architekt Frank Lloyd Wright – die anderen drei sind Le Corbusier (Charles-Édouard Jeanneret), Alvar Aalto und Ludwig Mies van der Rohe – vielleicht das größte Geschick, für die Formgebung seiner Bauten die Geometrie zu nutzen. Sei es in den raffinierten Details seines Imperial Hotel in Tokio (1916–1922), den geometrischen Maya-Dekorationen seiner frühesten Häuser in Kalifornien, zu denen Hollyhock House (1919–1921) zählt, oder bei den sechseckigen Planungsgittern im 45-Grad-Winkel, die er bei einigen seiner berühmtesten Häuser verwendete, immer erwies sich Wright als Meister in der Modulation und Transformation von Mustern und Volumen.

Kreise, Rundungen und häufig spiral- oder schraubenförmig gewundene Formen faszinierten Wright, was sich schon 1925 bei seinem nie realisierten Entwurf für das Sugar-Loaf-Mountain-Planetarium zeigte. An Bauten wie der Annunciation Greek Orthodox Church in Milwaukee (erbaut 1959–1961 nach Wrights Tod) und dem C. V. Morris Shop (1948–1949) in San Francisco zeigt sich Wrights Fähigkeit, eine scheinbar banale Geometrie in dynamische, denkwürdige Räume zu übersetzen.

Recht spät in seiner langen, ereignisreichen Karriere – er lebte von 1867 bis 1959 – fand Wright einen Auftraggeber, der ihn voll und ganz unterstützte: Solomon R. Guggenheim hatte eine berühmte Sammlung (meist) abstrakter Kunstwerke unter den Argusaugen von Baroness Hilla Rebay zusammengetragen, die später die erste

Frank Lloyd Wright mit dem Modell des Guggenheim-Museums, in seiner Hand die Glaskuppel

Direktorin seines Museums werden sollte. Das Guggenheim-Museum war Wrights erster Auftrag in New York; den Entwurf stellte er 1944 vor. Der Bau verzögerte sich jedoch durch den Zweiten Weltkrieg und den Tod seines Stifters 1949.

Lage und Lösung

Der Museumsgründer und seine Direktorin bekamen eine sicher einzigartige Lösung, um ihre Kunstsammlung auszustellen. Auch wenn konventionelle Museumskuratorien selbst in den

fünfziger Jahren des 20. Jahrhunderts vermutlich noch eine Aufeinanderfolge klar gegliederter Ausstellungsräume bevorzugten, gab es doch – zumal in den Vereinigten Staaten – bereits berühmte Ausnahmen wie Louis Kahns Yale Art Gallery von 1954.

Bereits ein halbes Jahrhundert früher hatte Wright mit seinem Entwurf für das Verwaltungsgebäude des Versandhauses Larkin (1904, abgerissen 1950) in Buffalo das große zentrale Volumen des Guggenheim-Museums und die Hunderte von oben erhellter Atrien vorweggenommen, die später auf der ganzen Welt gebaut wurden. Auf dem Grundstück an der Fifth Avenue, zwischen 88th und 89th Street am Central Park gelegen, konnte er dieses Konzept mit einer kraftvollen Spiralform verbinden, die an umgekehrte historische Zikkurats des Orients erinnert. Diesen Vergleich stellte Wright selbst an, wie eine seiner hervorragenden Querschnittzeichnungen des Museums zeigt, die er mit diesem Begriff versehen hat. Die verschiedenen Ebenen der Stahlbeton-Spirale sind durch zwölf Rippen miteinander verbunden.

Bewusst und meisterhaft spielte Wright die niedrigen Eingänge und Foyers herunter, um die Besucher umso mehr zu verblüffen, wenn sie in das strahlende Mittelvolumen treten, das sich über vier Stockwerke bis zu der Glaskuppel nach oben schraubt. Allerdings handelt es sich nicht um Stockwerke im herkömmlichen Sinne, sondern um eine durchgehende spiralförmige Rampe, an deren Außenwänden ein Großteil der Kunstsammlung ausgestellt ist.

Die Museumsbesucher sollen mit dem Fahrstuhl nach oben fahren und über die Spiralrampe nach unten gehen, um sich die Exponate dort sowie in den weniger dramatischen, rechteckigen Ausstellungsräumen anzuschauen, die auf jeder Etage an sie angrenzen. Man kann jedoch auch vom Eingangsbereich die Rampe hinaufgehen. In jedem Fall stoßen Besucher auf ein grundlegendes und – nach Ansicht von Wright-Experten – durchaus typisches Paradox des Architekten, dass nämlich das Guggenheim-Museum nicht unbedingt die günstigste Umgebung für Kunst bietet. Sollen die ausgestellten Kunstwerke waagerecht hängen oder sich dem Zehn-Grad-Gefälle der Rampe anpassen? Außerdem tendieren die nach außen geneigten Wände dazu, die Gemälde als losgelöste vertikale Flächen herauszustellen, statt sie vor dem üblichen optischen Hintergrund einer Wand zu präsentieren; das lenkt die Betonung ebenso

Der spektakuläre Blick hinauf zur Glaskuppel über der nach unten führenden Spiralrampe

auf das einzelne Exponat wie die Vertikalrippen, die einen wesentlichen Bestandteil des Tragwerks bilden und die Kontinuität der Ausstellung tendenziell fragmentieren.

Diese und andere Debatten werden weitergehen, so wie seit der Gründung des Guggenheim-Museums im Oktober 1959. Ein Anbau der New Yorker Architekten Gwathmey Siegel & Associates schuf 1992 dringend benötigte zusätzliche Ausstellungs- und Verwaltungsflächen, folgte jedoch in groben Zügen Wrights volumetrischem Konzept. Renovierungen haben das Museum in den letzten Jahren den international geltenden Standards angepasst und nach wie vor ist es ein »Muss« für Besucher aus dem In- und Ausland. Manche Kritiker, zu denen auch der

britische Kolumnist Bernard Levin gehört, haben es liebevoll als Frank Lloyd Wrights letzten praktischen Witz über die Menschheit bezeichnet, aber es wird auch weiterhin als beeindruckender architektonischer Raum begeistern, der zudem eine Kunstsammlung von Weltrang beherbergt.

Technische Daten

Rampe	3 m breit
Deckenhöhe der Galerie	ca. 2,90 m
Fassade	Sichtbeton mit Marmorkies

32 Walt Disney World

Bauzeit: 1969–1971   Ort: Orlando, Florida, USA

Ich bin Museen und Messen leid, wo man sich die Beine abläuft.
WALT DISNEY

WALT DISNEY war schnell gelangweilt. Nachdem er sich an der Erfindung des Tonzeichentrickfilms beteiligt hatte, richtete er seine unermüdliche Fantasie auf die Herstellung des ersten Farbzeichentrickfilms in Spielfilmlänge. Als er das Interesse am Film verlor, gestaltete er 1955 den Vergnügungspark in Disneyland, Anaheim, Kalifornien, völlig neu. Mit den Ergebnissen war er jedoch nicht ganz zufrieden und suchte eine breitere Leinwand. So wurde Disneyland zum ersten Entwurf für einen noch größeren, kostspieligeren Freizeitpark: Walt Disney World Resort. Er sollte nicht nur eine größere Version des Magic Kingdom in Anaheim werden mit Märchenschloss, Hauptstraße der Jahrhundertwende, Adventureland, Tomorrowland und Frontierland, sondern auch Ferienhotels, ein Massentransportsystem und den experimentellen Prototyp einer Zukunftsstadt umfassen, EPCOT, wo es keine Slums und kein Elend gäbe und die Früchte der modernen Technik im Alltag genutzt würden. Außerdem sollte genügend Raum für weitere Experimente bleiben.

Ab 1959 suchte er in der Nähe der Ballungsräume an der Ostküste nach geeigneten Standorten und entschied sich schließlich für ein Gelände mitten in Florida, wo er 1964 anfing, Grundstücke aufzukaufen. Insgesamt gab er fünf Millionen US-Dollar für 10 927 Hektar flachen Weidelandes und Sumpfgebiete aus, die eine Stunde Fahrt von den Küsten Floridas entfernt liegen. Die Fertigstellung seines neuen Unternehmens erlebte er jedoch nicht mehr. Er starb 1966, als er noch vollauf damit beschäftigt war, seinen Traum zu planen und zu vervollkommnen. Es blieb seinem älteren Bruder und Partner, Roy O. Disney, überlassen, seine Vision umzusetzen.

Bulldozer hatten bis 1969 begonnen, das Areal trockenzulegen. Ein ausgeklügeltes Kanalsystem von 64 Kilometern Länge sorgte für die Entwässerung, da der Grundwasserspiegel nur 1,20 Meter unter der Oberfläche lag. Im weißen Sand wurden Seen ausgebaggert.

Die experimentelle Stadt strich Roy Disney als unrealisierbar aus der Planung, behielt jedoch einige der Konzepte und technischen Innovationen bei. So sind Service- und Betriebseinrichtungen völlig von den Unterhaltungs- und Freizeitbereichen getrennt. Das Magic Kingdom liegt fünf Meter über Bodenniveau über einer ganzen Stadt aus Tunneln, Lagerräumen, Büros und Serviceeinrichtungen, von denen aus der Publikumsbereich mit seinen Fahrgeschäften, Restaurants und Grünanlagen unaufdringlich und effizient versorgt und gewartet wird. Ein riesiges Absaugsystem transportiert Abfälle zu einer zentralen Recyclinganlage. Angestellte können sich im Untergeschoss umkleiden oder Pausen verbringen und durch spezielle Eingänge wieder in den Park gelangen.

Im See gegenüber vom Magic Kingdom entstanden zwei Hotels. Das Polynesian Hotel mit 500 Zimmern ist ein Flachbau im Stil der Südsee, während das Contemporary Resort Hotel mit 1000 Zimmern in einem fünfzehnstöckigen

In der geodätischen Kugel am Eingang des Themenparks EPCOT findet sich eine Ausstellung zur Geschichte der Kommunikationstechnik, gesponsert von AT&T. Die Einschienenbahn rechts im Bild verbindet EPCOT mit dem Magic Kingdom Park.

Gebäude in A-Form mit luftigem Atrium in der Mitte untergebracht ist. Das High-Tech-Flair des Hotels wird noch unterstrichen durch die Einschienenbahn, die auf ihren Runden um den See durch das Atrium fährt und die Hotels ebenso wie Wassertaxis und Shuttle-Busse mit dem Magic Kingdom verbindet.

Trotz ihres sehr unterschiedlichen Erscheinungsbildes haben die beiden Hotels mehr gemeinsam, als das Äußere vermuten lässt. Beide entstanden nach einer neuen Methode der Massenproduktion im Hotelbau, die das Unternehmen U.S. Steel nach Entwürfen des Architekten Donald Wexler entwickelte. Die Zimmer beider Hotels wurden als Kompletteinheiten mit Wänden und Nasszellen vorgefertigt, mit Lastwagen zur Baustelle transportiert und dort mit dem Kran in das Tragwerk gehoben und montiert.

Roy Disney war 78 Jahre alt, als Walt Disney World schließlich am 1. Oktober 1971 eröffnet wurde; die Baukosten beliefen sich auf 400 Millionen US-Dollar. Er hatte die letzten Jahre seines Lebens darauf verwandt, den Traum seines Bruders zu erfüllen; erschöpft von diesem gewaltigen Unterfangen starb er zwei Monate später. Allerdings wurde Walt Disney World nie so realisiert, wie Walt Disney es sich vorgestellt hatte. Aus der experimentellen Stadt EPCOT machte das Disney-Team einen zweiten Themenpark, der nicht als lebendige Stadt, sondern als eine Art permanenter Weltausstellung gestaltet war. Hypermoderne Pavillons präsentieren Exponate zu Verkehr (gesponsert von General Motors), Fotografie (gesponsert von Kodak) und Kommunikation (gesponsert von AT & T); die geodätische Kugel von AT & T bildet das unverwechselbare Wahrzeichen dieses Themenparks. In der Nähe stehen an einer künstlichen Lagune Pavillons, gesponsert von Ländern wie Mexiko, Großbritannien, Italien, Kanada und anderen, die hier ihre heimische Architektur zeigen. Diese Version von EPCOT, die 1,2 Milliarden Dollar kostete, eröffnete 1982. Es folgten zwei weitere Themenparks (MGM/Disney Studios 1989; Animal Kingdom 1998) sowie neue Hotels, Motels, Wasserparks, Nachtclubs und andere Attraktionen, die den durchschnittlichen Aufenthalt von Familien in Walt Disney World verlängern sollen.

In einer von Tourismus und Unterhaltung geprägten Wirtschaft und Kultur setzte Walt Disney World neue Maßstäbe. Dieses Konzept fand Nachahmung in Disney World in Tokio und Paris sowie anderen Vergnügungsparks.

Technische Daten

Areal	10 927 ha
Baukosten	400 Mio. US-Dollar
Hotelarchitekt	Welton Becket Assoc.

Magic Kingdom, eine weitläufigere Version des Disney-land-Parks in Anaheim, Kalifornien, liegt in einer künstlich angelegten Landschaft mit Seen und Grünanlagen.

Oper, Sydney

Bauzeit: 1957–1973   Ort: Sydney, Australien

*Die Silhouette des Kaps, die ursprüngliche Aussicht
und mein Gebäude mussten eine Einheit bilden.*
JØRN UTZON, 1965

DIE OPER IN SYDNEY ist eine der meist gefeierten Architektur-Ikonen des 20. Jahrhunderts. Ihr Bau war Teil eines Umdenkens in der Architektur der fünfziger Jahre des 20. Jahrhunderts, das sich aus der Moderne der dreißiger und vierziger Jahre entwickelte. Hier in einem neuen Land entwickelte ein junger Architekt neue Visionen.

Die Oper liegt auf Bennelong Point, einer flachen Landspitze am Sydney Cove mitten im Hafen von Sydney, wo die erste weiße Siedlung Australiens stand, und verwandelt diese Halbinsel in eine Abfolge verschiedener Plateaus, überragt von den Segeln der weißen Dachmuscheln. Die Regierung von New South Wales hatte 1956 einen internationalen Architekturwettbewerb für den Opernbau ausgeschrieben. Am 29. Januar 1957 gewann der Vorschlag des 38-jährigen Dänen Jørn Utzon unter 233 eingereichten Beiträgen.

Konzept und Bau

Vom Konzept her ist das Gebäude recht einfach: Über einer Plattform oder einer Reihe von Plateaus, in die zwei Zuschauerräume mit vorgelagerten Foyers und Bars wie Amphitheater eingebettet sind, wölben sich weiß gekachelte Muscheln, die wie Segel oder Wolken über ihnen schweben; tatsächlich legte Utzon zur Erklärung seines Entwurfs Skizzen von Plateaus und Wolken vor. Die in den Originalentwürfen frei entworfenen Dachmuscheln waren jedoch technisch schwer umzusetzen.

Von 1957 bis 1961 erforschten Utzon und seine Ingenieure drei oder vier verschiedene Ansätze. Das Hauptproblem war, dass die Form der Dachmuscheln geometrisch schwierig zu fassen war und nicht auf sich wiederholenden Mustern basierte. 1961, bevor Utzon 1963 nach Australien übersiedelte, löste er dieses Problem durch einen Geistesblitz. Jedes Schalensegment der Oper musste ein Abschnitt der gleichen Kugelkalotte sein. Verschiedene Seiten berichten, dass Utzon seinen Einfall anhand eines Beach-Balls oder einer Apfelsine verifizierte. Die Idee war ihm gekommen, als sein vierjähriger Sohn Kim eine Orange schälte und ihm die Schalen zeigte. Sie demonstrierten, wie sich die Wölbung eines jeden Stückes aus der Kugel herleiten ließ. Laut Philip Drew soll Utzon gesagt haben, es sei eine große Kugel, aus der Stücke herausgeschnitten seien wie bei einer Orange. Dann ging er in ein Geschäft und kam mit einer Apfelsine wieder, um seine Geometrie zu demonstrieren.

Jørn Utzon (links) mit einem Modell der Oper in Sydney, 1960

Sobald das grundlegende geometrische Problem gelöst war, stellte sich heraus, dass man die Schalen aus vorgefertigten Rippen herstellen konnte. Sämtliche Teile der Dachmuscheln wurden an Ort und Stelle vorgegossen; anschließend spannte man die vorgefertigten Rippen mit Stahlseilen zu Bögen. Die fertigen Bögen fächern sich zu Schalen auf. Die Außenhaut der Schalen besteht aus weißen Kacheln auf vorgefertigten Platten, die die Zwischenräume der Rippen abdecken. Insgesamt wurden 4240 Platten mit über einer Million Kacheln verarbeitet. Da die leicht gemusterten Majolikakacheln so verlegt sind, dass glänzende in der Mitte und matte außen liegen, entsteht ein ungewöhnlich strahlendes Muster aus unterschiedlichen Texturen, die laut Utzon »interagieren wie Fingernägel und Fleisch«. Zu Recht sagte er, Sonne, Licht und Wolken werden es so lebendig machen, dass man sich nie daran satt sehen kann.

Diese brillante Lösung komplexer Schalen zeigt Utzons Interesse an einer Architektur additiver Formen, die eine Art »Baukastensystem« bilden, mit dem er auf unterschiedliche Weise spielt. Diese additiven Formen entwickelten sich zum durchgängigen Thema seiner Entwürfe für Bauwerke ebenso wie für Möbel: Es ist in seinem eigenen Haus in Sydney ebenso zu finden wie in

dem von ihm erbauten Parlamentsgebäude von Kuwait. Utzon interessierte sich für Le Corbusier, der für Venedig ein Krankenhaus mit repetitiven Dachelementen entworfen hatte, die er sehr raffiniert verwendete. Utzon schwebte eine Massenproduktion von Bauteilen wie Dächern, Wänden oder Tragwerk vor, die zu einer neuen Architektur der Freiheit führen könnte.

Bauphasen

Die Oper in Sydney wurde in drei Hauptphasen entworfen und gebaut: in der ersten Phase die Plattform, in der zweiten die Dachschalen und in der dritten die Verkleidung der »Außenhaut« und die Glaswände. Sperrholzwände, Rippen und

Links: **Blick auf die fertigen Dachschalen und das Muster der Majolikaplatten**

Unten: **Blick auf die Oper in Sydney während des Baus 1960; gut zu erkennen sind die gewölbten Betonrippen der Schalen, die hier gerade mit den gekachelten Dachplatten gedeckt werden.**

Die Oper in Sydney
während des Baus
1967; im Hinter-
grund Circular
Quay und das Stadt-
zentrum von Syd-
ney

Innenausstattung der Zuschauerräume gehörten zum dritten Bauabschnitt. Die architektonischen Ideen jedes Bauabschnitts legte Utzon in zwei Büchern dar: im *Red Book* von 1958 und im *Yellow Book* von 1962. Darin beschrieb er seinen Auftraggebern seine Intentionen und Entwürfe, wobei das *Yellow Book* vor allem Zeichnungen enthielt. Unter seiner Leitung wurden die Plattform und die Schalen gebaut. Den dritten Bauabschnitt konnte er nicht mehr fertig stellen.

Utzons Rückzug aus diesem Projekt ist ebenso dramatisch wie sein Entwurf. Die neue Regierung von New South Wales, die 1964 gewählt wurde, griff Utzon öffentlich und hinter den Kulissen an und bezahlte seine Honorare und Forderungen nicht. Utzon schrieb dem neuen Minister, dieser habe ihn gezwungen, die Arbeit einzustellen. Am 28. April 1966 verließ Utzon mit seiner Familie in aller Stille Australien. An seiner Stelle übernahm das Architekturbüro Hall, Todd & Littlemore die Leitung des dritten Bauabschnitts. Ab 1966 war Peter Hall in diesem eigens gebildeten Team für die Planung zuständig und vollendete den Konzertsaal und den Opernsaal sowie die Details der Fenster und Treppen.

Utzons Entwurf sah vor, dass die beiden größten Säle nebeneinander auf der großen Plattform liegen sollten, die Bühnen an der Südseite und die Foyers mit Blick auf den Hafen. Bei dieser Planung war es unmöglich, neben und hinter den Bühnen die üblichen Nebenräume unterzubringen. Utzon schlug vor, die Bühnen über mehrere Aufzüge von unten zu versorgen. Peter Hall änderte diese Konzeption 1967 und schlug vor, die größere Halle nicht mit einer Bühne auszustatten, sondern lediglich als Konzertsaal zu nutzen, und die Oper auf die kleinere der beiden Hallen zu beschränken. Nach diesem Vorschlag wurde schließlich auch gebaut.

Durch den der Stadt zugewandten Eingang betreten Publikum und Besucher zunächst den strengen Raum unter der großen Treppe, dessen Decke auf profilierten Betonträgern ruht. Über die Treppe gelangen sie auf die Hauptplattform, als »kämen sie aus einer niedrigen Vorhalle oder Krypta in eine große gotische Kathedrale«. Das Foyer ist hell und die Gewölberippen streben weit hinauf bis an die Spitze der Dachschalen. Vom südlichen Foyer führen ansteigende Korridore seitlich in das nördliche Foyer und zu den Restaurants: beeindruckend vielschichtige Räume mit Panoramablick auf den Hafen. Sowohl der Konzertsaal als auch der Opernsaal sind vom nördlichen Foyer und den Seitengängen aus zugänglich. Der Konzertsaal ist mit facettiertem, gebogenem Birkensperrholz in unterschiedlichen Formen ausgestattet und bietet 2679 Zuschauern Platz in Sitzreihen, die halbrund um ein Orchesterpodium angeordnet sind. Hinter der Orchesterbühne und den Chorgalerien befindet sich eine Orgel, die Ronald Sharp aus Sydney entworfen hat. Sie wurde 1979, nach der Fertigstellung der Oper, eingebaut und ist die größte mechanische Orgel der Welt.

Der Opernsaal ist traditioneller gestaltet mit offenen Logen, steil ansteigenden Galerien und 1547 Sitzen, die die Proszeniumsbühne umgeben. Die düstere Note des matt schwarz gestrichenen Holzes wird durch den leuchtenden Bühnenvorhang »Curtain of the Sun« von John Coburn gemildert. Sowohl der Konzertsaal als auch die Oper sind von starken Schallschutzwänden aus Buchsbaumholz umgeben. Zusammen mit den Betonrippen der Dachschalen und den Stahlrahmen der

Technische Daten

Grundfläche	1,8 ha
Seitenlänge	186 x 116 m
Höhe der höchsten Dachmuschel	67 m
Gewicht des Daches	26 700 t
Zahl der vorgefertigten Dachsegmente	2914
Dachfläche	18 500 qm

Fenster prägen diese Außenwände die natürliche Farbpalette der Korridore und Foyers außerhalb der Säle.

Die Oper wurde am 20. Oktober 1973 von Queen Elizabeth II. eingeweiht, die erklärte: »Mit dem Bau der Pyramiden gingen Kontroversen der extremsten Art einher, dennoch stehen sie noch heute – 4000 Jahre später – und sind als eines der Wunder dieser Welt anerkannt. Ich bin überzeugt, dass dies auch beim Sydney Opera House der Fall sein wird.«

Die Zeichnung demonstriert, wie die Dachschalen mit Kränen auf Laufschienen und beweglichen Stützen errichtet wurden.

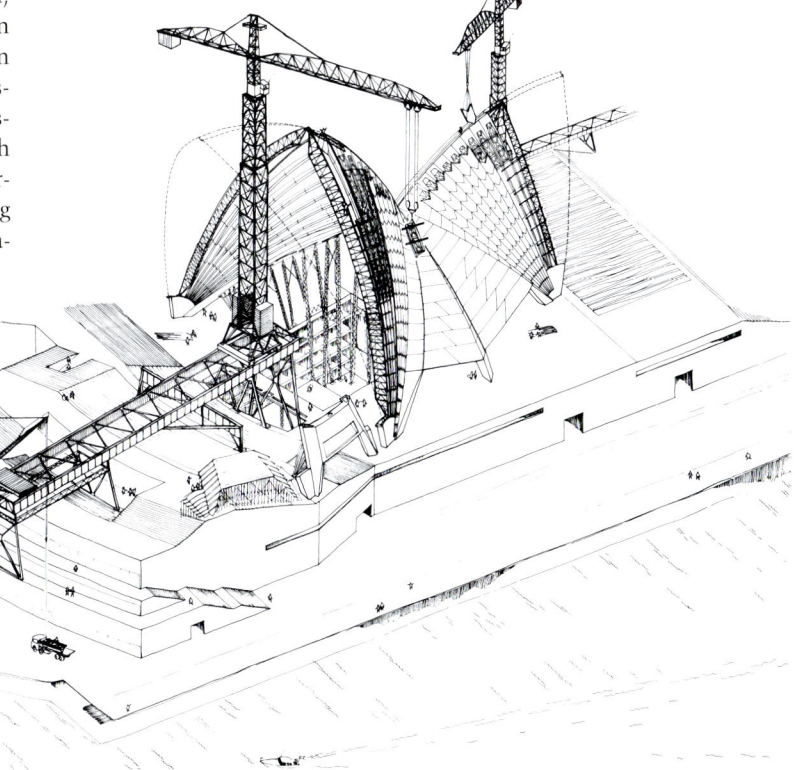

»Wenn man sich eine gotische Kirche anschaut, wird man nie damit fertig: wenn man um sie herumgeht oder sie gegen den Himmel betrachtet. Es ist, als ob ständig etwas Neues passierte, und das ist so wichtig – dieses Wechselspiel ist so wichtig, das es zusammen mit Sonne, Licht und Wolken zu etwas Lebendigem macht.« (Jørn Utzon) Das Sydney Opera House im funkelnden Morgenlicht, umgeben vom Hafen von Sydney.

Warum gehört die Oper in Sydney zu den modernen Weltwundern? Sie schuf neue effektive Einrichtungen, entspricht ihrer Umgebung und war bei ihrer Umsetzung mit großen menschlichen Dramen verbunden. Aber sie ist mehr als das: Sie ist zum Wahrzeichen Sydneys geworden und prägt mit ihrer dreidimensionalen Form und den fließenden Schalen das Stadtbild. Sie war das erste in einer ganzen Reihe von großen modernen Bauwerken, die nicht nur der Stadt dienen, in der sie stehen, sondern als Wahrzeichen die Macht der Architektur zur Veränderung und Verschönerung einer Stadt beweisen.

Seit der Fertigstellung der Oper sind manche solcher Bauten entstanden, zum Beispiel das Centre Pompidou in Paris (s. S. 153), die Hongkong & Shanghai Bank in Hongkong (s. S. 197) und das Guggenheim-Museum in Bilbao (s. S. 164). Aber Utzons Opernhaus war das erste Bauwerk dieser Art.

Louisiana Superdome

Bauzeit: 1971–1975   Ort: New Orleans, Louisiana, USA

In Xanadu schuf Kubla Khan ein Lustschloss, stolz und kuppelschwer:
… Ein Wunderwerk, wie man kein zweites weiß!
Durchsonntes Lustschloss mit Gewölb von Eis!
SAMUEL TAYLOR COLERIDGE, 1798

D ER ÜBERRAGENDSTE KUPPELBAU der Welt war zugleich der größte als Stahlkonstruktion ausgeführte Raum, der nicht durch Stützen verstellt war. Zudem war es die erste privat verwaltete Mehrzweckhalle in öffentlichem Besitz. Der Louisiana Superdome, das dominante Bauwerk in New Orleans, bot in seiner Hauptarena Platz für zwei Football-Felder. Unter seinem vier Hektar großen Kuppeldach fanden im September 1987 beim Besuch Papst Johannes Pauls II. 80 000 Besucher Platz.

Manche Tempel der griechischen oder ägyptischen Antike mögen eine ähnlich große oder sogar größere Grundfläche aufweisen, aber bei ihnen sind etwa 60 Prozent der Innenfläche durch tragende Säulen verstellt, die im Verhältnis zur Größe des Gebäudes nur wenig Nutzfläche übrig lassen. Im Unterschied dazu ermög-

Der Louisiana Superdome, das dominante Bauwerk in New Orleans, bot bei Großereignissen vom Papstbesuch über Football-Spiele bis hin zu Haustiermessen Platz für 87 000 Zuschauer.

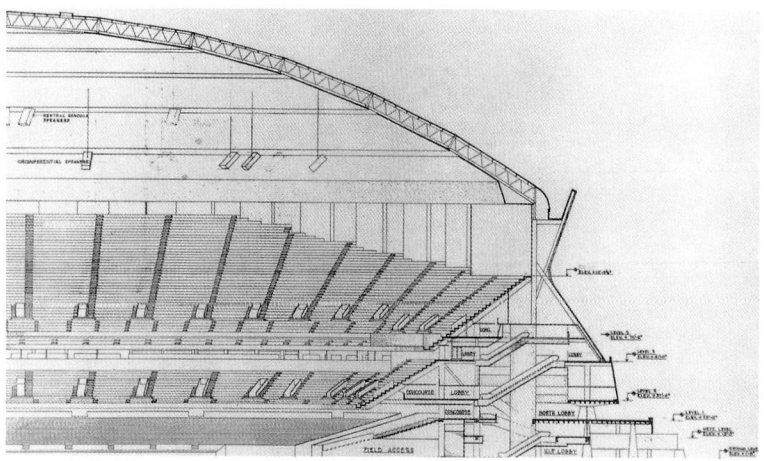

Oben: **Der Querschnitt durch die Halle lässt Details der Konstruktion erkennen.**

Entstehung des Projekts

Dieses Wunderwerk erwuchs aus einem Traum des Geschäftsmannes Dave Dixon aus New Orleans und sollte als Lockmittel für einen Franchise-Vertrag mit einem Football-Team der oberen Liga dienen. Die beiden gesetzgebenden Kammern des Bundesstaates Louisiana verabschiedeten 1966, gemäß dem Wunsch von Lobbyisten, Politikern und Finanziers, ein Gesetz, das dem Staat den Verkauf von Anleihen zur Finanzierung des Projekts erlaubte.

Die Mehrzweckhalle Superdome, die in einem wirtschaftlich benachteiligten Teil von New Orleans gebaut wurde, führte in der Umgebung zu einem Bauboom im Umfang von zwei Milliarden Dollar und ließ das Angebot an guten Hotels um 150 Prozent ansteigen. Wirtschaftsexperten bezeichneten es als »das nützlichste öffentliche Gebäude, das je entworfen wurde« und als »eine der klügsten Investitionen, die je getätigt wurden«. Schon bald war das Projekt von wirtschaftlichem Erfolg gekrönt. Der zwischen August 1971 und August 1975 für 163 Millionen Dollar gebaute Superdome zog in den ersten 20 Jahren seines Betriebs einen Umsatz von 4,6 Milliarden Dollar nach sich. Davon flossen Steuereinnahmen von 16,8 Millionen Dollar zurück an

lichen Planungsverfahren, Baustoffe und -techniken heutzutage den Bau effizienterer Gebäude.

Im Superdome mit seiner 3,5 Millionen Kubikmeter großen Halle fanden Football-, Basketball-, Baseball-, Tennis- und Leichtathletikveranstaltungen sowie Mardi-Gras-Feste, Musikfestivals, Konzerte und Heim-, Garten- und Automobilmessen statt. Außerdem begeisterten immer wieder Zirkusvorführungen und Eissportveranstaltungen vor ausverkauftem Haus.

Football-Spiele ge-
hörten zu den
Hauptattraktionen
im Superdome.

den Bundesstaat und 83,6 Millionen Dollar in die kommunalen Kassen.

Auch die technische Konstruktion des Superdome, entworfen von Arthur Q. Davis, war ein Wunderwerk. Sämtliche technischen Innovationen funktionierten und natürliche Hindernisse wurden ohne Zwischenfälle überwunden. Da New Orleans in einem urbar gemachten Sumpfgebiet unter dem Meeresspiegel liegt, musste man das Spielfeld im Superdome oberhalb der Hochwassermarke bauen. Um die hohen jährlichen Niederschläge von der vier Hektar großen Kuppelfläche abzuleiten, brauchte man ein Kanalsystem, das ein Fassungsvermögen von 1305 Kubikmetern hatte und rund um den Kuppelbau verlief. Das aufgefangene Wasser konnte anschließend nach und nach in die Kanalisation geleitet werden.

Innovationen

Vereinfacht gesagt tragen 96 Stahlstützen, angeordnet in vier Reihen, einen Spannring, der auf Zehn-Zentimeter-Kipplagern ruht. Durch diese Lager haben der Spannring und das auf ihm ruhende Dach in jeder Richtung etwa acht Zentimeter Spiel, wodurch eine temperaturbedingte Ausdehnung oder Kontraktion aufgefangen werden kann. An der Außenseite des Tragwerks dienen K-Stützen rund um den Spannring, der einen Umfang von 0,8 Kilometern hat, als Windverband.

Gegenüberliegende Seite: Der Blick auf die fast fertige Halle zeigt die Umsetzung der Konstruktion, die in der Querschnittzeichnung dargestellt ist.

Der Louisiana Superdome hielt laut dem *Guinness Buch der Rekorde* den Weltrekord als größte frei tragende Halle, die buchstäblich von der Dachkuppel zusammengehalten wird und an ihr hängt. Die Kuppel mit ihrem Durchmesser von 210 Metern hat ein Lamellendach, dessen überlappende Dreiecke von einem Ring im Scheitelpunkt ausgehen.

Als »Katrina« kam

Als sich im August 2005 der Wirbelsturm »Katrina« New Orleans näherte, erklärten die Behörden den Superdome zur Notunterkunft für alle Bewohner, die die Stadt nicht verlassen konnten. Etwa 20 000 Menschen fanden in der Halle Zuflucht, als »Katrina« über die Stadt hereinbrach und ihre Deiche bersten ließ.

Die starken Winde und Überschwemmungen, die der Sturm mit sich brachte, beschädigten das Dach und den Innenraum des Superdome schwer. Nun ist seine Zukunft ungewiss – die Kosten für die Renovierung werden auf 400 Millionen US-Dollar geschätzt. Auch der Abriss ist derzeit nicht ausgeschlossen.

Technische Daten

Hauptarena	50 685 qm
Höhe	82,3 m
Max. Zuschauerzahl (Konzerte)	87 500
Baukosten	163 Mio. US-Dollar

Centre Pompidou

Bauzeit: 1972–1977 **Ort: Paris, Frankreich**

*… dann trafen wir eine Entscheidung: Sollen wir
das alles zeigen oder hinter einer falschen Fassade verstecken?
Das war es! Unser Entwurf. Es war absolut supereinfach.*
RENZO PIANO, ZITIERT BEI N. SILVER, 1994

Die Westfassade
des Centre Pompidou: Da das Gebäudeinnere völlig
unverstellt bleiben
sollte, mussten das
gesamte Tragwerk
sowie sämtliche
Verkehrswege und
Zugänge nach außen verlegt werden.

IM DEZEMBER 1969 schrieb der französische
Präsident Georges Pompidou einen internationalen Wettbewerb für ein Gebäude aus, das eine
Bibliothek und ein Kunstmuseum beherbergen
sollte – ein Schritt, der weithin Beifall fand. Es
sollte im niedergehenden Stadtviertel Beaubourg
entstehen, wo durch Abrissarbeiten im Laufe
von vier Jahrzehnten zwischen Rathaus und Les
Halles, den damals gerade ausgedienten Markthallen, ein riesiger Parkplatz im Stadtzentrum
entstanden war.

Bei diesem ambitionierten Projekt ging es jedoch um weit mehr als eine aufgeklärte Stadt-
kernsanierung, da die französische Kulturelite
bereits spürte, dass Paris allmählich seinen Rang
als Kunsthauptstadt an New York abzutreten
drohte. Als Vorläufer des Musée d'Orsay, der
Opéra Bastille, der Renovierung des Louvre und
der Bibliothèque Nationale und einiger kleinerer
Kulturprojekte im ganzen Land war Beaubourg
das erste – und wohl ungewöhnlichste – von
vielen Prestigeprojekten, die französische Präsidenten im Laufe von 30 Jahren auf den Weg
brachten.

Das Centre Pompidou wurde sofort zum
Wahrzeichen, das den Geist seines Landes und

35

seiner Zeit verkörperte. Zudem setzte es hohe Maßstäbe, die zukünftige Projekte stark belasten sollten. Bemerkenswert ist die Realisierung dieses Projekts auch, weil Präsident Pompidou sich durchgehend dafür engagierte. Er war persönlich verantwortlich für die Ausschreibung eines internationalen Wettbewerbs (bei dem 700 Beiträge eingingen) und ließ einer Jury unter der Leitung des französischen Industriearchitekten Jean Prouvé völlig freie Hand, den Zuschlag für ein wichtiges öffentliches Gebäude dem erstaunlichen Entwurf des Italieners Renzo Piano und des Briten Richard Rogers zu erteilen – ein Team, das bis dahin international nicht in Erscheinung getreten war. Pompidous einzige Reaktion, als er das Ergebnis sah, war angeblich: »Ça va crier!« (Das wird Aufsehen erregen!)

Der unmittelbare Publikumserfolg des Centre Pompidou hatte sicher die gewünschten Auswirkungen auf den kulturellen Ruf der französischen Hauptstadt – und ließ die Kurse im »City-Marketing« dramatisch steigen.

Architektur als Kunst

Die Eröffnung des Centre National d'Art et de Culture Georges Pompidou, kurz Centre Pompidou – wie es nach dem Tod Pompidous 1974 genannt wurde –, 1977 markierte eine signifikante Entwicklung im sozialen und kulturellen Leben von Paris: Es beherbergt nicht nur eine moderne Kunstsammlung und eine Bibliothek, sondern vereint unter einem Dach verschiedene Aspekte der modernen Kultur wie Architektur, Industriedesign und zeitgenössische Musik. Diese äußerst synthetische Verbindung, die hier einzigartig gelungen ist, spielt nach wie vor eine wesentliche Rolle für den kulturellen Erfolg und die breite Unterstützung, die dieses Bauwerk in der Öffentlichkeit findet.

Das Centre Pompidou wirkt wie »High-Tech«-Industriearchitektur, die in der Ingenieurkunst des 19. Jahrhunderts, den Bauhaus-Theorien aus der Zeit zwischen den beiden Weltkriegen und in den zeitgenössischen urbanen Schöpfungen der britischen Archigram-Gruppe wurzelt. Obwohl das Bauwerk bis heute kritisiert wird, es sei aus Standardbauteilen für Ölplattformen zusammengestellt, handelt es sich in Wahrheit um ein komplexes, verzwicktes Bauwerk: Vom Gesamtentwurf bis hin zu den Stühlen und Türgriffen wurde alles bis zum kleinsten Detail eigens ausgewählt, entworfen und zu erheblichen Kosten speziell angefertigt.

Mit über 25 000 Besuchern täglich ist das Centre Pompidou zu einem wesentlichen Bestandteil der modernen Kunst geworden, das man gesehen haben muss. Und während viele Besucher sich an den Angeboten erfreuen, genießen andere es, das scheinbar von innen nach außen gekehrte Gebäude zu erkunden und mit einem der Aufzüge in das oberste Stockwerk zu fahren, wo sich ein herrlicher Blick über die Dächer von Paris bietet.

Der erfolgreiche Wettbewerbsbeitrag

Das Ingenieurbüro Ove Arup war 1970 bereits international bekannt, da es für Jørn Utzons Aufsehen erregende Oper in Sydney (s. S. 148) verantwortlich zeichnete. Über Arup kamen die re-

Blick vom Centre Pompidou auf seine Umgebung: Viele Besucher fahren mit den roten Aufzügen in die oberste Etage, um die beliebte Aussicht auf die Dächer von Paris und den Montmartre im Hintergrund zu genießen.

Technische Daten

Seitenlänge	60 × 166,40 m
Höhe	42 m
Gesamtfläche	135 000 qm
Obergeschosse	70 000 qm
Kellergeschosse	65 000 qm
Baukosten	476 Mio. franz. Franc

Oben: **Die Westfassade des Wettbewerbsmodells. Einige Details wie die Aufzüge wurden in der Ausführung des Baus geändert.**

verstorbene Peter Rice und viele andere, haben ihren Platz in der Architekturgeschichte des ausgehenden 20. Jahrhunderts behauptet.

Die meisten Wettbewerbsbeiträge schlugen für das große Grundstück in Beaubourg weitläufige, niedrige Entwürfe vor, die Rücksicht auf den alten Stadtkern von Paris nahmen; allerdings verlangten die äußerst detaillierten Spezifikationen der Ausschreibung von den Architekten auch ein Maximum an »innerer Flexibilität« für die Ausstellungsflächen. Das Architektenteam Piano und Rogers, die schon früh zu den Verfechtern flexibler Raumgestaltung gehörten, machte diese Anforderung zum zentralen Organisationsprinzip. Das Ergebnis war ein 42 Meter hohes Gebäude mit sechs sozusagen übereinander gestapelten Stockwerken, die jeweils 45×160 Meter unverstellte Fläche boten und an einem großen offenen Platz lagen. Mit Hilfe von Ove Arups Ingenieuren gelang es dem Team, das gesamte Tragwerk des Gebäudes, Zugangswege, Klimaanlage und technische Einrichtungen aus der freien Nutzfläche zu verbannen.

Die Organisation des Gebäudes ist ganz einfach: Besucher an der Westfassade, technische Einrichtungen an der Ostseite und dazwischen freie Ausstellungsflächen. Besucher erreichen die verschiedenen Stockwerke über die der Westseite vorgehängten Aufzüge und Aufgänge, die das markante Erscheinungsbild der Westfassade prägen und der Menge auf dem vorgelagerten Platz ein lebendiges Schauspiel bieten. An der gegenüberliegenden Ostseite befinden sich die technischen Einrichtungen für sämtliche Geschosse.

Das Ziel der Architekten, maximale Flexibilität zu erreichen, brachte schon bald Probleme bei der Koordination baulicher und funktionaler Systeme mit sich. Da man auf konventionelle Stahlstützen mit Queraussteifung und einen zentralen tragenden Kern im Gebäudeinneren verzichten wollte, musste der Bau ausschließlich mit Stützen und Querriegeln an den Außenwänden auskommen. Arups Ingenieure machten Anleihen beim Brückenbau und schlugen ein Stahltragwerk aus 13 Rahmen mit einem Abstand von 12,80 Meter vor, die über die gesamte Höhe des Gebäudes reichen und aus Stahlstützen und Fachwerkträgern für jedes Geschoss bestehen. Die Betonplatten der Geschossdecken ruhen auf Doppelfachwerkträgern, die die gesamte Gebäudebreite überspannen und auf »Gerberettes« ruhen (stählernen Hebelarmen, hergestellt von Krupp/Pohlig). Horizontalele-

lativ unbekannten Architekten Renzo Piano und Richard Rogers dazu, sich an dem Wettbewerb für das Centre Pompidou zu beteiligen. Beide bestätigten sehr bald die viel versprechenden Ansätze, die sie mit dem Centre Pompidou gezeigt hatten, und haben seither, jeder auf seine Weise, zahlreiche eindrucksvolle Bauten geschaffen. Auch die übrigen herausragenden Talente, die an diesem Bau beteiligt waren, darunter die Bauingenieure Edmund Happold und der inzwischen

mente in jedem zweiten Stockwerk und Kreuzverbände aus dünneren Zugstangen bilden einen zusätzlichen Windverband an der Fassade, ohne das Gebäudeinnere zu verstellen. Das gesamte Tragwerk, das an der Nord- und Südfassade durch Kreuzverbände vervollständigt wird, ist an den Gebäudeecken deutlich zu erkennen.

Schwierigkeiten bereitete auch der Brand- und Witterungsschutz, für den das Architektenteam nach und nach elegante Lösungen entwickelte. Die gesamte Inneneinrichtung besteht aus schwer entflammbaren Materialien, und empfindliche Stahlelemente wurden mit einer metallverkleideten Isolierung oder speziellen Schutzanstrichen versehen.

Funktionelle Installationen (zum Beispiel Stromkabel, Klimaanlage, Abflussrohre, Aufzüge und Treppen), die normalerweise von Bauunternehmen geplant und im Inneren des Gebäudes in Kanälen und Schächten verborgen werden, traten an die Außenseite des Gebäudes. Daher mussten sie von den Architekten entworfen werden, elegant aussehen und witterungsbeständig sein. Die verschiedenen Installationen sind durch einen Farbcode gekennzeichnet, der auf den gängigen Industrie-Farbcodes beruht, ergänzt um Weiß für das Tragwerk, Rot für Aufzüge und Verkehrswege, Blau für Wasser, Gelb für Elektroinstallationen und Blauweiß für die Klimaanlage.

Bei genauerem Hinsehen wirkt die anfangs etwas verwirrende Komposition der Ostfassade nicht mehr wie eine Ölbohrinsel, sondern eher wie ein Gemälde von Fernand Léger.

Architektur nach Maß

Obwohl bis zur letzten Kleinigkeit jedes Bauteil eigens entworfen oder ausgewählt werden musste, wurde das Gebäude im geplanten Kostenrahmen (476 Millionen Franc) innerhalb der gesetzten Frist (fünf Jahre) fertig – eine spektakuläre Leistung, die besondere Voraussetzungen erforderte.

Nachdem der couragierte Präsident Pompidou beschlossen hatte, ein ambitioniertes Projekt von unerprobten Architekten realisieren zu lassen, durfte er angesichts der zu erwartenden Kritik keinen Fehlschlag riskieren. Eine starke Behörde unter der Leitung des hochrangigen Beamten Robert Bordaz erhielt Anweisung, das Projekt in engen Bahnen zu halten, den geplanten Kostenrahmen einzuhalten und administrative Probleme zu lösen. So ein Arrangement ist mittlerweile gängige Praxis bei großen

öffentlichen Bauvorhaben in Frankreich und hat auch das Vorgehen in vielen anderen Ländern beeinflusst.

Entgegen der ansonsten in Frankreich üblichen Praxis war es jedoch nicht möglich, die Verantwortung für die Gestaltung teilweise an Bauunternehmer zu delegieren, da das Team aus Piano, Rogers und Arup zu Recht darauf bestand, sämtliche Aspekte der Bauplanung und Spezifikationen zu kontrollieren. Ihr Erfolg bei den im Laufe von fünf Jahren – in denen Präsident Pompidou 1974 starb und mitten im Projekt Giscard d'Estaing Präsident wurde – immer wieder notwendigen Verhandlungen ist nicht zuletzt Bordaz' Talent, Autorität und Unterstützung als Vermittler zu verdanken.

In der Praxis erwies sich das Projekt sehr bald als zu komplex für ein zentralisiertes Architektenteam, so dass große Teile der Arbeit innerhalb des Teams aufgeteilt werden mussten. Arups talentiertes Ingenieurteam kümmerte sich um die Konstruktion des Tragwerks und die Berechnungen, während architektonische Gestaltung und Installationen nach Bereichen an interne Teamchefs delegiert wurden: Betriebssysteme, Innenausstattung, Verkehrswege.

Gegenüberliegende Seite, unten: Durch variable Trennwände und Treppen lassen sich die riesigen Innenräume an die jeweiligen Anforderungen der verschiedenen Ausstellungen anpassen.

Unten: Die Ostfassade: Die betriebstechnischen Einrichtungen dienen gleichzeitig als Isolation der Ausstellungsräume gegen Verkehrslärm.

Kansai International Airport

Bauzeit: 1990–1994   **Ort: Osaka, Japan**

Kansai ist ein Präzisionsinstrument, ein Kind der Mathematik und Technologie.
RENZO PIANO

WER DURCH DIE GESAMTE AB-FERTIGUNGSHALLE des Kansai International Airport in Osaka gehen möchte, sollte sich darüber im Klaren sein, dass sie mit 1800 Metern das längste Gebäude der Welt ist, gelegen auf einer künstlichen Insel vor der Küste. Für sich genommen, mögen diese Fakten als rekordträchtige Reklamemasche erscheinen, in Wahrheit sind sie jedoch eine rationale Antwort auf die Notwendigkeit, einen neuen Flughafen für die Stadt zu schaffen.

Osaka liegt im zweitgrößten Ballungsgebiet Japans mit etwa 20 Millionen Einwohnern. Der vorhandene, von Bebauung eingeschlossene Flughafen war nicht weiter ausbaufähig, aber eine Alternative bot sich nicht an, da die Besiedlung bereits bis an die umgebenden Gebirgszüge reichte. Studien ergaben als beste Lösung, eine künstliche Insel in der Bucht von Osaka abseits des Ballungsraumes zu schaffen. Dort ließen sich die Start- und Landebahnen so anlegen, dass Landeanflug und Start über Wasser erfolgten, was die Lärmbelästigung verringerte und einen vierundzwanzigstündigen Betrieb erlaubte. Durch eine Vergrößerung der künstlichen Insel war der Flughafen zudem ausbaufähig. Diese Faktoren konnten die erheblichen Kosten eines solchen Plans aufwiegen.

Unten und gegenüberliegende Seite, unten: **Kansai International Airport** besteht im Wesentlichen aus einem einzigen, 1,8 Kilometer langen Gebäude; die zentrale Haupthalle bietet Passagieren eine gute Orientierung zu den angrenzenden Flugsteigen.

Die Insel

Die künstliche Insel misst etwa 4,5 × 2,5 Kilometer. An dieser Stelle ist das Meer ungefähr 20 Meter tief, aber der Meeresboden besteht aus sehr weichem Lehm, der sich, Schätzungen zufolge, noch um 11 Meter setzen würde, wenn man die Insel anschüttete. Fünf Jahre dauerte es, die enormen Mengen an erforderlichem Erdreich anzuschütten, das von zwei Bergen in der Nähe abgetragen wurde. Transportiert wurde es von Barken, die mit Satellitennavigation an die entsprechenden Stellen geleitet wurden. Da der Meeresgrund stärker nachsackte als erwartet, musste mehr Erdreich angeschüttet werden, was die Arbeiten um ein Jahr verlängerte.

Das Terminal-Gebäude

Für die Gestaltung des Terminal-Gebäudes fand 1988 ein internationaler Wettbewerb statt, dessen Spezifikationen auf einem Vorschlag von Aéroports de Paris basierten. Diesen Wettbewerb gewann der Beitrag der Renzo Piano Building Workshop mit Ove Arup and Partners als Bauingenieuren. Ihr Vorschlag entsprach den geforderten Spezifikationen und sah eine neue Flughafenform vor, bei der Inlands- und Auslandsflüge in einem einzigen Gebäude abgefertigt werden und die Flugzeuge an angrenzenden Flug-

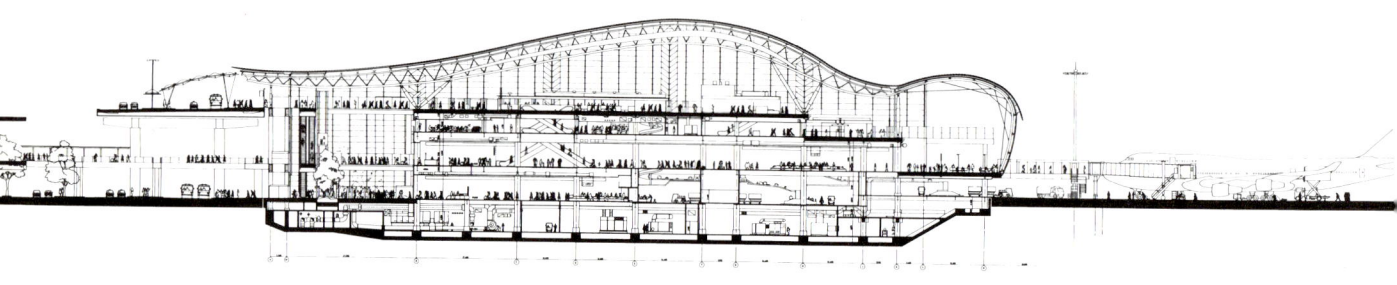

steigen andocken sollten. Ein derart langes, schmales Gebäude war sinnvoll an die Form der Insel angepasst, die im Wesentlichen von den Start- und Landebahnen bestimmt ist.

Obwohl man davon ausgehen konnte, dass der Boden sich weitgehend gesetzt hatte, bevor man mit dem Bau des Terminals begann, war ein geringfügiges Nachsacken unvermeidlich. Wenn diese Bewegungen des Untergrundes nicht gleichmäßig erfolgen sollten, wäre das Gebäude Verwindungskräften ausgesetzt, die zu Schäden führen könnten. Um das zu vermeiden, ist das gesamte Gebäude auf Hebepunkte gesetzt, die sich im Bedarfsfall unabhängig voneinander anheben lassen, um das Tragwerk auszurichten.

Klare Orientierung

Von Anfang an gehörte es zu den wesentlichen Planungszielen, Besuchern eine unmissverständliche Orientierung zu geben. Ankommenden Passagieren sollte jederzeit klar sein, welches die Land- und welches die Luftseite ist (anders als bei vielen anderen Flughäfen). Zu diesem Zweck traf man zwei wichtige Entscheidungen: Sämtliche Cafés und Duty-free-Shops liegen auf einem Mezzaningeschoss; an der Landseite verläuft ein schmaler Korridor (Canyon genannt), der Passagieren über Rolltreppen und Aufzüge an der Außenwand Zugang zu den verschiedenen Ebenen des Gebäudes bietet. Die Farbgestaltung des Canyon in Blau- und Ockertönen mag anfangs überraschen, ist aber der traditionellen japanischen Architektur entlehnt.

Der Canyon erhält von oben Tageslicht und ist mit Bäumen bepflanzt, die den »Straßencharakter« unterstreichen. Hier werfen abreisende Passagiere, die den Canyon auf einer der oberen Ebenen überqueren, zum ersten Mal einen Blick auf die Abflughalle und ihr Dach – eine ge-

Oben: Im »Canyon«, einem hohen, lichtdurchfluteten Atrium, laufen die Wege zu den Flugsteigen zusammen. Die Fachwerkträger, auf denen das Dach ruht, sind über acht Meter lang.

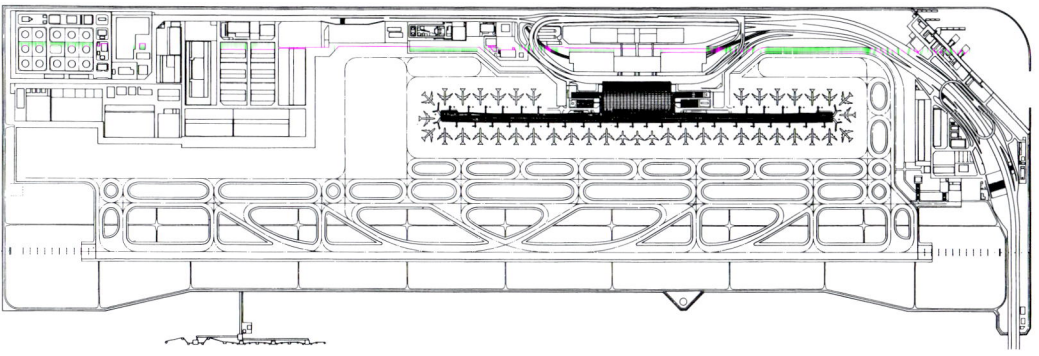

Die Linienführung der Dachkonstruktion in der Abflughalle weist Passagieren den Weg durch den Flughafen.

Japan wichtiges Merkmal der Konstruktion: die Erdbebensicherheit. Je nach Gefährdung müssen Bauten in Erdbebengebieten so ausgelegt sein, dass sie einen gewissen Teil ihres Gewichts als Seitenschub aushalten. In Japan, wo das Erdbebenrisiko allgemein hoch ist, verlangten die Bauvorschriften, dass das Tragwerk des Kansai-Flughafens auch unter einer Seitenlast nicht zusammenbricht, die ihr Eigengewicht übersteigt. Stolz erklären die Ingenieure, die Konstruktion würde völlig stabil bleiben, auch wenn sie auf eine Mauer gebaut wäre. Sie konnten nicht ahnen, wie bald ihre Konstruktion auf die Probe gestellt wurde: Noch bevor das Gebäude seiner Bestimmung übergeben war, kam es im Januar 1994 in der nahe gelegenen Stadt Kobe zu einem Erdbeben der Stärke 7,2 auf der Richterskala, dessen Epizentrum nur 30 Meilen vom Kansai-Flughafen entfernt lag. An den Rändern der Insel kam es zwar zu einigen Senkungen, aber sowohl das Tragwerk als auch die Verkleidung des Terminal-Gebäudes blieben unversehrt.

An der Decke der Halle fehlt erstaunlicherweise jenes Gewirr, das ansonsten in Räumen mit Klimaalage und künstlicher Beleuchtung häufig zu finden ist. Die Lösung dieser beiden Gestaltungsprobleme beruht auf den Textilsegeln, die zwischen den Fachwerkträgern angebracht sind und sowohl den Luftstrom leiten, der aus plastisch geformten Düsen strömt, als auch das Licht der diskret darunter angebrachten Deckenleuchten reflektieren. Diese an sich schon brillante technische Lösung fügt sich im Kansai International Airport harmonisch in das Gesamtdesign ein.

schwungene, skelettartige Konstruktion, die das markanteste Merkmal des Flughafens ist.

Die internationale Abflughalle

Die Dachkonstruktion der Abflughalle weist mit der klaren Linienführung ihrer Fachwerkträger den Passagieren den Weg durch das Gebäude zunächst zur Zollabfertigung und von dort zur Lounge in der unteren Ebene. Die visuelle Klarheit geht jedoch nicht auf Kosten der Konstruktionslogik: Da das Dach der Masse des Baukörpers folgt, ist das Luftvolumen auf menschliche Dimensionen reduziert.

Die auffallenden Kreuzverbände der Stützen, die für Seitenstabilität sorgen, erinnern an ein in

Die Abflug-Lounge

Die Abflug-Lounge erstreckt sich über die gesamte Gebäudelänge von 1800 Metern und kann damit als längster Raum der Welt gelten. Für die Fortbewegung der Passagiere ist das zwar effektiv, aber doch ungewöhnlich, da man in Japan (wie auch in anderen Ländern) große Gebäude gewöhnlich aus Brandschutzgründen in regelmäßigen Abständen mit Zwischenwänden versieht. Der Verzicht auf solche Trennwände ist einer Kombination aus innovativer Technik und der Kooperationsbereitschaft aufgeschlossener japanischer Behörden zu verdanken. Die vorgeschlagene Strategie, die als »Kabinen-und-Insel-Konzept« bezeichnet wird, gruppiert die Hauptbrandrisiken (wie Läden und Restaurants) unter den Sprinklern und leistungsfähigen Rauchabzugs-

Das Computerdiagramm der Konstruktion des Kansai International Airport lässt die aerodynamische Form erkennen, die den Luftstrom von der Passagierseite (links) auf die Flugsteigseite (rechts) lenkt.

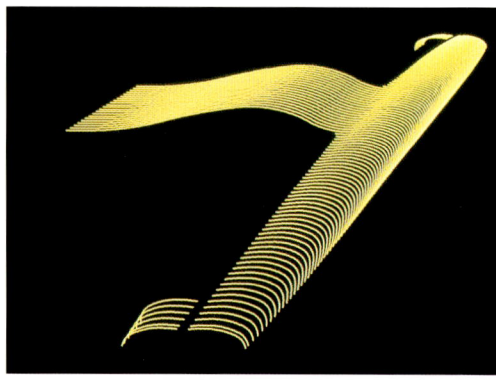

hauben (»Kabinen«). Weniger brandgefährdete Einrichtungen (wie Sitzgruppen) sind als »Inseln« mit genügend großem Abstand angeordnet, um ein Überspringen von Feuern zu verhindern.

Baugeschichte

Schon ein kurzer Überblick über die Baugeschichte dieses Flughafens steckt voller Superlative. In der Bucht von Osaka gibt es zwar noch andere künstliche Inseln, aber Kansai liegt weiter von der Küste entfernt (5 km) und in tieferen Gewässern als seine Vorläufer. Nachdem die Insel mit 178 Millionen Kubikmetern Schotter angeschüttet war, entstand das gut eine Meile lange Terminal-Gebäude in nur drei Jahren. Dazu schloss man separate Verträge mit zwei Konsortien unter der Leitung von Takinaka und Obayashi ab, die jeweils eine Hälfte des Gebäudes errichteten; als Trennlinie diente eine geeignete Nahtstelle in der Mitte des Gebäudes.

Trotzdem erschlägt es die Reisenden nicht mit seinen Superlativen. Die Räume haben menschliche Dimensionen und die Strenge des Designs schafft zusammen mit dem aufmerksamen Blick für Details eine Eleganz und Klarheit, die im Flughafenbau ihresgleichen sucht.

Die spektakuläre Abflug-Lounge erstreckt sich über die gesamte Länge des Gebäudes.

Technische Daten

Länge	1800 m
Gesamtfläche	300 000 qm
max. Zahl der Arbeitskräfte	10 000
Baukosten der Insel	17 Mrd. US-Dollar
Zahl der Flüge pro Jahr	160 000
Länge der Startbahn	3500 m

37 Das Guggenheim-Museum, Bilbao

Bauzeit: 1991–1997   Ort: Bilbao, Spanien

Was sich nicht so leicht erklären, geschweige denn herbeireden lässt, ist die schiere Heiterkeit,
die dieses Gebäude ausstrahlt, der jubelnde Überschwang seiner Präsenz.
KURT W. FORSTER, 1998

IM GEGENSATZ zur rationalen Formgebung, die über Jahrzehnte die westliche Architektur beherrscht hat, ist das Guggenheim-Museum in Bilbao das Produkt intuitiver Formfindung. Aus der Verbindung von Eingebung und computergestützten Planungsverfahren, Herstellung und Montage ist ein Bauwerk hervorgegangen, das zugleich eine Schwindel erregende technische Leistung und eine überschwängliche Demonstration der Möglichkeiten darstellt, die Computer für die veränderte Planung und Konstruktion bieten.

Den 1991 ausgeschriebenen Wettbewerb für die Gestaltung des Guggenheim-Museums in Bilbao gewann der Architekt Frank O. Gehry aus Los Angeles. In den achtziger Jahren hatte er sich einen Namen mit einer Reihe provokativer Häuser in Kalifornien gemacht, die herkömmliche Konstruktionen aus leichtem Holzständerwerk in Frage stellten; zu seinen größeren Aufträgen gehörten die Toledo Art School (1989) und der Entwurf für die Disney Concert Hall in Los Angeles (1989). Gehry erhielt 1989 den international angesehenen Pritzker-Architekturpreis.

Das Guggenheim-Museum, Bilbao, ist ganz auf seine Umgebung abgestimmt und dennoch ungewohnt. Obwohl es der schwierigen Geometrie des Grundstücks angepasst ist, wirken seine geschwungenen, titanverkleideten Volumen fremdartig.

Technische Daten

Tragwerk	versteifter Stahlrahmen
Verkleidung	Titan, Naturstein und Glas
Grundfläche	24 628 qm
Baukosten	10 859 Mio. Peseta ($ 59 205 000)

164

Der Auftrag, eine Filiale des Guggenheim-Museums zu entwerfen, das seinen Hauptsitz in dem berühmten Gebäude von Frank Lloyd Wright in Manhattan (s. S. 143) hat, war ideal für diesen Architekten, der eng mit Künstlern zusammenarbeitet und selbst über eine äußerst plastische Formensprache verfügt.

Gemeinsam mit anderen neuen Kultureinrichtungen und einem verbesserten öffentlichen Verkehrssystem bildet das Guggenheim-Museum eine Schlüsselkomponente bei der Wiederbelebung der Stadt Bilbao. Das herausragende, aber schwierige Grundstück liegt am Ufer des Nervión, umgeben von Containerhäfen, Eisenbahnlinien und den Zufahrtsstraßen zu einer höher gelegenen Brücke.

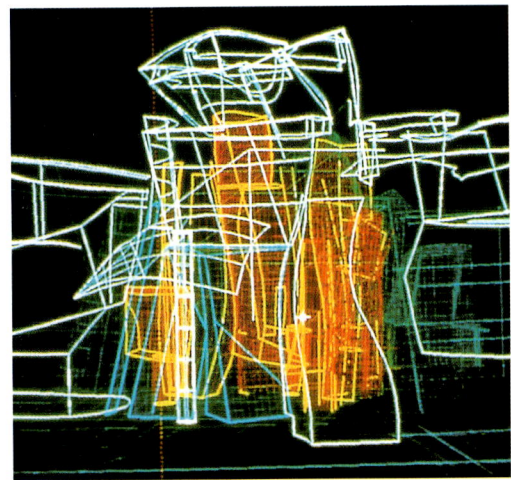

Computer waren wesentlich daran beteiligt, die Pappmodelle des Entwurfs in digitale Modelle mit durchgängig geschwungenen Flächen und diese digitalen Daten in technische Zeichnungen und Dateien für CNC-Fräsen zu übersetzen.

Oben: **Das Haupttragwerk wurde mit einer zweischichtigen Unterkonstruktion umgeben.**

Computerdesign

Die formale Konfiguration des Gebäudes entwickelte Gehry zunächst intuitiv anhand einer Reihe grober, handgefertigter Pappmodelle, doch erst der Computer machte den Entwurf technisch und wirtschaftlich realisierbar. Als erster Architekt nutzte Gehry das Potential von CATIA, einer Software, die von der französischen Raumfahrtindustrie entwickelt wurde. Im Gegensatz zum größten Teil der Architektursoftware basiert CATIA nicht auf Polygonen, sondern auf Flächen. Gehrys Pappmodelle für das Guggenheim-Museum in Bilbao wurden digitalisiert, um in CATIA ein Modell mit durchgängig geschwungenen Flächen zu erzeugen. Anhand dieses Computermodells legte man innen und außen Kontrollflächen fest, die als Ausgangspunkte für den Bau dienten.

Ausgehend von diesen Kontrollflächen wurde die tragende Konstruktion entwickelt. Das versteifte Stahltragwerk mit breiten Flanschsegmenten in einem Drei-Meter-Raster ist erstaunlich geradlinig. Die meisten Elemente sind gerade, wobei die Plastizität der Gesamtform allein durch die Verbindungen erzielt wird. Das facettierte Stahltragwerk ist innen und außen mit einer zweischichtigen Unterkonstruktion für die Kontrollflächen versehen. Die erste Schicht der Unterkonstruktion, die für die Horizontalwölbung sorgt, bilden horizontale Leitern aus 60 Millimeter dickem Stahlrohr, die sich in einem Intervall von drei Metern beidseitig des Primärtragwerks spreizen, mit dem sie durch in alle Richtungen verstellbare Universalverbindungen verbunden sind. Die Vertikalwölbung entsteht durch die zweite Schicht der Unterkonstruktion, die aus Leichtmetallstützen in einem Abstand von 60 Zentimetern besteht. Alle Stahlrohre und Stützen sind in eine oder mehrere Richtungen gebogen.

Mit CATIA ließ sich zwar jedes tragende Teil präzise lokalisieren und in seiner Größe festlegen, aber das Computermodell blieb eine aus Linien bestehende Zeichnung des Stahlrahmens. Mit einer neuen Software, BOCAD, die für den Brücken- und Straßenbau entwickelt wurde, ließ sich das lineare CATIA-Modell in ein umfassendes dreidimensionales Computermodell des Stahlrahmens übersetzen. Nach diesem Modell konnte BOCAD automatisch für alle Bauteile zweidimensionale technische Zeichnungen oder Dateien für CNC-Fräsen herstellen.

Links: Im Gegensatz zu der flexiblen Metallverkleidung und den geschwungenen Natursteinflächen, die mit der CNC-Fräse bearbeitet wurden, ist die Verglasung des Guggenheim-Museums eben und erhält ihre komplexe Wölbung durch die facettierten Rahmen.

Obwohl im ganzen Gebäude nicht zwei Stahlteile gleich sind, war es mit BOCAD möglich, die primäre Stahlkonstruktion so präzise herzustellen, dass ein Vermessen, Schneiden oder Schweißen vor Ort praktisch überflüssig war. Nach einer aus der Raumfahrtindustrie übernommenen Praxis wurde jede Komponente der Konstruktion während der Herstellung mit einem Strichcode versehen. Auf der Baustelle las man diesen Strichcode ein und konnte jedes Bauteil mit Hilfe von Lasergeräten, die mit dem CATIA-Programm verbunden waren, präzise in die vorgesehene Position bringen, die durch Koordinaten im Computermodell definiert war. Durch dieses Verfahren vermied man die Akkumulation von Toleranzen oder Maßabweichungen und gewährleistete die Präzision, die zur Realisierung eines so komplex geometrischen Bauwerks notwendig ist.

Verkleidung

Das Computermodell machte jedoch empirische Daten nicht vollends überflüssig. Während der Entwicklung der Baupläne brauchte man Modelle in Originalgröße, um festzustellen, in welchem Maße man die Titanverkleidung einer komplexen Wölbung aussetzen konnte, ohne dass sie sich verzog, und welche Toleranzen die Nähte haben mussten. Anschließend setzte CATIA die anhand der Modelle gewonnenen Parameter auf die Metalloberflächen des Gebäudes um.

Als Verkleidung für das Guggenheim-Museum Bilbao wurden flache Bleche in vier Standardgrößen angeliefert, die man für etwa 80 Prozent der Außenhaut verwenden konnte. Während die galvanisierte Unterschicht absolut straff sitzt, ist das leichte Kissen an der Oberfläche der Titanverkleidung absichtlich entspannt, um das Erscheinungsbild des Gebäudes weicher zu machen. Da Glas keine Biegefestigkeit besitzt, sind sämtliche Glasflächen des Baus eben. Da die komplexen Flächen durch Triangulation der Paneele erzielt wurden, mussten die Glasscheiben im Gegensatz zur Metallverkleidung zu 70 Prozent in Einzelgrößen angefertigt werden.

Obwohl sich Tragwerk und Verkleidung des Museumsgebäudes mit CNC-Maschinen hätten herstellen lassen, die man an die CATIA-Datenbank angeschlossen hätte, entschieden sich die meisten Lieferanten für die manuelle Herstellung, da sie hoch qualifizierte Arbeitskräfte hatten. Die Steinverkleidung ist das einzige Bauteil,

das mit CNC-Fräsen bearbeitet wurde, und dieser hochentwickelte Herstellungsprozess fand nicht in einer Fabrik, sondern vor Ort statt. Die Architekten hatten zwar geplant, dass der Naturstein in einer Werkstatt bearbeitet und anschließend angeliefert werden würde, aber der Subunternehmer installierte eine Fräse vor Ort auf der Baustelle.

Als das Guggenheim-Museum Bilbao 1997 eröffnet wurde, stieß es auf weltweites Medieninteresse. Dieses Museumsgebäude, dessen Bau auf Technologien anderer Industriezweige zurückgriff, reichte weit über die Grenzen dessen hinaus, was man bis dahin ästhetisch wie auch technisch für möglich gehalten hatte. Der Computer, der Komplexität und Einzigartigkeit ebenso ökonomisch gemacht hat wie Massenproduktion, ermöglicht den Bruch mit den Konventionen der Industrieproduktion und bietet wieder die Chance einer handwerklich orientierten Architektur in der postindustriellen Welt.

Anhand eines Modells in Originalgröße wurde die maximal mögliche Wölbung der Titanverkleidung festgestellt und mit einer geeigneten Software auf die Außenflächen des Gebäudes übertragen.

Türme und Hochhäuser

WOLKENKRATZER ZU BAUEN sei »das, was in Friedenszeiten dem Krieg am nächsten kommt«, sagte einmal Colonel W. A. Starrett. Als er diese Bemerkung 1928 machte, kam sie sicher aus berufenem Munde, denn seine Firma, das Bauunternehmen Starrett Brothers and Eken, nahm gerade die bis dahin größte Herausforderung in Angriff: den Bau des Empire State Building, das nach seiner Fertigstellung 1931 vierzig Jahre lang das höchste Gebäude der Welt bleiben sollte.

Nationale Monumente und Denkmäler besaßen schon immer eine größere Ausdruckskraft, wenn sie ihre urbane Umgebung optisch überragten. Das 1884 fertig gestellte Washington Monument ist nicht nur bis heute das höchste frei stehende Natursteinbauwerk der Welt, sondern durch ein Kongressgesetz auch das höchste Bauwerk, das je auf dem Capitol gebaut werden darf. Weiter westlich, in St Louis am Ufer des Mississippi, erinnert der hoch aufstrebende Bogen des Jefferson Westward Expansion Memorial, erbaut von dem finnisch-amerikanischen Architekten Eero Saarinen, an den dritten Präsidenten der Vereinigten Staaten, Thomas Jefferson, der auch Architekt war, und markiert zugleich den Punkt, von dem zahllose Pioniere aufbrachen, um den amerikanischen Westen zu erschließen. Die Kraft des Gateway Arch beruht nicht nur auf seiner schlichten, fließenden Form, sondern auch auf seiner freien Lage abseits der Hochhäuser in der Innenstadt von St Louis.

Aus reinem Vergnügen immer höhere Aussichtspunkte zu bauen ist bis heute ein gutes Geschäft und städtebaulich sinnvoll. Der Eiffelturm ist als Wahrzeichen so eng mit seiner Stadt verknüpft, dass beide für immer unzertrennlich

Noch immer überragt New Yorks Empire State Building Lower Manhattan; erbaut wurde es 1929 bis 1931, als die amerikanische Wirtschaft sich gerade von der großen Wirtschaftskrise zu erholen begann.

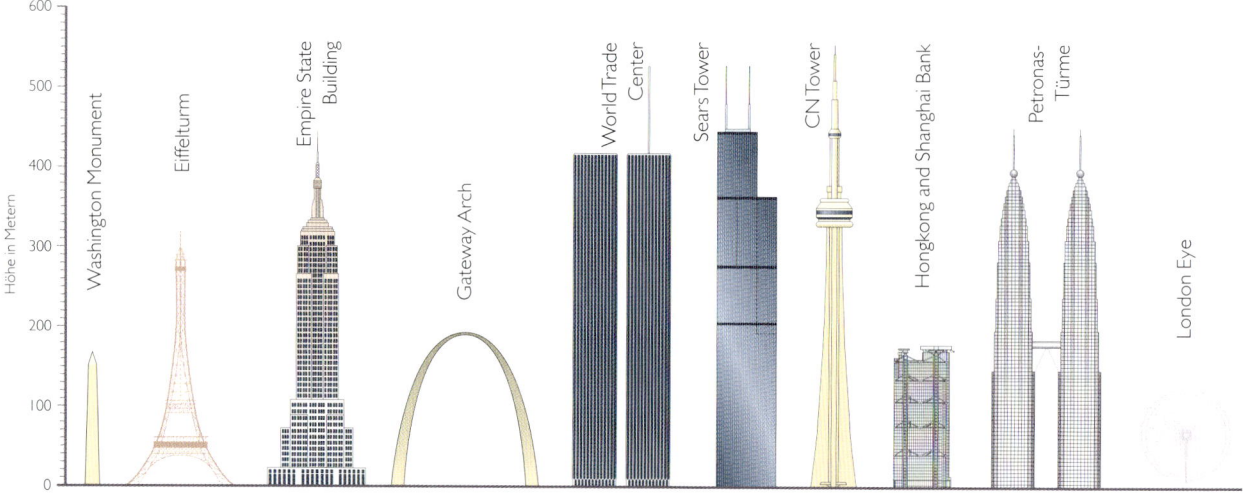

Zur Zeit sind die Petronas-Türme das höchste Gebäude der Welt, obwohl der CN Tower höher ist. Entschieden wurde dies vom Council on Tall Buildings and Urban Habitat, der ein Gebäude definiert als »ein Bauwerk, das zu Wohn-, Geschäfts- oder Fabrikationszwecken bestimmt ist«; ein weiteres wesentliches Merkmal ist die Aufteilung in Stockwerke. Die Gebäude werden vom Bodenniveau der Eingangsebene bis zur baulichen Oberkante einschließlich Turmspitze gemessen, allerdings ohne Fernseh- oder Rundfunkantennen oder Fahnenmasten, weshalb der Sears Tower seinen Rang einbüßte.

sind. Jüngere Beispiele für Türme, die so etwas wie die »Signatur einer Stadt« darstellen, sind der CN Tower in Toronto, nach wie vor das höchste freistehende Bauwerk der Welt, oder das London Eye, ein Riesenrad, das British Airways am südlichen Themseufer in London errichten ließ und das die Öffentlichkeit für sich gewonnen hat.

Hochhäuser müssen häufig eine Vielzahl von Funktionen erfüllen: Sie sollen Büroflächen unterschiedlicher Konfiguration, Wohnungen, Konferenzräume, Ballsäle, Aussichtsterrassen auf dem Dach und sogar eine Verkehrsanbindung bieten und sind daher vollständige vertikale Städte, in denen Tausende Menschen leben und arbeiten, stehen aber mitten in der Stadt auf sehr begrenzten Grundstücken, um die das Leben brandet. Für den Erfolg solcher Projekte ist eine kreative Partnerschaft zwischen Architekt und Bauunternehmer eine absolut unverzichtbare Voraussetzung. Der Bau des Empire State Building begann, noch bevor die Pläne sämtlicher Stockwerke fertig waren, dennoch betrug die Bauzeit nur knapp 20 Monate.

Teilweise war dieser Erfolg Innovationen im Design der Bauteile und in der Baustellenlogistik zu verdanken, die auch mehr als 70 Jahre später noch vorbildlich sind. Die Stahlelemente des Tragwerks waren in kompletten Baugruppen geplant. Wenn die Stahlträger und -stützen nach einem bis auf die Minute genau festgelegten Zeitplan von den Walzwerken in Pittsburgh angeliefert wurden, waren sie noch warm. Provisorische Kantinen in Zwischengeschossen versorgten die Arbeiter, damit sie in den Pausen keine Zeit an den stark belasteten Aufzügen vergeuden mussten. Und die Bauteile waren so konzipiert,

dass sämtliche Verkleidungsplatten der Vorhangfassade von innen montiert und versiegelt werden konnten.

In dieser – aus heutiger Sicht – ersten Blütezeit des Hochhausbaus, für die beispielhaft das Empire State Building und ähnliche Wolkenkratzer der damaligen Zeit stehen, wurden neue Höhepunkte erreicht, und zwar nicht nur in Hinblick auf die Dimensionen, sondern auch auf architektonisch ausgereifte Bauwerke. In der weiteren Entwicklung kehrte man bis zu einem gewissen Grad zu den Grundprinzipien zurück und strebte etwa von Ende der sechziger bis Ende der siebziger Jahre eine Ästhetik an, die sich die aufkommenden Möglichkeiten zunutze machte, immer höher zu bauen; zu diesen von führenden Bauingenieuren entwickelten Verfahren gehörte das von Fazlur Khan erfundene Konzept der »Rohrbündel«, das den Sears Tower in Chicago erst realisierbar machte, oder die feste Verbindung der Geschossdecken mit den tragenden Teilen der Außenwände, ein Gebiet, auf dem der Architekt Minoru Yamasaki bei den Zwillingstürmen des World Trade Center in New York Pionierarbeit leistete.

Nachdem die schiere Höhe technisch gesichert ist, hat sich der Schwerpunkt im Hochhausbau darauf verlagert, dem Wolkenkratzer eine expressive Form zu verleihen, die für regionale, kulturelle oder ökologische Themen steht. Cesar Pelli wählte als Grundriss für seine Petronas Türme in Kuala Lumpur, das zurzeit höchste Gebäude der Welt, einen achtstrahligen Stern nach islamischen Vorbildern. Die von Norman Foster entworfene Hongkong and Shanghai Bank verfügt über Vorrichtungen, die Sonnenlicht in die spektakuläre Schalterhalle im Erdgeschoss lenken.

Washington Monument

Bauzeit: 1848–1884   Ort: Washington, D.C., USA

Das Washington Monument ist ... eine der schönsten Schöpfungen des Menschen.
Es ist zugleich so groß und so schlicht, dass es fast wie ein Werk der Natur wirkt.
FREDERICK LAW OLMSTED JR UND CHARLES MOORE, 1902

DAS VON ROBERT MILLS entworfene und 1884 fertig gestellte Washington Monument ist mit einer Höhe von 169,3 Metern bis heute der höchste freistehende Natursteinturm der Welt und wird nach einem Kongressbeschluss das höchste Bauwerk von Washington, D.C., bleiben. Bis zum Bau des Eiffelturms 1889 (s. S. 174) war es das höchste Bauwerk der Welt.

Die lange Bauzeit von fast vier Jahrzehnten war geprägt von politischen Intrigen, Bürgerkrieg und Problemen mit der Finanzierung, Baustoff- beschaffung und Tragfähigkeit der Fundamente. Für das Denkmal zu Ehren von George Washington, dem ersten Präsidenten und »Landesvater« der Vereinigten Staaten von Amerika, entschied der Kongress im Laufe der Jahre über verschiedene Formen, zu denen ein Reiterstandbild und ein Mausoleum gehörten. Die endgültige Form, in der das Denkmal schließlich erbaut wurde, kam erst zustande, als die 1833 gegründete und privat finanzierte Washington National Monument Society einen Wettbewerb ausschrieb, in

Blick auf das Washington Monument, das nach einem Kongressbeschluss das höchste Gebäude in Washington, D.C., ist und bleibt.

Originalentwurf, den Robert Mills 1833 als Wettbewerbsbeitrag einreichte. Die Kolonnade an der Basis des Obelisken, die Statuen amerikanischer Helden beherbergen sollte, wurde nie realisiert.

Das Washington Monument 1879, kurz nachdem man die Bauarbeiten nach fast zwanzigjähriger Unterbrechung wieder aufgenommen hatte. Die Fundamente wurden in dieser Bauphase verbreitert und vertieft.

dem der Beitrag von Robert Mills gewann. Mills ursprünglicher Entwurf sah einen Marmorobelisken vor, dessen Basis ein von Kolonnaden umstellter Pantheon mit Statuen von Helden der Amerikanischen Revolution bilden sollte. Realisiert wurde nur der Obelisk, aber der Bau begann erst zwölf Jahre, nachdem Mills Vorschlag angenommen wurde.

Baubeginn

1848 baute man am Ufer des Potomac einen Kai, um die Baustelle mit Steinblöcken beliefern zu können. Unter der Bauleitung von Mills wurde die Baugrube ausgehoben und ein Fundament aus blauem Tonsandstein, Kalk und hydraulischem Mörtel gebaut. Die Arbeiten schritten voran und 1854, ein Jahr vor Mills Tod, hatte das Denkmal eine Höhe von 46,32 Metern erreicht. Die politischen Unruhen, die schließlich zum Bürgerkrieg (1861–1865) führten, und das Versiegen weiterer Geldmittel und der öffentlichen Unterstützung führten dazu, dass die Arbeiten schließlich für zwei Jahrzehnte eingestellt wurden.

Erneuter Baubeginn und Fertigstellung

Erst 1878 nahm man den Weiterbau in Angriff, der nach jahrelangen Finanzdebakeln und Zweifeln an der Integrität der Stiftung letztlich doch zur Fertigstellung des Denkmals führte. Lieutenant Colonel Thomas Lincoln Casey vom Ingenieurcorps der Armee erhielt den Auftrag, das unzulängliche Fundament zu sanieren und das Monument fertig zu bauen. Zur Verstärkung des Fundaments ließ er das Erdreich darunter zu 70 Prozent durch eine Betonplatte ersetzen und die vorhandenen Grundmauern in eine Betonpyramide gießen. Dadurch nahm das Fundament nun eine mehr als doppelt so große Grundfläche ein und wurde 4,11 Meter tiefer.

Da man Mills Idee eines Pantheon mit Kolonnade aufgegeben hatte, konzentrierte Casey sich auf Form und Konstruktion des Obelisken. Nach Beratungen mit George Perkins Marsh, dem amerikanischen Botschafter in Italien und Experten für ägyptische Obelisken, ging Casey von der geplanten Höhe von 182,88 Metern (600 Fuß) ab, entschied sich, nach dem ägyptischen Porportionssystem das Verhältnis 1:10 von Basis zu Höhe zugrunde zu legen, und gelangte damit für das Washington Monument zu einer Höhe von 169,3 Metern (555,5 Fuß). Auch die Form der 16,76 Meter hohen Pyramidenspitze war von antiken Proportionen abgeleitet.

Technische Daten

Höhe	169,3 m
Gewicht	81 630 t
Materialien	Marmor, Granit, blauer Tonsandstein, Eisen, Aluminium, Glas
Zahl der Steinblöcke	36 000
Stufen	897
Baukosten	1,8 Mio. US-Dollar

Konstruktion

Im Inneren des Obelisken ließ Casey ein Eisengerüst aus T-Trägern und U-Eisen errichten, das von innen an den Granitblöcken befestigt war. An diesem Gerüst, das wesentlich schneller wuchs als die Außenmauern, waren Hebekräne montiert, um die Steinblöcke nach oben zu transportieren. Später nutzte man es für einen dampfbetriebenen Aufzug, der Besucher beförderte. Zur Entlastung der Fundamente verjüngen sich die Mauern nach und nach von 4,57 Meter an der Basis bis auf 17,78 Zentimeter an der Spitze des Pyramidendaches. Am 6. Dezember 1884 setzte man den Marmordeckstein und die Aluminiumspitze auf – damals ein neues, teures Material, das hier zum ersten Mal in der amerikanischen Architektur eingesetzt wurde. Die Einweihung fand am 21. Februar 1885, einen Tag vor George Washingtons 153. Geburtstag und 37 Jahre nach Baubeginn statt.

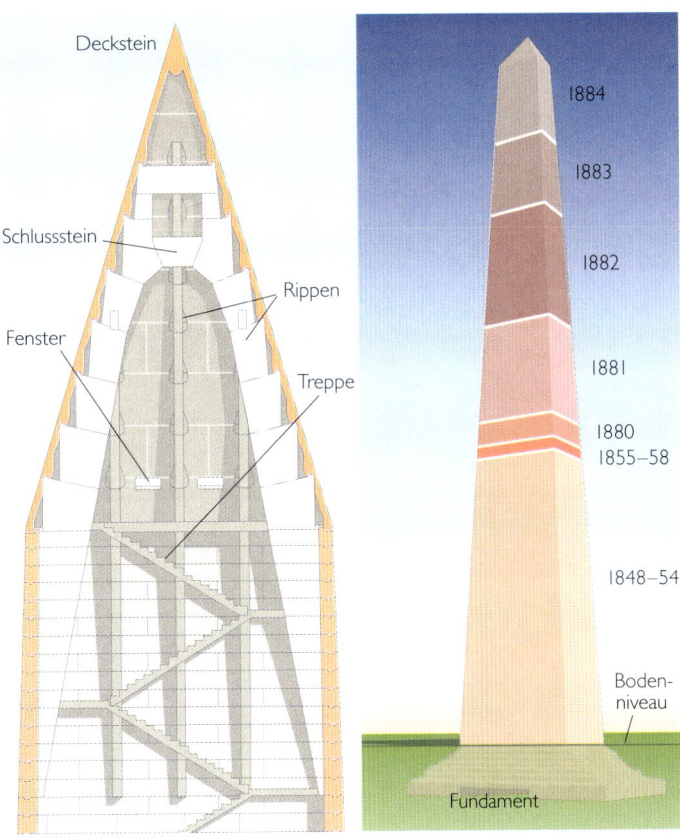

Deckstein
Schlussstein
Fenster
Rippen
Treppe

1884
1883
1882
1881
1880
1855–58
1848–54
Bodenniveau
Fundament

Querschnitt durch die pyramidenförmige Turmspitze, die von sich verjüngenden Rippen getragen wird. Die rechte Zeichnung zeigt die verschiedenen Bauabschnitte.

Jüngere Geschichte

Im vergangenen Jahrhundert war dieser Marmorobelisk Schauplatz manch symbolträchtiger Ereignisse der amerikanischen Geschichte, von Demonstrationen der Souffragetten über Massenkundgebungen der Bürgerrechtsbewegung bis hin zu Protestversammlungen der Vietnamkriegsgegner. Bei zweijährigen Restaurierungsarbeiten, die 9,4 Millionen Dollar kosteten und 2000 abgeschlossen waren, reparierte und reinigte man auch die 193 Gedenktafeln an den Innenwänden. So ist nun die majestätische Würde des Washington Monument wiederhergestellt, eines gefeierten Tributs an seinen Namensgeber.

Mit einem Kran wurden die Marmorblöcke auf den wachsenden Schaft des Monuments gehoben.

Eiffelturm

Bauzeit: 1887–1889   Ort: Paris, Frankreich

Ich bin überzeugt, dass der Turm seine eigene Schönheit haben wird.
Soll man denn annehmen, dass in unseren Entwürfen keine Schönheit liegt,
nur weil wir Ingenieure sind? Dass wir beim Bau solider und
dauerhafter Bauwerke nicht zugleich versuchen, elegante Lösungen zu erzielen?
GUSTAVE EIFFEL, 1887

FÜR VIELE BESCHWÖRT die Erwähnung von Paris sofort das Bild des Eiffelturms herauf; beide sind so untrennbar miteinander verbunden wie New York und die Freiheitsstatue (s. S. 281). Interessanterweise war an beiden Bauwerken derselbe Ingenieur, Unternehmer und Wissenschaftler beteiligt: Gustave Eiffel. Der Eiffelturm ist das bekannteste Werk aus seinem reichen Schaffen, das fast 50 Jahre Erfinden und Bauen überspannt. Die Geschichte dieses Turms illustriert, was für ein Mensch Gustave Eiffel war und warum der Turm zu Recht seinen Namen trägt.

Der Bauunternehmer Eiffel

Gustave Eiffel, geboren 1832, trat nach seinem Abschluss als Chemiker an der École centrale des arts et manufactures in Paris in eine metallverarbeitende Fabrik ein, die kurze Zeit später von einer größeren Eisenbahngesellschaft übernommen wurde. Als erstes größeres Projekt baute er im Alter von 35 Jahren in nur zwei Jahren eine 500 Meter lange Eisenbahnbrücke in schwierigem Gelände. Dieses Projekt demonstrierte seine erstaunliche Energie und seinen Einfallsreichtum, wenn er sich vor Konstruktionsprobleme gestellt sah. Beim Bau von Bahnhöfen in Toulouse und Agen stellte er 1865 sein Talent unter Beweis,

Der Eiffelturm im August 1888, 18 Monate nach Grundsteinlegung: Eine detaillierte Planung und ein hohes Maß an Präfabrikation ermöglichten einen sicheren und raschen Fortschritt der Bauarbeiten.

effiziente und dennoch elegante Bauwerke zu schaffen. Nach mehreren Auslandsaufträgen und seiner Mitwirkung an der Halle des Machines für die Weltausstellung 1867 in Paris, erwarb Eiffel ein Unternehmen für Eisenkonstruktionen in der Nähe von Paris. Nun war er Ingenieur *und* Bauunternehmer. Bis 1885 hatte er eine große Bandbreite von Bauprojekten entworfen und geleitet, unter anderem die Eisenkonstruktion für Bartholdis Freiheitsstatue (1879) und die 165 Meter lange Garabit-Brücke in der Auvergne.

Als der französische Präsident 1884 beschloss, zur Hundertjahrfeier der Französischen Revolution 1889 eine Weltausstellung auszurichten, waren entsprechend spektakuläre Projekte gefordert. Trotz einer Fülle von Vorschlägen ergab sich nichts Überzeugendes und so bat man den einfallsreichen Eiffel um eine Anregung. Die Idee, einen 300 Meter – eine magische Zahl – hohen Turm zu bauen, war in der damaligen Zeit eine Herausforderung, zu der es in Europa und den Vereinigten Staaten bereits verschiedene Pläne gab, aber keiner hatte Erfolg.

Zum Glück hatten zwei talentierte Ingenieure aus Eiffels Büro – Maurice Koechlin (der die Freiheitsstatue berechnet hatte) und Émile Nougier – schon den Entwurf für einen 300 Meter hohen Turm patentieren lassen, dessen Bau Eiffel in Erwägung gezogen, aber verworfen hatte. Nun ergriff Eiffel die Gelegenheit beim Schopf, kaufte seinen Ingenieuren das Patent ab und verfeinerte mit diesem Team und dem Architekten Stephane Sauvestre den Entwurf. Damit hatte Handelsminister Lockroy das Projekt, das er brauchte. Bei einem Mitte 1886 eilig ausgeschriebenen Wettbewerb mit zweiwöchiger Frist gewann Eiffels Vorschlag (unter 107 eingereichten Beiträgen). Nun konnten die Verhandlungen beginnen.

Als Eiffel im Januar 1887 den Auftrag erhielt, den Turm zu bauen, blieben ihm noch zweieinhalb Jahre Zeit, das höchste Bauwerk der Welt zu errichten. Drei Wochen später begann die Arbeit an den Fundamenten und von dort ging der Bau mit halsbrecherischer Geschwindigkeit voran. Die finanziellen Konditionen sahen für Eiffel einen staatlichen Zuschuss von 1,5 Millionen Franc (etwa 20 Prozent der gesamten Baukosten) vor sowie das Recht, den Turm für die Dauer der Weltausstellung kommerziell zu nutzen. Nach

Mehr als ein Jahrhundert nach seiner Einweihung zur Weltausstellung 1889 stellt die zierliche Konstruktion des Eiffelturms immer noch eine erstaunliche technische Leistung dar.

Gustave Eiffel und sein Assistent Salles posieren stolz auf der Turmspitze.

der Weltausstellung sollte der Turm in den Besitz der Stadt Paris übergehen, das Nutzungsrecht aber weitere 20 Jahre bei Eiffel bleiben. Der geniale Ingenieur spürte, dass es eine gute Investition war – und sollte Recht behalten.

Eiffels Turm

Wie bei Eiffels Hintergrund nicht anders zu erwarten, stellte der Turm ein erstaunliches Meisterwerk ziviler Ingenieurkunst dar. Im Gegensatz zu vielen seiner Zeitgenossen ging Eiffel nicht nach der Methode von Versuch und Irrtum

Technische Daten

Höhe	300,51 m
mit Antenne	320,75 m
Plattformen bei	57 m; 115 m; 276 m
Zahl der Stufen	ca. 1700
Grundfläche	1 ha
Gewicht	7300 t
max. Arbeitskräfte	250
Baukosten	6,5 Mio. franz. Franc

vor, sondern berechnete als einer der Ersten die Belastungen, denen sein Bauwerk ausgesetzt sein würde. Sein Können als Ingenieur machte es ihm möglich, eine filigrane Eisenkonstruktion zu schaffen, die zum Beispiel dem Wind nur minimale Angriffsflächen bot. Moderne Berechnungen haben seine Methoden als zuverlässig bestätigt.

Das Ergebnis ist eine für ihre Höhe ungewöhnlich leichte Konstruktion: Der Turm besteht aus weniger als neun Kubikmetern Eisen und wiegt mit 7300 Tonnen weniger als ein 300 Meter hoher Zylinder aus Luft mit der gleichen Grundfläche. Berechnungen des Winddrucks, die wesentlich zur endgültigen Form des Turms beigetragen haben, ergaben, dass die Turmspitze sich bei Windgeschwindigkeiten von 180 Stundenkilometern um lediglich 12 Zentimeter bewegt – eine Abweichung, die der Turm noch nie erlebt hat.

Architekten der damaligen Zeit – unter ihnen auch der Architekt der Oper, Charles Garnier (s. S. 138) – kritisierten die Ästhetik des Turms. Aber Eiffel verteidigte sie hartnäckig und sagte, dass ihm als Ingenieur auch an der Schönheit und Eleganz seiner Bauwerke gelegen sei; Berechnungen zur Windresistenz brachten seiner Ansicht nach Formen hervor, die verborgene Harmoniegesetze offenbarten. Noch heute wirkt der Eiffelturm ungewöhnlich leicht.

Eine zweite Innovation war das hohe Maß an Organisation und Präfabrikation, das Eiffel bei all seinen Bauten einsetzte. Über 18 000 Bauteile wurden einzeln gezeichnet, nach genauen Spezifikationen hergestellt und teilweise in Eiffels Fabrik vorfabriziert, bevor man sie nummeriert mit dem Schiff zur Baustelle transportierte. Dort setzten Arbeiter sie mit Hebezeugen an die entsprechende Stelle und nieteten sie ohne weitere Bohrungen oder Anpassungen fest. Sicherheit war ebenso wichtig wie Schnelligkeit: Der Bau des Turms forderte nur ein Menschenleben, was für die damalige Zeit eine große Leistung war. (Der Bau der Brooklyn Bridge in New York [s. S. 219] forderte 20 Menschenleben und die zur gleichen Zeit wie der Eiffelturm erbaute Brücke über den Firth of Forth in Schottland [s. S. 225] 57 Menschenleben.)

Um den vertraglich vereinbarten Fertigstellungstermin einzuhalten, musste es gelingen, seine Arbeiter zu motivieren. Die Arbeiten begannen ganzjährig bei jeder Witterung täglich um 6.30 Uhr und gingen bis in die Abenddämmerung. Um die Arbeiter bei der Stange zu halten und einen reibungslosen Fortschritt der Arbeiten zu gewährleisten, ging Eiffel von der üblichen Praxis ab und beschäftigte nur eine begrenzte Anzahl gelernter Eisenarbeiter (80 bis maximal 250), die er einigermaßen gut bezahlte und auf dem Turm in Kantinen versorgen ließ. Eiffel achtete auf strikte Disziplin und löste Streitigkeiten und Alkoholprobleme, indem er die Übeltäter hinauswarf. Das Ergebnis war ein stolzer, fest zusammengewachsener Bautrupp, der nur ein Ziel vor Augen hatte: den Turm rechtzeitig fertigzustellen.

Das höchste Bauwerk

Zur Eröffnung der Weltausstellung am 31. März 1889 war der 300 Meter hohe Turm fertig und wurde zur Hauptattraktion, die an den besten Tagen 20 000 Besucher anlockte. Als die Ausstellung sechs Monate später endete, hatten die Besucher insgesamt fast sechs Millionen Franc bezahlt, um auf das höchste Bauwerk der Welt zu gelangen (eine der größten Attraktionen waren die Aufzüge), und die Einnahmen waren mehr als ausreichend, um die Investoren auszuzahlen. Das anhaltende öffentliche Interesse sollte Eiffel zu einem reichen Mann machen.

Seinen Hauptzweck hatte der Turm nun erfüllt, aber er sollte noch 42 Jahre lang das höchste Bauwerk der Welt bleiben, bis das Chrysler Building in New York es 1930 um lediglich 18 Meter übertraf. Noch heute, nach über einem Jahrhundert, lockt der Eiffelturm über fünf Millionen Besucher im Jahr an, das macht seit seiner Eröffnung insgesamt fast 200 Millionen Besucher.

Nach der Weltausstellung

Der Turm sollte das letzte große Bauwerk des bedeutenden Ingenieurs bleiben. Eiffel geriet 1889 in den Skandal um die Veruntreuung von Geldern für das fehlgeschlagene Panamakanal-Projekt (s. S. 260). Der Erbauer des Suezkanals, de Lesseps, hatte ihn ursprünglich als Berater bei der Konstruktion der Kanalschleusen herangezogen, doch schon bald übernahm Eiffel, der auf de Lesseps' Fähigkeiten vertraute, eine größere Rolle, nur um sich in einen Skandal verwickelt zu sehen, der de Lesseps ins Gefängnis brachte und auch Eiffel eine Verurteilung eintrug. In der Berufungsverhandlung wurde Eiffel 1892 freigesprochen, aber der Sinn für Bauprojekte war ihm abhanden gekommen.

Nach der Weltausstellung und seinem Gerichtsprozess wandte Eiffel sich – vielleicht nicht

Die Schrägaufzüge waren ein Novum, das zu den Hauptattraktionen des Turmbesuchs gehörte. Heute führen drei Aufzüge auf die erste und zweite Plattform und vier weitere auf die oberste Plattform. Alljährlich legen sie eine Gesamtstrecke von 103 000 Kilometern zurück. *Links:* Schrägaufzüge von Otis führten auf die zweite Plattform. *Unten:* Aufzugmaschinerie von Roux-Combaluzier-Lepape

überraschend – Experimente zu, bei denen er die Höhe des Turms nutzte, um die Windresistenz fallender Gegenstände zu testen. Aus bescheidenen Anfängen wurde rasch mehr: Eiffel entwickelte sich zum Pionier auf dem Gebiet der Aerodynamik, baute zunächst einen Windkanal am Fuß des Eiffelturms und später einen weiteren im nahe gelegenen Auteuil, der bis in die siebziger Jahre des 20. Jahrhunderts in Betrieb war.

Als nach der Weltausstellung die Besucherströme nachließen und das Ende seiner Konzession näher rückte, begann Eiffel 1903 mit Funkversuchen, um etwaigen Bestrebungen der Stadt Paris zum Abriss des Turms vorzubeugen. (Man hatte bereits die Kosten für den Abriss und einen Neubau auf eine Million Franc geschätzt – ein Bruchteil der ursprünglichen Baukosten). Die Funkstation war ein Erfolg, und ab 1909 übernahm der Turm zunächst eine militärische Funktion, bevor er ab 1912 seine Nützlichkeit unter Beweis stellte und ein Zeitsignal über Funk ausstrahlte, das weltweit zu empfangen war. Ab 1935 diente er als Sendemast für die ersten Fernsehexperimente. Bei Ausbruch des Zweiten Weltkriegs gab es in Paris bereits annähernd tausend Empfangsgeräte und der Turm hatte eine neue Funktion, die er bis heute erfüllt.

Ein sehr pariserischer Turm

Einer der interessantesten Aspekte des Eiffelturms ist seine durchgängig enge Verbindung zur Künstlerszene von Paris: Robert und Sonia Delaunay, Jean Cocteau und viele andere Künstler, Dichter, Fotografen und Musiker haben ihn gefeiert. Bergsteiger sind außen an ihm hinaufgeklettert, ein Fahrradfahrer ist Treppen und Handläufe hinuntergefahren und Fallschirmspringer sind von ihm abgesprungen. In den 100 Jahren seines Bestehens haben die Pariser und Pariserinnen regelmäßig solche amüsanten Manifestationen genossen. Die spektakulärste beruhte auf dem Spiel mit Beleuchtung: Von 1926 bis 1936 prangte der Turm in einer Flut bunter Lichter, die auch Werbung für ihren Sponsor Citroën enthielt, dessen Werk in der Nähe lag. Seine Dekoration wurde 1932 zunächst um eine große Uhr und 1934 um ein riesiges Thermometer bereichert. Bei der letzten Weltausstellung in Paris 1937 bildeten der Eiffelturm und das Trocadero erneut die Hauptattraktion mit allabendlichem Feuerwerk und Lichtspektakeln.

Seit dem Zweiten Weltkrieg sind die Ambitionen bescheidener geworden, obwohl der Turm kürzlich einen großen Countdown-Kalender zum Milleniumswechsel trug, der am 1. Januar 2000 mit einem gigantischen Feuerwerk endete und den Turm in 20 000 Lichtern erstrahlen ließ. Elf Monate später erkannte der Bürgermeister von Paris, Jean Tiberi, dass die einheimische Bevölkerung wie auch die Besucher gleichermaßen begeistert waren, wenn der Turm von Einbruch der Dunkelheit bis ein Uhr nachts jede Stunde für zehn Minuten im Lichterglanz erstrahlte, und schloss einen Zehnjahresvertrag für seine Illumination ab, die den Eiffelturm erneut als Zentrum der »Lichterstadt« bestätigt.

Von 1926 bis 1936 finanzierte der französische Automobilhersteller Citroën die von dem Italiener Jacopozzi entworfene Beleuchtung des Turms (mit über 200 000 Glühlampen), die auch das Firmenzeichen von Citroën enthielt.

Empire State Building

Bauzeit: 1929–1931   Ort: New York City, USA

Wolkenkratzer zu bauen ist das, was in Friedenszeiten dem Krieg am nächsten kommt.«
COL. W. A. STARRETT, 1928

BEI SEINER FERTIGSTELLUNG 1931 war das Empire State Building das höchste Gebäude der Welt und übertraf das erst kurz vorher ebenfalls in New York errichtete Chrysler Building um 61 Meter. Erst 40 Jahre später, 1972, machte das World Trade Center in New York City (s. S. 187) ihm diesen Rang streitig, gefolgt 1974 vom Sears Tower in Chicago (s. S. 192) und 1996 von den Petronas-Türmen in Kuala Lumpur (s. S. 201).

Seine Architekten, das angesehene New Yorker Architektenbüro Shreve, Lamb and Harmon, arbeiteten eng mit dem bekannten Bauunternehmen Starrett Brothers and Eken und dem Ingenieurbüro Homer G. Balcom zusammen. Dieses Team war eines der erfolgreichsten in der modernen Baugeschichte und stellte einen bis heute ungeschlagenen Geschwindigkeitsrekord für einen Bau dieser Größe auf: Lediglich 20 Monate benötigte es vom Beginn der Planung bis zur Fertigstellung des Gebäudes. Die verblüffenden Fakten des Baus und der Konstruktion – es wurde vor dem geplanten Termin fertig und blieb mit 41 Millionen US-Dollar unter den angesetzten Baukosten – und sein faszinierendes Erscheinungsbild haben das Empire State Building dauerhaft zu einem der gefeiertsten Bauwerke der Welt gemacht.

Geistiger Vater dieses Projekts war John Jacob Raskob, der spätere Präsident von General Motors, der gemeinsam mit Pierre S. du Pont zu den Hauptinvestoren gehörte. Zu Ansehen verhalf

Blick auf das Empire State Building im Bau. Durch eine effiziente und innovative Bauweise und Organisation konnte es mit erstaunlicher Geschwindigkeit fertig gestellt werden.

dem Unternehmen der ehemalige Gouverneur des Bundesstaates New York, Alfred E. Smith, der 1928 Präsidentschaftskandidat der Demokratischen Partei war und zum Vorsitzenden der Empire State Corporation ernannt wurde. Diese illustre Gruppe nahm sich vor, das höchste Gebäude der Welt zu bauen; ein Ziel, das sie trotz des ungewöhnlichen und schwierigen Standorts für ein Bürogebäude – an der Fifth Avenue zwischen 33rd und 34th Street – und der großen Depression erreichte.

Allgemein heißt es, das Hochhaus habe 102 Stockwerke, obwohl nur 85 davon für Büroflächen zur Verfügung stehen. Der 61 Meter hohe Mast aus Glas und Metall, der ursprünglich als

Ein Stahlwerker – eine der viel beachteten Fotografien, die Lewis Hine während des Baus des Empire State Building aufnahm.

Anlegestelle für Luftschiffe gedacht war, zählt 17 Stockwerke. Mit den beiden Untergeschossen erreicht das Gebäude ohne den Mast eine Höhe von 381,6 Metern und eine vermietbare Nutzfläche von 189 000 Quadratmetern. Die Statistik der im Empire State Building verarbeiteten Baustoffe ist nicht minder erstaunlich: 10 Millionen Backsteine, 6400 Fenster, 1886 Kilometer Aufzugseil und 5663 Kubikmeter Naturstein. Die Bautechnik entsprach dem damals Üblichen: eine vernietete Stahlkonstruktion mit Vorhangwänden aus Naturstein und Geschossdecken aus Löschbeton und Armierungsmatten; innovativ war jedoch die Organisation der Arbeit auf der Baustelle.

Art-déco-Verzierungen von den Barrenmustern zwischen den Fenstern bis hin zur imposanten Marmorausstattung der Eingangshalle, in der ein Edelstahlmodell des Gebäudes steht, sorgen für eine minimale Dekoration des im Wesentlichen schlicht gehaltenen Baus. Die charakteristische Abstufung des Baukörpers ergab sich aus den Bauvorschriften der Stadt New York, die verlangen, dass genügend Luft und Licht in die Straßen gelangen. Dank dieser Bauvorschriften durfte das Empire State Building auch so hoch gebaut werden: Dort war festgelegt, dass ein Turm bei angemessener Abstufung über einer Grundfläche von 25 Prozent des Grundstücks eine unbegrenzte Höhe erreichen durfte. Die Entwicklung dieses Wolkenkratzers war jedoch von vielen Faktoren geprägt: von der Wirtschaftslage, den Bauvorschriften, der Technik und vor allem vom Immobilienmarkt. In dieser Hinsicht steht das Empire State Building repräsentativ für die spekulative Entwicklung der zwanziger und dreißiger Jahre des vorigen Jahrhunderts. Allerdings blieb der finanzielle Erfolg weit hinter der Berühmtheit des Gebäudes zurück. Erst 20 Jahre nach seiner Fertigstellung waren sämtliche Büroflächen vermietet.

Baugeschichte

Der Bau des Empire State Building begann kurz nach dem Abriss des Waldorf-Astoria-Hotels, das auf diesem Grundstück an der Fifth Avenue gestanden hatte. Am 7. April 1930 wurden die ersten Stahlstützen errichtet. Kaum sechs Monate später feierte man Richtfest für das 86 Stockwerke hohe Stahlskelett. Diese Ehrfurcht gebietende Baugeschwindigkeit, die bis heute ihresgleichen sucht, war das Ergebnis verschiedener Faktoren: Erstens war der Entwurf vor

Blick auf die Eingangsfassade mit Details der Artdéco-Dekoration

allem der Fassade in erster Linie von praktischen Erwägungen geprägt. Zweitens wurde der Einsatz der Ressourcen sowohl in Hinblick auf Arbeitskräfte als auch auf das Material sorgfältig geplant. Und drittens setzte das Bauunternehmen das damals noch recht avantgardistische Verfahren des *fast-tracking* ein, das es ermöglicht, schon mit dem Bau zu beginnen, bevor die Planung vollständig abgeschlossen ist. Bei Baubeginn der unteren Stockwerke lagen also die Bauzeichnungen für die oberen Etagen noch nicht vollständig vor.

Erhebliche Auswirkungen auf die Baugeschwindigkeit hatte der von bautechnischen Erwägungen bestimmte Entwurf auch bei den beiden Hauptbestandteilen des Gebäudes: der Stahlkonstruktion und der Vorhangfassade. Beim Empire State Building besteht die Vorhangfassade aus Backstein mit einer Verkleidung aus Kalkstein, Fenstern, dekorativen Aluminiumplatten zwischen den Geschossfenstern und vertikalen Edelstahlstreifen zur Abdeckung der Fugen zwischen diesen Platten und den Steinpfeilern. Diese Abdeckungen machten eine seit-

liche Verbindung zwischen den Aluminiumplatten und den Steinpfeilern überflüssig, was eine erhebliche Zeitersparnis bedeutete. Da man außerdem zwischen den Geschossfenstern Unterzüge vorsah, die direkt an den Stahlstützen befestigt waren und als Auflage für die Backsteinwand dienten, sparte man das zeitraubende Anbringen und Ausrichten von Auflagewinkeln. Sämtliche Elemente der Vorhangfassade ließen sich zudem von innen installieren, was die Sicherheit erhöhte und zur Effizienz des Bauprozesses beitrug.

Das vom Ingenieurbüro Homer G. Balcom entworfene Stahlskelett bestand aus I-Trägern für sämtliche Binder und die Stützen der oberen Stockwerke und aus vernieteten Trägern bei den Stützen der unteren Etagen. Statt des üblichen Ablaufs, bei dem zunächst sämtliche Bauzeichnungen angefertigt, technische Zeichnungen für die Bauteile entwickelt und genehmigt werden, bevor die Stahlelemente hergestellt, geliefert und verbaut werden können, teilte man beim Empire State Building das Stahlskelett in kleinere Pakete auf. Die rechtzeitige Fertigstellung jedes Pakets

Der Grundriss des Gebäudes wird nach oben hin kleiner: Erdgeschoss (unten), 7. Stock (Mitte), 30. Stock (oben links), 61. Stock (oben rechts).

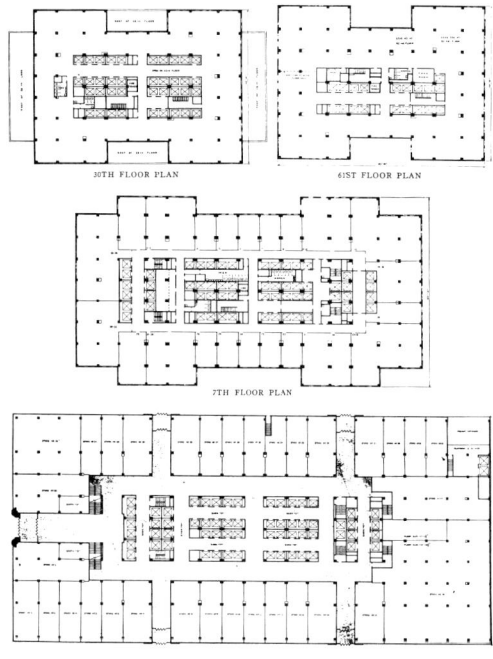

Detail der Stahlstützen und ihrer Stahlbetonsockel an der Basis des Hochhauses

und die dazu notwendigen Vorarbeiten erforderten ein hohes Maß an Kooperation und Koordination zwischen Baugesellschaft, Architekt, Bauingenieur, Stahlfabrikanten und Bauunternehmen sowie präzise Planungen von Starrett Brothers and Eken.

Auch der effiziente Transport von Menschen und Materialien wurde sorgfältig geplant. Um zum Beispiel die Zahl der Aufzugfahrten der bis zu 3500 Arbeiter ins Erdgeschoss zu verringern, richtete man noch im Rohbaustadium auf geeigneten Geschossen provisorische Kantinen ein. Die extrem geringe Größe – unter einem Hektar – des mitten in der belebten Innenstadt gelegenen Grundstücks brachte erhebliche Schwierigkeiten für die Baufirmen mit sich, vor allem in Bezug auf Transport, Lagerung und Verteilung der Baustoffe, die in der Hauptbauphase von etwa 500 Lastwagen täglich angeliefert wurden. Sie entwickelten brillante Lösungen, wie die Baustoffe direkt in Vorratsbehälter im Erdgeschoss abzuladen und von dort innerhalb weniger Tage nach oben zu schaffen und an die Stellen zu verteilen seien, wo sie gebraucht wurden. Beton wurde gleich vor Ort hergestellt, um verspäteten Lieferungen vorzubeugen. Stahlträger kamen, nur Stunden nachdem sie abgekühlt waren, aus Pittsburgh und wurden fast sofort verbaut. Die horizontale Verteilung der Baustoffe auf jeder Ebene erfolgte schnell und zügig mit Hilfe von Loren, die von Hand über die Schienen gezogen wurden.

Was die Verteilung der vielen verschiedenen Arbeiten anging, übernahmen Starrett Brothers and Eken weitgehend die Bauleitung und übertrugen die Ausführung der Arbeiten großenteils an Subunternehmer, was in der damaligen Zeit durchaus noch nicht üblich war, da die Bauunternehmen die meisten Arbeiten selbst ausführten.

Mit ihren innovativen Praktiken trugen Starrett Brothers and Eken mit dazu bei, die Grundlagen für modernes Baumanagement zu legen. Dank ihrer organisatorischen Innovationen wurde das Empire State Building in Rekordzeit am 11. April 1931 fertig. Die feierliche Einweihung fand am 1. Mai desselben Jahres statt.

Gegenüberliegende Seite: Das 1931 fertig gestellte Empire State Building blieb 40 Jahre lang das höchste Gebäude der Welt und ist immer noch ein Wahrzeichen von New York.

Das Empire State Building als Wahrzeichen

Außergewöhnlich ist das Empire State Building nicht nur wegen der einfallsreichen Organisation seines Baus, sondern auch durch sein reizvolles Erscheinungsbild. Fast hundert Filme, angefangen von dem Film *King Kong* (1933), haben sein Bild einem breiten Publikum bekannt gemacht. Das Gebäude hat aber auch Tragödien erlebt, von Selbstmordsprüngen bis zum Einschlag eines B-25-Bombers im 79. Stock an einem nebeligen Samstagmorgen 1945, als 14 Menschen den Tod fanden. Zu seinen zahlreichen prominenten Besuchern gehören Persönlichkeiten wie Winston Churchill oder Helen Keller. Nach wie vor gibt dieses mythische Bauwerk Anlass zu prosaischen, poetischen, filmischen, fotografischen und malerischen Würdigungen. Die vielleicht berühmteste ist die über tausend Aufnahmen umfassende Fotoserie von Lewis W. Hine, die den Bau dieses Wolkenkratzers dokumentiert. Zahlreiche Künstler bestätigen mit jüngeren Bildern, dass dieses spektakuläre Gebäude auch weiterhin die Fantasie seiner Betrachter beflügelt.

Technische Daten

Höhe (bis zum Observatorium im 102. Stock)	381,6 m
Gewicht	331 000 t
Baumaterialien	Aluminium, Backstein, Kalkstein, Stahl
Zahl der Backsteine	10 Millionen
Aufzüge	67
Stufen	1860
Fenster	6400
Bauarbeiter	3500
Baukosten	24 718 000 US-Dollar

Gateway Arch

Bauzeit: 1948–1965   Ort: St Louis, Missouri, USA

*Der Bogen ist in gewissem Sinne in einer Achse ein vertikales Monument und
in einer anderen ein weit gespanntes. Ich denke, wir haben die Ansätze jetzt genau richtig
ausgearbeitet, sodass es in tausend Jahren immer noch das richtige Verhältnis
zwischen Denkmal, Fluss, Park und Stadt darstellt.*

EERO SAARINEN, 1962

IM JAHR 1948 wurde ein nationaler Architekturwettbewerb für das geplante Jefferson Westward Expansion Memorial ausgeschrieben. Dieses Denkmal für Thomas Jefferson, Amerikas einzigen Architekten und Präsidenten, sollte in St Louis am Westufer des Mississippi stehen und gleichzeitig die Bedeutung der Stadt als Ausgangspunkt für die historische Reise symbolisieren, die Lewis und Clark von hier aus zur Erschließung des amerikanischen Westens unternommen hatten.

Das Denkmal sollte eine Landmarke des weiten, vorwiegend flachen amerikanischen Mittelwestens und ein Wahrzeichen der Stadt St Louis werden. Der Entwurf des bekannten finnisch-amerikanischen Architekten Eero Saarinen, der den Wettbewerb gewann, sah einen 180 Meter hohen Parabolbogen auf dem Uferdamm vor. Die Form des hohen, frei stehenden Bogens war ein Symbol der Moderne, das bereits andere Architekten verwendet hatten, namentlich Le Corbusier bei seinem 1931 preisgekrönten, aber nie realisierten Wettbewerbsbeitrag für den Sowjetpalast in Moskau.

Da der Baubeginn sich nach der Wettbewerbsentscheidung für Saarinens Beitrag noch sehr lange verzögerte, blieb dem Architekten Zeit, seinen Entwurf eingehend zu überpüfen und zu verfeinern. Endgültige fertig war er 1958. Das Denkmal sollte nun auf einer Achse mit dem Old Courthouse liegen und den Mittelpunkt eines neuen 33 Hektar großen Parks am Flussufer bilden. Nachdem jedoch schon Vorschläge genehmigt waren, die Eisenbahntrasse vom Uferdamm weiter landeinwärts in einen Tunnel zu verlegen, änderte man auch die geplante Gestaltung des Parks. Er bekam gewundene Wege und Mauern und einen kleinen Wald, der an die amerikanische Wildnis erinnern sollte. Der Bogen wurde an eine höhere Stelle verlegt und sollte in einer Lichtung stehen – ein Hinweis auf die ersten Rodungen, die die Pioniere des Westens anlegten. Zudem wurde der Bogen höher und breiter. Wie um die Schönheit einer ausholenden Geste zu betonen, sollte er sich nun als Kettenbogen zu einer Höhe von 192 Metern aufschwingen und damit das höchste Denkmal Amerikas werden.

Entwurf und Konstruktion

Das detaillierte Design dieses neuen Monuments entwickelte Saarinen in enger Zusammenarbeit mit dem Architekten John Dinkeloo und dem Bauingenieur Fred Severud. Sie entschieden sich für eine Stahlrohrkonstruktion, die durch tief reichende Fundamente stabilisiert wurde.

Der Querschnitt des Bogens hat die Form eines gleichseitigen Dreiecks, das an der Basis eine Seitenlänge von 16,45 Metern hat und sich zum Scheitelpunkt auf 5,20 Meter verjüngt. Das innere Rohr aus 1 Zentimeter dickem Flussstahl ist mit 0,6 Zentimeter dickem Edelstahl verklei-

Der Gateway Arch war als Denkmal im Zentrum eines neu angelegten Parks am Ufer des Mississippi geplant.

det, der eine hohe Zugfestigkeit und Korrosionsbeständigkeit besitzt. Die beiden Stahlmäntel sind jeweils zusätzlich versteift und fest miteinander verschraubt. Den Zwischenraum füllt eine vorgespannte Betonschicht aus. Die insgesamt 886 Tonnen schwere Konstruktion wurde in Segmenten vorfabriziert und vor Ort zusammengeschweißt. Ab einer Höhe von etwa 90 Metern über dem Boden, wo die Schubkräfte abnehmen und das Eigengewicht im flacheren Teil des Bogens kritischer wird, hat man auf den Beton verzichtet und den inneren und äußeren Stahlmantel mit Stahlmembranen verbunden.

Die komplexe und schwierige Konstruktion des Bogens war nur mit Spezialsystemen für die Fabrikation und den Transport der Segmente möglich. Die ersten sechs Stahlsegmente wurden vom Boden aus mit Kränen übereinander gesetzt;

für die übrigen baute man zwei Spezialkräne auf beweglichen Dreibockgestellen, die auf den bereits installierten Bogenschenkeln montiert waren. Nachdem die beiden Schenkel des Bogens

Vom gegenüberliegenden Flussufer aus rahmt die Gateway Arch den Blick auf St Louis.

Technische Daten

Höhe	192 m
Breite an der Basis	192 m
Materialien	Stahlbeton, Stahl
Gewicht	43 000 t
Baukosten	13 Mio. US-Dollar
Platz auf dem Bogenscheitel	160 Besucher

fertig waren, musste das 2,60 Meter breite Schlusselement, das 80 Tonnen wiegt, eingesetzt werden. Mit einer speziellen Spreizvorrichtung drückte man die beiden Bogenschenkel auseinander, die nur einen Abstand von 60 Zentimetern hatten. Zusätzlich bespritzte man den Edelstahlmantel aus Feuerwehrschläuchen mit Wasser, um die thermische Ausdehnung so gering wie möglich zu halten. Nach zahlreichen Verzögerungen durch mehrere Prozesse, einen Streik der Bauarbeiter, die den Einsturz des Bogens befürchteten, und einen Versuch von Demonstranten der Bürgerrechtsbewegung, den Bogen zu erklettern, wurde das Schlusselement schließlich am 20. Oktober 1965 eingesetzt.

Wie viele andere Architekten und Designer der damaligen Zeit war auch Saarinen daran interessiert, technisches Fachwissen anderer Industriezweige für die Konstruktion von Bauwerken zu nutzen. Als er Form und konstruktive Details dieses Bogens entwickelte, machte er sich Prinzipien zunutze, die Ähnlichkeit mit der Technik gespannter Außenhäute im Flugzeugbau haben.

Die Arbeit an seinem preisgekrönten Wettbewerbsbeitrag für das Jefferson Westward Expansion Memorial zog sich fast durch Eero Saarinens gesamte Laufbahn. Die ständige Überarbeitung und Verfeinerung seiner Entwürfe ist symptomatisch für seine Arbeitsweise. Nach seinem Tod 1961 wurde das Projekt unter der Leitung seiner Kollegen und Nachfolger, Kevin Roche und John Dinkeloo, fertig gestellt.

Oben: Am 20. Oktober wurde der Gateway Arch mit dem Einsetzen des Schlusselements fertig gestellt.
Unten: Die Kräne auf mobilen Dreibockgestellen wanderten während des Baus auf den wachsenden Bogenschenkeln nach oben.

World Trade Center

Bauzeit: 1962–1973   Ort: New York City, USA

Als ich den Zweck des World Trade Center begriff, wurde mir klar,
dass dieses Gebäude hoch über der Einfahrt zum New Yorker Hafen die Bedeutung des
Welthandels für Amerika und seine größte Stadt symbolisieren und sichtbares Zeichen
des weltweiten Strebens der Menschheit nach Frieden werden konnte.
MINORU YAMASAKI, ARCHITEKT, 1979

NACH IHRER FERTIGSTELLUNG waren die Zwillingstürme des World Trade Center in New York mit ihren 110 Stockwerken das höchste von Menschen geschaffene Bauwerk der Erde, höher noch als das 1931 erbaute Empire State Building (381,6 m), das sie um mehr als 30 Meter überragten. Das World Trade Center sorgte für eine Wiederbelebung des Finanzviertels im unteren Teil Manhattans, das unter der Abwanderung vieler Firmen in den mittleren Teil der Stadt gelitten hatte. Bis zu ihrer Zerstörung am 11. September 2001 bildeten die beiden Türme den Mittelpunkt eines Komplexes, zu dem noch fünf weitere niedrigere Gebäude und eine Plaza gehörten; auf 929 000 Quadratmetern Bürofläche arbeiteten dort 50 000 Menschen. Unter der Plaza befand sich eine Fußgängerebene mit Geschäften und Zugang zu drei New Yorker U-Bahn-Linien sowie Pendlerverbindungen nach New Jersey. Die Größe des Projekts erforderte bedeutende technische Neuerungen im Bereich der Fundamente, der tragenden Konstruktion und der Anordnung der Aufzüge.

Die Zwillingstürme des World Trade Center sollten die Wirtschaft im unteren Teil von Manhattan wiederbeleben und dem Niedergang dieses Viertels entgegenwirken.

Die Stahlkastenstützen der Umfangswände übernehmen die tragende Funktion gemeinsam mit dem baulichen Kern, in dem die Aufzüge und Versorgungseinrichtungen untergebracht sind. Die hohle Fachwerkkonstruktion der Böden sorgt für eine Querversteifung.

Das Fundament

Der nur einen Meter über dem Meeresspiegel gelegene Bauplatz bestand ursprünglich aus einem sumpfigen Gelände über einer festen Schicht aus Granitgestein in einer Tiefe von 21 Metern. So hohe Türme verlangen eine tiefe Verankerung in felsigem Grund, doch der sumpfige Boden ließ eine Ausschachtung mit herkömmlichen Mitteln nicht zu. Die Ingenieure schlugen daher vor, mit Dickschlammgräben zu arbeiten. Um das Wasser aus der Baugrube fernzuhalten, schachtete man am Rand zunächst jeweils Abschnitte

von 1 Meter Breite, 7 Meter Länge und 21 Meter Tiefe aus, die man dann mit Bentonitschlamm füllte, um die Grube zu stabilisieren, bis man einen Käfig aus Baustahl einbringen und Beton einfüllen konnte; da Beton schwerer ist, verdrängt er den Tonschlamm und sinkt auf den Grund. So entstand eine Wanne, die gegen den äußeren Wasserdruck mit Stahlseilen verstärkt wurde. Im trockenen Innenbereich der Wanne konnte nun mit der Ausschachtung der Baugrube für die eigentlichen Fundamente begonnen werden. Mit dem Aushub wurde das Gelände für die Battery Park City aufgeschüttet. Die U-Bahn-Tunnel und unterirdischen Versorgungsleitungen, die das Gelände kreuzten, erforderten komplizierte Vorsichtsmaßnahmen bei den Ausschachtungsarbeiten.

Besondere Probleme bei der Konstruktion der Türme

Bauwerke von so außergewöhnlicher Höhe verlangen eine zusätzliche Stützung und Windversteifung. Auch müssen mehr Aufzüge eingeplant werden, sodass der für Geschäftsflächen nutzbare Raum sich verringert. Herkömmliche Wolkenkratzer haben eine Skelettkonstruktion, die einem Stahlkäfig aus vertikalen Stützen und horizontalen Trägern ähnelt. Die Außenwände werden vorgehängt und haben keine tragende Funktion. Aufzüge, Treppenhäuser und andere Versorgungseinrichtungen sind im Kern des Gebäudes untergebracht; ihr Anteil an der Gesamtfläche nimmt mit der Höhe des Gebäudes beträchtlich zu. Die Notwendigkeit zusätzlicher Querverstrebungen gegen die Windlast verringert die nutzbare Fläche noch weiter.

Um den nutzbaren Raum möglichst groß zu halten, empfahlen die Ingenieure, das herkömmliche Verfahren aufzugeben und eine neue Form für die tragende Konstruktion zu entwickeln. Bei einem gewöhnlichen Steinhaus tragen die aus Ziegeln und Steinen gemauerten Wände sich selbst. Bei den tragenden Umfangswänden des World Trade Center verwendete man dagegen ein neues selbst tragendes System aus hohlen, rechteckigen Stahlstützen, die als Stahlkastenstützen bezeichnet werden. Diese Stahlstützen mit einem Querschnitt von 30 mal 35 Zentimetern tragen die Hauptlast des Gebäudes und die gesamte Windlast; der rechteckige Querschnitt bietet den größten Widerstand gegen Dreh- und Biegekräfte. Die im Bereich der ersten beiden Stockwerke relativ dicken und im Abstand von

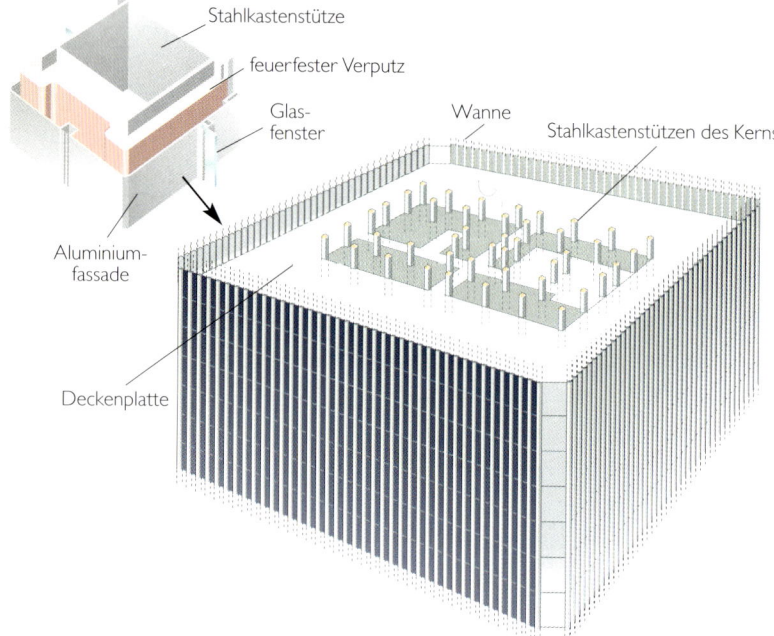

Stahlkastenstütze

feuerfester Verputz

Glasfenster

Wanne

Stahlkastenstützen des Kerns

Aluminiumfassade

Deckenplatte

3 Metern gesetzten Stützen verzweigen sich im dritten Stockwerk zu jeweils drei dünneren Stützen, die von Mitte zu Mitte nur noch einen Abstand von 1 Meter aufweisen und mit horizontalen Brüstungsträgern verschweißt sind, so dass eine starke, aber flexible äußere Matrix entsteht, die Ähnlichkeit mit einer steifen Röhre hat. Der Architekt Minoru Yamasaki glaubte, der geringe Abstand zwischen den Stützen, der mit 56 Zentimetern kaum Schulterbreite beträgt, könne auch der Höhenangst entgegenwirken, unter der er übrigens selbst leidet.

Auch die Decken tragen zur Stabilität bei. Durch ihre hohle Fachwerkkonstruktion wirken sie wie Querversteifungen, mit denen die an den Außenwänden ansetzenden Windkräfte jeweils auf die beiden senkrecht dazu verlaufenden Außenwände verteilt und über die Außenstützen nach unten abgeleitet werden. Dieses System schafft beträchtliche Flexibilität. Versorgungsleitungen können problemlos durch die Fächerkonstruktion der Decken geführt werden. Die teilweise Verlagerung der tragenden Funktion auf die Außenwände ermöglicht eine flexible Organisation im Innern.

Die Aufzüge

Wie bei herkömmlichen Hochhäusern sind die Aufzüge und Versorgungseinrichtungen im Kern untergebracht, der auch tragende Funktionen übernimmt. Doch statt den knappen Raum für ein riesiges vertikales Transportsystem zu verschwenden, sorgte Yamasaki für eine vertikale Unterteilung. Große Schnellaufzüge bringen die Passagiere zu Lobbys im 44. oder 78. Stock; von dort erreicht man dann sein eigentliches Ziel über lokale Aufzüge. Weil Yamasaki so plante, als bestünde jeder Turm aus drei übereinander gestapelten Hochhäusern, konnte er bei den Aufzügen 15 Prozent Platz einsparen und zugleich Geschwindigkeit und Transportleistung der Aufzüge erhöhen.

Effiziente Gestaltung und effizienter Materialeinsatz

Wo immer es möglich war, wurde die Festigkeit erhöht und das Gewicht gesenkt. Die verwendeten Stahlsorten wurden genau auf die jeweilige Beanspruchung abgestimmt. Im unteren Bereich wurden schwerere, im oberen leichtere Stähle eingesetzt; so war es möglich, das Gewicht zu verringern und Kosten einzusparen. Die tragenden Außenwände wurden aus vorgefertigten,

zwei Stockwerke hohen und drei Stützen breiten Teilen errichtet. Die mit Aluminium verkleideten Stützen reduzierten die Glasfläche gegenüber herkömmlichen Hochhausfassaden um 20 Prozent. Weniger Glas bedeutet geringeren Kühlungsbedarf im Sommer und geringeren Heizbedarf im Winter. Für die Reinigung der 43 000 Fenster der beiden Türme entwickelte man ein bemerkenswertes computergesteuertes System. An schmalen Schienen wird ein Reinigungsautomat vom Dach herabgelassen, der die Fenster besprüht, abbürstet und trocknet.

Der Bau

Beim Bau eines so gewaltigen Komplexes bedarf es einer genauen Abstimmung der Anlieferung und des Abtransports von Materialien und Maschinen sowie des Einsatzes von Arbeitern aus zahlreichen Branchen. Die Baumaterialien stammten aus allen Teilen der Vereinigten Staaten. So kamen die vorgefertigten Elemente der tragenden Stahlkonstruktion aus 14 verschiedenen Fabriken an so weit von einander entfernten Orten wie St Louis, Los Angeles und Seattle. Wegen des begrenzten Platzes auf der Baustelle wurden die mit der Bahn herantransportierten Teile auf einem Betriebsgelände der Pennsylvania Railroad am gegenüberliegenden Ufer des Hudson gelagert, bis sie benötigt wurden. Dann brachte man sie mit Lkw durch den Holland Tunnel auf die Baustelle. Acht hydraulisch betriebene Auslegerkräne wurden in Australien eigens für den Bau der Türme konstruiert. Sie standen auf den Gebäuden und wuchsen mit ihnen in die Höhe.

Das World Trade Center im Bau. Das innovative tragende System ist deutlich erkennbar: Im Bereich der ersten beiden Stockwerke stehen die tragenden Stützen weiter auseinander; darüber verzweigen sie sich zu je drei schmaleren Stützen.

Die beiden Türme hielten nach dem Einschlag der Flugzeuge noch mehr als eine Stunde stand.
Als die tragenden Teile der zerstörten Stockwerke unter dem Einfluss der gewaltigen Hitze nachgaben, stürzten die darüber liegenden Stockwerke ein und das gesamte Gebäude sank zusammen.

Gut 4000 Arbeiter waren an den Bauarbeiten beteiligt, die sich über sieben Jahre hinzogen. Als Generalunternehmer zeichnete die Tishman Realty & Construction Co, Inc. of New York. Die Ausschachtungsarbeiten begannen im August 1966. Im Nordturm konnten die ersten Mieter schon 1970 einziehen, doch der Bau ging weiter, und die beiden Türme wurden erst am 4. April 1973 offiziell eingeweiht. Anfang der achtziger Jahre waren dann auch die fünf benachbarten Gebäude fertig gestellt.

Die Organisation eines so gewaltigen Projekts erforderte beträchtliche Planungsfähigkeiten, aber die technischen Neuerungen dürften noch bemerkenswerter sein. In der Höhe wurden die Türme des World Trade Center zwar schon bald vom Sears Tower in Chicago und dann von den Petronas-Türmen in Kuala Lumpur übertroffen, doch in Manhattan blieben sie die höchsten Bauwerke. Die Aussichtsplattform auf Turm 1 gehörte zu den beliebtesten Touristenzielen in New York, denn sie bot einen unvergleichlichen Blick über Manhattan und den New Yorker Hafen.

Technische Daten

Höhe von Turm I	417 m (ohne Antenne)
Höhe von Turm 2	415 m
Tiefe des Fundaments	21 m
Abmessungen eines Stockwerks	63 x 63 m
Anzahl der Stahlkastenstützen	35 000
Anzahl der Fenster	43 000
	(etwa 55 740 qm)
Gewicht des verbauten Stahls	90 720 t
Beschäftigte	50 000
Baukosten	400 Mio. US-Dollar

Warum die Türme zusammenstürzten

Am 11. September 2001 wurden zwei voll getankte Flugzeuge des Typs Boeing 767 auf dem Flug von Boston nach Los Angeles entführt und in die beiden Türme gesteuert. Der Nordturm wurde als Erster getroffen, und zwar in Höhe des 95. Stockwerks. Etwa 20 Minuten später wurde der Südturm in Höhe des 60. Stockwerks getroffen. Wie aus Videoaufnahmen hervorgeht, zerstörten die Flugzeuge beim Aufprall die Stahlkastenstützen der Außenwand über jeweils mehrere Stockwerke hinweg. Auch wichtige Bodenelemente und Teile des Kerns wurden über mehrere Stockwerke beschädigt. Die Explosion von mehr als 80 000 Litern Kerosin zerstörte weitere Stützen auf der gegenüberliegenden Seite und verursachte wahrscheinlich weitere Schäden an tragenden Teilen im inneren Bereich.

Trotzdem dauerte es mehr als eine Stunde, bis die Türme zusammenstürzten. Zwar debattieren Bauingenieure immer noch über die genaue Ursache des Einsturzes; manche meinen, schon die Wucht des Aufpralls hätte dazu ausgereicht, doch die meisten glauben, erst das Feuer, das Temperaturen zwischen 1600 und 1900 Grad Celsius erreichte, habe die verbliebene Bausubstanz so weit zerstört, dass der Einsturz unvermeidlich wurde. Bei 800 Grad Celsius wird Stahl weich, sodass er seine tragende Funktion verliert. Die Gebäude verfügten zwar über eine Sprinkleranlage, die einem normalen Bürobrand bis zu drei Stunden widerstanden hätten, doch gegen das brennende Kerosin war sie wirkungslos.

Als die tragenden Teile der zerstörten Stockwerke nachgaben, schlugen die darüber liegenden Stockwerke mit gewaltiger Wucht auf das nächste noch intakte Stockwerk und lösten damit eine Kettenreaktion aus, die zum Einsturz des gesamten Gebäudes führte. Wie Kartenhäuser stürzten die Türme in sich zusammen, ganz ähnlich, wie es auch bei einem kontrollierten Einsturz geschieht. Da der Südturm in Höhe des 60. Stockwerks und näher zu einer Ecke des Gebäudes getroffen wurde, stürzten die oberen Stockwerke anfangs leicht schräg herunter, doch der tafelförmige Aufbau sorgte wahrscheinlich dafür, dass der weitere Einsturz vertikal erfolgte.

Schlussfolgerung

Das World Trade Center, Resultat der koordinierten Anstrengung Tausender von Angehörigen zahlreicher Berufszweige, war eine der größten menschlichen Leistungen des 20. Jahrhunderts.

Nahezu 50 000 Menschen arbeiteten in den beiden Türmen, die gleichsam vertikale Städte innerhalb der Weltstadt New York darstellten. Sie waren ein Symbol für die Leistungen Amerikas in Technik und Wirtschaft und bewiesen, dass Yamasakis Vision Wirklichkeit geworden war. Ihre Zerstörung durch Terroristen unterstrich nicht nur diese Symbolkraft, sondern führte auch zu einer umfangreichen Debatte über die Sicherheit solcher Bauwerke im gegenwärtigen weltpolitischen Klima. In einer Zeit wachsender Globalisierung hängt das Überleben der Wolkenkratzer mehr denn je von der Sicherung internationaler Eintracht ab.

Als Ikonen der weltweiten Leistungen der USA in Technik und Wirtschaft fielen die Zwillingstürme ihrer eigenen Symbolkraft zum Opfer.

43

Sears Tower

Bauzeit: 1970–1973/74 Ort: Chicago, Illinois, USA

Hochhäuser sind die Wahrzeichen unserer Zeit.
LOUISE HUXTABLE, 1984

DER SEARS TOWER markierte den Höhepunkt des Baus von Wolkenkratzern in den Vereinigten Staaten und war 26 Jahre lang das höchste Gebäude der Welt. Mit seinen 110 Stockwerken und einer Höhe von 443 Metern prägt er die Skyline von Chicago, jener Stadt, in der viele Innovationen im Bereich des Hochhausbaus erstmals erprobt wurden. Gebaut wurde der Turm für Sears, Roebuck and Company, eine Versandhandelsgesellschaft, die ihre 7000 Angestellten an einem Ort zusammenbringen wollte. Die Firma kaufte einen ganzen Block und beauftragte Skidmore, Owings & Merrill (SOM), eine internationale Gemeinschaft von Architekten und Bauingenieuren, mit dem Entwurf des Gebäudes.

Das SOM-Team wurde von dem Architekten Bruce Graham und dem Bauingenieur Fazlur Khan geleitet. Gemeinsam mit dem Architekten und Bauingenieur Myron Goldsmith hatten sie bereits hohes Ansehen auf dem Gebiet des Hochhausbaus erworben. Dank neuer computergestützter Methoden zur baustatischen Analyse ermöglichten die von ihnen entwickelten Konzepte eine neue Generation von Wolkenkratzern, deren Größe die bisherigen Grenzen bautechnischer und ökonomischer Machbarkeit weit überstieg.

Technische Daten

Höhe	443 m
mit Antenne	520 m
Gesamtfläche	409 000 qm
Gewicht	225 500 t
Arbeitskräfte	16500
Baukosten	150 Mio. US-Dollar

Gegenüberliegende Seite: Der Sears Tower gehört zu einer Generation sehr hoher Gebäude, für die neue Konzepte zur Aufnahme der Windlast entwickelt werden mussten.

Versteifte und gebündelte Röhren

Je höher das Gebäude desto größer die Windlast. Um den Winddruck aufzufangen, versteift man kleinere Gebäude durch Diagonalstreben oder Querwände rund um den Kern, in dem sich die Aufzüge und Treppenhäuser befinden. Will man ein Stahlskelett auf diese Weise versteifen, steigen die Kosten jedoch bei sehr hohen Gebäuden überproportional an. Daher musste man neue Konstruktionsprinzipien entwickeln, die in der Relation nicht mehr Baumaterial erfordern als konventionelle Bauwerke. Die Arbeit von SOM ist eine Chronik dieser neuen Konzepte. Beim 100 Stockwerke hohen John Hancock Building in Chicago nutzte man 1971 Fazlur Khans neues Konzept der »versteiften Röhre«, das mit Diagonalverstrebungen im Außenbereich des Skeletts statt mit Versteifungen am Kern arbeitet.

Sears wünschte keine sichtbaren Diagonalverstrebungen an der Außenseite und verlangte außerdem unterschiedliche Stockwerksgrößen, um den eigenen Bedarf an großen Flächen ebenso decken zu können wie den Bedarf an kleineren Flächen von Mietern, die einen anderen Teil des Gebäudes belegen sollten. Um diesen Anforderungen gerecht zu werden, entwickelte Fazlur Khan das Konzept der »gebündelten Röhren«. Der Sears Tower besitzt weder kleinformatige Verstrebungen am Kern noch großformatige Verstrebungen an der Außenfront, sondern besteht aus einem Bündel mittelgroßer Röhren, also gleichsam aus mehreren Türmen. Obwohl er nahezu 30 Prozent höher ist als das John Hancock Building, wiegt er mit 783 Kilogramm pro Quadratmeter nur 14 Prozent mehr.

An der Basis besteht der Turm aus neun quadratischen Röhren mit einer Seitenlänge von je 23 Metern und unterschiedlicher Höhe. Zwei enden im 50. Stock, zwei im 66., drei im 90., und nur zwei erstrecken sich über die gesamte Höhe von 110 Stockwerken. Dadurch wirkt der Turm

nicht nur schlanker und leichter, sondern bietet auch unterschiedliche Geschossgrößen, die von 3800 bis 1100 Quadratmetern reichen.

Im Innenbereich ist jede Röhre frei von Stützen, sodass die Büroflächen flexibel aufgeteilt werden können, während die vier Seiten von Stahlstützen gebildet werden, die einen Abstand von 4,60 Meter haben und durch umlaufende Stahlträger verbunden sind. Da ein verschraubtes Skelett mit Diagonalverstrebungen die flexible Gestaltung des Innenraums behindern würde, besteht das Skelett nur aus miteinander verschweißten vertikalen und horizontalen Elementen. Stützen und Träger bestehen aus w-förmig verschweißten Profilstählen, deren Dicke von 25 Millimeter im obersten Teil des Turms bis zu 100 mm im unteren Teil reicht, wo sie das gesamte Gewicht des Gebäudes zu tragen haben. Das Stahlskelett ruht auf einer 1,5 Meter dicken Betonplatte, die ihrerseits auf einem Kassettenfundament liegt, dessen stahlummantelte Pfeiler einen Durchmesser von 2,20 bis 3 Meter haben und im Schnitt 20 Meter in den Boden gehen, bis sie festes Gestein erreichen.

Baumaterialien und Konstruktion
Das Stahlskelett wurde in Modulen von 7,60 × 4,60 m vorgefertigt – größere Teile ließen sich nicht mit Lkw anliefern. Jedes Modul bestand aus Stützen von zwei Stockwerken Höhe und fabrikseitig angeschweißten Trägern, die in halber

Länge auf beiden Seiten überstanden. Wenn sie mit dem Kran an ihren Platz gehievt worden waren, wurden sie mit den bereits stehenden Modulen verschraubt. Da 95 Prozent der Schweißarbeiten in der Fabrik erfolgten, konnte das Skelett sehr schnell (mit einer Geschwindigkeit von acht Stockwerken im Monat) errichtet werden, was die Arbeitskosten beträchtlich senkte.

Zur Erhöhung der Steifigkeit wurden die Röhren an Stützen und Trägern benachbarter Module miteinander verbunden. Außerdem werden sie in Höhe der Stockwerke 29 bis 31, 64 bis 66 und 88 bis 90 von zwei Stockwerke hohen Fachwerkbändern zusammengehalten, die um das ganze Bündel herumlaufen. Die diagonalen Streben dieses Gitterwerks sind hinter Lüftungsklappen für die in diesen Stockwerken untergebrachten Versorgungssysteme versteckt. Auch die Decken erhöhen die Steifigkeit der Röhren, weil sie wie Querversteifungen wirken. Sie bestehen aus Betonplatten, die auf 1 Meter hohen Fachwerkträgern ruhen. Jeder einzelne Träger ist direkt mit einer Stütze verschraubt, um die indirekte Übertragung von Deckenlasten über Träger zu vermeiden und so die Effizienz der Konstruktion zu erhöhen. Alle sechs Stockwerke wechselt die Richtung der Deckenträger, damit die Last sich gleichmäßig auf die tragende Konstruktion verteilt.

Der Sears Tower verfügt über 102 Aufzüge für die Beschäftigten und ist vertikal in drei Zonen von jeweils 30 bis 40 Stockwerken unterteilt, wobei jede Zone mit einer zweistöckigen Sky Lobby beginnt. Die Sky Lobbys sind über 14 schnelle, doppelstöckige Großaufzüge erreichbar; von dort führen weitere Aufzüge in die übrigen Stockwerke der jeweiligen Zone. Die öffentliche Aussichtsplattform im 103. Stock ist vom Erdgeschoss aus über zwei Expressaufzüge erreichbar, die eine Steiggeschwindigkeit von 9,15 Meter pro Sekunde erreichen.

Der Sears Tower steht nicht nur für einen bedeutsamen Fortschritt in der Optimierung der Bausysteme für Hochhäuser, durch die man mit geringerem Materialeinsatz größere Bauhöhen erreicht; er zeigt auch, wie der moderne internationale Stil in den Vereinigten Staaten aufgegriffen und als Symbol für die Macht von Unternehmen genutzt wurde. Die glatte Fassade aus schwarzem Aluminium und bronziertem Glas verbirgt die geniale Konstruktion, die es ermöglichte, mit diesem Gebäude in bislang unvorstellbare Höhen vorzudringen.

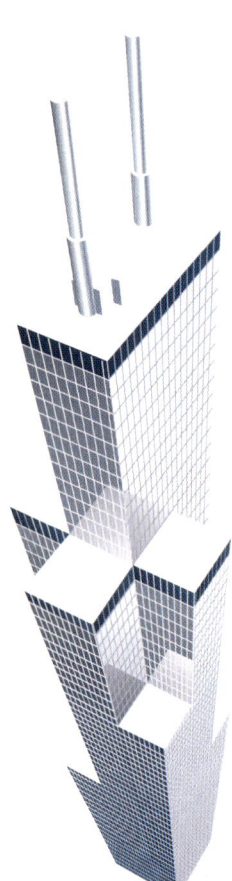

Die gebündelten Röhren ermöglichen ein gut versteiftes Stahlskelett bei relativ geringem Materialeinsatz und bieten unterschiedliche Geschossgrößen sowie große, von Stützen freie Flächen.

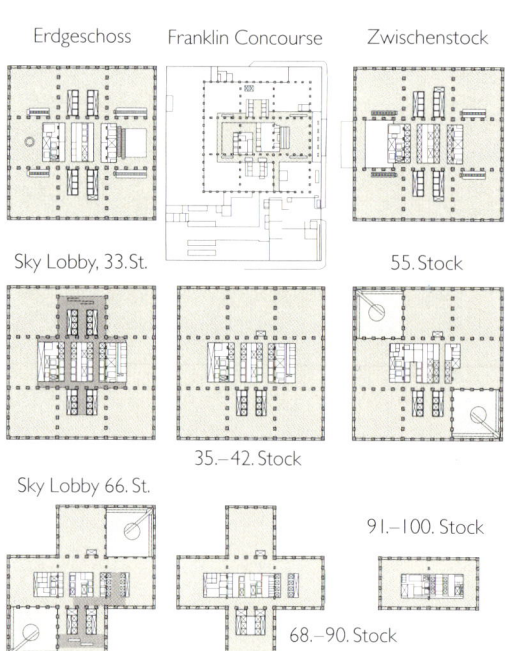

Erdgeschoss   Franklin Concourse   Zwischenstock

Sky Lobby, 33. St.   55. Stock

35.–42. Stock

Sky Lobby 66. St.   91.–100. Stock

68.–90. Stock

CN Tower

Bauzeit: 1973–1975   Ort: Toronto, Ontario, Kanada

*Der Turm ragt aus dem Schienengewirr empor und erinnert uns daran,
dass unsere Kultur sich gelegentlich in einer technischen Meisterleistung
über ihre eigene Verwirrung zu erheben vermag.*
LEON WHITESON, 1982

DER BAU HOHER und immer höherer Bauwerke ist eine reizvolle Herausforderung für alle am Bau Beteiligten, und zwar nicht nur für die Bauingenieure und die Organisatoren des eigentlichen Bauprozesses, sondern auch für jene, die den Bau in Auftrag geben und finanzieren. Extreme Höhe kann beträchtliche Gewinne einbringen, wenn der Turm zu einer Touristenattraktion wird, und das gilt erst recht, wenn das Gebäude sich zu einem Wahrzeichen der Stadt entwickelt.

Mit seinen 553 Metern Höhe vom Fuß des Turms bis zur Spitze des Blitzableiters ist der CN Tower in Toronto nicht nur das höchste frei stehende Bauwerk der Welt – ein Rekord, den er seit seiner Fertigstellung im Jahr 1975 innehält –, sondern prägt auch die Skyline der Stadt so stark, dass man seine Darstellung urheberrechtlich schützte; Bilder des Turms dürfen nur mit Zustimmung des Rechteinhabers veröffentlicht werden. Zum Vergleich: der Ostankino-Fernsehturm in Moskau, der als unmittelbarer Rivale etwa zur selben Zeit entstand, erreicht nur eine Höhe von 535 Meter. Der Post Office Tower in London, einer der ersten Sendetürme, ist gerade einmal 176 Meter hoch.

Fast zwei Millionen Touristen fahren jährlich mit dem Aufzug zu der Aussichtsplattform nahe der Spitze hinauf oder besuchen das in 365 Metern Höhe gelegene Restaurant, sodass der Turm

Seit einem Vierteljahrhundert überragt der Turm die Skyline der Stadt. Er ist das höchste frei stehende Bauwerk der Welt.

sich nicht nur in baulicher Hinsicht selbst trägt, sondern bei Baukosten von 63 Millionen Dollar auch in finanzieller. Den Löwenanteil der Einnahmen steuern die Besucher bei, einen kleineren Teil Fernseh- und Rundfunkanstalten sowie Telefongesellschaften, die ihre Sendeanlagen unterhalb der Aussichtsplattform aufgestellt haben.

Den eigentlichen Anlass für den Bau des Turms bildete die Verbesserung des Fernsehempfangs, der sich während des Hochhausbooms der sechziger Jahre in Toronto verschlechtert hatte. Die Canadian Broadcasting Corporation beschloss, sich mit den beiden Eisenbahngesellschaften Canadian Pacific und Canadian National zusammenzutun, die gemeinsam auf dem Gelände der Union Station ein Metrozentrum planten, in das auch der Fernsehturm integriert werden sollte. Als das Projekt 1971 scheiterte, beschloss Canadian National, auf dem eigenen Betriebsgelände einen frei stehenden Fernsehturm zu errichten.

Technische Daten	
Höhe	553,30 m
Gewicht	117 910 t
Arbeitskräfte	1537
Menge des verbauten Betons	40 524 m³
Baukosten	63 Mio. US-Dollar
jährliche Besucherzahl	ca. 2 Millionen

Der Bau

Nach der Prüfung diverser Möglichkeiten schlug der Bauingenieur Mulcahy Grant einen einzelnen Schaft aus Betonrippen vor, der sich nach oben verjüngt. Die Bauarbeiten begannen 1973 mit der Herstellung einer 6 Meter dicken Fundamentplatte in 17 Meter Tiefe. Der Schaft wurde mit Hilfe einer 300 Tonnen schweren Gussform gegossen, die mit dem Turm in die Höhe stieg. Man arbeitete rund um die Uhr, fünf Tage in der Woche, und benötigte insgesamt 40 Monate. Selbst Flugzeuge und Tornados können dem Turm nichts anhaben; seine Lebensdauer ist auf drei Jahrhunderte ausgelegt. Nach der Fertigstellung des Turmschafts begann die Arbeit am Drehrestaurant und der Aussichtsplattform. Die Antenne wurde in 44 Teilen mit einem Hubschrauber auf den Turm gehievt.

Wer mit den verglasten Aufzügen auf den Turm fährt, sieht im Süden den in der Sonne glänzenden Ontariosee, im Norden den Sheppard und den Younge Tower und dahinter in weiter Ferne die Ebene Südontarios. Obwohl die Skyline von Toronto in jüngster Zeit um einige Hochhäuser reicher geworden ist, bleibt der CN Tower das beherrschende Gebäude.

Zwar haben frei stehende, mit Sendeanlagen ausgerüstete Aussichtstürme inzwischen Konkurrenz durch die Aussichtsplattformen auf Bürohochhäusern wie dem Sears Tower in Chicago erhalten, aber dank ihrer schlanken, hoch aufragenden Erscheinung, die sie wie einsame Riesen erscheinen lässt, haben sie nichts von ihrer Faszination verloren.

Oben: Die Fernsehantenne wird mit einem Hubschrauber auf den Turm gehievt.

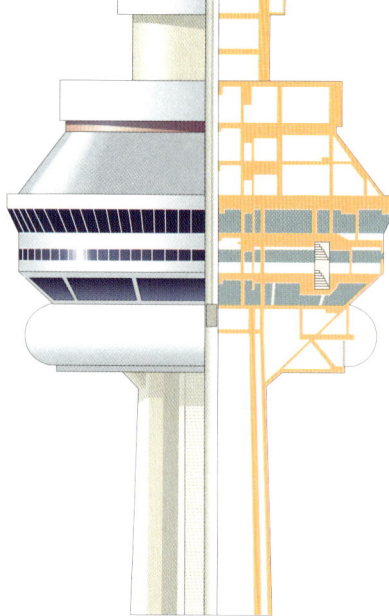

Rechts: Ein rotierendes Restaurant, eine Disco und eine Aussichtsplattform sind zum Anziehungspunkt für zahllose Besucher geworden.

Hongkong and Shanghai Bank

45

Bauzeit: 1979–1986   Ort: Hongkong, Volksrepublik China

Die Firma entsprach dem Wunsch der Bank, das »beste Bankgebäude der Welt« zu bauen.
MARTIN PAWLEY, 1999

DIE HONGKONG AND SHANGHAI BANK wurde 1864 in der damaligen Kronkolonie Hongkong gegründet und gehört zu den beiden Geldinstituten, die Banknoten ausgeben dürfen. 1935 ließ die Bank an bevorzugter Stelle mit Blick über Statue Square ihr Hauptgebäude errichten; der Präsident der Bank gab den beiden Architekten Palmer und Turner den Auftrag, das »schönste Bankgebäude der Welt« zu bauen. Das Ergebnis war ein ansprechender Bau aus einer steinverkleideten Stahlkonstruktion mit einigen damals bemerkenswerten Innovationen wie Klimaanlage und elektrischen Schnellaufzügen. Stolz bildete die Bank das Gebäude auf ihren Banknoten ab.

Doch Ende der siebziger Jahre war der Bau veraltet, vor allem wegen des Wachstums der Firma und weil er sich nur schwer an die neuen technischen Anforderungen anpassen ließ. Im Juni 1979 schrieb die Bank einen Wettbewerb für eine neue Firmenzentrale aus, aus dem Foster Associates als Sieger hervorgingen, und sie erhielten nun neuerlich den Auftrag, das beste Bankgebäude der Welt zu bauen. Ihr Entwurf basierte auf Masten an jeder Seite des Gebäudes, die eine Reihe von Brücken trugen. Dadurch sollte die Möglichkeit eröffnet werden, das alte Gebäude schrittweise abzureißen, während das neue entstand, und zugleich das Erdgeschoss einer breiten Öffentlichkeit zugänglich zu machen. Außerdem ermöglichte es den Bauinge-

Das Gebäude hängt an Stahlmasten und ist in drei Teile oder Buchten von 35, 47 und 28 Stockwerken Höhe aufgeteilt. Die Masten sind an fünf Stellen durch Brücken von zwei Stockwerken Höhe miteinander verbunden, an denen die einzelnen Stockwerksgruppen aufgehängt sind.

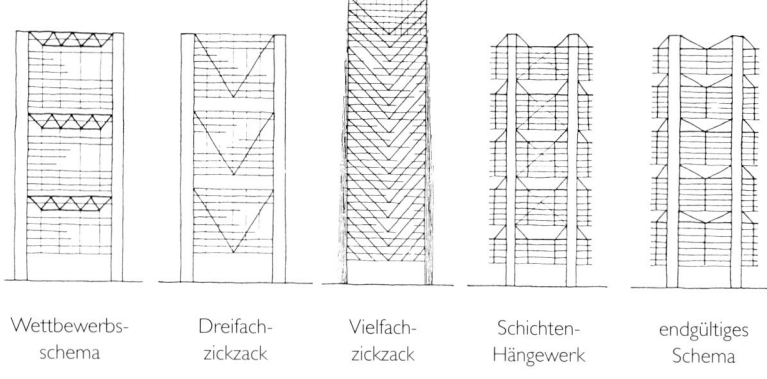

| Wettbewerbs-schema | Dreifach-zickzack | Vielfach-zickzack | Schichten-Hängewerk | endgültiges Schema |

Zeichnungen verschiedener Versionen und der endgültigen Version, die mit fünf an Brücken aufgehängten Stockwerksgruppen arbeitet.

nieuren Ove Arup and Partners, ihre Idee eines »minimalen Fußabdrucks« zu entwickeln und dabei die für Bürozwecke nutzbare Fläche zu maximieren.

Den Gedanken eines schrittweisen Rückbaus des alten Gebäudes gab die Bank schon bald auf, einerseits wegen der eigenen Arbeitsorganisation, andererseits weil sich der astronomische Wert dieses zentral gelegenen Grundstücks sonst kaum angemessen nutzen ließ. Doch obwohl der Wettbewerbsentwurf mehrfach abgeändert wurde, erwies sich das Konzept der Masten und Brücken letztlich als tragfähig.

Konstruktion

Die tragende Konstruktion: Die Stockwerke hängen an riesigen Brücken.

Die endgültige Lösung basiert auf dem Schema des Schichten-Hängewerks. Der gesamte Oberbau ist an vier Stützkonstruktionen aufgehängt,

die jeweils aus zwei Masten und fünf Brücken bestehen. Der von den Brücken eingenommene, zwei Stockwerke hohe Raum bildet den Brennpunkt für die jeweilige Stockwerksgruppe und dient der Zirkulation, zur Aufnahme von Gemeinschaftsräumen und als Fluchtpunkt bei einem Brand.

Die Masten bestehen aus je vier Stahlröhren, die in jedem Stock durch ummantelte Stahlträger miteinander verbunden sind. Dadurch erreichen die Masten eine maximale Tragfähigkeit bei minimalem Querschnitt. Man sagt gern, Ingenieure entwerfen logische Konstruktionen, die dann die Architekten abändern, um sie interessanter zu machen. Hier dagegen ist die Konstruktion logisch und interessant zugleich, und die einzige Veränderung betrifft den obersten Gurt der obersten Brücke, den der Architekt (wegen der geringeren Traglast) weglassen konnte, um die Logik der Hängekonstruktion deutlicher herauszuarbeiten.

Die Verkleidung

Da die tragende Konstruktion von außen zu sehen ist, wollte man eigentlich nur die Grundstruktur sichtbar machen. Aus Gründen der Haltbarkeit und des Brandschutzes bedurfte es jedoch einer Schutzschicht, die ihrerseits eine Verkleidung verlangte. Diese Verkleidung musste sehr eng anliegen, damit die Formen erkennbar blieben, und sie musste dem feuchten Klima am Südchinesischen Meer gewachsen sein. Die Lösung bestand in vorgefertigten Aluminiumplatten, die mit Haftern an der Stahlkonstruktion befestigt und an den Rändern abgedichtet wurden. Aluminiumverkleidungen finden sich an vielen Gebäuden, aber da Aluminiumplatten oft nicht ganz glatt liegen, wirken sie manchmal ein wenig zerknautscht. Die Bank erwartete jedoch einen makellosen Anblick; daher verwendete man Platten von 5 Millimeter (statt wie üblich 1 Millimeter) Dicke und sorgte durch computergesteuerte Schweißgeräte dafür, dass die Platten beim Anschweißen der Randflansche nahezu frei von jeder Verspannung blieben.

Die Außenwände bestehen weitgehend aus Glas, das von einem System aus vertikalen Fensterpfosten gehalten wird. Wegen der größeren Flexibilität einer Hängekonstruktion (und der

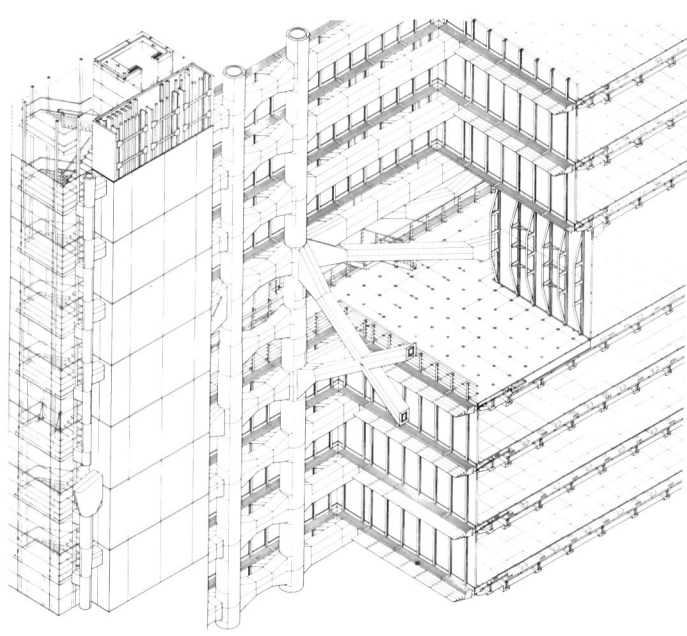

Gegenüberliegende Seite, unten: Unter dem Gebäude erstreckt sich eine öffentliche Plaza; die Glasdecke darüber erhielt schon bald den Spitznamen »Unterbauch«.

Technische Daten

Höhe	179 m
Bauform	3 geschichtete Türme mit 29, 36, 44 Stockwerken
Höhe des Atriums	52 m
Gesamtfläche	99 000 qm
Anzahl der Stockwerke	47
Schalterhalle	0,4 ha; 81 Schalter ca. 8000 Transaktionen täglich

Einwirkung heftiger Taifune) sind Fensterpfosten und Glas so beschaffen, dass sie kleinere Bewegungen zwischen den Stockwerken ertragen können. Die Außensonnenblenden dienen zugleich als begehbare Brücken, von denen aus die Fenster gereinigt werden können.

Da das Erdgeschoss der Öffentlichkeit als Fußgängerzone zugänglich ist (eine großzügige Geste der Bank, die mit Zugeständnissen hinsichtlich der Bebauung belohnt wurde), musste für den klimatisierten Teil des Gebäudes ein Abschluss nach unten geschaffen werden. Man entschied sich schließlich für eine sehr leichte, hängende Stahlkonstruktion mit Glasfüllung, die bald den Namen »Unterbauch« erhielt.

Das Innere

Die Beschäftigten erreichen ihre Arbeitsstätten über Aufzüge, die zwischen den Masten untergebracht sind. Für den Publikumsverkehr gibt es jedoch noch eine interessantere Möglichkeit, nämlich die Rolltreppe, die im Zentrum des Gebäudes in den »Unterbauch« hinaufführt. Es ist ein alter Theatertrick, aber er funktioniert. Der

Oben: Während des Baus: Die Stahlkonstruktion wurde mit eng anliegenden Aluminiumplatten verkleidet.

Links: Die Zwischenstockwerke sind offen und ermöglichen so eine hohes Maß an Flexibilität; die massiven Konstruktionselemente sind weitgehend sichtbar.

einer nahezu gewichtslosen Architektur, deren Transparenz bei Bauwerken vergleichbarer Höhe ihresgleichen sucht.

In den Zwischenstockwerken entfalten dagegen die Brückenkonstruktionen eine mächtige Präsenz, und das rückhaltlose Streben nach Perfektion, das in allen Details sichtbar wird (abgesehen von den Böden bestehen sämtliche Flächen entweder aus Metall in allen Graustufen oder aus Glas), lässt den Beschäftigten kaum Möglichkeiten einer individuellen Gestaltung ihres Arbeitsplatzes. Aber das Gebäude hat sich bewährt, und obwohl es niemals das höchste in Hongkong war, bleibt es doch ein einzigartiges Bauwerk von herausragender Qualität. Und an Sonntagen ist der Raum unter dem »Unterbauch« ein bevorzugtes Ausflugsziel für Auslandschinesen von den Philippinen, die sich dort im Schatten niederlassen und ein Picknick veranstalten, unter den Augen von Stitt und Steven, den beiden Bronzelöwen, die einst schon das alte Gebäude bewachten.

Unten: Das rundum offene Atrium reicht zehn Stockwerke hinauf. Aufzüge führen durch die gläserne Decke über der Plaza.

Besucher schaut unwillkürlich hinauf, und plötzlich wird das zehn Stockwerke hohe Atrium sichtbar. Dieses Atrium bringt letztlich die eigentliche Qualität der Bank zum Ausdruck: Die schlanken Masten, die dünnen Decken, die vom Boden bis zur Decke reichende Verglasung und die offenen Räume schaffen den Eindruck

Die Petronas-Türme

Bauzeit: 1991–1996   Ort: Kuala Lumpur, Malaysia

Das Interessanteste an diesem Projekt ist der Raum zwischen den Türmen.
CESAR PELLI, 1996

DIE ZWILLINGSTÜRME der 1996 fertig gestellten Petronas Towers waren mit ihren 452 Metern bis 2005 die höchsten Gebäude der Welt. Jeder Turm hat 88 Stockwerke vermietbare Büroflächen. Das von Cesar Pelli & Associates entworfene Gebäude vereint innovative Technologie mit islamischer Symbolik und setzt sich dadurch von den übrigen, im internationalen Stil gehalten Hochhäusern der malaysischen Hauptstadt ab. Zum ersten Mal seit mehr als 100 Jahren ging damit der Weltrekord für das höchste Bauwerk der Welt an ein Gebäude außerhalb der Vereinigten Staaten. Bis dahin hatten ihn so berühmte Bauwerke wie das Empire State Building, das World Trade Center und zuletzt der Sears Tower in Chicago gehalten.

Doch die Bedeutung der Petronas-Türme geht weit über ihre spektakuläre Höhe hinaus. Sie bilden das Kernstück eines über zwei Milliarden Dollar teuren Projekts zur Entwicklung der malaysischen Hauptstadt, zu dem ein 20 Hektar großer Park sowie Büro-, Geschäfts- und Apartmenthäuser gehören, von denen die malaysische Regierung sich einen Anstoß für die weitere industrielle Entwicklung des Landes erhofft. Der Bau der Petronas-Türme, die von der staatlichen Ölgesellschaft Petronas und vom malaysischen Staat finanziert wurden, führte auch zu einem hochwillkommenen Technologietransfer, denn die internationalen Ingenieurteams und Generalunternehmer arbeiteten eng mit malaysischen Firmen zusammen.

Die Bildwelt
Als Sieger eines international ausgeschriebenen Wettbewerbs erhielt der Architekt den Auftrag,

Die Betonskelette der beiden Türme wachsen gemeinsam in die Höhe. Um den Wettbewerbsgeist anzuheizen, ließ man die Türme von zwei verschiedenen Generalunternehmern errichten. Beide wurden zur selben Zeit fertig.

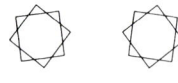
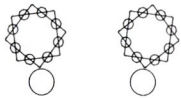
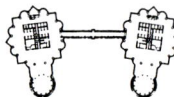
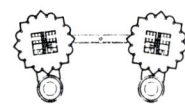
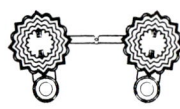

ein Gebäude zu schaffen, das den Besonderheiten der malaysischen Bildwelt entsprach. Ursprünglich basierte der Grundriss auf einem zwölfzackigen Stern; auf Wunsch des malaysischen Premierministers Datuk Seri Mahathir Mohammad wurde er durch einen achtzackigen Stern ersetzt, der im Islam symbolische Bedeutung besitzt. Der Stern ist an der geschweiften, stark skulpturierten Vorhangwand aus Glas und Edelstahl deutlich erkennbar. Die in die Fassade integrierten Sonnenblenden aus Edelstahl berücksichtigen das tropische Klima der nur zwei Breitengrade vom Äquator entfernten Stadt.

Die Konstruktion

Während die äußere Erscheinung des Gebäudes der malaysischen Bildwelt angepasst wurde und sich daher deutlich von den abstrakten Formen der meisten Hochhäuser unterscheidet, ist die

Konstruktion ein Beispiel für einen Technologietransfer. Da der Stahl mit erheblichen Kosten hätte eingeführt werden müssen, entschied man sich für ein Betonskelett und Verbunddecken aus Metallplatten mit Stahlausfachung. Dazu musste erstmals in Malaysia ein hochfester Beton entwickelt werden, der eine Verringerung der Stützenquerschnitte ermöglichte, denn nach dem Wunsch des Architekten sollten die Türme sehr schlank wirken. Unter diesen Umständen konnten die Bauingenieure auf das übliche Röhrenkonzept verzichten, das sich etwa im Sears Tower findet, und insgesamt mit einer geringen Zahl von Außenstützen auskommen. Jeder Turm besitzt 16 Außenstützen mit Durchmessern bis zu 2,40 Meter, die in jedem Stock durch einen gebogenen Ringträger aus Stahl miteinander verbunden sind. Der Eindruck eines offenen Raumes geht auch auf die großzügigen Abstände zwischen den Außenstützen zurück, die 8 oder 10 Meter betragen. Dass jeweils nur ein schmaler Streifen der Stützen zu sehen ist, verstärkt noch die grazile Erscheinung der Türme. Die Seitenlast wird von den Stützen und dem Kern getragen. An der Spitze trägt jeder Turm einen genau abgestimmten Massendämpfer, der die windbedingten Schwankungen des Gebäudes dämpfen soll.

Eine 59 Meter lange, zweistöckige Brücke verbindet beide Türme im 41. und 42. Stock. Diese Brücke ist ein atemraubendes, elegantes Element im Erscheinungsbild der Türme und sorgt zugleich dafür, dass der jeweils andere Turm im Brandfall als Fluchtweg genutzt werden kann. Sie wurde in Korea gefertigt, in rund 500 Teilen angeliefert, auf der Baustelle zusammengesetzt und an ihren Platz gehievt. Sie ruht auf zwei schlanken Stützen, die im 29. Stock aufliegen.

Oben links: Die Entwicklung der Geometrie der Petronas-Türme auf der Grundlage eines achtzackigen Sterns, der im Islam symbolische Bedeutung besitzt.

Links: Die beiden Türme kurz vor der Fertigstellung. Dank der Verwendung hochfesten Betons konnte der Durchmesser der Stützen verringert, ihr Abstand vergrößert werden.

Gegenüberliegende Seite: Die fertig gestellten Petronas-Türme leuchten im Abendlicht.

Eine Brücke verbindet die beiden Türme im 41. und 42. Stock; sie wird von zwei im 29. Stock aufliegenden Stützen getragen.

Der internationale Charakter des Unternehmens wird noch durch die ungewöhnliche Tatsache unterstrichen, dass zwei verschiedene Generalunternehmer – ein koreanischer und ein japanischer – für den Bau der beiden Türme verantwortlich zeichneten und ihre Projekte im Geist konstruktiven Wettbewerbs verfolgten.

Die Petronas-Türme stehen daher für Technologietransfer, Nationalstolz und Sensibilität gegenüber den religiösen und kulturellen Traditionen. Ihr außergewöhnliches Design mit seinen Bezügen zur islamischen Tradition und die geniale technische Konstruktion machen sie zu einem herausragenden Beispiel des Hochhausbaus im 20. Jahrhundert. Der Architekt Cesar Pelli sagte dazu: »Diese Türme sind keine Monumente, sondern lebendige Bauwerke mit symbolischer Bedeutung. Wir haben hart daran gearbeitet, ihnen Leben einzuhauchen.«

Seit Anfang 2005 ist der »Taipeh 101 Tower« in Taipeh (Taiwan) das welthöchste Gebäude – doch die Faszination der Petronas-Türme bleibt.

Technische Daten

Höhe	452 m
Anzahl der Stockwerke	88 je Turm
Gesamtfläche je Turm	218 000 qm
Baumaterial	Beton, Stahl, Glas, Aluminium
Anzahl der Fenster	32 000
Baukosten	1,6 Mrd. US-Dollar

New York-New York

Bauzeit: 1996–1997   Ort: Las Vegas, Nevada, USA

Das größte Popart-Kunstwerk der Welt.
NEAL GASKIN, ARCHITEKT, 1998

LAS VEGAS erfindet sich etwa alle zehn Jahre neu. Die letzte Phase begann 1989 mit der Eröffnung des Mirage und des Excalibur, zweier riesiger Hotel- und Kasinokomplexe von der Größe einer Kleinstadt, die aus einer Märchenwelt zu stammen scheinen. Sie sollen die Menschen dazu verführen, ihr Glück im Spiel zu suchen und möglichst viel Geld auszugeben. Der 1997 eröffnete Hotel- und Casinokomplex New York-New York (NYNY) ist zwar nicht der größte Komplex dieser Art, gewiss aber einer der kühnsten, denn er versetzt die New Yorker Skyline in die Wüste Nevadas. Er befindet sich an der Kreuzung des Tropicana Boulevard mit dem Las Vegas Strip, einer der am stärksten befahrenen Straßenkreuzungen der Stadt.

Um den Tourismusboom der neunziger Jahre zu nutzen, zog man den 460 Millionen Dollar teuren Komplex in einer Bauzeit von nur anderthalb Jahren hoch. Mit einer Geschwindigkeit von einem Stockwerk pro Woche wuchs der Rohbau 48 Wochen lang in die Höhe. Auf nur 7 Hektar Fläche – sehr wenig für ein Hotel in Las Vegas – drängt sich alles zusammen: im Erdgeschoss ein 7804 Quadratmeter großes Casino mit Restaurants, Bars und Sälen; ein Turm für die Hotelzimmer; ein Swimmingpool, Raum für 3800 Autos in einem Parkhaus, das über Brücken

Ein Hotel- und Casinokomplex verpflanzt die berühmte Skyline von Manhattan in die Wüste von Nevada. Der niedrige Bau gleich hinter der Kopie der Freiheitsstatue enthält das Casino, Restaurants und Säle; in dem hoch aufragenden Gebäudeteil dahinter ist das Hotel untergebracht.

mit dem Hotel verbunden ist und eine Auffahrt für 100 Autos besitzt. Und da jedes große Hotel in Las Vegas sich durch eine Besonderheit hervortun muss, baute man eine Achterbahn. Sie beginnt im Casino, steigt auf ihrem Weg um den Hauptturm bis ins 20. Stockwerk hinauf, überquert die Autoauffahrt dann wieder in niedriger Höhe und endet nach mehreren Kurven und Loopings wieder im Casino.

Die Form folgt der Fantasie

Die Spitzen des »Empire State« und des »Chrysler Building« (in denen sich die Luxussuiten für besonders betuchte Spieler befinden) erheben sich über einer Collage aus anderen Wolkenkratzern, die sämtlich wieder zu erkennen sind, auch wenn man sie verkleinert oder ihnen leuchtendere Farben gegeben hat. Es handelt sich jedoch keineswegs um getrennte Gebäude. Der 47 Stockwerke hohe Hotelturm ist eine konventionelle Betonrahmenkonstruktion mit vorgespannten Platten. Doch während Bürobauten oder Hotels dieser Bauart sonst meist einfache Formen zeigen, hat man Dachlinie und Gebäudefront hier vielfältig gebrochen, um die New Yorker Skyline nachzuahmen. Der Rand der Bodenplatte ist verwinkelt und ausgezackt, damit der Eindruck entsteht, es handle sich wirklich um verschiedene Gebäude mit jeweils eigener Fassade.

Das um die Basis des Hotelturms herumgebaute Casino ist ein niedriger Stahlskelettbau, dessen Äußeres ältere New Yorker Wahrzeichen nachahmt, darunter Grand Central Station, das Whitney Museum und Ellis Island; ein frei stehendes Modell der Brooklyn Bridge ist Teil des Bürgersteigs. An der Ecke steht eine verkleinerte Kopie der Freiheitsstatue, umgeben von Wasser speienden Feuerlöschbooten aus Styropor, das mit einem Drahtgeflecht verstärkt und einer angemalten Kunstfaserschicht überzogen ist.

Zwei Firmen arbeiteten bei der Gestaltung zusammen. Gaskin & Bezanski entwarfen die Architektur und führten die Aufsicht beim Bau. Um die Gesamterscheinung des Hotels einschließlich des überaus wichtigen Casinos kümmerte sich Yates-Silverman, eine eingesessene Firma, die sich auf Innenarchitektur spezialisiert hat. Sie schuf das Ambiente der an Greenwich Village erinnernden, künstlich gealterten Braunsteinfassaden im Casinobereich, die Nachbildungen der Leuchtreklamen vom Times Square oder Details wie die Kanaldeckel, aus denen Wasserdampf aufsteigt.

NYNY ist auch in anderer Hinsicht eine Stadt im Kleinformat. Rund um die Uhr arbeiten hier 1500 Menschen; über 100 000 Menschen gehen täglich als Hotelgäste, Tagungsbesucher, Spieler oder als Besucher der Restaurants und Showveranstaltungen aus und ein. Bei so vielen Personen und Autos wird der Verkehr zum Problem. Die Hauptzufahrt für Taxis, private Pkw und Kleinbusse, für die Fahrzeuge der Beschäftigten und für Gepäcktransporter befindet sich auf dem Tropicana Boulevard. Für Busse, die große Gesellschaften ins Hotel oder ins Casino bringen, gibt es eine separate Zufahrt auf der anderen Seite des Komplexes.

Seit einem Jahrhundert gilt für die Architektur, dass die Form der Funktion folgt; hier dagegen folgt die Form der Fantasie. Die Gestaltung des Komplexes ist eher einem romantisierten New-York-Bild verpflichtet, wie es in zahlreichen Spielfilmen gezeigt wird, als den herkömmlichen Gestaltungskriterien moderner Architektur. Dennoch erfüllt der Bau die komplexen Funktionen, nämlich, Tausende von Menschen zu begrüßen, ihnen zu gefallen, sie an ihr Ziel zu leiten und ihnen zu Diensten zu sein. So erweist sich denn die Fata Morgana Manhattans in der Wüste als ein überaus praktisches Bauwerk, das sehr einfühlsam auf die kulturellen Bedürfnisse eingeht, denen es dient.

Technische Daten	
Fläche	7 ha
Baukosten	460 Mio. US-Dollar
Erdgeschoss	704 qm
Zahl der Zimmer	2034

London Eye

Bauzeit: 1999   Ort: London, England

*Alle Menschen haben das angeborene Verlangen, die Erde
und ihre Städte von hoch oben zu betrachten und die weite Landschaft
wie einen farbenfrohen Teppich zu ihren Füßen liegen zu sehen.*
HENRY MAYHEW, 1862

ALS WEITHIN SICHTBARES WAHR-ZEICHEN und Publikumsattraktion vieler Jahrmärkte oder Vergnügungsparks erfreut sich das Riesenrad seit gut 150 Jahren großer Beliebtheit. Auch in der Kunst finden sich Riesenräder unterschiedlichster Bauart; am bekanntesten dürfte hier die Szene in Carol Reeds Verfilmung von Graham Greenes Roman *Der dritte Mann* sein, die auf dem Riesenrad im Wiener Prater spielt.

Das jüngste – und größte – Mitglied dieses erlauchten Kreises ist das von British Airways finanzierte London Eye, das auch als Millennium Wheel bezeichnet wird. Mit 135 Metern Höhe ist es das größte Riesenrad der Welt; für eine Umdrehung benötigt es etwa eine halbe Stunde. An klaren Tagen eröffnet sich den jeweils 800 Passagieren hoch über dem Herzen Londons ein Blick, der fast 40 Kilometer weit reicht, bis hin zu Windsor Castle. Im ersten Jahr seines Betriebs (2000) beförderte es über drei Millionen Passagiere. Und so wird es denn wahrscheinlich auch nach Ablauf der bisher genehmigten fünf Jahre an seinem Platz am Südufer der Themse, schräg gegenüber dem Parlament, stehen bleiben.

Entworfen wurde das Riesenrad von den Architekten David Marks und Julia Barfield; die ersten Pläne dazu hatte das Ehepaar 1993 gefasst, als die *Sunday Times* und die Architecture Foundation in London einen Wettbewerb ausschrieben, der Ideen für neue Gebäude zur Feier der Jahrtausendwende sammeln sollte. Zur Errichtung eines großen neuen Bauwerks an einem für das ganze Land so sensiblen Ort bedurfte es öffentlicher Beratungen von ungewöhnlicher Länge und Komplexität, doch es gelang Marks und Barfield, einen breiten Konsens herzustellen. Dabei war auch von Bedeutung, dass diese Attraktion zur Wiederbelebung der South Bank beitragen konnte, denn sie knüpfte bruchlos an die Tradition innovativer Bauwerke in diesem Stadtviertel an, die Powell & Moya 1951 mit ihrem »Skylon« begonnen hatten,

Die 16 Segmente des Rades wurden per Schiff die Themse heraufgebracht und in horizontaler Lage zusammengebaut, bevor man das ganze Rad aufrichtete.

Die Welle wurde in der Tschechischen Republik gegossen, die Lager stammen aus Deutschland.

ßerdem wird der Blick nicht durch das Gestänge der Konstruktion behindert. Die Kabinen bestehen aus einem dreischichtigen Verbundglas von hoher optischer Qualität und einem auf das absolute Minimum reduzierten Metallrahmen.

Einen ungewöhnlichen Blick über die Hauptstadt – eines der wichtigsten Argumente für den Bau des Riesenrads – sicherte auch die Entscheidung, das Rad von der Landseite her nur an drei Punkten mit seinem Standort in den Jubilee Gardens zu verbinden. Diverse Dämpfungsvorrichtungen sorgen für einen ruhigen Lauf; dank eines neuen, mit einer beweglichen Plattform arbeitenden Systems können die Passagiere die Kabinen betreten und verlassen, ohne dass das Rad anhalten müsste; und auch die durch Erwärmung oder Windkräfte ausgelösten internen Bewegungen innerhalb des Rades werden ausgeglichen.

dem Wahrzeichen des damaligen Festival of Britain unmittelbar östlich des geplanten Standorts für das Riesenrad in Jubilee Gardens.

Innovatives Design

Von Anfang an waren Marks und Barfield entschlossen, neue technische Lösungen für die seit einem Jahrhundert kaum veränderte Konstruktion von Riesenrädern zu finden. Die wichtigste Innovation betrifft die Kabinen, die bei herkömmlicher Bauart wie die Gondeln eines Skilifts aufgehängt sind. Beim London Eye dagegen sind die Kabinen, die bei 8 Metern Länge und einem Durchmesser von 4 Metern jeweils 32 Passagiere aufnehmen können, mit Hilfe zweier Ringlager an der Außenseite des Rades angebracht und werden durch ein eigenes Antriebssystem ständig in vertikaler Position gehalten. Dank dieses patentierten Stabilisierungssystems können die Kabinen nicht mehr schwingen; au-

Das Riesenrad wurde schrittweise aufgerichtet – das schwerste Objekt, das jemals auf diese Weise aufgestellt wurde.

Der Bau des London Eye ist ein gutes Beispiel europäischer Zusammenarbeit. Die Kabinen baute ein Skilift-Hersteller in Frankreich, während die Verbundglasscheiben aus Italien stammen. Die 23 Meter lange, 335 Tonnen schwere Welle und die Nabe wurden in der Tschechischen Republik gegossen, die Stahlträger des Rades und die A-förmige Stütze fertigte man in den Niederlanden aus britischem Stahl. Die Lager schließlich, die einen sanften Lauf der Welle gewährleisten, stammen aus Deutschland.

Abgesehen von der Notwendigkeit, dass alle getrennt und mit den erforderlichen Toleranzen gefertigten Einzelteile am Ende genau zusammenpassen mussten, bereiteten vor allem die 16 vorgefertigten Segmente des Rades wegen ihrer Größe (jeweils 6 × 22 m) und ihres Gewichtes (je 36 t) erhebliche Transportprobleme. Auch der Transport der Kabinen von Grenoble zum Hafen von Zeebrügge erwies sich als

äußerst schwierig, weil die französischen Autobahnbrücken zu niedrig waren, so dass eine andere Route gefunden werden musste.

Da die Themse recht schnell fließt, war es auch schwierig, die Segmente unter der niedrigen Southwark Bridge hindurchzusteuern, denn der Abstand zwischen der Oberkante des Transports und der Unterkante der Brücke betrug nur 40 Zentimeter. Das Rad wurde samt den A-förmigen Stützen flach auf dem Wasser liegend zusammengebaut und erst anschließend aufgerichtet – das schwerste Objekt, das jemals in dieser Weise aufgestellt wurde. Der erste Versuch scheiterte, weil eine Stahltrosse riss, doch beim zweiten Versuch hob sich das Riesenrad langsam in den Londoner Himmel.

Nach der Aufrichtung des Rades installierte man die Kabinen und den Antrieb. Aus dem Traum zweier Architekten war ein faszinierendes, weithin sichtbares Wahrzeichen der Stadt geworden.

Vom höchsten Punkt des Riesenrads bietet sich ein großartiger Blick über London – auch bei Nacht.

Technische Daten

Höhe	135 m
Gesamtgewicht	2100 t
Umfang	424 m
Fassungsvermögen	800 Menschen
Dauer einer Umdrehung	30 Minuten
Baukosten	75 Mio. brit. Pfund

Brücken, Bahnen und Tunnel

FLÜSSE, SEEN, GEBIRGE UND SCHLUCHTEN sind natürliche Barrieren und bedeuten für die Bewegung von Menschen und Gütern Hindernisse, die aus ökonomischen Gründen überwunden werden müssen. Dabei bieten die geographischen Bedingungen nur selten einfache Lösungen; in besonderem Maße gilt das für Verkehrsmittel wie die Eisenbahn, die aus technischen Gründen nur relativ geringe Steigungen bewältigen kann. Der Bau neuer Verkehrsverbindungen ist deshalb von jeher eine Herausforderung, die eine visionäre Gabe und allergrößte Zähigkeit verlangt.

Beispiele für ökonomische Motive sind etwa der Bau des Themsetunnels, der das lukrative Monopol von ca. 400 Fährleuten brach; der Bau des Kanaltunnels, der die jahrhundertealte Rivalität zwischen England und Frankreich beendete; oder der kühne Entschluss, die Brooklyn Bridge zu bauen, weil das Eis auf dem East River im Winter 1866/1867 den gesamten Fährverkehr lahm legte. Auch politischer Druck kann zur Schaffung neuer Verkehrsverbindungen führen. So stellte die junge kanadische Provinz British Columbia für ihren Beitritt zur kanadischen Union die Bedingung, dass innerhalb von zehn Jahren nach der Unterzeichnung des Unionsvertrags eine transkontinentale Eisenbahnverbindung fertig gestellt sein musste – die spätere Canadian Pacific Railway. Außerdem erhofften sich Politiker und Förderer vom Bau dieser Strecke einen gewaltigen Anstoß für die Entwicklung des kanadischen Westens, der neue Siedler ins Land holen und die Bodenpreise in die Höhe schießen lassen sollte.

Der Bau der Forth Rail Bridge stellte für die Konstrukteure eine gewaltige Herausforderung dar. Sie war die erste Auslegerbrücke in Großbritannien und die erste Brücke, die nicht aus Eisen, sondern aus Stahl gebaut wurde.

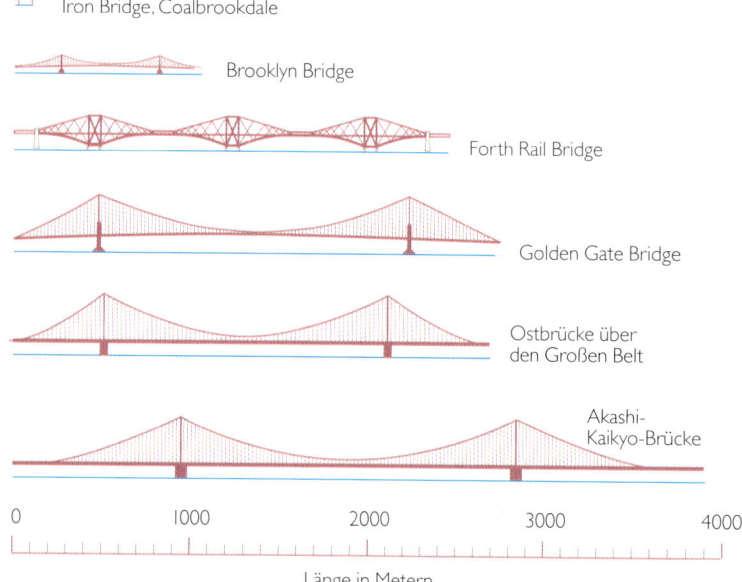

Iron Bridge, Coalbrookdale

Brooklyn Bridge

Forth Rail Bridge

Golden Gate Bridge

Ostbrücke über
den Großen Belt

Akashi-
Kaikyo-Brücke

| 0 | 1000 | 2000 | 3000 | 4000 |

Länge in Metern

Länge verschiede-
ner Brücken im Ver-
gleich

Beim Bau einer Eisenbahnstrecke stellt sowohl die Planung der Streckenführung als auch die Logistik ganz besondere Anforderungen. Oft kann nur in bestimmten Jahreszeiten gearbeitet werden, etwa beim Bau der Jungfraubahn; dort mussten Baumaterial und Lebensmittel für die Arbeiter angeliefert sein, bevor der erste Schnee fiel. Oft benötigt man eine sehr große Zahl von Arbeitskräften. Beim Bau der Canadian Pacific Railway setzte man für den Durchstich am Kicking Horse Pass 12 000 Arbeiter ein, und am Bau der Moskauer Untergrundbahn in den dreißiger Jahren des vergangenen Jahrhunderts waren über 70 000 Menschen beteiligt. Da schnelle Züge nur geringe Steigungen bewältigen können, müssen Tunnel oft sehr viel länger sein als das damit unterquerte Hindernis. Der 54 Kilometer lange Seikan-Tunnel verbindet zwei Inseln miteinander, die an den beiden nächstgelegenen Punkten nur 23 Kilometer voneinander entfernt sind. Und auch der Kanaltunnel beginnt schon ein gutes Stück vor der Küste Englands beziehungsweise Frankreichs.

Große Brücken sind weithin sichtbare Ingenieurleistungen. Der Bauplatz ist ständig den Elementen ausgesetzt und vielfach unzugänglich, aber dennoch muss der Wasserweg unter der im Bau befindlichen Brücke für die Schifffahrt frei gehalten werden. So verzeichnet die Schifffahrtsstraße unter der japanischen Akashi-Kaikyo-Brücke täglich bis 1400 Schiffsbewegungen. Die Golden Gate Bridge in San Francisco liegt unmittelbar am Pazifik, nur 19 Kilometer von

einem geologisch aktiven Grabenbruch entfernt und ist sehr starken Winden ausgesetzt, während die geologischen Bedingungen und die Gezeiten im Firth of Forth zwischen Edinburgh und Fife die Erbauer der Forth Bridge zwangen, sich für eine Auslegerbrücke zu entscheiden, die keine provisorischen Stützkonstruktionen benötigte; vielmehr trieb man den Bau von beiden Pfeilern aus vor, bis das letzte fehlende Zwischenstück eingehängt werden konnte.

Während die Brückenbauer in Frankreich sich auf die Forschungen der École des Ponts et Chaussées stützen konnten, gingen die britischen Ingenieure anfangs nach dem Trial-and-Error-Verfahren vor. Die Eisenbrücke über den Severn in Shropshire etwa verdankt noch viel den traditionellen Holzkonstruktionen, auch wenn sie selbst bereits aus Eisen hergestellt ist. Ein Jahrhundert später konnte Sir Herbert Baker, der Erbauer der Eisenbahnbrücke über den Firth of Forth, seinen Erfolg mit der »entschlossenen Anwendung bewährter mechanischer Gesetze und gesicherter Versuchsergebnisse« begründen. Und bis heute ist die Kette der Innovationen nicht abgerissen. Der Brückenbau nutzt die Fortschritte der Metallurgie und testet Konstruktionen im Windkanal, so dass heute Spannweiten erreicht werden, von denen man früher nicht einmal träumen konnte. Die Konstruktionen biegen und verformen sich gefahrlos, um sich den gewaltigen Naturkräften anzupassen, denen sie ausgesetzt sind.

Heute verbinden riesige Brücken Länder und Kontinente. Die Stahltürme der Golden Gate Bridge wurden in Pennsylvania gefertigt und per Schiff durch den Panamakanal an den Bauplatz gebracht. Die Betonteile für die Brücke über den Großen Belt in Dänemark wurden 70 Kilometer vom Bauplatz entfernt gegossen, die Stahlträger stammen aus Walzwerken in Italien und Portugal.

Nicht verändert hat sich dagegen die geradezu epische Ausdauer der Erbauer solcher Brücken, Eisenbahnlinien und Tunnel. Der große Ingenieur Marc Brunel arbeitete lange Zeit bis zu 20 Stunden täglich in seinem Themsetunnel, und Washington Röbling holte sich die Druckluftkrankheit, als er die Gründungsarbeiten für die Brooklyn Bridge beaufsichtigte. Die Träger und Konstrukteure der hier beschriebenen Bauwerke standen alle unter einem gewaltigen Zeit- und Kostendruck, verstärkt noch durch die hohe öffentliche Aufmerksamkeit.

Iron Bridge, Coalbrookdale

Bauzeit: 1779   Ort: Telford, Shropshire, England

Es gibt nur wenige Orte, an denen ländliche Idylle und eilige Geschäftigkeit
sich so glücklich miteinander verbinden wie in Coalbrookdale.
EIN EISENFABRIKANT, ZITIERT VON ASA BRIGGS, 1979

NACH MODERNEN MASSSTÄBEN ist die Iron Bridge, die in Telford, Shropshire, über den Severn führt, mit ihren 30 Metern Spannweite und einer lichten Höhe von etwa 15 Metern eine geradezu winzige Brücke. Doch dieses Bauwerk verdeutlicht mehr als jedes andere die bautechnische Revolution, die durch die Entwicklung der Eisenherstellung möglich wurde und die zahlreiche Besucher aus aller Welt veranlasste, der von Abraham Darby I., dem größten Eisenfabrikanten seiner Zeit gegründeten Coalbrookdale Company einen Besuch abzustatten.

Heutige Besucher dieses bewaldeten Flusstals werden durch den Anblick einer Brücke belohnt, die auf fünf eleganten Parallelbögen ruht und hoch genug ist, dass Schiffe darunter durchfahren können; bis 1950 wurde sie auch

Die Iron Bridge schuf eine wichtige Verbindung zwischen Ortschaften beiderseits des Severn.

Die Entwicklung der Eisenverarbeitung

Kleinteile aus Eisen wie Bänder, Stäbe oder Nägel wurden schon lange im Bau verwendet, doch bis ins 19. Jahrhundert blieben Ziegel, Naturstein und Holz die vorherrschenden Baumaterialien. Die Innovationen, die Abraham Darby seit der Gründung seines Unternehmens im Jahr 1708 einführte, trugen dazu bei, dass aus den kleinen Gusseisen- und Schmiedeeisenteilen bis etwa 1800 die großen Konstruktionseisenteile wurden, die nach Ansicht des Bauingenieurs und Historikers James Sutherland »effiziente, in industrieller Massenproduktion gefertigte Baumaterialen« darstellten.

Eingeleitet wurde diese Entwicklung 1709 durch Darbys erfolgreichen Versuch, das Eisen nicht mehr mit Holzkohle, sondern mit Koks zu schmelzen. Gusseisen hat eine körnige Struktur, ist so brüchig wie Kreide, besitzt aber eine hohe Druckfestigkeit und lässt sich leicht gießen. Eine moderne Anwendung von Gusseisen in einer Größenordnung wie bei der Iron Bridge findet sich in den Lagerblöcken, auf denen das Centre Pompidou in Paris teilweise ruht (s. S. 156).

Der eigentliche Motor hinter dem Bau der Iron Bridge war jedoch ein anderer Eisenfabrikant, John Wilkinson, auch »der Eisennarr Wilkinson« genannt, weil er sich so intensiv für diesen Werkstoff einsetzte; er trug einen eiser-

von Kraftfahrzeugen benutzt, doch heute ist sie Fußgängern vorbehalten. Vor 200 Jahren bot sich kein so friedvoller Anblick; damals standen an den Ufern Schmelzöfen; die Hügel schienen in Flammen zu stehen, und es war, als hätte Vulkans Schmiede dort am Fuß der Brücke Platz gefunden.

Ganz oben: Das Gemälde Coalbrookdale bei Nacht von Philip de Loutherbourg (1801) zeigt die Eisengießerei; vielleicht wurden hier die Teile für die Iron Bridge gegossen.

Oben: Das Aquarell von Elias Martin zeigt deutlich, wie die Brücke gebaut wurde. Der Hauptbogen wurde errichtet, bevor man die steinernen Rampen aufmauerte.

Rechts: Die Iron Bridge musste so hoch sein, dass Schiffe darunter durchfahren konnten.

nen Hut, entwarf eiserne Boote und wurde in einem Eisensarg beerdigt. Die Idee zu der Brücke stammt wahrscheinlich von dem Architekten und Schiffsbauer Thomas Farnolls Pritchard aus Shrewsbury, und Wilkinson gewann dann 1773 weitere Industrielle der Region für diesen Plan.

Konstruktion und Innovation

An beiden Ufern wurde jeweils ein steinerner Brückenpfeiler errichtet; die Brückenbahn wird von fünf parallelen, nahezu halbkreisförmigen Bögen aus Gusseisen gestützt, deren größte lichte Weite sich in der Flussmitte befindet; die Bögen sind durch ein filigranes Werk kleiner Gusseisenteile miteinander verbunden. Jeder Bogen wurde in zwei Teilen gegossen; zu diesem Zweck musste Abraham Darby III. 1778 eigens seinen Schmelzofen vergrößern. Der Herstellungsprozess wurde rationalisiert, indem man den Guss auf eine sehr kleine Zahl verschiedener Komponenten reduzierte. Bei der Verbindung der Teile griff man auf erprobte und bewährte Verfahren zurück; statt Bolzen benutzte man Falzverbindungen und Keile.

Ein kürzlich entdecktes Aquarell lässt die bisher vermutete Abfolge der einzelnen Bauschritte fraglich erscheinen. Wie es scheint, wurden zuerst die Bögen errichtet und anschließend die steinernen Rampen aufgemauert. Diese neue Theorie wurde an einem auf halbe Größe verkleinerten Modell erfolgreich getestet.

Anders als die französischen Ingenieure derselben Zeit, die ihr Wissen über Verhalten und Leistungsfähigkeit verschiedener Konstruktionen systematisch sammelten und weitergaben, erzielten – oder verfehlten – Industrielle vom Schlage eines Darby ihre Fortschritte eher auf empirischem Wege. In ihren Entwürfen spiegeln sich architektonische Moden, und zwar in den großen Linien ebenso wie in den Details. Die Ringe in den Spandrillen des mittleren Bogens haben eine Funktion und gefallen zugleich dem Auge.

Der Bau wurde in seinem Ablauf sorgfältig geplant. Man brauchte lediglich 12 Wochen, um die 378 Tonnen schwere Gusseisenkonstruktion zusammenzubauen – was durch die geringe Zahl verschiedener Komponenten erleichtert wurde. In diesem wichtigen Aspekt nimmt die Iron Bridge die moderne Standardisierung vorweg, auch wenn ihre Wirkung sich ansonsten in Grenzen hielt.

Technische Daten	
Länge	30,60 m
Höhe über Sommer-Wasserspiegel	16,75 m
Länge der Bögen	21 m
Gewicht je Bogen	6 t
Baukosten (geschätzt)	3200 brit. Pfund

Während des ganzen 19. Jahrhunderts verbesserte die Coalbrookdale Company ihre Herstellungsverfahren für Gusseisen, und ihre Erzeugnisse wurden 1851 auf der Weltausstellung im Hyde Park ausgestellt. Doch erst eine neue Generation britischer Ingenieure wie Thomas Telford, George und Robert Stephenson oder die Brunels, Vater und Sohn, nutzten die Möglichkeiten des immer besseren Gusseisens und konstruierten damit Bauwerke bislang unbekannten Ausmaßes.

Die Iron Bridge ist heute Wahrzeichen und Kernstück eines ausgedehnten Eisenbrückenmuseums, gehört zum Weltkulturerbe der UNESCO und wird von zahlreichen Touristen besucht.

Fünf parallele gusseiserne Bögen, die seitlich miteinander verbunden sind, tragen die Brückenbahn. Der Ring ist funktional und dient zugleich der Dekoration.

50 Der Themsetunnel

Bauzeit: 1825–1843   Ort: London, England

Noch nie hat jemand eine Ehrung [die Verleihung der Ritterwürde] so sehr verdient,
denn ohne Marc Brunels Tunnelschild im Verein mit seinem unerschrockenen Mut,
seiner Zielstrebigkeit und seiner Zähigkeit wäre das Werk niemals vollendet worden.
L.T.C. ROLT, 1970

Der Querschnitt
zeigt den Zugangs-
schacht und das
Maschinenhaus auf
der Nordseite der
Themse und den
Tunnel, der Richtung
Rotherhithe vor-
getrieben wird; ganz
rechts der Tunnel-
schild.

NUR WENIGE INGENIEURLEISTUNGEN
sind aus einem so drängenden Bedürfnis, so
zwingenden wirtschaftlichen Notwendigkeiten
und einer so halsstarrigen Entschlossenheit zum
Ausgleich geographischer Nachteile hervorgegangen wie das Projekt des Themsetunnels. Anfang des 19. Jahrhunderts überquerten täglich
mehr als 4000 Pferdefuhrwerke die Themse auf
der London Bridge, und nahezu 400 Fährleute
lebten davon, Menschen und Güter über den
Fluss zu setzen. Eine sichere permanente Verbindung zwischen beiden Ufern in Gestalt eines
durch das Flussbett führenden Tunnels, der den
Schiffsverkehr darüber nicht behinderte, war
damals zu einer attraktiven, wenn auch völlig
neuartigen Aussicht für Investoren geworden.
Die zu Rate gezogenen Ingenieure mussten den
ersten Unterwassertunnel der Welt bauen.

Technische Daten

Länge	356 m
Baukosten	468 249 brit. Pfund
Arbeitskräfte	je 36 Bergleute in zwei Schichten von 16 Stunden

Der aus Cornwall stammende Ingenieur Robert Vazie begann tatsächlich mit dem Bau eines Themsetunnels, der Limehouse im Norden mit Rotherhithe im Süden verbinden sollte; ihm folgte in der Leitung des Projekts einer der größten Ingenieure seiner Generation, der gleichfalls aus Cornwall stammende Robert Trevithick. Das Projekt machte gute Fortschritte, doch in der Nacht zum 26. Januar 1802 kam es zur Katastrophe: Fast 300 Meter entfernt von der Sicherheit des Zugangsschachts am Nordufer brach die Tunneldecke ein – und mit ihr auch die Thames Archway Company, die das Projekt getragen hatte. Trevithick schlug eine alternative Lösung vor, bei der Fangdämme in das Flussbett vorgetrieben werden sollten, in deren Schutz man dann gusseiserne Tunnelelemente verlegen konnte, doch auch diese Idee versank im Schlick der Themse.

Nun trat Marc Isambard Brunel auf den Plan. Er war 1769 als Sohn eines Bauern in der Normandie geboren worden, hatte seine Heimatstadt Gissors während der Französischen Revolution 1789 verlassen müssen und war nach New York gegangen, wo er bald zum Stadtbaumeister avancierte. Als er sich in England niederließ, war er bereits durch eine Fülle von Erfindungen hervorgetreten, besaß zahlreiche Patente und außerdem Verträge mit der Königlichen Marine im Chatham Dockyard für seine Maschinen zur Herstellung von Blocksteinen.

Brunels Antwort auf die Herausforderung eines Themsetunnels war ganz unmittelbar inspiriert von seinen Erfahrungen in Chatham. Wenn man einen Tunnel durch das veränderliche Sediment eines Flussbettes grub, ahmte man am besten den Schiffsbohrwurm *Terado navalis* nach, dessen gegenläufig rotierende Kiefer selbst durch härteste Schiffseiche einen kreisrunden Gang graben; anschließend kleidet er die Wände der Gänge mit seinen rasch aushärtenden Exkrementen aus. Brunel entwickelte aus diesem Konzept seinen patentierten Tunnelschild, den er in einer Mitteilung an die Institution of Civil Engi-

neers später als »wandernden, horizontal vorgetriebenen Fangdamm« beschrieb.

Der große Schild

Der ursprünglich von Brunel patentierte und dann für den endgültigen Angriff auf die Themse von Rennie and Company verbesserte Tunnelschild war eine aus Gusseisen gefertigte mechanische Vorrichtung, eine dreistöckige Rahmenkonstruktion mit 36 Abteilungen, in denen jeweils ein Bergmann steht und den Stollen in dem vor ihm liegenden Bereich nach einem genauen

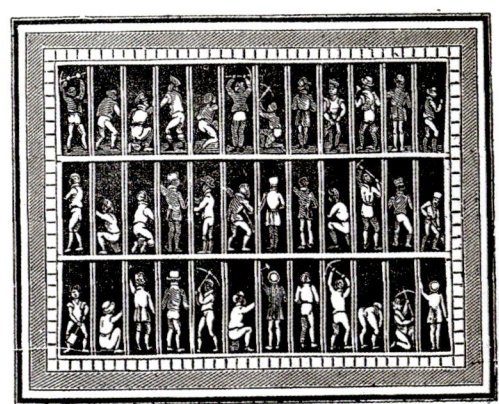

Zeitgenössische Darstellung des Tunnelschilds mit einem Bergmann in jeder Abteilung

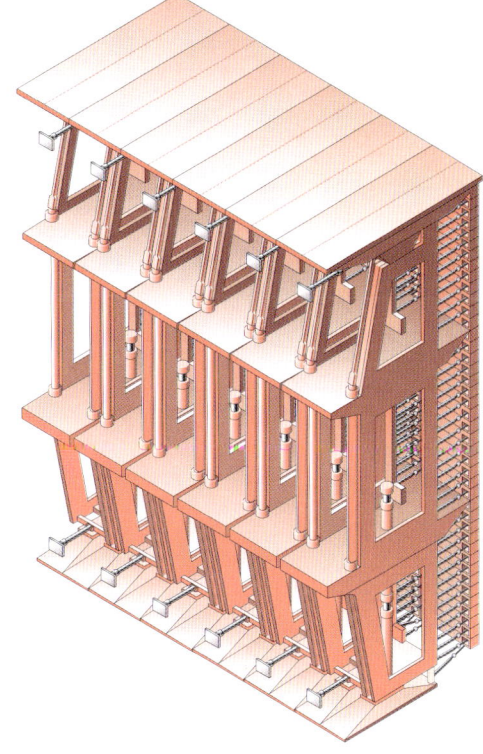

Brunels Erfindung des Tunnelschilds war der Schlüssel für den Bau des Themsetunnels. Durch einen gut organisierten Einsatz der Arbeitskräfte ermöglichte er einen schnellen Vortrieb.

Entwurf von Brunel für den südlichen Tunneleingang, mit geschwungenen Treppen für Fußgänger.

Sir Marc Isambard Brunel, Bildnis von Samuel Drummond, um 1835. Im Hintergrund diverse Gegenstände, die im Zusammenhang mit Brunels Erfindungen und Projekten stehen, darunter auch ein Gemälde des Themsetunnels.

Ablaufschema von Hand vortreiben konnte. Die vordere Wand war durch Bretter gesichert, die der Bergmann nacheinander wegnahm, um das dahinter liegende weiche Sediment abzugraben. Anschließend wurde das Brett wieder eingesetzt. Dann folgten Maurer, die nun sogleich die 1 Meter dicke, aus Ziegeln und Romankalk bestehende Tunnelwand aufmauerten. Im Laufe seiner Entwicklung wurde aus Brunels ursprünglich kreisförmigem Schild ein rechteckiger Rahmen aus 11 Abteilungen von je 6 Metern Höhe und 1 Meter Breite, der einen Vortrieb auf einer Fläche von 66 Quadratmetern ermöglichte.

Wie sich noch zeigte, lag der entscheidende Unterschied zwischen Brunels ursprünglicher Version und dem im Themsetunnel eingesetzten Schild jedoch darin, dass man aus Kostengründen das rückwärtige Schott wegließ. Es hatte die lebenswichtige Aufgabe, den gerade ausgemauerten Teil des Tunnels gegen den Vortriebsbereich abzudichten. Ohne diesen Schutz kam es angesichts der unsicheren Sedimentschichten unvermeidlich immer wieder zu Überschwemmungen, und eine dieser Überschwemmungen führte tatsächlich zu einer siebenjährigen Unterbrechung der Bauarbeiten. Marcs Sohn Isambard, der den Ruhm seines Vaters später noch in den Schatten stellen sollte, zweifelte damals sogar an der Fertigstellung des Tunnels.

Vater und Sohn Brunel nahmen außergewöhnliche persönliche Belastungen auf sich. Marc verbrachte jeweils neun Tage in Folge und oft auch noch länger bis zu 20 Stunden täglich im Tunnel; sein Sohn verband seine Pflichten in Limehouse mit den Anforderungen seiner eigenen, gerade erst beginnenden Karriere als Ingenieur.

Der Themsetunnel wurde 1825 begonnen und 1843 vollendet; die junge Königin Viktoria und ihr Gemahl Prinz Albert beehrten ihn mit einem Besuch. In den ersten 15 Wochen nach der Eröffnung zog er mehr als eine Million zahlende Benutzer an. Marc Brunel wurde mit der Ritterwürde geehrt und trat in den wohlverdienten Ruhestand. Er starb 1849. Sein geliebter Tunnel wurde 1865 von der East London Railway übernommen, und bis heute dient er der Londoner U-Bahn. Brunels Tunnelwände sind so fest wie eh und je, doch die Pendler können sich wahrscheinlich nur schwer vorstellen, dass der Tunnel einst Schauplatz von Candlelight-Dinners war, die Vater und Sohn Brunel für ihren »Tunnel Club« gaben.

Brooklyn Bridge

Bauzeit: 1869–1883   Ort: New York, USA

Wissen und technisches Können hätten niemals ausgereicht, um die Brücke zu bauen…
Der Glaube des Heiligen und der Mut des Helden mussten zusammenkommen,
damit dieses Werk erdacht, entworfen und gebaut werden konnte.
HON. ABRAM S. HEWITT BEI DER EINWEIHUNG DER BRÜCKE AM 24. MAI 1883

DIE VON VATER UND SOHN RÖBLING gebaute Brooklyn Bridge war das Ergebnis der 1830 fehlgeschlagenen Revolution in Frankreich und Deutschland, die Johann Röbling 1831 veranlasste, in die Vereinigten Staaten auszuwandern, des amerikanischen Bürgerkriegs, in dem Johanns Sohn Washington als Oberst diente und der industriellen Revolution, für die Vater und Sohn Röbling und die Brooklyn Bridge in vielerlei Hinsicht als beispielhaft gelten können.

Johann Röbling studierte in Berlin Bautechnik, Architektur und Philosophie, doch in Amerika gründete er eine landwirtschaftliche Gemeinschaft. Seines frugalen Lebens überdrüssig, kehrte er jedoch zur Technik zurück und beteiligte sich als Ingenieur am Bau des Pennsylvania-Kanals. Dort erkannte er, wie unzuverlässig die Taue waren, mit denen man die Lastkähne flussaufwärts zog. Er erinnerte sich an einen deutschen Aufsatz über Drahtseile, baute auf seiner Farm eine Luftspinnmaschine und stellte das erste gesponnene Drahtseil Amerikas her.

In seiner Dissertation hatte er sich mit einer Hängebrücke in Bayern befasst; 1844 machte er den Vorschlag, einen Kanal auf einer Hängebrücke über den Allegheny-Fluss zu führen. Es

Ursprünglich hatte die Brooklyn Bridge Pferdefuhrwerke, Fußgänger und eine Straßenbahn zu tragen. Im Vordergrund die Endstation der kurzen Straßenbahnlinie über den East River auf der New Yorker Seite.

folgten vier weitere Vorschläge, bis man ihn 1851 mit dem Bau der Niagara Falls Rail Bridge und 1856 mit dem Bau der Ohio Bridge in Cincinnati beauftragte. Ihr Bau musste wegen des Bürgerkriegs unterbrochen werden und wurde erst 1866 abgeschlossen. Bei diesem Projekt spielte Johanns Sohn Washington eine wichtige Rolle: eine Arbeitsbeziehung zwischen Vater und Sohn, die an die Zusammenarbeit zwischen Isambard Kingdom Brunel und seinem Vater Marc erinnert.

Pläne für eine Brücke

Die Idee für eine Brücke zwischen New York und Brooklyn war schon mehrfach geäußert worden, doch erst mit der Fertigstellung der Ohio Bridge schien sie realisierbar. Der East River war ein unruhiges Gewässer mit Gezeitenunterschieden und starkem Schiffsverkehr, sodass die Brücke hoch genug für die Masten der Segelschiffe sein musste. Wie berechtigt das Projekt in ökonomischer Hinsicht war, zeigte sich im Winter 1866/1867, als der East River zufror und der gesamte Fährverkehr zum Erliegen kam. Im Frühjahr 1867 gründete man per Gesetz die New York Bridge Company, und am 23. Mai wurde Johann Röbling zum leitenden Ingenieur der Gesellschaft ernannt.

Röbling schlug den Bau einer Hängebrücke mit einer Spannweite von 486 Metern vor, um die Hälfte länger als die längste damals existierende Hängebrücke der Welt, die Ohio Bridge in Cincinnati. Viele hielten solch ein Projekt für nicht realisierbar, und es waren nur noch zwei

Jahre bis zum geplanten Baubeginn. Wenig später verletzte Röbling sich bei der Inspektion des ins Auge gefassten Baugeländes am Fuß. Das war zu diesem Zeitpunkt kein Anlass zur Sorge, doch da Röbling sich hartnäckig weigerte, ärztliche Hilfe in Anspruch zu nehmen, starb er einige Wochen später an den Folgen einer Tetanusinfektion.

Nun übernahm sein Sohn Washington das Projekt. Er war gut darauf vorbereitet. Er hatte nicht nur an der Ohio-Brücke mitgearbeitet und seine Ausbildung am Rensselaer Polytechnic Institute (Amerikas erster Technischen Hochschule) erhalten, sondern in Europa auch die Konstruktion von Caissons studiert. Sein Vater hatte gezeigt, dass es möglich war, die Brücke zu bauen; an seinem Sohn war es nun, die Einzelheiten auszuarbeiten und das Projekt zu verwirklichen.

Der Bau der Fundamente

Wie bei vielen Ingenieurprojekten bleiben die eigentlichen Leistungen und Innovationen verborgen. Die Absenkung der Caissons und der Bau der Fundamente für die 82 Meter hohen Türme waren für sich schon so heroische Aufgaben, dass es uns heute noch schwer fällt, sie entsprechend zu würdigen.

Caissons sind riesige wasserdichte Kästen, die keinen Boden besitzen, damit man unten das Flussbett ausbaggern kann. Wie große Schiffe wurden sie in Trockendocks gebaut und nach ihrem Stapellauf an ihren Bestimmungsort gezogen. Dort beschwerte man sie mit Steinen, sodass sie am vorgesehenen Ort auf den Boden

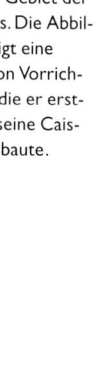

Washington Röbling war der Pionier auf dem Gebiet der Caissons. Die Abbildung zeigt eine Reihe von Vorrichtungen, die er erstmals in seine Caissons einbaute.

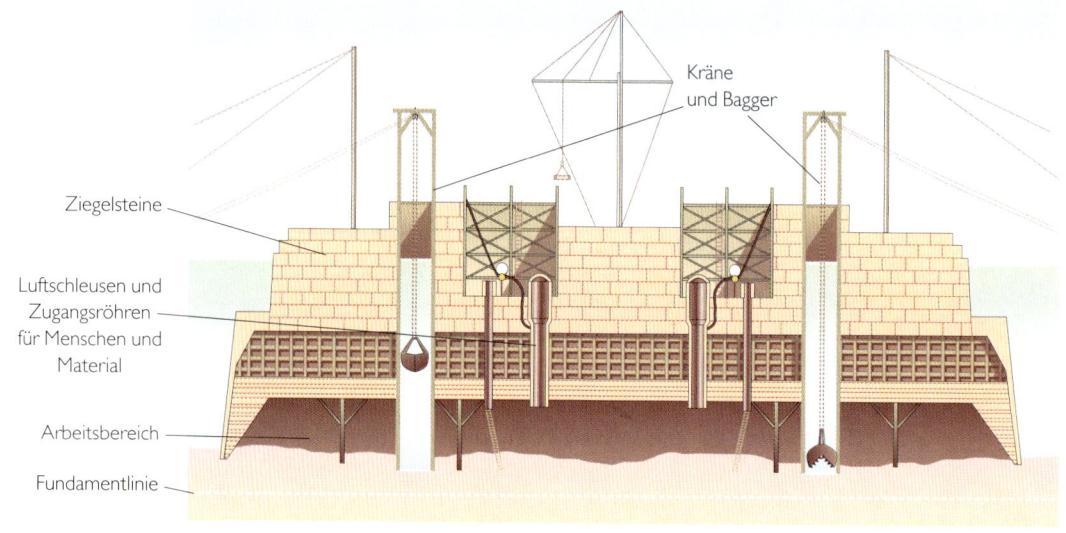

Kräne und Bagger

Ziegelsteine

Luftschleusen und Zugangsröhren für Menschen und Material

Arbeitsbereich

Fundamentlinie

Abgesehen von einer Kirchturmspitze waren die Türme der Brooklyn Bridge damals die höchsten Bauwerke New Yorks; 1877 wurde eine hölzerne Fußgängerhängebrücke für das allgemeine Publikum eröffnet; den Damen riet man allerdings von deren Benutzung ab.

sanken. Das Material am Boden der Caissons wurde entfernt, bis die erforderliche Tiefe erreicht war. Um das Eindringen von Wasser zu verhindern, pumpte man Luft in die Caissons. Über eine Luftschleuse konnten die Arbeiter hinein- und herausgelangen. Das ausgeschachtete Material wurde über Röhren heraufgeholt; später wurde auf demselben Wege der Beton eingebracht, der den Caisson am Ende füllen und das Fundament der Granittürme bilden sollte.

Der Einsatz dieser Caissons war nicht ungefährlich und außerordentlich beschwerlich, obwohl es keinen Mangel an Arbeitskräften gab. Einmal entwich die Luft aus einem der Caissons und schleuderte eine Fontäne aus Wasser und Steinbrocken in die Höhe; der Caisson sank bedrohlich ab, kam zum Glück aber nicht aus dem Lot. Ein anderes Mal setzte ein Arbeiter, der mit einer Kerze nach seiner Lunchbox suchte, den Werg in einer Fuge der riesigen Holzkonstruktion in Brand. Entweichende Luft trieb das Feuer in das Holz des Caissons hinein. Obwohl man den Brand tagelang bekämpfte, konnte man das Bauprojekt am Ende nur durch die vollständige Flutung des Caissons retten. Auf der New Yorker Seite verhinderte man solche Vorfälle, indem man die Caissons innen mit Zinnblech ausschlug.

Der Druck in den Caissons war so hoch, dass die dort Arbeitenden mit einem Problem konfrontiert wurden, das erstmals James Eads beim Bau der Brücke in St Louis beobachtet hatte. Die Caisson- oder Druckluftkrankheit, die zu bleibenden Schäden oder sogar zum Tod führen kann, erfasste manche Arbeiter, kurz nachdem sie die Druckkammer verlassen hatten. Wir wissen heute, dass sie durch die Bildung von Stickstoffbläschen im Blut verursacht wird. Ein Arzt der New York Bridge Company erkannte, dass sie dann auftrat, wenn der Druckabfall sehr schnell erfolgte, und er kam einem vollen Verständnis schon sehr nahe, als er bemerkte, dass die Symptome verschwanden, wenn die Männer zurück in die Druckkammer gingen. Er schlug sogar vor,

Technische Daten

Spannweite	486 m
Gesamtlänge	1825 m
Höhe der Brückenbahn	41 m
Höhe der Türme	82,60 m
Durchmesser der Seile	40 cm
Baukosten	9 Mio. US-Dollar

und Emissärin, nur wenige seiner fähigsten Assistenten hatten Zugang zu ihm. Dennoch koordinierte er die Bauarbeiten bis ins Detail und beobachtete die Fortschritte mit einem Fernrohr von seinem Schlafzimmerfenster aus. Seine Brücke war die erste Hängebrücke, die von Stahlseilen getragen wird; außerdem finden sich hier erstmals eine Reihe von Details und Techniken, die zu Standardlösungen für solche Brücken werden sollten.

Die wohl wichtigste Neuerung waren die Spinnweise und die Verankerung der vier großen Hauptseile. Jedes dieser Seile besteht aus 5282 galvanisierten Stahldrähten, die auf 19 Stränge verteilt sind und einen Gesamtdurchmesser von 40 Zentimetern ergeben. Jeder Strang des fertigen Seils besteht in Wirklichkeit aus einem einzigen Draht von 298 Kilometern Länge, der mit dem Seil immer wieder zwischen den gemauerten Türmen zu einer Verankerung und dann zurück auf die andere Seite der Brücke läuft. Am Anker sind die Seile durch schwere Eisenketten an vier gusseisernen, in den Granit eingebetteten Ankerplatten befestigt. Dasselbe System findet sich auch an der 60 Jahre später erbauten Golden Gate Bridge und an der Brücke über den Großen Belt in Dänemark. Neben diesen Hauptseilen führen weitere Stahlseile strahlenförmig von den Türmen zur Brückenbahn und nehmen damit die Technologie heutiger Hängebrücken vorweg.

Eigentlich besteht die Brücke aus zwei Brücken, zwischen denen ein erhöhter Fußweg aufgehängt ist. Von den Hauptseilen hängen Stahlseile herab, an denen die Träger aufgehängt sind, auf denen die Brückenbahn ruht. Diese Seile bilden zusammen mit den schräg verlaufenden Trageseilen ein veränderliches Muster, das zu einem guten Teil für die ästhetische Erscheinung der Brücke verantwortlich ist. Die inneren Träger sind doppelt so stark wie die äußeren, weil die beiden Innenspuren für die Straßenbahn vorgesehen waren.

Als das Bauwerk am 24. Mai 1883 eingeweiht wurde, passierten 150 000 Menschen und 1500 Fahrzeuge die Brücke. Es war ein großes Ereignis. Geschäfte und Schulen blieben aus diesem Anlass geschlossen.

Heute fließt der Verkehr auf sechs Fahrspuren über die Brücke. Dazu musste man die Außenträger verstärken. Hängeeisen und Haken wurden erneuert, doch insgesamt ist die Brücke heute noch genauso, wie die Röblings sie erbauten.

Der berühmte, erhöht angebrachte Fußweg führt direkt in das Gitterwerk der senkrechten und diagonalen Halte- und Tragseile. Johann Röbling legte die diagonalen Tragseile so stark aus, dass sie die Brückenbahn auch ohne die Hauptseile tragen könnten.

eigens eine Druckkammer für die Behandlung der Betroffenen zu bauen. Auch Röbling war nicht gegen diese Krankheit gefeit, aber er nahm keine Rücksicht darauf.

Obwohl er dem körperlichen Zusammenbruch nahe war, arbeitete er weiterhin in dem Caisson auf der New Yorker Seite; dort willigte er ein, den Pfeiler auf einer harten Sandschicht zu gründen, statt die Ausschachtung bis auf den felsigen Untergrund voranzutreiben, denn das hätte für die Arbeiter noch höheren Druck und für die Bridge Company höhere Kosten und eine weitere Verzögerung bedeutet. Mehr als 2500 Menschen arbeiteten zwei Jahr lang am Bau der Fundamente.

Der Bau der Brücke

Die beiden Fundamente waren im Juli 1872 fertig gestellt. Nun zog Röbling sich krank und erschöpft in sein Haus in Brooklyn Heights zurück. Seine Frau Emily wurde seine Dolmetscherin

Canadian Pacific Railway

Bauzeit: 1871–1887 Ort: Von Montreal bis Vancouver, Kanada

Ich kann nur sagen, das Werk ist in jeder Hinsicht gelungen.
CORNELIUS VAN HORNE, CRAIGELLACHIE, 7. NOVEMBER 1885

FÜR DIE NEUE kanadische Konföderation war es eine dringende Notwendigkeit, ihre Verkehrsverbindungen auszubauen. Das wollte man durch den Bau einer transkontinentalen Eisenbahnstrecke erreichen, und dieser Gedanke fand starken Rückhalt. Vor allem das isoliert am Pazifik liegende British Columbia bestand darauf, rasch durch eine Eisenbahn mit dem übrigen Land verbunden zu werden, und machte dies zur Bedingung für seinen Beitritt. Das Abkommen wurde 1871 geschlossen; zwei Jahre später sollte mit dem Bau begonnen werden, und innerhalb von zehn Jahren sollte er abgeschlossen sein. Eine staatliche Kommission war zu dem Schluss gelangt, das sei zwar schwierig, aber möglich; der Übergang über das Gebirge blieb jedoch zunächst ungeklärt.

Anfangs kam man nur langsam voran, doch 1881 wurde die Canadian Pacific Railway (CPR) gegründet. Da die Gewinnaussichten sehr viel geringer waren als der gesellschaftliche Nutzen, entschloss sich die Regierung zu erheblichen Subventionen. Die bereits gebauten oder im Bau befindlichen 1126 Kilometer Bahnstrecke wurden der CPR übergeben, dazu 25 Millionen Dollar in bar. Außerdem überschrieb man der Gesellschaft 10 Millionen Hektar Land, aufgeteilt in Parzellen zu je 260 Hektar, aus denen das Unternehmen Gewinn ziehen sollte. So wollte man die CPR ermutigen, Siedler in den Westen zu holen, weil sich dadurch der Wert des Landbesitzes erhöhte und der Verkehr auf der Strecke zunahm.

Doch die zu erwartenden Baukosten waren gewaltig. Nicht nur Arbeitskräfte und Baumaterial mussten bezahlt werden, zu den Risiken zählten auch 320 Kilometer Granitgestein und sumpfige Böden nördlich des Oberen Sees. Diese Schwie-

Oben: Ein Zug passiert das Kicking Horse Pass Monument, das die kontinentale Wasserscheide markiert. Der Übergang über den Pass stellte die größte Herausforderung beim Bau der Strecke dar, deren Verlauf die nebenstehende Karte zeigt.

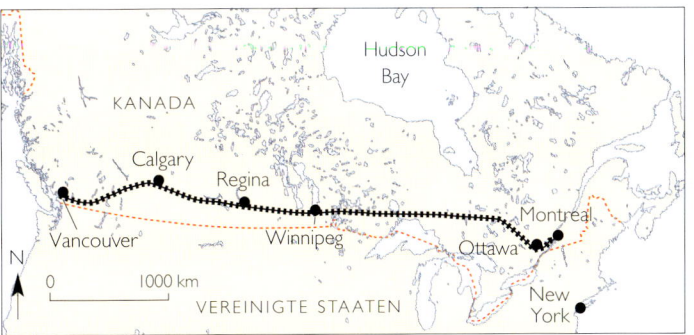

Das Werk ist vollbracht: Am 7. November 1885 wurde in Craigellachie auf dem Eagle Pass in den Rocky Mountains feierlich der letzte Schienennagel eingeschlagen. Das allerletzte Teilstück bis Vancouver wurde 1887 eröffnet.

rigkeiten konnte man umgehen, wenn man sich für eine weiter südlich gelegene Route entschied, doch dann hätte die Strecke durch die Vereinigten Staaten geführt. Und all diese Probleme musste das Unternehmen lösen, ohne dass ihm sonderliche Einnahmen zur Verfügung standen.

Es kam darauf an, den richtigen Manager zu finden. Ein achtunddreißigjähriger Amerikaner holländischer Abstammung namens William Cornelius van Horne wurde zum Generalmanager der CPR ernannt. Seine Energie und seine unglaubliche Zähigkeit führten das Unternehmen zum Erfolg. 1882 begann man mit dem Bau der Strecke; innerhalb von zehn Jahren mussten mehr als 13 000 Kilometer gebaut werden.

Zum allgemeinen Erstaunen erklärte van Horne, die ersten 800 Kilometer könnten noch im selben Jahr fertig gestellt sein; den Rest der Strecke werde man bis 1887 schaffen. Überschwemmungen verhinderten, dass er das erste

Ziel erreichte, doch immerhin wurden 670 Kilometer fertig.

Die Überquerung der Gebirge

Es war immer noch unklar, wo die Strecke die Rocky Mountains und die Selkirk Mountains über- oder durchqueren sollte, und so erhielt Major A. B. Rogers den Auftrag, eine Route zu finden. Er brauchte anderthalb Jahre dafür; in den Rockies entschied er sich für den Kicking Horse Pass, in den Selkirks für den später nach ihm benannten Rogers Pass. Inzwischen wurde die durch die Prärie führende Strecke bis Calgary im August 1883 fertig gestellt.

Doch das Geld war knapp, Zeit war kostbar, und man musste sparen. Bei starken Steigungen können Züge nur geringere Lasten transportieren; außerdem erfordern sie umfangreichere Sicherheitsmaßnahmen. Um keinen Tunnel am Kicking Horse Pass bauen zu müssen, verlegte man einen 13 Kilometer langen Streckenabschnitt mit einer Steigung von 4,5 Prozent. Das musste reichen. Später ersetzte man diesen Abschnitt durch zwei Tunnel. Auch in den Selkirks wählte man eine ungünstige oberirdische Streckenführung, die den Bau von Lawinenschutzdächern erforderlich machte. Erst 1916 baute man dort den Connaught Tunnel, der den Scheitelpunkt der Strecke um 165 Meter absenkte und die Strecke um mehr als 7 Kilometer verkürzte.

Im Frühjahr 1885 kam es in Manitoba zu einem Aufruhr; van Horne stellte die noch nicht fertig gestellte Eisenbahn dem Militär zur Verfügung, und schon nach vier Tagen war der Aufstand niedergeschlagen. Konnte die Regierung dem Unternehmen danach einen weiteren Kredit verweigern? Der Streckenabschnitt an den Großen Seen wurde noch im selben Jahr fertig gestellt.

Die Vollendung der Strecke war in Sicht. Die Schienen näherten sich dem Eagle Pass, und bei einer Feier in Craigellachie am 7. November 1885 schlug man den letzten Schienennagel ein. 1886 weihte die Canadian Pacific Railway die Strecke mit einem Zug ein, der am 28. Juni in Montreal abfuhr und am 4. Juli in einem Vorort von Vancouver eintraf. Die letzten 20 Kilometer bis Vancouver wurden am 23. Mai 1887 eingeweiht.

Die Entfernungen in Kanada sind gewaltig, und ebenso gewaltig war die Arbeit. Der Bau der Canadian Pacific Railway war eine der großen Leistungen in der Geschichte der Eisenbahn, für die ihr Schöpfer van Horne 1894 von Königin Viktoria in den Ritterstand erhoben wurde.

Technische Daten

Entfernung Montreal-Vancouver	4700 km
Höhe des Kicking Horse Pass	1628 m
Arbeitskräfte am Kicking Horse Pass	12 000

Die Eisenbahnbrücke über den Firth of Forth

Bauzeit: 1882–1890   Ort: Firth of Forth, Schottland

*Den Verdienst dieses Bauwerks wird man, wenn überhaupt, nicht in neuen
Konstruktionsprinzipien erblicken, sondern in der entschlossenen Anwendung
bewährter mechanischer Gesetze und gesicherter Versuchsergebnisse*

SIR BENJAMIN BAKER, 1941

DIE BRÜCKE über den Firth of Forth ist eines der großen Monumente des britischen Ingenieurwesens im 19. Jahrhundert. Schon bevor man den Bau der Brücke ins Auge fasste, hatten sich einige der größten britischen Inge-nieure Gedanken darüber gemacht, wie sich eine zuverlässige und sichere Verbindung über den Firth of Forth herstellen ließ. Vorschläge zu einem verbesserten Fährsystem oder zum Bau eines Tunnels hatten unter anderen John

Die Eisenbahn-brücke über den Forth ist heute noch die zweit-längste Brücke dieser Bauart.

Smeaton (1772), Hugh Baird (1807), John Rennie (1809), Robert Stevenson (1817) und Thomas Telford (1828) unterbreitet.

Anfang des 19. Jahrhunderts erschien dann vorausschauenden Köpfen eine Brücke als die sinnvollste Lösung. Mehrere Entwürfe wurden begutachtet und verworfen, bis schließlich 1865 das Parlament eingriff und der North British Railway den Auftrag erteilte, eine Brücke über den Forth zu bauen. Deren Ingenieur Thomas Bouch, der auch die Brücke über den Tay gebaut hatte, schlug eine Hängebrücke mit einer Spannweite von 488 Metern vor. Der Bau begann 1878, wurde aber unterbrochen, als am 28. Dezember 1879 die Brücke über den Tay zusammenbrach; 75 Passagiere eines Zuges kamen dort ums Leben, weil das Mittelstück der Brücke bei einem Sturm einstürzte. Ein Jahr später verwarf man Bouchs Entwurf.

Das Auslegerprinzip

Neue Vorschläge kamen von Sir John Fowler, W. H. Barlow und T. E. Harrison. Der Entwurf basierte auf dem Prinzip des »durchlaufenden Trägers«. Es handelte sich im Wesentlichen um einen durchlaufenden Träger mit Unterbrechungen an bestimmten Gegenbiegungspunkten. Der ursprüngliche Vorschlag wurde von Fowler und seinem Juniorpartner Benjamin Baker in der Folgezeit noch abgeändert.

In einer Rede vor der Royal Institution beschrieb Baker 1887 das Auslegerprinzip:

»Zwei Männer sitzen auf einem Stuhl, strecken die Arme aus und fassen zwei Stangen, deren unteres Ende gegen den Stuhl stößt. Damit entstehen zwei vollständige Brückenpfeiler, wie in der Abbildung über den Köpfen der Männer dargestellt. Für den Mittelträger steht das Brett zwischen den beiden inneren Enden der aus Stangen und Armen gebildeten Ausleger, während das von den Endpfeilern der Ausleger gebildete Gegengewicht durch die Stapel aus Ziegelsteinen repräsentiert wird.

Wenn der Mittelträger belastet wird, etwa weil ein Mann sich auf das Brett setzt, spannen sich die Arme der Männer und die Seile an den Gegengewichten.

Die Stühle stehen für die kreisförmigen Granitpfeiler. Wenn Sie sich nun vorstellen, dass die beiden Pfeiler eine halbe Meile voneinander entfernt sind, die Köpfe der Männer sich in einer ähnlichen Höhe befinden wie das Kreuz auf St Paul, die Arme aus riesigen Stahlgitterträgern bestehen und die Stangen aus Röhren, die an der Basis einen Durchmesser von 12 Fuß besitzen, dann können Sie sich eine gute Vorstellung von dem Bauwerk machen.«

Die erste moderne Auslegerbrücke hatte 1867 Heinrich Gerber bei Haßfurt über den Main gebaut; sie besaß eine Spannweite von 130 Metern. Anfangs wurde diese Brückenform nach ihm benannt und als Gerberbrücke bezeichnet. Die erste Gerberbrücke in den USA baute Charles Shaler Smith 1876 über den Kentucky, und 1883 baute C. C. Schneider solch eine Brücke über den Niagara. Dort sprach man erstmals von einer Auslegerbrücke.

Das menschliche Modell, mit dem Benjamin Baker 1887 in einer Rede vor der Royal Institution das Prinzip der Auslegerbrücke veranschaulichte.

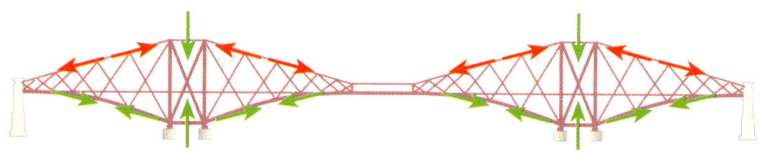

Der Bau der Brücke

Die Brücke über den Firth of Forth stellte deren Erbauer vor eine gewaltige Herausforderung. Die erforderliche Spannweite war nahezu viermal so groß wie die Spannweite der längsten Eisenbrücke Großbritanniens, und noch nie hatte man eine Auslegerbrücke gebaut. Die Brücke sollte aus Stahl sein, und auch damit hatte man kaum Erfahrungen. Seit der Mitte des 19. Jahrhunderts verwendete man bei Eisenbahnbrücken meist Gusseisen, obwohl Stahl eine um 50 Prozent höhere Belastung zuließ – bei großen Spannweiten ohne Zweifel ein Vorteil. Nach der Katastrophe am Tay, die durch starken Wind ausgelöst worden war, räumte man der Sicherheit die oberste Priorität ein. Man verlangte, dass die Brücke einer Windlast von 275 Kilogramm pro Quadratmeter (statt bisher 48 Kilogramm pro Quadratmeter) standhalten konnte, und die Handelskammer erklärte, die Brücke solle »das Vertrauen der Öffentlichkeit und den Ruf erwerben, nicht nur die größte und stärkste, sondern auch die steifste Brücke der Welt zu sein«.

Die Konstruktion der kolossalen Ausleger war eine gewaltige Aufgabe; sie wurde von William Arrol aus Glasgow übernommen, der auch am Bau der riesigen neuen Brücke über den Tay mitwirkte. Doch zunächst mussten die Stützpfeiler errichtet werden. Keine besonderen Schwierigkeiten ergaben sich dort, wo man mit Fang- oder Kastendämmen arbeiten konnte. Jeder der drei Hauptpfeiler ruht auf vier getrennten Granitfundamenten, die in eisernen Caissons mit

Technische Daten	
Gesamtlänge	2465 m
Größte Spannweite	521 m
Höhe der Türme	104 m
Lichte Höhe (bei Flut)	46 m
Gewicht der Stahlkonstruktion	50 000 t
Anzahl der Nieten	6,5 Mio.
Arbeitskräfte	bis zu 4500
Baukosten	2,5 Mio. brit. Pfund

einem Durchmesser von jeweils 21 Metern gebaut wurden. Die Caissons mussten auf Tiefen von 4 bis 27 Metern abgesenkt werden. Zu einer Verzögerung kam es, als ein Caisson durch extreme Gezeitenunterschiede aus dem Lot geriet. Es dauerte zehn Monate, bis man ihn neuerlich

Bei dieser Bauart sind keine provisorischen Stützkonstruktionen erforderlich, wie die Fotografie eindrucksvoll belegt.

227

Die Eisenbahn-
brücke wird heute
noch benutzt. Der
Blick von einem der
Türme zeigt, welch
gewaltige Aufgabe
die Erbauer zu
bewältigen hatten.

fluten und in die richtige Position bringen
konnte.

1887, im Jahr des goldenen Thronjubiläums
Königin Viktorias, hatten die Türme ihre volle
Höhe erreicht; nun galt es, die Ausleger zu mon-
tieren und die Lücken zu schließen. Erst hier
zeigten sich die besonderen Vorzüge dieser Bauart. Da die Ausleger von den Pfeilern aus frei
nach beiden Seiten gebaut wurden, benötigte
man keine provisorischen Stützkonstruktionen.
Dadurch sparte man sowohl Material als auch
Zeit. Der gesamte stählerne Oberbau, der für die
Druckelemente große genietete Stahlröhren verwendete, wurde auf der Baustelle gefertigt.

Im September 1889 schob man in 60 Metern
Höhe eine Leiter über die Lücke zwischen den
beiden Hauptauslegern; am 15. Oktober folgte

eine stärkere provisorische Verbindung, und am
6. November war alles bereit für den Einbau des
Mittelträgers. Doch man musste noch eine Woche warten, bis die Temperatur für die richtige
Ausdehnung der Konstruktion gesorgt hatte und
das Mittelstück passgenau zwischen den beiden
Auslegern eingefügt werden konnte. Am 5. März
1890 weihte der Prince of Wales die Brücke ein;
sie wird noch heute benutzt. Und bis 1917 blieb
sie die größte Auslegerbrücke der Welt.

Aber die Eisenbahnbrücke über den Firth of
Forth ist nicht nur heute noch in Benutzung, sie
wird auch weiterhin Generationen von Ingenieuren inspirieren. Und wie lange wird dieses
Monument halten? »Ewig, wenn man sich darum kümmert«, meinte der Ingenieur der Brücke
im Jahre 1890.

Jungfraubahn

Bauzeit: 1896   Ort: Berner Oberland, Schweiz

*Die Landschaft der Schweiz ist wunderschön, aber kein ideales Gelände
für den Bau von Eisenbahnen.*

AUS EINER BROSCHÜRE DES SCHWEIZER VERKEHRSMUSEUMS, 1987

DIE BERGE IN DER SCHWEIZ ziehen von jeher zahlreiche Touristen an. Wer wäre nicht beeindruckt, wenn er etwa in Interlaken (567 m über dem Meeresspiegel) steht und zu den umliegenden Bergen des Berner Oberlandes hinaufschaut? Doch dort hinaufzugelangen ist eine andere Sache. Mit Zahnradbahnen fährt man zunächst zur Kleinen Scheidegg in 2061 Metern Höhe hinauf; die Wegneralpbahn wurde schon 1893 eröffnet. Bis heute führt keine Straße dort hinauf, nur mit der Bahn oder zu Fuß kann man dorthin gelangen. Daher werden die Hotels und Cafés ausschließlich mit der Bahn versorgt.

Dem Züricher Ingenieur Adolf Guyer-Zeller erschien die Kleine Scheidegg als idealer Ausgangspunkt für eine Bahn. Das war 1893. Neben dem Eiger und dem Mönch ist die Jungfrau mit ihren über 4000 Metern der dritte Gipfel, der diese Region beherrscht.

Die von Guyer-Zeller erbaute Jungfraubahn beginnt auf der Kleinen Scheidegg und wendet sich dann rasch dem Gebirge zu. Die ersten 2,2 Kilometer führt sie oberirdisch in gleichmäßiger Steigung über den Grat zum Eigergletscher (2320 m) hinauf, wo sie in den Haupttunnel eintritt. Die restlichen 7,1 Kilometer bis zum Jungfraujoch verläuft die Strecke ausschließlich unterirdisch.

Die Bauarbeiten begannen 1896; 1898 war der Eigergletscher erreicht, der als Basis für die weiteren Bauarbeiten dienen sollte und noch heute den einzigen Betriebshof der Bahn beherbergt. Da der Eigergletscher in den Wintermonaten unerreichbar war, musste das gesamte Material einschließlich der Vorräte für die Arbeiter herangeschafft werden, bevor der erste Schnee fiel. Selbst Wasser war ein Problem, denn für einen Liter Trinkwasser benötigt man 14 Liter Schnee und außerdem Elektrizität.

Auf einer gewundenen Strecke mit Steigungen bis zu 25 Prozent bewältigt die Jungfraubahn den Höhenunterschied von 1393 Metern bis zum Jungfraujoch in einer Höhe von 3454 Metern. Die Strecke führt größtenteils durch einen Tunnel. An zwei Stationen können die Passagiere aussteigen und die großartige Aussicht bewundern.

Von Anfang an war ein elektrischer Antrieb vorgesehen, da Dampflokomotiven wegen des Tunnels nicht in Frage kamen. Die Transportkapazität wurde ständig vergrößert. An schönen Tagen fahren heute mehr als 4000 Besucher mit der Bahn zum Jungfraujoch hinauf.

Von Anfang an war ein elektrischer Antrieb vorgesehen, wobei die Stromversorgung über eine Oberleitung erfolgt. Über die gesamte Strecke ist die Bahn als Zahnradbahn ausgelegt; die Triebwagen sind mit Zahnrädern ausgestattet, die in eine zwischen den Gleisen verlegte Zahnstange greifen. Dadurch können auch stärkere Steigungen – bei der Jungfraubahn bis zu 25 Prozent – sicher bewältigt werden. Trotz dieses Steigvermögens kann die Bahn innerhalb des Berges keinen direkten Weg nehmen.

Der Tunnel wurde mit elektrischen Bohrern in den Malm, einen harten Kalkstein, getrieben; eine Auskleidung war nicht erforderlich. An der Eigerwand (Kilometer 4,4 – Höhe 2865 m) baute man eine Plattform und ein Ausweichgleis. Vor allem aber baute man hier einen an der Seite offenen Tunnel, der durch eine dicke Verglasung einen großartigen Blick auf die Berge der Zentralschweiz gestattet. Aufwärts fahrende Züge halten dort an, damit die Passagiere aussteigen und die Aussicht bewundern können. In diesem Bereich arbeitete man hauptsächlich mit Sprengungen. Der Streckenabschnitt wurde im Juni 1903 eröffnet.

Die nächste Haltestelle liegt im Eismeer (Kilometer 5,7 – Höhe 3160 m); auch dort können die Passagiere aussteigen, diesmal in unmittelbarer Nähe des Eises, und einen anderen Ausblick genießen. Auch hier befindet sich ein Ausweichgleis. Das Teilstück wurde im Juli 1907 eröffnet; der Bau der Strecke vom Eigergletscher bis zum Eismeer hatte also sieben Jahre in Anspruch genommen.

Auf dem langen letzten Teilstück bis zur Endstation auf dem Jungfraujoch (Kilometer 9,3 – Höhe 3454 m) tritt an die Stelle des Malm der sehr viel härtere Gneis. Obwohl man beim Bau hier zu den stärkeren pneumatischen Bohrern wechselte, kam man sehr viel langsamer voran. Auch wurde die Luft nun sehr dünn. Zum Problem wurde auch der Abtransport des Abraums; zu diesem Zweck sprengte man 3 Kilometer von der Eismeerstation entfernt einen horizontalen Stollen.

Das letzte Teilstück und die Endstation wurden am 1. August 1912 eröffnet. Die Endstation liegt auf dem mit Schnee und Eis bedeckten Joch zwischen Jungfrau (4158 m) und Mönch (4099 m). Die Station selbst ist unterirdisch angelegt, doch auf dem Joch steht ein Hotel, und wer entsprechend ausgerüstet ist, kann vielfältige Bergwanderungen unternehmen. Die Jungfraubahn ist die höchste Eisenbahnstrecke der Welt; ihre Endstation liegt ständig über der Schneegrenze.

Technische Daten

Höhe der Jungfraujoch-Station	3454 m
Höhe der Kleinen Scheidegg	2061 m
Länge der Strecke	9,3 km
Fahrzeit	ca. 50 Minuten
größte Steigung	25 %
Tunnel	2

54

230

Die Moskauer Metro

Bauzeit: Eröffnung 1935   Ort: Moskau, Russland

Tausende von Menschen drängten sich Tag und Nacht auf den Bahnsteigen;
sie waren hingerissen. Das gedämpfte Licht der Kuppeln verstärkte das Glücksgefühl.
Man mochte gar nicht glauben, dass man tief unter den Straßen Moskaus war.
ALEXEI DUSHKIN ANLÄSSLICH DER ERÖFFNUNG DER MAYAKOVSKAYA-STATION 1938

STÄDTE IN ALLER WELT müssen feststellen, dass die Bewältigung der Verkehrsprobleme immer größere Schwierigkeiten bereitet. An der Oberfläche ist einfach nicht genug Platz für große Bürogebäude, vielfältige wirtschaftliche Aktivitäten, eine hohe Bevölkerungsdichte und das gewaltige Verkehrsaufkommen, das daraus resultiert. Der Straßenverkehr ist im-

Die von Alexei Dushkin entworfene Mayakovskaya-Station ist im Stil des Art déco gehalten.

Mosaik an der Decke der Novokuznetskaya-Station, während des Krieges begonnen, aber erst 1978 fertig gestellt. Es stammt von Alexander Deinaka und verherrlicht den Aufbau der sowjetischen Industrie.

mer ein Problem, ob nun Pferde oder Verbrennungsmotoren für den Antrieb sorgen. Obwohl es in Moskau zahlreiche Straßenbahnen und Busse gibt, ist es sinnvoll, möglichst viele Menschen mit einer Untergrundbahn zu transportieren.

Moskau begann erst recht spät, nämlich erst unter kommunistischer Herrschaft, mit dem Bau der U-Bahn. Den Gedanken hatte der Stadtrat schon 1900 diskutiert, doch er scheiterte am vereinten Widerstand der Kaiserlich Archäologischen Gesellschaft und des Moskauer Erzbischofs, die beide befürchteten, eine Untertunnelung könne den Kirchen und sonstigen Gebäuden schaden.

Die Verkehrsprobleme wurden jedoch nicht geringer, und so verabschiedete man 1931 einen Plan für den Bau der Metro. Sie sollte aus etwa

einem Dutzend radialer und paarweise verbundener Linien bestehen, die es ermöglichten, von einer Seite der Stadt auf die andere zu gelangen. Zahlreiche Verbindungen zwischen den Linien sollten das Umsteigen erleichtern. Die erste Strecke, die eröffnet wurde, war die zwischen Sokolniki im Nordosten und dem Krinskaia-Platz im Südwesten, mit einer Verlängerung nach Smolensia Rinok. Der Bau stand unter der persönlichen Leitung Nikita Chruschtschows, der später zum Generalsekretär der Partei avancierte. In der intensivsten Phase sollen 70 000 Menschen am Bau der U-Bahn beteiligt gewesen sein.

Bauverfahren

Die Tunnel wurden teils in offener, teils in unterirdischer Bauweise gebaut. Bei der offenen Bauweise wird ein tiefer Graben ausgehoben, in dem die Bahnhofsanlagen oder Tunnelröhren gebaut werden; anschließend wird der Graben wieder geschlossen. Beim zweiten Verfahren treibt man den Stollen unterirdisch vor. In beiden Fällen hatten die Baukolonnen es mit einem Gemisch aus Lehm und Kalkstein zu tun, aber gelegentlich auch mit Flottsand, der stets die Gefahr einer Überschwemmung mit sich bringt. Im Winter kam die Kälte hinzu. Der Abraum wurde meist mit Schubkarren aus den Stollen gefahren und am Stolleneingang deponiert, musste aber weggeschafft werden, bevor er fror.

Das Dekor

Besonders berühmt ist die Moskauer Metro für die monumentale Größe und die prunkvolle Ausstattung der Bahnhöfe zumindest aus der Anfangszeit des Ausbaus. Wenn der Besucher mit der Rolltreppe zu den Bahnsteigen hinabfährt, gelangt er in eine riesige Halle zwischen den Bahnsteigen, in der vielfach auch Statuen aufgestellt sind. Die Wände bestehen aus teils rosafarbenem, teils schwarzem Marmor. Für die Beleuchtung sorgen Kandelaber, die Wände sind mit heroischen Skulpturen, Mosaiken, Wandmalereien, Schnitzereien und Stuck verziert.

Die Bahnsteige sind breit und gerade und 150 Meter lang, um ein Viertel länger als in der Londoner U-Bahn. Die Moskauer U-Bahn-Züge waren mit vier Paar Doppeltüren auf beiden Seiten ausgestattet. Kurz, die U-Bahn sollte die Besucher beeindrucken, ob sie nun aus dem Ausland kamen oder aus der Provinz.

Später kam noch eine Ringstrecke hinzu. Sie kreuzt alle Radialstrecken in etwa 5 Kilometer

Technische Daten

Länge des Streckennetzes	262 km
Arbeitskräfte	70 000
Zahl der Stationen	160
Zahl der Waggons	4218
Beschäftigte	34 000

Abstand vom Stadtzentrum, sodass man den Innenstadtbereich bei vielen Fahrten nicht durchqueren muss. Außerdem verbindet er sieben der neun Bahnhöfe der Stadt miteinander. In einer 1985 erschienenen Festschrift zum fünfzigjährigen Jubiläum der Metro heißt es: Die 1954 vollendeten »architektonischen und künstlerischen Motive verherrlichen den militärischen Ruhm des sowjetischen Volkes im Großen Vaterländischen Krieg und seine schöpferischen Leis-

tungen in Friedenszeiten«. Der Ausbau geht weiter. In der 9 Millionen Einwohner zählenden Großstadt verzeichnet die U-Bahn jährlich 3,2 Milliarden Fahrten. Damit überflügelt die Moskauer Metro selbst die U-Bahnen in Tokio, Mexiko-City und Seoul. Als nächstes folgt New York mit 1,2 Milliarden Fahrten, dann Paris und Osaka. London erscheint mit 930 Millionen Fahrten auf dieser Liste erst an achter Stelle, obwohl die Benutzerzahlen rasch steigen.

Die Komsomolskaya-Station aus dem Jahr 1952 ist eine der prunkvollsten. Gebaut wurde sie von V. Kokovin, A. Zaboltnaya und A. Shchusev, der auch das Lenin-Mausoleum entwarf.

Golden Gate Bridge

Bauzeit: 1933–1937   Ort: San Francisco, USA

...die längste Brücke dieser Art, die jemals gebaut wurde;
mit den höchsten Stahltürmen, die jemals errichtet,
den längsten und dicksten Seilen, die jemals gesponnen,
den gewaltigsten Betonankern, die jemals gegossen wurden.
JOHN VAN DER ZEE, 1986

DEM BAU DER GOLDEN GATE BRIDGE am Eingang zur San Francisco Bay standen außergewöhnliche natürliche Hindernisse im Weg. Der Standort befindet sich unmittelbar am Pazifik und kaum 20 Kilometer entfernt von einem aktiven Grabenbruch. Erdbeben, Flutwellen, Meeresströmungen und orkanartige Stürme stellen höchste Anforderungen an Ober- und Unterbau der Brücke. Dennoch war die Spannweite zwischen den beiden Türmen mit 1280 Metern größer als bei jeder anderen Hängebrücke der Zeit.

Der leitende Ingenieur Joseph Strauss hatte nur eine bescheidene formale Ausbildung erhalten, doch während seiner Tätigkeit bei der New Jersey Steel and Iron Company erwarb er umfangreiche praktische Kenntnisse auf dem Gebiet des Brückenbaus, bevor er sich selbst daranmachte, Brücken zu entwerfen. Der Ingenieur Charles Ellis, der an der University of Chicago lehrte, und Leon Moissieff, der die Manhattan Bridge über den East River in New York entworfen hatte, holten ihn in das Konstruktionsteam.

Der endgültige Entwurf zeigte, welche Fortschritte man in den vergangenen 20 Jahren auf dem Gebiet des Brückenbaus gemacht hatte. Das betraf nicht nur die Messung und Verteilung der Windlast, sondern auch die Metallurgie und die Herstellung der Seile. An die Stelle der alten Generation starrer und solide funktioneller Brücken trat eine neue Generation, die durch Flexibilität und Eleganz gekennzeichnet war.

Pfeiler und Verankerungen
Der Bau der Brücke war nichts für kleingläubige Leute. Die Stahltürme – jeder wiegt 22 200 Tonnen und trägt über die Seile eine Last von 61 500 Tonnen – ragen 150 Meter über die Brückenbahn hinaus, die sich ihrerseits 75 Meter über der Wasserfläche befindet. Die Fundamente der Türme reichen in eine Tiefe von 34 Metern unter dem Wasserspiegel hinab.

Blick über die Golden Gate Bridge Richtung San Francisco. Beim Bau dieser eleganten Brücke mussten die Architekten auf die Gefahr von Erdbeben und orkanartigen Stürmen Rücksicht nehmen.

Der Bau der Fundamente für den Pfeiler auf der San Francisco zugewandten Seite bereitete besondere Schwierigkeiten. Der Bauplatz lag gewissermaßen im offenen Meer, und man musste einen Fender aus Beton bauen, in dessen Schutz der Pfeiler errichtet werden konnte. Die dafür benötige, unter Wasser liegende Fläche hatte immerhin die Größe eines Fußballfeldes. Zunächst höhlte man den Fels, in dem der Pfeiler verankert werden sollte, mit Sprengbomben aus, die man in einem Rohr hinabließ und automatisch zündete. Das war eine gefährliche Angelegenheit, und dasselbe galt für die Konstruktion des Baugerüsts zwischen dem zu errichtenden Pfeiler und dem 335 Meter entfernten Ufer. Stürme, Hochfluten und Schiffsunglücke sorgten immer wieder für Verzögerungen.

Als der Fenderring vollständig abgedichtet war, goss man 20 Meter Beton hinein, die als Fundamentplatte dienen sollten. Das Wasser wurde abgepumpt und es entstand eine Baugrube, in der nun weitergearbeitet werden konnte. Um sicherzustellen, dass der Meeresboden einer Belastung von 100 Tonnen pro Quadratmeter standhielt, inspizierten Ingenieure den Meeresboden in acht kuppelförmigen, über Schächte im Beton erreichbaren Stahlkammern von 4,5 Metern Durchmesser. Als die Prüfung zu befriedigenden Ergebnissen führte, legte man die Kammern trocken und füllte sie samt den Schächten mit Beton auf.

Die Gesteinsformation auf der Seeseite war ganz anders geartet. Hier baute man Kastendämme, um eine Fläche trockenzulegen, auf der man den Sandstein und Schiefer abtragen konnte, bis man festen Felsboden erreichte. An manchen Stellen musste man außerhalb des Kastendamms durch Bohren und Sprengen bis 10 Meter tief unter die Wasserfläche vordringen, um auf festen Grund zu stoßen.

Zugleich liefen auch an den Hängen die Ausschachtungsarbeiten für die Verankerung der Tragseile. Die Seile entfalten eine Zugkraft von mehr als 280 000 kN (Kilonewton). Damit die Verankerung diesen Kräften standhielt, baute

man sie in Form von drei stufenförmig angeordneten, ineinander greifenden Blocks.

Die Türme

Die Herstellung der Stahltürme, der größten und höchsten der Welt, stellte eine gewaltige Herausforderung dar. Die Beine wurden aus Stahlplatten und Winkeln zusammengesetzt und im Werk vernietet, so dass sich eine Zellenstruktur ergab. Um Ausrichtung und Genauigkeit zu prüfen, setzte man die Beine beim Hersteller in Pennsylvania zusammen. Wegen der Größe konnte das nur im Freien geschehen. Dann zerlegte man sie wieder und brachte sie per Schiff durch den Panamakanal zur Baustelle.

Die Türme wurden auf 19 Stahlplatten von 125 Millimetern Dicke errichtet. Die einzelnen Teile hievte man mit einem gewaltigen Kran an ihren Platz, der mit dem Turm in die Höhe stieg. Die Teile wurden probehalber zusammengesetzt und nachgearbeitet, falls sie nicht passten. Die Nieten erhitzte man in Essen, die auf Gerüsten außerhalb des Turms aufgestellt waren, und schickte

Bau der Pfeiler und Türme:
die Kräne steigen mit den Türmen in die Höhe.

sie mit Hilfe von Luftdruck durch Röhren an den Ort, an dem sie eingesetzt werden sollten.

Die Arbeit war schwer und gefährlich. Die Nieter arbeiteten sowohl innerhalb als auch außerhalb des Turms, oft in schlecht belüfteten und schlecht beleuchteten Kammern. Der Lärm war fürchterlich, und viele litten unter den Dämpfen, die freigesetzt wurden, wenn die glühenden Nieten mit der Bleimennige des Schutzanstrichs in Berührung kamen.

Die Seile

Als die Türme fertig waren, konnte man die Seile spannen, an denen die Brückenbahn aufgehängt ist. Geliefert und installiert wurden diese Seile von der Roebling Company. Jedes Seil bestand aus mehr als 25 000 Drähten in 61 Strängen, die zusammengedreht und mit hydraulischen Pressen zusammengepresst wurden. Die Drähte wurden in einer endlosen Schleife immer wieder über die Türme geführt, versponnen und an beiden Ufern verankert.

An der Spitze jedes Turms wurde auf riesigen Lagern ein 160 Tonnen schwerer Sattel angebracht, der für die nötige Flexibilität sorgen soll, wenn Türme und Seile auf Veränderungen der Belastung und der Temperatur reagieren. Die Sättel wurden erst montiert, als die Seile bereits über den Türmen lagen. Die Wirkung der Temperaturschwankungen auf die Seile war deutlich zu erkennen. Morgens hingen sie relativ schlaff herab, während sie sich gegen Mittag spannten. Jedes Seil wurde in Längsrichtung mit einem genuteten Band versehen, in das man die vertikalen Tragseile einhängte. Paarweise tragen die Seile die Brückenbahn, die von den Türmen her nach beiden Seiten wuchs.

Die Bauarbeiter waren dankbar für das Sicherheitsnetz, das hier zum ersten Mal bei einem großen Bauprojekt eingesetzt wurde. Es rettete 19 Menschen das Leben; doch am 17. Februar 1937, nur einige Monate vor dem Abschluss der Bauarbeiten, zerriss das Netz, als eine Arbeitsbühne herabstürzte, die zum Entfernen der Betonverschalung unter der Fahrbahn eingesetzt wurde; zehn Menschen kamen ums Leben.

Die Brücke war dennoch früher fertig als erwartet. Kaum war der letzte Anstrich – International Orange – aufgebracht, wurde die Brücke am 27. Mai 1937 eingeweiht; 200 000 Fußgänger überquerten sie, bevor die Kraftfahrzeuge von ihr Besitz ergriffen. Bis heute ist sie eine Ikone des Brückenbaus geblieben.

Links: Einer der beiden gigantischen Tortürme, an denen die Brücke aufgehängt ist. Als die Brücke gebaut wurde, waren sie die größten und höchsten der Welt.

Gegenüberliegende Seite, oben: Die gewaltigen Tragseile wurden gesponnen, indem man in einer ununterbrochenen Schleife Drähte von der Verankerung auf der einen Seite über die Türme zur Verankerung auf der anderen Seite und wieder zurück zog.

Gegenüberliegende Seite, unten: Von den Türmen aus werden schrittweise die Elemente der Brückenbahn montiert.

Der Seikan-Eisenbahntunnel

Bauzeit: 1964–1988   Ort: von Honshu bis Hokkaido, Japan

Wir haben nun den Traum der Menschen von einer Landverbindung zwischen Honshu und Hokkaido verwirklicht.
VERKEHRSMINISTER SHINTARO ISHIHARA BEI DER EINWEIHUNG
DES SEIKAN-EISENBAHNTUNNELS AM 13. MÄRZ 1988

Wegen der Länge des Tunnels wurden außergewöhnliche Sicherheitsmaßnahmen getroffen. Das Bild zeigt einen der beiden Stationen, von denen aus die Passagiere bei einem Brand über Rettungstunnel evakuiert werden könnten.

WENN TEILE EINES LANDES durch Wasserstraßen voneinander getrennt sind, bereiten solche Barrieren besondere Unannehmlichkeiten. Japan besteht aus vier Hauptinseln: Kyushu, Shikoku, Honshu (mit der Hauptstadt Tokio) und Hokkaido. Schon in den dreißiger Jahren fasste man den Plan, die Inseln durch das Netz der Shinkansen-Hochgeschwindigkeitszüge miteinander zu verbinden. Für die Verbindung zwischen Hokkaido und Honshu beschloss man den Bau eines Tunnels unter der Tsugarustraße, obwohl man wusste, dass dies keine leichte Aufgabe sein würde. An der engsten Stelle ist die Wasserstraße 23 Kilometer breit, aber da die Küste dort bergig ist und Züge nur geringe Steigungen bewältigen können, musste der Tunnel sehr viel länger werden, nämlich doppelt so lang.

In den Zufahrtsbereichen beträgt die Steigung 1,2 Prozent, im mittleren Teil nur 0,3 Prozent. Um die Gefahr eines Wassereinbruchs möglichst gering zu halten, befindet sich der Tunnel 100 Meter unter dem Meeresboden, und der Meeresboden selbst liegt an der tiefsten Stelle 140 Meter unter dem Meeresspiegel. Der Seikan-Tunnel liegt doppelt so tief wie der Tunnel unter dem Ärmelkanal. Und so ist er der längste und tiefste Eisenbahntunnel der Welt.

Die Geologie und der Bau des Tunnels

Geologische Untersuchungen zeigten, dass die geologischen Bedingungen keineswegs günstig waren. 1964 trieb man auf beiden Seiten der Wasserstraße einen leicht schrägen Schacht in die Tiefe, von dem aus man zwei Pilottunnel bohrte. Erst 1983, 19 Jahre nach Baubeginn, erfolgte der Durchbruch zwischen den beiden Probetunneln. Es zeigte sich, dass der Tunnel durch stark zerklüfteten Granit gebohrt werden musste, der von Wasser führenden Spalten durchzogen war. Diese Spalten musste man abdichten, indem man Beton unter Druck in sie hineinpresste. Außerdem war es erforderlich, die Tunnelwände mit Stahl zu verstärken. Unter diesen Umständen war es auch nicht möglich, Tunnelbohrmaschinen einzusetzen; man war auf Sprengstoff und herkömmliche Bohrer angewiesen.

Die eigentlichen Bauarbeiten begannen 1972, und man glaubte, den Tunnel innerhalb von sieben Jahren fertig stellen zu können. Unentdeckte Spalten im Fels und Überflutungen sorgten für

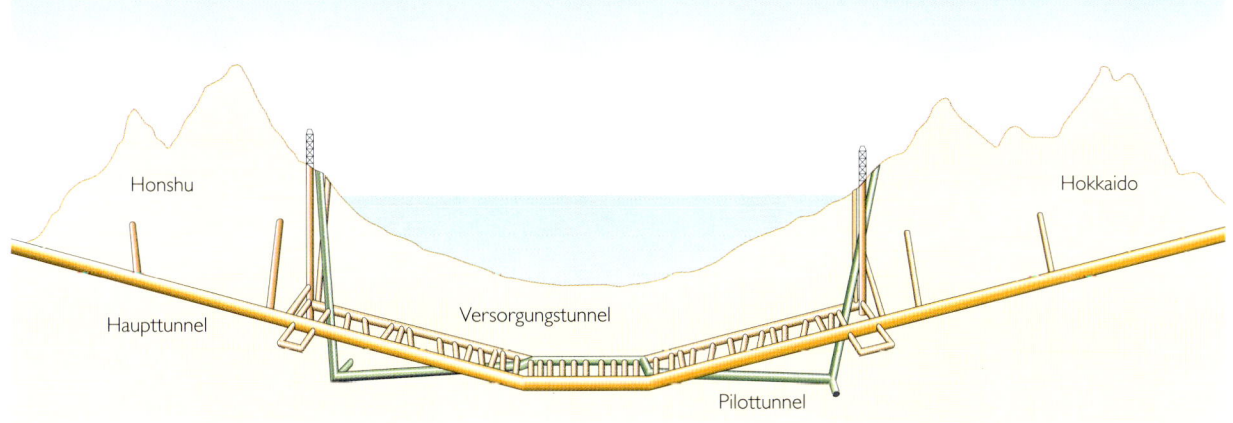

Honshu

Hokkaido

Haupttunnel

Versorgungstunnel

Pilottunnel

erste Probleme. Vier größere Wassereinbrüche führten zu erheblichen Verzögerungen. Bei Wassereinbrüchen wird auch viel Erdreich und Sand in den Tunnel geschwemmt, die zunächst beseitigt werden müssen. Von Anfang an musste man ständig starke Pumpen einsetzen, um den Tunnel trocken zu halten.

Die beiden Doppelspuren für die Züge – sowohl für den Shinkansen als auch für die Schmalspurbahn – sollten in einer einzelnen Röhre von 11,30 Meter Durchmesser liegen. In dem unter Wasser verlaufenden Bereich gibt es außerdem noch den Pilottunnel, in dem zwei Pumpstationen untergebracht sind, und einen Versorgungstunnel. Sie dienen als Rettungs- und Fluchtwege und sind über eine Reihe von Stollen mit der Hauptröhre verbunden.

Sicherheitsvorkehrungen

Für die Evakuierung der Passagiere im Fall eines Brandes oder sonstiger ernsthafter Schwierigkeiten wurden zwei Stationen gebaut. Die Hauptröhre ist an diesen Stellen mit einer Sprinkleranlage ausgerüstet. Die Passagiere würden im Notfall in den Versorgungstunnel und von dort über einen Feuerschutzraum in eine abgedichtete Luftschleuse gebracht. Sie befindet sich am Grund des leicht schrägen Schachts, der beim Bau benutzt wurde. Diese Schächte dienen nun der Luftzufuhr und als Rettungs- oder Fluchtwege. Daneben gibt es auf beiden Seiten noch einen weiteren senkrechten Schacht für die Abluft (oder bei einem Brand für den Rauch). Durch Wärmesensoren in den Zügen sollen Brände frühzeitig erkannt werden; der gesamte Tunnel wird von einem Kontrollzentrum in Hakodate überwacht.

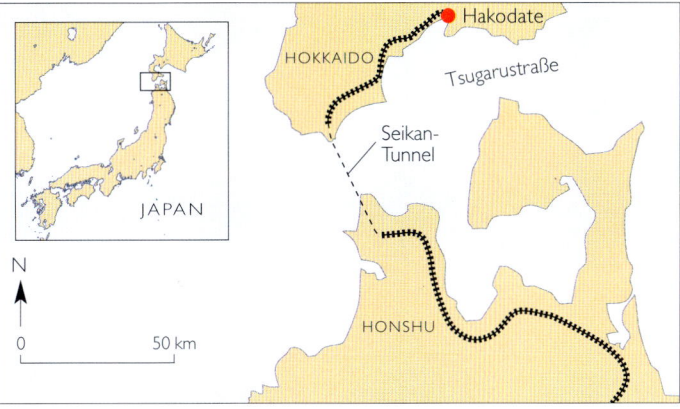

Die Tunnelarbeiten waren 1985 abgeschlossen. Es dauerte noch drei Jahre, bis der Tunnel nach dem Innenausbau und der Anbindung an das Schienennetz am 13. März 1988 dem Verkehr übergeben werden konnte. Obwohl der Tunnel für den Shinkansen ausgelegt und gebaut wurde, ist die nötige Anbindung bis heute ausgeblieben; nur die Schienen für die Schmalspurbahn wurden verlegt. Der Luftverkehr zwischen beiden Inseln hat der Bahn eine gewisse Zahl von Passagieren weggenommen, aber das schmälert nicht die Leistung, die der Bau des Seikan-Tunnels darstellt.

Der Seikan-Tunnel ist Teil des Verkehrsprojekts, das alle Hauptinseln Japans miteinander verbinden soll. Wegen der gebirgigen Küsten und der Notwendigkeit geringer Neigungswinkel ist der Tunnel mehr als doppelt so lang wie der kürzeste Abstand zwischen den beiden Inseln.

Technische Daten

Gesamtlänge	53,85 km
Länge der Unterwasserstrecke	23,3 km
tiefster Punkt unter dem Meeresspiegel	240 m
Durchmesser der Hauptröhre	11,30 m
Baukosten	7 Mrd. US-Dollar

58

Der Kanaltunnel

Bauzeit: 1987–1994   Ort: Kanal zwischen Großbritannien und Frankreich

Es ist schon äußerst lästig, auf einer Insel zu leben.
Dieser Schritt ist unangenehmer als die ganze Reise.
AUS EINEM BRIEF VON EDWARD GIBBON AN LORD SHEFFIELD, 1783

A M 30. OKTOBER 1990 erfolgte der Durchstich zwischen zwei Stollen, die man mit Tunnelbohrmaschinen durch den Kalkstein unter dem Ärmelkanal vorgetrieben hatte. Im strengen Sinne war Britannien damit keine Insel mehr, und der Welt längster Unterwassertunnel, der Eurotunnel, war nahezu fertig.

Die Geschichte des Projekts

Vorschläge für eine feste Verbindung zwischen England und Frankreich gab es schon zu Napoleons Zeiten. Der hatte den Gedanken zunächst mit Wohlwollen betrachtet, kam aber später wieder davon ab. Albert Mathieu schlug 1802 den Bau eines Tunnels vor, der über Kamine belüftet

Eine der riesigen und komplizierten Tunnelbohrmaschinen. Sie wurden eigens für das Projekt gebaut und kosteten je 10 Millionen Pfund.

und mit Gaslampen beleuchtet werden sollte, doch das war zu dieser Zeit technisch gar nicht machbar. In den achtziger Jahren des 19. Jahrhunderts wurden auf der französischen und der englischen Seite (unter Shakespeare Cliff) zwei Probetunnel gebohrt. Der Organisator des Projekts, Sir Edward Watkins, bewirtete dort Mitglieder der Highsociety, um ihnen zu demonstrieren, wie gut die Arbeit vorankam. Doch dann stoppte die Regierung das Projekt, weil das britische Militär Angst vor einer Invasion hatte. Auch ein neuerlicher Vorstoß 1974 scheiterte an britischen Bedenken, diesmal finanzieller Art. Erst nach dem Beitritt Großbritanniens zur Europäischen Gemeinschaft erkannte man, dass eine feste Verbindung wirtschaftliche Vorteile hat, und so erhielt 1986 das britisch-französische Gemeinschaftsunternehmen Eurotunnel den Auftrag, einen Tunnel zu entwerfen, zu bauen und zu betreiben, der nicht nur von durchgehen-

den Personenzügen benutzt werden konnte, sondern auch einen Shuttledienst für Pkw und Lkw anbieten sollte.

Es war schon immer klar, dass nur ein Eisenbahntunnel in Frage kam. Der längste Straßentunnel der Alpen, der Gotthardtunnel, ist 16 Kilometer lang und erreicht damit die Grenze für ein Belüftungssystem, das ohne zusätzliche Belüftungsschächte auskommt. Außerdem kann der durchschnittliche Autofahrer längere Tunnel kaum ohne die Gefahr einer Desorientierung bewältigen. Eisenbahntunnel benötigen auch nur einen geringeren Querschnitt – wie der Vergleich zwischen einer Autobahn und einer Eisenbahnstrecke zeigt –, und die Unfallgefahr ist deutlich geringer.

Die geologischen Bedingungen

Einen Tunnel der erforderlichen Größe hätte man niemals bauen können, wenn die geologischen

Technische Daten

Anzahl der Röhren	2 Fahrröhren, 1 Versorgungsröhre
Länge	51,5 km; 37,5 km unter Wasser
Tiefe	im Schnitt 50 m unter dem Meeresboden
Durchmesser	Fahrröhren außen 8,2 m; innen 7,6 m; Versorgungsröhre innen 5 m
Abstand der Fahrröhren	30 m
Arbeitskräfte	13 000
Baukosten	10 Mrd. brit. Pfund
Fahrzeit im Tunnel	20 Minuten

Nach der geologischen Erkundung des Terrains beschloss man, den Tunnel durch die Kalkmergelschicht zu bohren, die dafür die besten Bedingungen bot.

Bedingungen nicht so günstig gewesen wären. Tunnelbauer bevorzugen ein konsistentes Material, das kurzfristig keine umfangreiche Abstützung benötigt und nur wenig Wasser durchlässt. In all diesen Hinsichten erwiesen sich die Kalkschichten der Region und insbesondere der Kalkmergel als ideales Medium für den Bau eines Tunnels. Schon im 17. Jahrhundert hatte man bemerkt, dass auf beiden Seiten des Kanals, bei Dover und Calais, ein ähnlicher Kalkstein an die Oberfläche trat, doch erst im 19. Jahrhundert bestätigten Geologen diesen Befund durch einen paläographischen Vergleich. Geotechnische Untersuchungen zeigten dann 1959, dass es sich tatsächlich um eine durchlaufende Kalkschicht handelt. In späteren Untersuchungen klärte man die genaue Tiefe und Dicke der Schichten, weil man die Absicht hatte, den Tunnel so zu legen, dass eine möglichst dicke Gesteinsschicht darüber lag.

Konstruktion

Der Tunnel besteht aus zwei Fahrröhren mit einem Durchmesser von 7,60 Metern und einem Abstand von 30 Metern; dazwischen befindet sich eine Versorgungsröhre, die alle 375 Meter über einen Querstollen mit den Fahrröhren verbunden ist. Die Fahrröhren haben den kleinstmöglichen Durchmesser, um einen mit Lkw beladenen Autozug aufzunehmen. Die Stromversorgung der Elektroloks erfolgt über eine Oberleitung. Der Versorgungstunnel dient der Wartung und kann im Notfall für die Evakuierung der Passagiere benutzt werden, denn der Abstand zwischen den Querverbindungen entspricht dem Türabstand der Züge. Zugleich dient er der Frischluftzufuhr; durch einen ständigen Überdruck sorgt man dafür, dass kein Rauch in die Versorgungsröhre eindringen kann. Außerdem gibt es zwei Kreuzungspunkte, an denen die Züge bei Bedarf in die andere Tunnelröhre hinüberwechseln können.

Während des Baus diente die Versorgungsröhre zugleich als Pilottunnel, über den man die geologischen Bedingungen vor Ort genau erkunden konnte. Ausgleichsverbindungen alle 250 Meter verringern den Druck, der sich durch den Kolbeneffekt vor den Zügen aufbaut.

Der Bau des Tunnels

Die Tunnelbohrmaschinen, eigentlich Fräsen, sind komplizierte Geräte, die speziell für dieses Bauprojekt angefertigt wurden (und jeweils etwa 10 Millionen Pfund kosteten). Der rotierende Fräskopf ist auf einen steuerbaren Schild montiert. Der für den Vortrieb nötige Druck wird durch Hydraulikpressen zwischen Fräskopf und

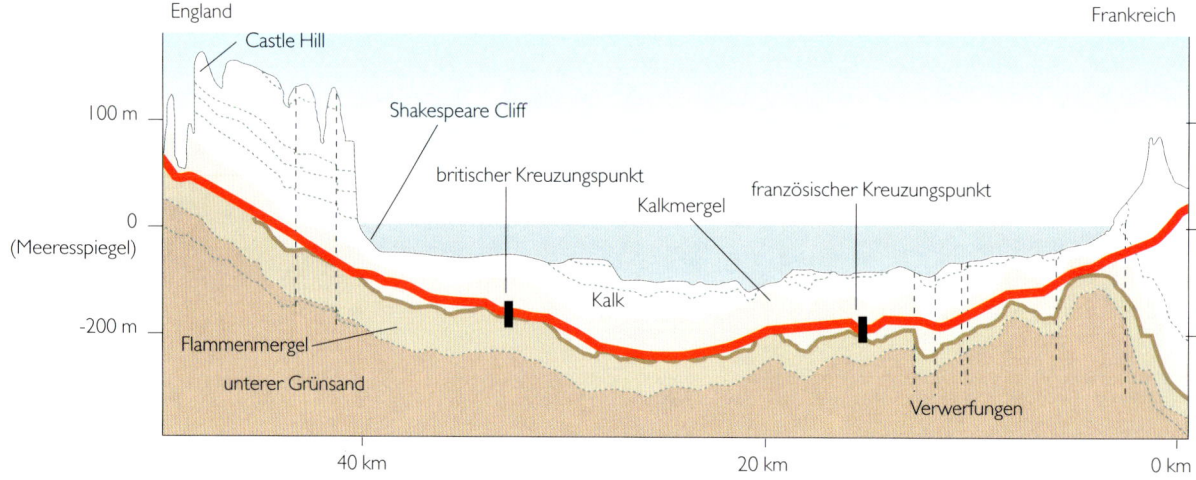

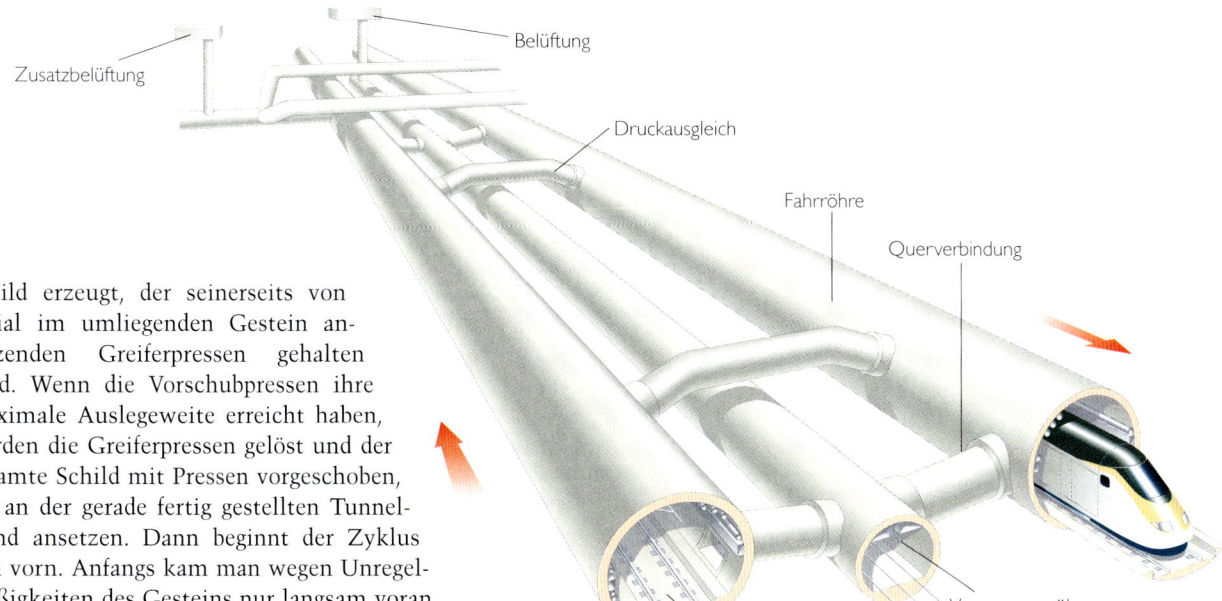

Zusatzbelüftung

Belüftung

Druckausgleich

Fahrröhre

Querverbindung

Versorgungsröhre

Fahrröhre

Schild erzeugt, der seinerseits von radial im umliegenden Gestein ansetzenden Greiferpressen gehalten wird. Wenn die Vorschubpressen ihre maximale Auslegeweite erreicht haben, werden die Greiferpressen gelöst und der gesamte Schild mit Pressen vorgeschoben, die an der gerade fertig gestellten Tunnelwand ansetzen. Dann beginnt der Zyklus von vorn. Anfangs kam man wegen Unregelmäßigkeiten des Gesteins nur langsam voran, doch am Ende lag der Rekord bei 428 Meter gebohrter Tunnelstrecke in nur einer Woche.

Trotzdem konnte man den Zeitplan nur einhalten, wenn man den Tunnel von beiden Seiten des Kanals zugleich vortrieb. Das bedeutete aber, dass man die Richtung des Vortriebs sehr genau kontrollieren musste, einmal um die Stollen innerhalb der Kalkmergelschicht zu halten, vor allem aber um sicherzustellen, dass die beiden Stollen schließlich zusammentrafen, obwohl zwischen den beiden Tunneleingängen 38 Kilometer unter Wasser lagen. Zu diesem Zweck markierte man zunächst auf beiden Seiten des Kanals mit Hilfe von Satellitensignalen zwei sehr genaue Basislinien, die dann mit optischen Präzisionsinstrumenten in die beiden Stollen verlängert und auf die Rückseite der Tunnelfräsen projiziert wurden. So ließen sich die Fräsen sehr genau ausrichten. Nach 38 Kilometern gleichsam »blinden Tunnelvortriebs« betrug die Abweichung in der Horizontalen gerade einmal 350 Millimeter, in der Vertikalen sogar nur unglaubliche 58 Millimeter – eine Genauigkeit von 1/650 000.

Die Bohrarbeiten begannen im Dezember 1987. Um die drei Tunnel zu bohren, die zusammen 153 Kilometer lang sind, benötige man dreieinhalb Jahre. Das war zwar ein gewaltiger Schritt, aber für die Verlegung der Schienen und der Oberleitungen, des Entwässerungssystems und der sonstigen technischen Anlagen brauchte man fast noch einmal so lange. Ende 1993 konnte der Tunnel übergeben werden, und im darauf folgenden Jahr nahm man den Betrieb auf.

Am 18. November 1996 geriet ein mit Pkw und Lkw beladener Zug auf der Fahrt von England nach Frankreich in Brand; 19 Kilometer vor der Küste kam der Zug zum Stillstand, und mehr als 30 Menschen saßen in der Falle. Trotz einiger Probleme funktionierten sämtliche Sicherheitssysteme, und alle Passagiere konnten in die Versorgungsröhre flüchten. Nach sechs Stunden war der Brand gelöscht; die Hitze war so groß, dass Teile des Zuges mit den Schienen verschmolzen.

Der Kanaltunnel ist nicht nur ein technisches Wunderwerk, sondern auch eine organisatorische Meisterleistung, denn die Arbeit musste auf engstem Raum in großer Entfernung von den Tunneleingängen erledigt werden. Zugleich ist er aber auch ein gutes Beispiel internationaler Zusammenarbeit, denn die Probleme, die aus den unterschiedlichen Sprachen und Kulturen resultierten, wurden erfolgreich gemeistert.

Die beiden Fahrröhren des Kanaltunnels beiderseits der Versorgungsröhre. Die Querverbindungen und die Druckausgleichsröhre wiederholen sich über die gesamte Strecke in kurzen Abständen.

Die Ostbrücke über den Großen Belt

Bauzeit: 1988–1998 Ort: Seeland – Fünen, Dänemark

Wunderschön anzusehen und hervorragend ausgeführt.
KÖNIGIN MARGRETHE II. VON DÄNEMARK, 14. JUNI 1998

Die Insel Sprogø verbindet die Ostbrücke und die Doppelröhre des Eisentunnels mit der Westbrücke. Die Einfahrt in den Tunnel ist links zu erkennen, die Westbrücke ist nicht zu sehen.

IN DER FLACHEN DÄNISCHEN LAND-SCHAFT am Großen Belt – einer von drei Verbindungen zwischen Nord- und Ostsee – ist die majestätische Ostbrücke weithin zu sehen. Die 1998 eingeweihte Brücke über den Großen Belt ist die zweitgrößte Hängebrücke der Welt und wird nur noch von der im selben Jahr eröffneten Akashi-Kaikyo-Brücke in Japan übertroffen.

Der 1988 begonnene Bau der Brücke war eine der größten Ingenieurleistungen Europas der neueren Zeit: eine feste Straßen- und Schienenverbindung über den etwa 18 Kilometer breiten Großen Belt zwischen Halsskov auf Seeland und Knudshoved auf Fünen. Diese Verbindung sollte endlich die seit langem bestehende Lücke im dänischen Straßen- und Schienennetz schließen.

Trotz der bis 1998 aufrechterhaltenen Fährverbindungen galt der Große Belt von jeher als Barriere für Handel und Kommunikation, und dem hat die Brücke nun ein Ende gesetzt. Drei Jahre nach der Eröffnung der Brücke hat der Verkehr über den Großen Belt sich mehr als verdoppelt. Gegenwärtig überqueren täglich im Durchschnitt 21500 Fahrzeuge die Brücke.

Pläne und Entwürfe

Obwohl über die Jahre immer wieder Vorschläge für eine Brücke oder einen Tunnel unterbreitet wurden, kam keines dieser Projekte über das Planungsstadium hinaus. Nach jahrelangen Beratungen beschloss dann das dänische Parlament endlich den Bau einer Brücke. Da man der Bahn politischen Vorrang einräumte, sollte die Bahnverbindung zwei oder drei Jahre früher fertig gestellt werden als die Straßenverbindung. Doch eine Überflutung der Tunnelröhren verzögerte den Bau der Eisenbahnverbindung, so dass sie am Ende nur ein Jahr vor der Straßenverbindung in Betrieb genommen werden konnte.

Mitten im Großen Belt liegt die Insel Sprogø. Die Wasserverhältnisse sind auf beiden Seiten ähnlich, doch die Hauptschifffahrtsroute führt durch den östlichen Kanal. Daher beschloss man, die Straßenverbindung solle auf einer hohen Hängebrücke über den östlichen Kanal geführt werden, damit die Schiffe ungehindert darunter durchfahren können, während sie den westlichen Kanal auf einer niedrigen Brücke überqueren sollte. Die Eisenbahn sollte den östlichen Kanal in einem Tunnel unterqueren und parallel

zur Straßenverbindung auf einer niedrigen Brücke über den westlichen Kanal geführt werden. Damit die Insel die Verbindung zwischen den beiden Straßenbrücken sowie zwischen der Eisenbahnbrücke und dem Tunnel aufnehmen konnte, musste sie vergrößert werden. Dem Baubeginn der Ostbrücke ging eine dreijährige Erkundungs- und Planungsphase voraus. Dabei musste zunächst die optimale Spannweite (der Abstand zwischen den beiden Pylonen oder Türmen) bestimmt werden.

Bei Simulationen mit verschiedenen Spannweiten zwischen 900 und 1800 Metern fand man heraus, dass die Spannweite mindestens 1600 Meter betragen musste. Man entschied sich für eine Spannweite von 1624 Metern, etwa 15 Prozent länger als die damals längste Hängebrücke der Welt, die Humber Bridge in Großbritannien (1410 Meter). Die beiden Pylone, die man dafür bauen musste, waren mit ihren 254 Meter um

29 Meter höher als die Türme der Golden Gate Bridge, die seit 50 Jahren den Weltrekord in diesem Aspekt innehatten.

Der Bau der Brücke

Der Bau der Brücke stellte in nahezu jeder Hinsicht eine gewaltige Herausforderung dar. Neben

Das Prinzip der Hängebrücke ermöglicht ein leichtes, elegantes Design, wie an der Ostbrücke gut zu erkennen ist.

Technische Daten

Gesamtlänge	6790 m
Hängebrücke	2700 m
Hauptspannweite	1624 m
Nebenspannweiten (2)	535 m
Höhe der Türme	254 m
Baukosten	645 Mio. US-Dollar

Oben: Ein stählerner Brückenträger wird auf zwei Betonpfeiler gehievt. Links ist einer der Ankerblocks zu sehen.

sie waren aus Walzwerken in Italien und Spanien zur Endmontage ins dänische Aalborg gebracht worden.

Bei der klassischen Hängebrücke werden die Seile an den Enden in schweren Blocks verankert. Bei dieser Brücke bemühte man sich sehr, den massiven, beherrschenden Charakter der Verankerung abzumildern. Die Architekten Dissling und Weitling zerlegten die Ankerblocks in mehrere getrennte Elemente – dreieckige Böcke zur Verankerung der Seile und vertikale Pfeiler für die weiterführende Brückenbahn. Das Ergebnis ist eine Konstruktion, die überraschend leicht wirkt, wenn man bedenkt, welche Zugkräfte die beiden Hauptseile entfalten.

Das seit dem Bau der Brooklyn Bridge bestens bewährte Luftspinnverfahren wurde auch bei den Seilen dieser Brücke eingesetzt. Dabei zog ein Spinnrad, das über ein provisorisches Führungsseil läuft, einen nur 5 Millimeter starken Strang vom Ankerblock auf der einen Seite über die Sättel auf den beiden Pylonen zum Ankerblock auf der anderen Seite und von dort wieder zurück in einer endlosen Schleife. So entstanden aus je 18 648 Strängen die 85 Zentimeter dicken Hauptseile, die von den Pylonen getragen und von den Ankerblöcken gehalten werden. Anschließend wurden die vertikalen Seile installiert, an denen die Brückenträger aufgehängt sind. Das Spinnen der 3 Kilometer langen Hauptseile erfolgte 1996 in der Rekordzeit von nur vier Monaten.

Am Großen Belt ist es Architekten und Ingenieuren in gemeinsamer Arbeit gelungen, eine der elegantesten Brücken der Welt zu schaffen – ein klares, sehr leicht wirkendes Design, das die wahren Prinzipien hinter der Konstruktion von Hängebrücken verdeutlicht.

dem großen Mittelteil mussten jeweils daneben zwei weitere Spannweiten von 535 Metern überbrückt werden sowie 23 kleinere Pfeilerabstände, 14 östlich und 9 westlich der hohen Brücke, zusammen 6790 Meter.

Die Ostbrücke besitzt einen Unterbau aus Beton (Caissons, Pfeiler, Pylone) und einen Oberbau aus Stahl (Brückenbahn, Seile). 40 Prozent der Betonelemente wurden im 70 Kilometer entfernten Kalundborg gegossen und dann an die Baustelle transportiert; die stählernen Brückenträger hatten eine noch längere Reise hinter sich;

Rechts: Während des Spinnens der Hauptseile verbanden zwei Laufstege die Pylone mit den Ankerblöcken.

Gegenüberliegende Seite: Die beiden Hauptseile ruhen auf Stahlsätteln an der Spitze der Pylone; senkrechte Tragseile halten die Brückenbahn. Gut 275 Meter über dem Wasser bot sich dem Kranführer ein großartiger Blick über die Baustelle.

Die Akashi-Kaikyo-Brücke

Bauzeit: 1988–1998   Ort: zwischen Kobe und der Insel Awaji, Japan

… jedes Bauwerk, das in neue Dimensionen vorstößt,
bringt Probleme mit sich, bei deren Lösung uns weder Theorie noch
praktische Erfahrung ausreichende Leitlinien an die Hand geben.
OTHMAR AMMANN, 1953

*Gegenüberliegende
Seite, unten:*
Die Akashi-Kai-
kyo-Brücke ist die
höchste Hänge-
brücke der Welt;
sie gehört zu einer
ganzen Reihe
großer Brücken,
die zahlreiche Inseln
der japanischen
Inlandsee miteinan-
der verbinden.

DIE AKASHI-KAIKYO-HÄNGEBRÜCKE ist eines der jüngsten Meisterwerke in der Geschichte des Brückenbaus und eine Fortsetzung jenes Sprungs, den man auf diesem Gebiet während der industriellen Revolution machte. Hängebrücken nutzen die Vorteile der überlegenen Zugfestigkeit von Stahl und stehen für eine radikale Abkehr vom klassischen Konzept der Bogenbrücke, das auf der Druckfestigkeit traditioneller Baumaterialien wie Mauerwerk beruht.

Die spektakuläre Akashi-Kaikyo-Brücke ist eine faszinierende Fallstudie über den gelungenen Versuch, gewaltigen Naturkräften zu trotzen und scheinbar unüberwindliche technische Schwierigkeiten zu meistern. Die Brücke überspannt die Akashi-Straße zwischen Kobe und der Insel Awaji; mit ihrer Gesamtlänge von 3910 Metern ist sie heute die längste Hängebrücke der Welt und kann Anspruch auf weitere Weltrekorde erheben.

Sie ist die teuerste jemals gebaute Hängebrücke der Welt (4,3 Mrd. Dollar Baukosten); sie besitzt die größte Spannweite (1991 m) und die höchsten Brückentürme (283 m, fast so hoch wie der Eiffelturm). Sie ist beträchtlich länger als ihre nächsten Rivalen, die Brücke über den Großen Belt in Dänemark (Hauptspannweite 1624 m) und die 1981 fertig gestellte Humber Bridge in Großbritannien, deren Hauptspannweite 1410 Meter beträgt. Gebaut wurde sie über einen Zeitraum von zehn Jahren vom Honshu-Shikoku-Brückenamt in Zusammenarbeit mit zahlreichen japanischen Beratern und Bauunternehmen, einer Behörde, die 18 weitere große Brücken über die Inlandsee gebaut hat, darunter auch die Tatara-Brücke, die den Rekord der größten von nur einem Seil getragenen Brücke hält.

Herausforderungen

Die Planer und Erbauer der Akashi-Kaikyo-Brücke standen vor gewaltigen Herausforderungen natürlicher wie auch bautechnischer Art. Neben einem unsicheren Untergrund gehörten dazu vor allem die schwierigen Wetterverhältnisse in diesem Teil des Landes, die den Bau einer Brücke dieser Größe außergewöhnlich schwierig gestalteten: häufige Taifune, Niederschlagsmengen von durchschnittlich 170 Zentimetern im Jahr und außerdem noch Erdbeben. Tests in einem eigens gebauten Windkanal, dem größten der Welt, ergaben, dass man über die gesamte Länge der Brücke unter der Brückenbahn eine senk-

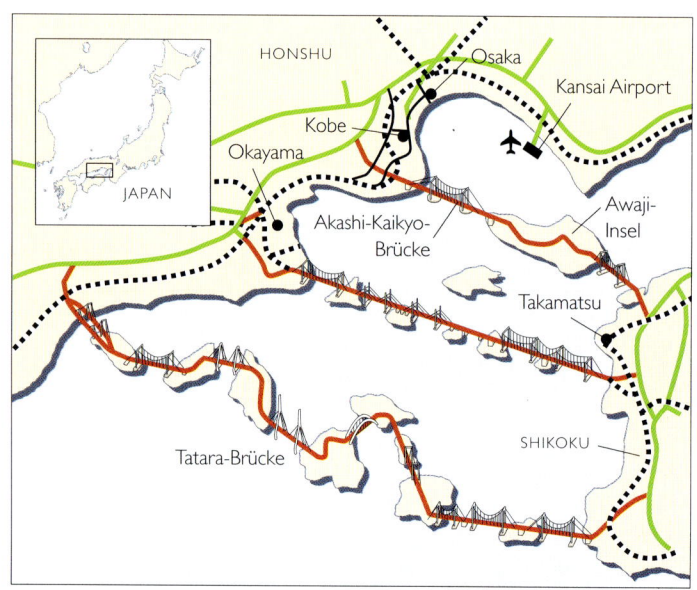

rechte »Rippe« einziehen musste, um die Stabilität bei Taifunen zu gewährleisten. Außerdem weist die Akashi-Straße starke Meeresströmungen auf.

1955 waren zwei Fähren gesunken, als sie die Akashi-Straße während eines Sturms überqueren wollten; dabei waren zahlreiche Menschen ums Leben gekommen. Dieser Vorfall war ein starkes Argument für den Bau der Brücke. Und vier Jahrzehnte später erfüllt nun diese technische Meisterleistung das Bedürfnis der Menschen nach Sicherheit im Verkehr.

Der Bau der Brücke

Für den Bau der wichtigsten Brückenelemente und der Zufahrtstunnel bildete man mehrere aus jeweils fünf Firmen bestehende Konsortien. Zunächst musste für die Verankerung der Seile auf beiden Seiten der Brücke durch Aufschüttung Land gewonnen werden; diese Arbeiten begannen im Mai 1988. Als Fundamente für die beiden Türme versenkte man 1989 riesige Caissons, die dann mit Beton gefüllt wurden. 1992 begann man mit dem Bau der Türme. Die Zellen wurden an Land vorgefertigt, per Schiff auf die Baustelle gebracht und dort montiert. Dabei durfte der Schiffsverkehr nicht gestört werden – eine schwierige Aufgabe, denn pro Tag verzeichnet man in der Akashi-Straße mehr als 1400 Schiffsbewegungen.

Technische Daten

Gesamtlänge	3910 m
Hauptspannweite	1991 m
Nebenspannweiten	je 960 m
Höhe der Türme	283 m
Gesamtlänge der Drähte in den Seilen	300 000 km
Baukosten	4,3 Mrd. US-Dollar
Stahl	200 000 t
Beton	1 250 000 t

Für die Fundamente der Haupttürme verwendete man vorgefertigte kreisrunde Caissons. Sie wurden mit einem neu entwickelten, an der Baustelle gemischten Beton gefüllt.

der Stärke 7,2 Kobe. Das Epizentrum war nur 10 Kilometer entfernt, während die Brücke für Erdbeben bis zur Stärke 8,5 in 150 Kilometern Entfernung ausgelegt war. Wie durch ein Wunder entstanden nur geringe Schäden. Die Fundamente blieben intakt, aber die Verankerung und die Pfeiler auf der Seite der Insel Awaji hatten sich um 1,30 Meter senkrecht zur Mittellinie der Brücke gehoben. Man stoppte die Arbeit an der Brücke für einen Monat und glich zunächst die Stützkonstruktion aus. Dann montierte man von den Türmen aus jeweils in beide Richtungen die Brückenbahn. Obwohl man auch hier darauf achten musste, dass der Schiffsverkehr nicht gestört wurde, kam man so gut voran, dass die Verspätung wieder aufgeholt wurde.

Bei einem Bauprojekt dieser Größe liegt es nahe, dass neue Technologien des Beton- und Stahlbaus erprobt werden. Bei den gewaltigen Fundamenten der beiden Türme benutzte man einen neuartigen Beton, der unter Wasser nicht zerfließt. Ein weiterer Fortschritt war ein Zuschlag, der es unnötig machte, den Beton durch Rütteln zu verfestigen.

Daher benutzte man einen Hubschrauber, als man 1993 die aus Aramidfasern gefertigten Pilotseile über die Pylone legte. Danach konnten die Laufstege installiert werden. Um die dafür erforderlichen 60 Tonnen Zugspannung zu erzeugen, konstruierte man spezielle Winden. Nach der Installation der Laufstege konnte man dann beginnen, die Seile zu ziehen.

In der langen Baugeschichte der Brücke gab es auch dramatische Augenblicke. Noch während des Baus im Jahr 1992 erschütterte ein Erdbeben

Für die Seile verwendete man einen neuen hochfesten, hier erstmals eingesetzten Stahldraht mit einer Zugfestigkeit von 1765 Newton

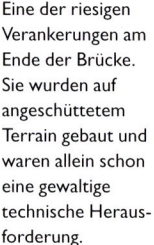

Eine der riesigen Verankerungen am Ende der Brücke. Sie wurden auf angeschüttetem Terrain gebaut und waren allein schon eine gewaltige technische Herausforderung.

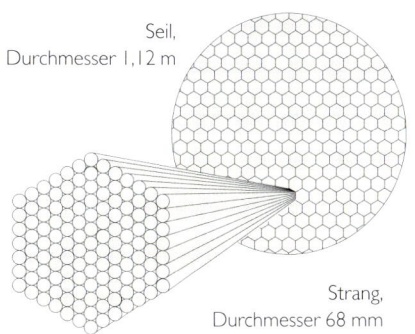

Seil,
Durchmesser 1,12 m

Strang,
Durchmesser 68 mm

Vertikalstabilisator   offenes Gitterwerk   Wartungsgänge

Wartungs-
gänge

Fernmelde-
leitungen

Wasserleitung   Wartungsgang   elektrische Leitungen

pro Quadratmeter. Zum Vergleich: Für die Seile der übrigen Brücken in dieser Region hatte man Drähte mit einer Zugfestigkeit von 1570 Newton pro Quadratmeter verwendet. Eine weitere Innovation betraf die Herstellungsweise der Seile, für die man vorgefertigte Stränge aus jeweils 127 Drähten verwandte, statt sie vollständig an der Baustelle zu spinnen.

Solche erstaunlichen technischen Fortschritte waren jedoch nur ein Aspekt des Entwurfs und der Errichtung dieses großartigen Bauwerks. Mit dieser Brücke, die schwierigsten Standortbedingungen, Erdbeben, schweren Stürmen und starken Strömungen trotzt, stießen die Architekten, Ingenieure und Bauleute in neue Dimensionen vor; sie schufen nicht nur die Hängebrücke mit der größten Spannweite der Welt, sondern auch ein Objekt großer Schönheit.

Ganz oben, links: Für die Seile benutzte man einen neu entwickelten hochfesten Draht, der es möglich machte, die ursprünglich geplanten vier Seile auf zwei zu reduzieren.

Ganz oben, rechts: Ein Teil der Brückenbahn wird in seine Position gehievt.

Oben: Querschnitt durch die Brückenbahn, die durch eine Kombination aus Vertikalstabilisator und offenem Gitterwerk auch schweren Stürmen standhalten soll.

Kanäle und Staudämme

VIELE ZIVILISATIONEN haben das Wasser für ihre Zwecke genutzt: als Transportmittel, für die Landwirtschaft und sogar als primäre Energiequelle. Heute rücken wir diesem Element mit technischen Großprojekten zu Leibe, die gewaltige Ströme zähmen, neue Verbindungen zwischen Meeren schaffen und ganze Länder vor Überschwemmungen schützen. Größe und Kühnheit dieser Projekte sind stets eindrucksvoll.

Ebenso eindrucksvoll sind die Zahlen, die zu solchen Projekten gehören. Man denke etwa an die Stromerzeugung. Riesige Bauwerke wie der Hooverdamm erzeugen genug Strom, um 1,3 Millionen private und kommerzielle Abnehmer zu versorgen, während der Itaipú-Staudamm den Strombedarf Brasiliens zu einem Viertel, den Paraguays zu vier Fünfteln decken kann; zugleich erspart er 81 Millionen Tonnen Kohlendioxydemissionen, die sonst von Kohlekraftwerken freigesetzt würden. Noch großartiger sind die Erwartungen, die mit dem gerade im Bau befindlichen Drei-Schluchten-Staudamm am Jangtsekiang verknüpft werden; er soll später einmal zehn Prozent des Strombedarfs des bevölkerungsreichsten Landes der Erde decken.

Vor allem aber können solche Wasserbauprojekte eine wahrhaft umfassende Strategie für die Entwicklung oder Erneuerung einer Region oder eines ganzen Landes eröffnen. Billigere Elektrizität, eine sichere Trinkwasserversorgung, bessere Bedingungen für die Binnenschifffahrt, Erschließung neuer Anbauflächen durch Bewässerung und Schutz vor Überschwemmungen – so lauten die Vorteile, mit denen Politiker und Regierungen für den Bau oder die Erweiterung von Stau- und Schutzdämmen werben.

Der Hooverdamm am Colorado: Der Nutzen dieses riesigen Bauwerks ist vielfältig; er dient der Stromerzeugung, als Rückhaltebecken bei Überschwemmungsgefahr und zur Bewässerung von Ackerland.

Der Abflusskanal des Itaipú-Staudamms sorgt für den kontrollierten Abfluss des Wassers aus dem Staubecken; die Wasserfontäne vermittelt ein lebhaftes Bild von den Kräften, die der Staudamm im Zaum hält.

die Küstenlandschaft einbringt. Die holländische Regierung änderte das Projekt mehrfach ab, um zerstörerische Eingriffe in natürliche Lebensräume möglichst gering zu halten; stattdessen schuf man neue Lebensräume für Tiere und Pflanzen und neue Erholungsgebiete für die Menschen.

Große Kanäle verändern eine Landschaft oft nicht sonderlich, sondern zerschneiden sie nur. Große Kanalbauprojekte, vor allem die des 19. Jahrhunderts, verschlangen gewaltige Geldsummen, aber sie kosteten auch zahlreiche Menschenleben. Als Ferdinand de Lesseps den 192 Kilometer langen Suezkanal zwischen Mittelmeer und Rotem Meer baute, fanden 125 000 Arbeiter den Tod; die ägyptische Regierung hatte für den Bau 1,5 Millionen Arbeitskräfte zwangsrekrutiert. Anschließend wandte de Lesseps seine Aufmerksamkeit der Landenge von Panama und der Herausforderung zu, durch unwegsamen Dschungel einen 65 Kilometer langen Kanal zwischen Atlantik und Pazifik zu bauen, bei dem ein Höhenunterschied von 30 Metern zu bewältigen war. Von Tropenkrankheiten und wachsenden Schulden gebeutelt, musste er das Projekt schließlich aufgeben. Es bedurfte der Entschlossenheit Präsident Roosevelts und des US Corps of Engineers – aber auch zahlreicher Ärzte –, um das Projekt zu Ende zu führen.

Sowohl der Suez- als auch der Panamakanal haben ihre ökonomische Bedeutung bis heute nicht verloren; der Eriekanal dagegen, der den Hudson bei Albany mit dem Eriesee verbindet, hat sich der Konkurrenz der Eisenbahn beugen müssen, die einen schnelleren und billigeren Gütertransport bieten konnte. Aber der Eriekanal hatte seinen Zweck schon erfüllt; New York hatte Boston, Baltimore und Philadelphia als führender Hafen an der Ostküste überflügelt, und der Ausbau des Kanals ermöglichte die Durchfahrt größerer Schiffe.

Die Erneuerung des Kanalsystems etwa in England und Frankreich, das teilweise aus dem 18. Jahrhundert stammt, hatte eine Rückkehr zu den Wasserstraßen bewirkt, wenn auch im Wesentlichen zu Erholungszwecken. Großprojekte finden sich heute weniger an Kanälen als an Flüssen, deren gewaltige Kräfte für die Menschen nutzbar gemacht werden sollen.

Doch abgesehen vom ökonomischen Nutzen fallen neben den eigentlichen Baukosten oft auch so hohe soziale Kosten an, dass manche Projekte daran scheiterten. Aus technischer Sicht ist die Überflutung von Tälern zur Schaffung eines Wasserreservoirs seit einem Jahrhundert gängige Praxis, doch dazu ist es zuweilen erforderlich, sehr viele Menschen umzusiedeln. So müssen dem Drei-Schluchten-Staudamm in China 19 Städte und 326 Dörfer weichen; außerdem ist ungeklärt, ob die Schadstoffbelastung sich oberhalb des Staudamms nicht erhöht, weil der Fluss die Schadstoffe nicht mehr abtransportieren kann.

Bauprojekte dieser Größenordnung greifen in die gesamte Ökologie der Region ein. Dennoch gibt es bemerkenswerte Projekte wie das Oosterschelde-Sperrwerk, das nicht nur weiten Teilen Südwesthollands Sicherheit vor Sturmfluten bietet, sondern auch ein neues positives Element in

Der Eriekanal

Bauzeit: 1817–1825   Ort: vom Eriesee zum Hudson, New York, USA

*Seht nur das Wasser, das vom Eriesee kommt und den goldenen Reichtum
des großen Westens mit sich schwemmt.
Wie es von den Bergen herabströmt und mit seiner Fülle den Hudson bereichert.*
NIAGARA DEMOCRAT, 1. NOVEMBER 1843

DER ERIEKANAL ist eigentlich kein technisches Wunderwerk, sondern eher ein soziales und politisches Ereignis, das von der Technik erleichtert wurde. Noch vor Straßen und Eisenbahnen wurde 1812 angesichts der unvorhergesehenen Anforderungen des Krieges mit England überdeutlich, dass dringend eine Verbindung zwischen dem aufblühenden Wirtschaftsraum am Eriesee und der Ostküste hergestellt werden musste.

Am 4. Juli 1817 begann man mit dem Bau eines 480 Kilometer langen Kanals, der Buffalo am Eriesee mit Albany am Hudson verbinden sollte; der Hudson war in seinem weiteren Verlauf Richtung Süden bis nach New York schiffbar. Das Datum war bewusst gewählt, denn am 4. Juli 1776 hatte der amerikanische Kongress die Unabhängigkeitserklärung verabschiedet. Am selben Tag hatte in London John Smeaton an seinem Haus ein Schild angebracht, auf dem erstmals in der Geschichte die Berufsbezeichnung »Bauingenieur« auftauchte.

Die Entwicklung des Kanals

Schon 1792 war die Western Inland Lock Navigation Company gegründet worden, die einen Kanal zwischen dem Hudson und dem Ontariosee bauen sollte. Nach einem Jahrzehnt waren gerade einmal 3 Kilometer fertig gestellt. 1808 behauptete Jesse Hawley in einem Aufsatz, es sei möglich, einen Kanal zum Eriesee zu bauen. 1811 bemühte sich eine Kanalkommission bei der Bundesregierung und bei benachbarten Bundesstaaten um finanzielle Unterstützung für das Projekt. Doch der Krieg von 1812 vereitelte die Pläne, obwohl er die Notwendigkeit des Kanals deutlich unterstrich.

Präsident James Madison verweigerte dem Projekt 1817 jede Unterstützung seitens der Bundesregierung, doch DeWitt Clinton (der gerade wegen seines Einsatzes für den Kanal zum Gouverneur von New York gewählt worden war) sagte die finanzielle Unterstützung des Bundesstaates New York zu und fügte dem Plan eine Abzweigung zum Champlainsee hinzu, um auch den Sankt-Lorenz-Strom einzubeziehen.

Wie geplant und ursprünglich gebaut, war der Eriekanal oben 12 Meter und am Grund 8,50 Meter breit, bei einer Tiefe von 1,20 Metern. Um die 134 Meter Höhenunterschied zwischen dem Eriesee und dem Hudson bei Albany auszugleichen, baute man 83 Schleusen. Die Technik der Kanalschleusen war in Europa schon im 18. Jahrhundert entwickelt worden, und die Tiefe der

Der Verlauf des Eriekanals zwischen Buffalo am Eriesee und Albany am Hudson, der von dort aus bis New York schiffbar ist. Der Höhenunterschied zwischen Buffalo und Albany wurde durch 83 Schleusen ausgeglichen; bei Albany war das Gefälle besonders stark.

Ausschachtung hing nur von der Zahl der Arbeitskräfte ab, die man einsetzen konnte. Über die Zahl der beim Bau beschäftigten Arbeitskräfte gibt es keine Unterlagen. Tausende wurden jeweils vor Ort angeheuert, wenn der Kanal durchging. Die genaue Route und die jeweiligen Neigungswinkel wurden aufgrund einer Vermessung festgelegt, die James Geddes und Benjamin Wright 1812 durchgeführt hatten; erleichtert wurde die Arbeit auch durch DeWitts Karte des westlichen New York aus dem Jahr 1802.

Mit dem Bau begann man 1817 im relativ flachen mittleren Teil und stieß dann in beide Richtungen vor. An manchen Stellen musste man Aquädukte bauen, bei Cohoes Falls zum Beispiel einen von 362 Metern Länge. Bei Lockport im Westen benötigte man zum Ausgleich des Höhenunterschieds fünf Schleusen in Folge. Man baute Brücken für Fußgänger und Pferdefuhrwerke über den Kanal. Die Schiffe wurden von Maultieren gezogen, die neben dem Kanal auf Treidelpfaden gingen. Die Brücken waren zum Teil sehr niedrig. Carl Carmer schreibt: »So mancher Schiffer auf den langsamen Booten stieß sich den Kopf, wenn er den Warnruf der Maultierführer überhörte: ›Niedrige Brücke, Kopf einziehen!‹.«

Der Kanal gewann rasch an Beliebtheit und galt schon bald als Sieg der Kunst über die Natur. Er machte es möglich, dass New York zum wichtigsten Hafen an der Ostküste wurde und

Boston, Baltimore und Philadelphia überflügelte. Als die Menschen im Landesinneren voll Überschwang bemerkten, dass sie nun frische Austern vom Atlantik beziehen konnten, deren Transport nur drei Tage dauerte, erinnerte ein Journalist aus Batavia sie daran, »dass die Vorsehung den Ozean geschaffen, DeWitt Clinton aber den Eriekanal geplant hat«.

Ausbau und Niedergang

Schon nach zwei Jahrzehnten war der Kanal zu klein für den Schiffsverkehr. 1836 begann man mit der Erweiterung. Man vertiefte den Kanal auf 2 Meter und verbreiterte ihn oben auf 21 Meter, am Grund auf 16 Meter. Beim ursprünglichen Bau waren die Baukosten von geplanten 6 Millionen Dollar auf tatsächliche 7 Millionen gestiegen. Beim Ausbau stiegen sie von geplanten 23,5 auf 36,5 Millionen Dollar. Eine Wirtschaftskrise, Steuererhöhungen und politische Querelen sorgten dafür, dass der Ausbau von 1842 bis 1847 ruhte. Dann brachte die große Hungersnot in Irland zahllose irische Einwanderer ins Land, die als billige Arbeitskräfte eingesetzt werden konnten. Etwa um die Zeit, als Präsident Abraham Lincoln den ersten Emanzipationserlass herausgab, erklärte der New Yorker Gesetzgeber das Projekt zur Erweiterung des Eriekanals für abgeschlossen. Doch inzwischen transportierte die 1853 gegründete New York Central Rail Road Passagiere und Fracht schneller und billiger. Als am 28. Januar die Seneca Chief ein Fass Wasser aus dem Eriesee nach New York brachte, das Gouverneur DeWitt Clinton feierlich übergeben wurde, damit er es als »Zeichen für die Vermählung der Gewässer« in den New Yorker Hafen gießen ließ, da öffnete der Kanal den großen amerikanischen Westen für die Ostküste und die übrige Welt.

Technische Daten	
Länge	495 km
ursprüngliche Breite	12 m (oben)
	8,5 m (am Grund)
ursprüngliche Tiefe	1,20 m
Anzahl der Schleusen	83
Höhenunterschied zwischen Buffalo und Albany	134 m
Baukosten	7,15 Mio. US-Dollar

Die Schiffe sind zwar längst motorisiert, aber die Treidelpfade sind heute noch vorhanden.

Der Suezkanal

Bauzeit: 1859–1869   Ort: zwischen Mittelmeer und Rotem Meer, Ägypten

In Afrika wird gerade die Spitzhacke geschwungen,
aber diese Schläge wird man in der ganzen Welt hören.
MONDE ILLUSTRÉ, MAI 1859

SCHON IN DER ANTIKE bestand das Bedürfnis nach einer direkten Verbindung zwischen Mittelmeer und Rotem Meer. Im 6. Jahrhundert vor Christus begann der Pharao Necho mit dem Bau eines Kanals, und im selben Jahrhundert ordnete der Perserkönig Darius I. nach der Eroberung Ägyptens an, einen Kanal vom Roten Meer zum Großen Bittersee und einen zweiten von dort zum östlichen Zweig des Nildeltas zu bauen. Später sollen Griechen und Römer diese Kanäle mehrfach wieder ausgegraben haben, doch schon nach kurzer Zeit versandeten sie und wurden aufgegeben. Als die Araber Ägypten eroberten, unternahmen sie denselben Versuch, aber auch diesmal wurden die Kanäle nach wenigen Jahren aufgegeben. Dann fand man den Seeweg um Afrika und unterließ weitere Versuche dieser Art.

Doch der Gedanke, eine kurze Seeverbindung nach dem Osten zu schaffen, ging nicht unter. 1798 griff Napoleon ihn während seines Ägyptenfeldzugs auf, aber seine Ingenieure hielten den Plan nicht für realisierbar, weil nach ihren Berechnungen zwischen Mittelmeer und Rotem Meer ein Höhenunterschied von 9 Metern bestand, so dass sie massive Überschwemmungen befürchteten, falls man das Land nicht durch große Schleusen schützte. Genauere Messungen zeigten, dass diese Ansicht nicht zutraf, und 1854 gelang es dem Vicomte Ferdinand Marie de Lesseps, den ägyptischen Vizekönig davon zu überzeugen, dass solch ein Kanal tatsächlich gebaut werden konnte.

1858 gründete man die Compagnie Universelle du Canal Maritime de Suez, die einen Kanal zwischen den beiden Meeren bauen und für 99 Jahre betreiben sollte; danach sollte der Kanal in den Besitz des ägyptischen Staates übergehen. Ursprünglich handelte es sich um ein französisch-ägyptisches Unternehmen, doch später kauften die Briten die ägyptischen Anteile.

Der Bau des Kanals

Der Kanal zieht sich etwa 190 Kilometer durch die Wüste; gut 90 Kilometer führen durch natürliche Seen, davon 35 Kilometer durch die beiden Bitterseen. Die Breite betrug oben 60 Meter und am Grund 25 Meter, die Tiefe etwa 8 Meter. Insgesamt mussten beim Bau mehr als 35 Millionen Kubikmeter Erde bewegt werden.

Durch Zwangsrekrutierungen stellte die ägyptische Regierung etwa 1,5 Millionen Arbeiter zur Verfügungen, von denen 125 000 bei den Bauarbeiten den Tod fanden. Damals konnte eine Arbeitskolonne von sieben Leuten 26 Kubikmeter Erde pro Tag ausheben; die Arbeitskräfte mussten während der ganzen Bauzeit Schwerstarbeit verrichten. Man arbeitete mit Spitzhacke und Schaufel, die Erde wurde von Hand oder mit Schubkarren fortgeschafft.

1859 begann man mit dem Bau des Hauptkanals und eines parallel dazu verlaufenden kleineren Kanals, über den die Arbeiter und der auf halber Strecke einzurichtende Hafen Ismailia mit Trinkwasser

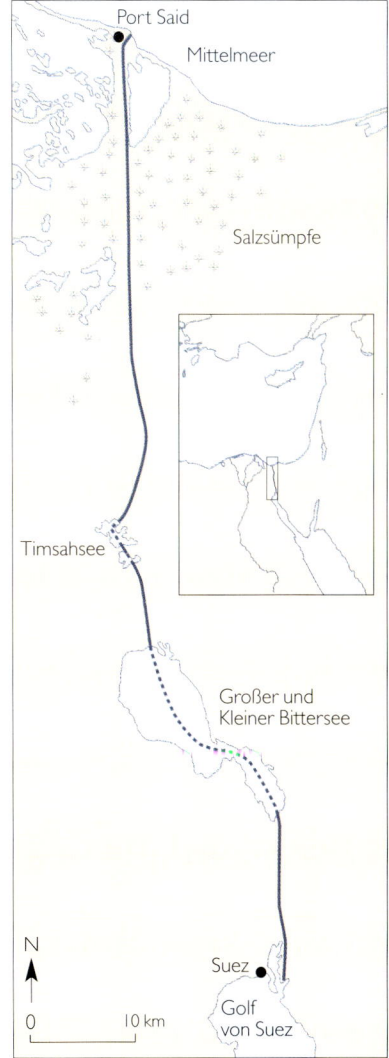

Der Verlauf des Suezkanals vom Mittelmeer zum Roten Meer. Von den 190 Kilometern führten etwa 90 durch natürliche Seen.

Technische Daten

Gesamtlänge	190 km
davon durch Seen	90 km
ursprüngliche Breite	60 m (oben)
	25 m (am Grund)
Tiefe	8 m
Arbeitskräfte	1,5 Mio.
Baukosten	19 Mio. brit. Pfund

Die Baukosten betrugen einschließlich der während des Baus anfallenden Zinsen nahezu 19 Millionen Pfund. Das war doppelt so viel wie ursprünglich veranschlagt. Spätere Reparaturen und Wartungsarbeiten verschlangen noch einmal die dreifache Summe.

Einweihung

Am 17. November 1869 wurde der Kanal in einer extravaganten Zeremonie offiziell von Khedive Ismail eingeweiht. Man lud königliche Hoheiten aus Frankreich, England und Russland ein und baute eigens eine Straße von Kairo in das neu erbaute Ismailia. In Port Said explodierte wenige Tage vor den Feierlichkeiten ein Lager mit Feuerwerkskörpern, die beinahe die ganze Stadt zerstört hätten.

Die Feierlichkeiten waren auf vier Tage angesetzt. Für die standesgemäße Bewirtung der 6000 Gäste hatte man aus Frankreich und Italien 500 Köche und 1000 Kellner geholt. Muslimische, griechisch-orthodoxe, koptische und römisch-katholische Geistliche segneten den Kanal; alle verfügbaren Kanonen und Gewehre

Unten: Die kaiserlich-französische Yacht »Aigle« mit Kaiserin Eugénie an Bord führt den Schiffskonvoi an, mit dem der Kanal 1869 eröffnet wurde. Vom Ufer her beobachten Ägypter das Schauspiel.

versorgt werden sollten. 1865 war ein schmaler, für kleine Boote geeigneter Kanal fertig gestellt. Zwei Jahre später, 1867, hatte man den Kanal so weit verbreitert und vertieft, dass Schiffe mit einer Ladung von bis zu 40 Tonnen darauf fahren konnten. Als man dann Bagger einsetzte, mit denen man den Aushub aus der Fahrrinne direkt am Kanalufer aufhäufen konnte, kam die Arbeit schneller voran. Der Kanal wurde 1867 fertig gestellt und 1869, zehn Jahre nach Baubeginn, offiziell eröffnet.

Ein Schiffskonvoi durchquert den Kanal kurz nach der Eröffnung. Er war sogleich ein großer Erfolg und wurde eine wichtige Einnahmequelle für Ägypten.

wurden abgefeuert; 20 Militärkapellen begannen zu spielen; und durch den abziehenden Rauch der Kanonen fuhr Kaiserin Eugénie von Frankreich auf der kaiserlichen Yacht »Aigle« an der Spitze eines Schiffskonvois in den Kanal ein. Von der anderen Seite nahm gleichzeitig eine kleinere Flottille ihren Weg durch den Kanal; bei Sonnenuntergang trafen die beiden Konvois in Ismailia zusammen. Afrika konnte nun als Insel gelten. Es folgten ein Bankett mit großem Feuerwerk und ein Ball im brandneuen, von 10 000 Lampions erleuchteten Palast des Vizekönigs. Die Gäste genossen das prunkvolle Fest; es war ihnen wohl kaum bewusst, dass die Schulden Ägyptens zu Beginn der Regierungszeit Ismails bei 3 Millionen Pfund gelegen hatten und nun nach dem Bau des Kanals 100 Millionen Pfund betrugen.

Spätere Entwicklungen

Heute hat der Suezkanal eine Breite von 180 bis 200 Metern oben und 60 Metern am Grund; er kann von voll beladenen Schiffen mit 16 Metern Tiefgang und 150 000 Tonnen Leergewicht mit einer Geschwindigkeit von 13,5 Stundenkilometern durchfahren werden. Auf dem größten Teil der Strecke steht nur eine Fahrrinne zu Verfügung, aber es gibt mehrere Ausweichstellen, und die Bitterseen kann der Schiffsverkehr gleichzeitig in beiden Richtungen passieren.

Der Suezkanal ist der längste von Schleusen freie Kanal der Welt und der drittlängste überhaupt, nach dem St.-Lorenz-Seeweg in Nordamerika und dem Ostsee-Weißmeer-Kanal in Russland. Die Gebühren bringen jährlich fast 2 Milliarden Dollar in die ägyptische Staatskasse; damit ist der Kanal Ägyptens drittgrößte De-

visenquelle, nach dem Tourismus und den Überweisungen im Ausland beschäftigter Ägypter. Im Jahr passieren nahezu 15 000 Schiffe den Kanal.

In der Vergangenheit lag die strategische Bedeutung des Kanals in seinem großen Anteil am Welthandel; durch ihn liefen 14 Prozent des Welthandels, 26 Prozent aller Ölexporte und 41 Prozent aller Gütertransporte in die Häfen der Arabischen Halbinsel. Wegen der Spannungen in der Golfregion hat er in letzter Zeit jedoch an Bedeutung verloren.

Durch den Kanal wird der Weg zwischen Europa und dem Osten erheblich kürzer, die Strecke zwischen Dschidda am Roten Meer und der am Schwarzen Meer gelegenen Hafenstadt Konstanza gegenüber der Schifffahrtsroute um das Kap der Guten Hoffnung zum Beispiel um 86 Prozent – das entspricht der Entfernung zwischen Tokio und Rotterdam.

Der Suezkanal heute. Obwohl der Kanal immer noch von 15 000 Schiffen im Jahr benutzt wird, hat er wegen der Spannungen in der Golfregion an Bedeutung verloren.

Der Panamakanal

Bauzeit: 1907–1914   Ort: zwischen Colon und Panama City, Panama

*Keines der auf diesem Kontinent noch zu vollbringenden großen materiellen Werke
ist von solcher Bedeutung für das amerikanische Volk.*

PRÄSIDENT THEODORE ROOSEVELT, 1901

Reliefkarte mit dem Verlauf des Kanals quer durch Panama. Die Schleusen zum Ausgleich des Höhenunterschieds zwischen Küsten und Binnenland befinden sich am Anfang und am Ende des Kanals.

IN PANAMA geht die Sonne morgens über dem Atlantischen Ozean auf und versinkt abends im Pazifik. Von Osten her fahren die Schiffe bei Colon in den Kanal ein und verlassen ihn im Westen nach 80 Kilometern und 8 Stunden Fahrt bei Panama City. Und das nur deshalb, weil die Landenge zwischen Nord- und Südamerika an dieser Stelle so schmal ist.

Vor einem Jahrhundert einer feindlichen Umwelt abgetrotzt, hat der Panamakanal der Welt länger als irgendein anderes von Menschen geschaffenes Großbauwerk gedient. Der Bau kostete unendliche Mühe, doch das größte jemals unternommene Bauprojekt wurde sogar drei Jahre vor dem geplanten Termin fertig gestellt. Der Nutzen für den internationalen Schiffsverkehr, den zivilen wie den militärischen, und da-

mit für die Wirtschaft, die Politik und die gesamte Weltordnung war gewaltig. Amerikanische Ingenieure und Ärzte überwanden in gemeinsamer Arbeit jedes natürliche Hindernis, um den Panamakanal, die zweifellos größte bautechnische Leistung der Welt, zu vollenden. Die Kapazität des vor 100 Jahren gebauten Kanals ist in der Zwischenzeit ohne eine Unterbrechung des Betriebs verdoppelt worden – auch das eine herausragende Leistung.

Der französische Versuch

Im Jahr 1552 veröffentlichte Pater Francisco Lopez de Gomera ein Buch, in dem er Panama als den bevorzugten Ort für einen Kanal zwischen Atlantik und Pazifik bezeichnete, der den Weg um ganz Südamerika herum überflüssig machen sollte. Erst 350 Jahre später erreichte die Bautechnik den dafür erforderlichen Stand. Und in den ersten 100 Jahren des Kanals nutzten eine halbe Million Schiffe diese Abkürzung.

Den ersten wirklichen Versuch, den Kanal zu bauen, unternahm der Franzose Ferdinand de Lesseps, der zuvor bereits den Suezkanal gebaut hatte. Trotz überlegener Technologie waren die französischen Kanalbauer aber nicht in der Lage, das Projekt zu vollenden, und zwar aus zwei Gründen. Erstens wurden sie von Tropenkrankheiten dezimiert, vor allem vom Gelbfieber (gegen das die Franzosen nicht immun waren); und zweitens hatten sie am Calebra-Einschnitt, dem 13 Kilometer langen Teilstück auf der kontinentalen Wasserscheide, unter zahllosen Erdrutschen zu leiden. Beide Komplikationen erwiesen sich als unüberwindlich für das privat finanzierte französische Unternehmen. Bankrott und Skandal beendeten diesen ersten Versuch.

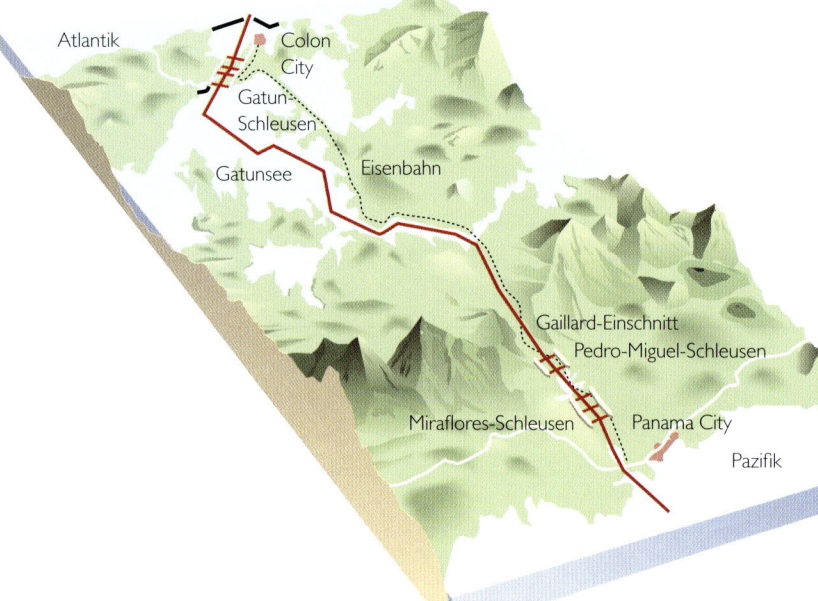

Atlantik

Colon City

Gatun Schleusen

Gatunsee

Eisenbahn

Gaillard-Einschnitt

Pedro-Miguel-Schleusen

Miraflores-Schleusen

Panama City

Pazifik

Innerhalb von acht Jahren hatten die Franzosen eine eindrucksvolle Leistung vollbracht, auch wenn nur 13 Prozent der Strecke später in den heutigen Kanal einbezogen wurden; der Rest folgte einer unbrauchbaren Route. Auch weite Teile der von den Franzosen gesammelten topographischen, geologischen und hydrographischen Daten waren nutzlos, als die amerikanische Regierung sich nach einem mutigen, weitsichtigen Entschluss Theodore Roosevelts des Projekts annahm.

Amerika tritt auf den Plan

Ferdinand de Lesseps war in Mittelamerika gescheitert, weil er die spezifischen Probleme dieses Projekts nicht zu lösen vermochte. In Suez hatte er nicht mit Dschungeln, Bergen, Krankheiten, schwierigen Zugangsmöglichkeiten, extremen Wetterverhältnissen, Arbeitskräftemangel oder unterirdischen Überraschungen zu kämpfen gehabt. In Panama wurde er mit all diesen Problemen konfrontiert – und dazu noch mit der unabwendbaren Notwendigkeit, die Schiffe 26 Meter zu heben, damit sie die kontinentale Wasserscheide überwinden konnten.

Bevor die Amerikaner, zunächst unter John Stevens, auch nur einen Kubikmeter Erde bewegten, trafen sie umfangreiche Vorbereitungen: sie beschafften die nötige Ausrüstung, besorgten geeignete Verpflegung für ein Heer von Arbeitern, bauten Unterkünfte für sie und stellten sicher, dass die Eisenbahn – die Lebensader des Projekts – zuverlässig funktionierte. Das amerikanische Team stand unter Leitung von Colonel George W. Goethals, während Colonel William Crawford Gorgas für die Bekämpfung des Gelbfiebers und der Malaria verantwortlich war, eine wesentliche Voraussetzung für den Erfolg des Unternehmens.

Der Bau des Panamakanals, der den Atlantik mit dem Pazifik verbindet, war eine der größten technischen Leistungen der Geschichte. Der Kanal hatte solchen Erfolg, dass seine Kapazität seit der Fertigstellung 1914 nahezu verdoppelt wurde.

Zum Bau der Ufer-
böschungen am
Gaillard-Einschnitt
verwendete man
dampfgetriebene
Schaufelbagger.

Zur Überwindung der kontinentalen Wasserscheide baute man je drei Schleusen von 305 Metern Länge, 33,50 Metern Breite und 26 Metern
Tiefe, deren Wände an der Basis bis zu 15 Meter,
im oberen Bereich immer noch 2,50 Meter dick
sind. Die aus Stahlplatten und einem Stahlrahmen bestehenden Doppeltore sind gleichfalls ein
Wunderwerk der Technik; jedes ist 20 Meter breit
und 2 Meter dick; das größte – in Miraflores – hat
eine Höhe von 25 Metern und wiegt 745 Tonnen.
Aus Sicherheitsgründen werden die Schiffe im
Schleusenbereich von kleinen Lokomotiven gezogen.

Zur Regulierung des Flusses Chagres baute
man einen Staudamm und schuf so den größten
künstlichen See der Welt, den Gatunsee. Mit
einer Länge von 2,4 Kilometern und einer Höhe
von 50 Metern war der Staudamm damals der
größte Erddamm der Welt.

Doch immer noch musste das Problem der
Erdrutsche am Calebra-Einschnitt bewältigt werden. Colonel David Dubois Gaillard löste es
schließlich durch eine Verringerung der Hang-
neigung auf beiden Seiten des Kanals. Aber Gaillard starb schon 1913; daher gab man dem Ein-
schnitt seinen Namen.

Am 15. August 1914 wurde der Panamakanal
offiziell mit der Durchfahrt des amerikanischen
Dampfers »Ancon« eröffnet. Zwar blieben noch
einige Probleme zu lösen, doch die Herausforderung war gemeistert: Der Kanal stand dem internationalen Schiffsverkehr drei Jahre früher zur
Verfügung als geplant; und die Baukosten blieben
unter dem Voranschlag.

Jüngste Veränderungen

Der Kanal wurde sogleich ein Erfolg, und mit den
Jahren wuchs sowohl die Zahl der Schiffsbewegungen als auch die Größe der Schiffe. 1996 verabschiedete die Kanalkommission ein Moderni-
sierungsprogramm, das die Kapazität des Kanals
bis 2002 mit einem Budget von einer Milliarde
Dollar durch neue Ausrüstung und Technologie
vergrößern sollte. Heute werden sämtliche Bewegungen von Schiffen, Schleppern, Lokomotiven und anderen beweglichen Einheiten über
ein Global Positioning System (GPS) verfolgt.
Diese Daten nutzt die Marine Traffic Operation,
um die Wartezeiten der Schiffe vor den Kanalein-

Technische Daten

Gesamtlänge	80 km
Höhe der Gatun-Schleusen	26 m
Länge des Gaillard-Einschnitts	13 km
Arbeitskräfte August 1913	39 962
Baukosten	367 Mio. US-Dollar

gängen möglichst gering zu halten. Ein Wetterdienst ermöglich die optimale Nutzung der Wasserressourcen und verhindert, dass der Betrieb des Kanals durch Hochwasser oder dürrebedingte Niedrigstände beeinträchtigt wird. Durch eine Erweiterung des Gaillard-Einschnitts erhöhte man die Kapazität des Kanals um 20 Prozent; bei diesem Bauprojekt wurde viermal so viel Erde bewegt wie beim Bau des Kanaltunnels zwischen England und Frankreich.

Die größten Schiffe, die noch in die Schleusen passen, die so genannten Panamax-Schiffe, können den Gaillard-Einschnitt jeweils nur einzeln passieren. Wenn zwei solcher Schiffe in dem 152 Meter breiten Kanal aneinander vorbeiführen, würden hydrodynamische Kräfte entstehen, die eine sichere Passage gefährden könnten. Im Juni 1991 verabschiedete die Kanalkommission ein 200 Millionen Dollar teures Projekt zur Erweiterung des Gaillard-Einschnitts, das bis 2012 abgeschlossen sein soll. Drainage und eine genaue Überwachung der Hänge hat sich als die kostengünstigste Lösung für das Problem der Erdrutsche erwiesen.

Die Kanalkommission prüft gegenwärtig die Möglichkeit, eine weitere Schleusengruppe zu bauen; dabei hat man die Wahl zwischen neuen Schleusen mit größeren Schleusenkammern, mit solchen der bisherigen Größe oder mit kleineren; um Wasser zu sparen, könnte man auch Schleusen für kleinere Schiffe bauen, bei denen der Abfluss aus der einen Schleuse zum Füllen der nächsten genutzt wird.

Inzwischen hat die Republik Panama die Verantwortung für Verwaltung und Betrieb eines der größten Kanäle der Welt übernommen. Aufgrund des 1989 unterzeichneten Torrijos-Carter-Vertrags übergaben die Vereinigten Staaten die Kontrolle über den Kanal am 31. Dezember 1999 an Panama.

Die drei Schleusengruppen des Kanals sind heute noch die massivsten Bauwerke der Welt, und sie sind immer noch in Betrieb.

64 Der Hooverdamm

Bauzeit: 1931–1935   Ort: Black Canyon, Nevada, USA

Der Bau des Hooverdamms gehört zu den großen Abenteuern der Menschheit.
DER BILDHAUER OSKAR J.W. HANSEN, 1950

Eine gewaltige technische Herausforderung: Der Hooverdamm wurde quer durch den Colorado-Canyon gebaut; links liegt Nevada, rechts Arizona.

DIE AMERICAN SOCIETY OF CIVIL ENGINEERS nannte den Hooverdamm 1994 eines der größten Monumente der amerikanischen Baugeschichte, ein modernes Gegenstück zu den Sieben Weltwundern der Antike. Zu seiner Zeit war der Hooverdamm (der damals noch Boulderdamm hieß) der größte Staudamm der Welt.

Seit Jahrtausenden folgte der Colorado seinem 2250 Kilometer langen Lauf von den Rocky Mountains zum Golf von Kalifornien. Alles Leben entlang dieses Wegs hing von seinen Wassern ab; aber man musste einen hohen Preis dafür bezahlen. Denn im Frühjahr führt die Schneeschmelze in den Bergen regelmäßig zu verheerenden Überschwemmungen im Flachland, denen Menschenleben, Äcker und Häuser zum Opfer fielen. Im Sommer und Frühherbst trocknet der Fluss dann zu einem bloßen Rinnsal aus. Wollte man die Lebensbedingungen am Fluss verbessern, musste man ihn zähmen.

Schon 1920 erkannten die Behörden, dass die Regulierung des Colorado neben der Verhinderung von Überschwemmungen noch weitere Vorteile haben konnte: eine sichere Trinkwasserversorgung, die Bewässerung von Feldern und die

Erschließung neuer Ackerflächen, die Erzeugung von Elektrizität und die Schaffung von Erholungsgebieten.

Die Verwirklichung des Traums begann 1922 mit der Unterzeichnung des Colorado River Compact, in dem sieben Bundesstaaten eine gerechte Verteilung des Wassers vereinbarten; 1928 schuf dann der Kongress mit dem Boulder Canyon Project Act die gesetzliche Grundlage für den Bau eines Staudamms im Black Canyon zwischen Arizona und Nevada.

Der Bau des Staudamms

Die Arbeit begann 1931 mit dem Bau einer Eisenbahn, die man für den Transport von Menschen, Maschinen und Baumaterial in das unzugängliche Gebiet benötigte. (Drei der bedeutendsten Bauprojekte der Moderne: dieser Staudamm, der Panamakanal und der Kanaltunnel hätten ohne den vorherigen Bau solch einer Werksbahn niemals verwirklicht werden können.)

Ein Konsortium aus sechs Bauunternehmen übernahm den Bau des Staudamms. Zunächst sprengte man auf beiden Seiten des Canyons Tunnel durch den Fels. Dann baute man oberhalb und unterhalb der für den Damm vorgesehenen Stelle Fangdämme und leitete das Wasser durch die Tunnel an der Baustelle vorbei. Nun konnte die Arbeit am Staudamm beginnen. Trotz zeitweiliger Unterbrechungen und einer relativ hohen Zahl tödlicher Unglücke kam man schnell voran.

Der Hooverdamm ist eine geschwungene Betonkonstruktion, die dem Wasserdruck sowohl durch das Gewicht des Damms als auch durch die Abstützung an den Wänden des Canyons standhält. Der Beton wurde in Blöcken oder Säulen gegossen, die man dann miteinander verband. Als man die Arbeit 1935, zwei Jahre früher als geplant, abschloss, hatte man insgesamt 2,6 Millionen Kubikmeter Beton mit einem Gewicht von 6,6 Millionen Tonnen verarbeitet – genug, um eine mehr als 4600 Kilometer lange Autobahn von New York bis San Francisco zu bauen.

Am 30. September 1935 widmete Franklin D. Roosevelt das Projekt dem amerikanischen Volk. Ein Jahr später nahm man die ersten Generatoren in den beiden Flügeln des Elektrizitätswerks in Betrieb. Im Laufe der Zeit kamen weitere Generatoren hinzu, der letzte 1961. Der nach Elwood Mead, dem damaligen Bevollmächtigten für die Urbarmachung neuen Landes, benannte Stausee ist mit seinen 35 Millionen Kubikmetern Fassungsvermögen und einer Fläche von 11,5 Millionen Hektar das größte künstliche Wasserreservoir Amerikas.

Der Nutzen des Staudamms

Das neue Besucherzentrum bietet einen guten Überblick über die vielfältigen Aufgaben des Staudamms. Er dient der Bewässerung von mehr als 400 000 Hektar ehemals unfruchtbarer Wüstengebiete in Südwestamerika (und in Mexiko),

Der Stahlbetondamm wurde in Abschnitten oder Säulen unmittelbar vor Ort gegossen. Im Vordergrund am Kran ein Segment des stählernen Wasserzulaufs zu den Turbinen.

Technische Daten	
Höhe	221 m
Länge an der Krone	379 m
Breite an der Krone	13,70 m
Breite an der Basis	201 m
Gewicht	6,6 Mio. Tonnen
Arbeitskräfte	3500
Baukosten	165 Mio. US-Dollar
Fassungsvermögen des Sees	35 Mio. m³

Durch den Stau-
damm entstand der
Meadsee. Unmittel-
bar vor dem Damm
sind die vier Türme
für den Wasser-
ablauf zu erkennen.
Am Fuß des Damms
liegen die beiden
Wasserkraftwerke.
Links im Bild auf der
Nevada-Seite das
Besucherzentrum.

Unten: Das Schau-
bild zeigt die ur-
sprüngliche Anord-
nung der einzelnen
Elemente des Stau-
damms: die Türme
zur Aufnahme des
Wassers, den Was-
serzulauf zu den
Turbinen und die
Überlaufleitungen.

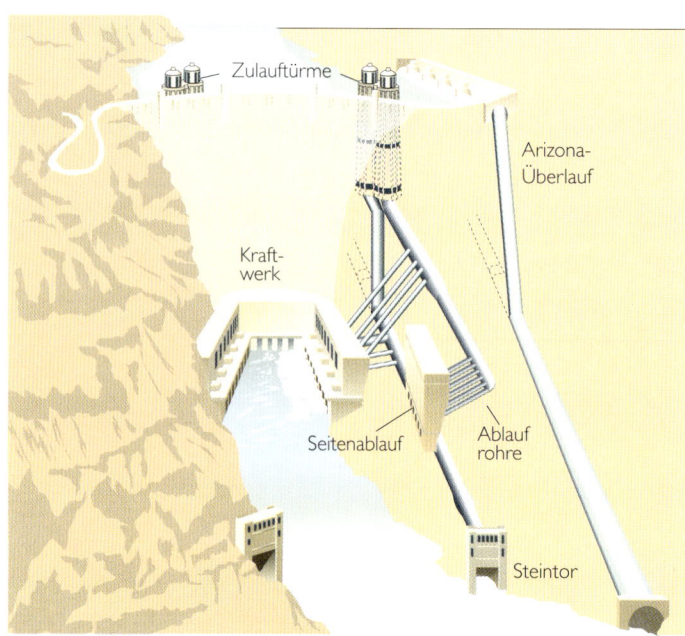

Zulauftürme

Arizona-
Überlauf

Kraft-
werk

Seitenablauf

Ablauf
rohre

Steintor

die heute zu den fruchtbarsten Ackerflächen des Landes gehören und in dieser Region für viele Millionen Dollar Einkommen sorgen.

Der Staudamm deckt zuverlässig den ständig steigenden Trinkwasserbedarf von mehr als 20 Millionen Menschen, die in seinem Versorgungsgebiet leben. Er versorgt Arizona, Kalifornien und Nevada mit günstig und sauber produziertem Strom. Seine Jahresleistung von 4 Milliarden Kilowattstunden reicht für die häuslichen und betrieblichen Bedürfnisse von 1,3 Millionen Menschen. Von 1939 bis 1949 war der Hooverdamm das größte Wasserkraftwerk der Erde. Und das vom National Park Service verwaltete Erholungsgebiet am Meadsee und den kleineren Seen in der Umgebung zieht mit seinen vielfältigen Möglichkeiten (Segeln, Baden, Wasserski, Camping und Angeln) jährlich 9 Millionen Besucher an.

Die Baukosten betrugen 165 Millionen Dollar. Der größte Teil wurde über einen staatlichen Kredit finanziert, der in der Folgezeit aus den Erlösen der Stromerzeugung zurückbezahlt wurde. Der Hooverdamm hat in seiner majestätischen Schönheit weite Teile der Vereinigten Staaten mit Leben erfüllt und wird noch lange von großem Nutzen sein.

Der Itaipú-Staudamm

Bauzeit: 1975–1991   Ort: Parana, Brasilien – Paraguay

Für viele im Westen ist ein Swimmingpool kein Zeichen von Überfluss,
sondern ein Symbol für Ordnung und Herrschaft über das Unbeherrschbare.
JOAN DIDION, 1977

DER ITAIPÚ-STAUDAMM am Parana, dem Grenzfluss zwischen Brasilien und Paraguay, und das zugehörige Wasserkraftwerk bilden gegenwärtig das weltweit größte Projekt zur Erzeugung erneuerbarer Energie und gehören zu den architektonischen Wunderwerken des 20. Jahrhunderts.

Außerdem steht dieses Bauwerk für die erfolgreiche Zusammenarbeit zwischen zwei Nachbarländern.

Technische Daten

Gesamtlänge	8 km
Größte Höhe	196 m
Baukosten	18 Mrd. US-Dollar
Arbeitskräfte	30 000
Anzahl der Generatoren	18 (geplant 20)
Leistung	12 600 Megawatt
Fassungsvermögen	29 Mrd. m³

Nach der Sprengung des Fangdamms konnte der Parana in den Umleitungskanal strömen.

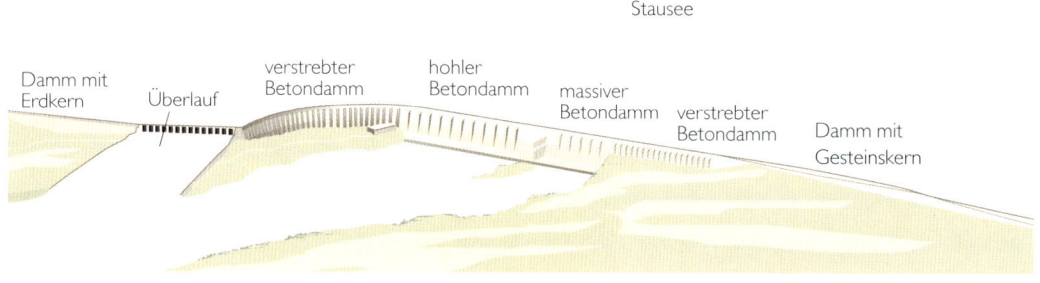

Stausee

Damm mit Erdkern   Überlauf   verstrebter Betondamm   hohler Betondamm   massiver Betondamm   verstrebter Betondamm   Damm mit Gesteinskern

Blick über die Baustelle. Der Überlauf ist links zu erkennen, die Hauptstaumauer rechts der Mitte. Dazwischen liegt ein weiterer Betondamm. Einen Überblick über die Teile des gesamten Staudamms vermittelt das nebenstehende Schaubild.

Alles, was mit dem Projekt zusammenhängt, bewegt sich in gewaltigen Dimensionen. Der Staudamm ist insgesamt 7,7 Kilometer lang und besteht aus fünf miteinander verbundenen Dämmen unterschiedlicher Bauart. Der Hauptdamm ist aus Beton; um Material zu sparen, ist er innen hohl. Aber auch so benötigte man gewaltige Mengen Beton, und natürlich besitzt er dennoch genügend Festigkeit, um dem Wasserdruck standzuhalten. In der Höhe variieren die Dämme zwischen 25 und 125 Metern.

Am Fuß des Hauptdamms befindet sich die Turbinenhalle mit den Generatoren, die je 715 Megawatt erzeugen. Das Kraftwerk deckte 2000 knapp ein Viertel des brasilianischen Strombedarfs und produzierte fast 95 Prozent des in Paraguay benötigten Stroms. Bis zur endgültigen Fertigstellung wird man die Leistung durch weitere Generatoren noch erhöhen.

Der Bau des Staudamms

Der Bau begann 1975 mit der Umleitung des Parana. Mit einem Durchfluss von 8300 Kubikmetern ist der Parana der siebtgrößte Fluss der Erde; es war das erste Mal, dass ein Strom dieser Größe umgeleitet wurde. Fast drei Jahre benötigte man für den Bau des 2 Kilometer langen, 150 Meter breiten und 91 Meter tiefen Umgehungskanals; gut 50 Millionen Tonnen Erde und Gestein mussten bewegt werden. Anschließend baute man oberhalb und unterhalb der für den Damm vorgesehenen Stelle zwei Fangdämme, um den Fluss in den neuen Kanal umzuleiten. Mit 100 Metern und 550 Metern Länge waren es gleichfalls die längsten, die jemals gebaut wurden.

Nach der Umleitung des Flusses legte man die Baustelle trocken und begann mit den Ausschachtungsarbeiten für die Dämme und den Überlauf. Für deren Bau benötigte man 8,8 Millionen Kubikmeter Beton sowie 13,2 Millionen Kubikmeter Erde und Gestein. Mit sieben Seilbahnen wurde der Beton von den Betonwerken an beiden Ufern zu den Baustellen transportiert. In der Hochphase des Baus arbeitete man rund um die Uhr; nahezu 30 000 Menschen waren am

Bau beteiligt. Man verbrauchte 15 Mal so viel Beton wie beim Bau des Kanaltunnels, und aus dem verbrauchten Stahl hätte man 380 Eiffeltürme bauen können.

Am 13. Oktober 1982 schloss man die Wehre des Umgehungskanals, und hinter dem Damm begann das Wasser sich zu stauen. Es entstand ein 1350 Quadratkilometer großer See, der unmittelbar vor der Staumauer mit 170 Metern seine größte Tiefe erreicht. Nur 14 Tage dauerte es, bis der See voll war.

Bauprojekte dieser Größenordnung haben stets auch Auswirkungen auf die Umwelt. Als das Wasser stieg, waren ständig Boote unterwegs, mit denen man Tiere vor dem Ertrinken rettete; und an anderer Stelle wurde neuer Lebensraum für die Tiere geschaffen.

Das überschüssige Wasser fließt in kontrollierter, aber immer noch spektakulärer Weise durch den Überlauf auf der rechten Seite des Flusses ab. Er ist für das Doppelte der größten, bisher bei Hochwasser erreichten Durchfluss-

Auch nachts ging die Arbeit weiter. Das Bild zeigt Kräne an der Hauptstaumauer.

Blick über den Stausee und die Staumauern. Rechts sieht man das Wasser durch den Überlauf strömen.

menge ausgelegt. Vierzehn stählerne Walzenwehre von 21 Metern Breite und Höhe regulieren den Durchfluss.

Energie und Erholung

Der erste Generator ging im Mai 1984 ans Netz, der letzte folgte sieben Jahre später, im Juli 1991. Jeder der 18 von Francis-Turbinen angetriebenen Generatoren wiegt 3300 Tonnen und erbringt bei Volllast eine Leistung von 715 Megawatt. Bei dieser Leistung strömen pro Sekunde 645 Kubikmeter Wasser durch die Turbine. Die Gesamtleistung des Kraftwerks wurde jedes Jahr erhöht und erreichte 2000 mit mehr als 12 600 Megawatt ihr Maximum. Pro Jahr können dadurch 81 Millionen Tonnen Kohlendioxid eingespart werden, die ansonsten von Kohlekraftwerken

emittiert würden. Im Jahr 2004 sollen zwei weitere Generatoren ans Netz gehen.

Die Stromnetze Brasiliens und Paraguays sind unterschiedlich ausgelegt; die Generatoren sind daher auf die beiden Systeme verteilt. Der größere Teil der produzierten Energie geht nach Brasilien, hauptsächlich nach São Paulo.

Der Staudamm ist nicht nur ein wirtschaftlicher Erfolg, weil er Brasilien und Paraguay mit Strom versorgt; er sichert auch die Wasserversorgung zahlreicher Haushalte und Betriebe und dient der Bewässerung landwirtschaftlicher Flächen; außerdem ist er eine große Attraktion. Mehr als 10 Millionen Touristen haben den Itaipú-Staudamm bislang besucht; sie sind eine wichtige Einkommensquelle für die Menschen der Region.

Das Oosterschelde-Sperrwerk

Bauzeit: 1966–1987 Ort: Südwestliche Niederlande

*Auch wenn unser Feind Oceanus
zu schlafen scheint, wird er doch
wie ein brüllender Löwe über uns kommen
und alles zerstören …*
ANDRIES VIERLINGH, 16. JAHRHUNDERT

Technische Daten

Gesamtlänge des Sperrwerks	6,8 km
Anzahl der Pfeiler	65
Höhe der Pfeiler	53 m
Gewicht der Pfeiler	18 000 t
Baukosten	7,8 Mrd. Gulden

AM 1. FEBRUAR 1953 brachte eine Sturmflut Verderben über das Gebiet der Rhein-, Maas- und Scheldemündung im Süden der Niederlande. Mehr als 200 000 Hektar Land wurden überflutet, 1835 Menschen ertranken. Auf tragische Weise hatte sich wieder einmal gezeigt, wie schutzlos die Niederlande ihrem »ewigen Freund und Feind«, dem Meer, ausgeliefert waren.

Man setzte eine Kommission ein, und 1958 verabschiedete das holländische Parlament das Gesetz für das Deltaprojekt. Im Rahmen dieses Projekts sollten die Mündungsarme der drei Flüsse im Bereich der Küstenlinie durch Dämme und Sperrwerke geschlossen werden, mit der Folge, dass sich die Verteidigungslinie gegen das Meer um nahezu 700 Kilometer verkürzte. Außerdem sollten die bestehenden Deiche erhöht und kleinere Dämme, Schleusen und Sperrwerke zwischen den Inseln gebaut werden. Der Nachteil lag darin, dass ein großes natürliches Mündungsdelta vollständig vom Meer abgeschnitten würde; aber der Plan gab der Sicherheit der Menschen den Vorrang gegenüber ökologischen Erwägungen.

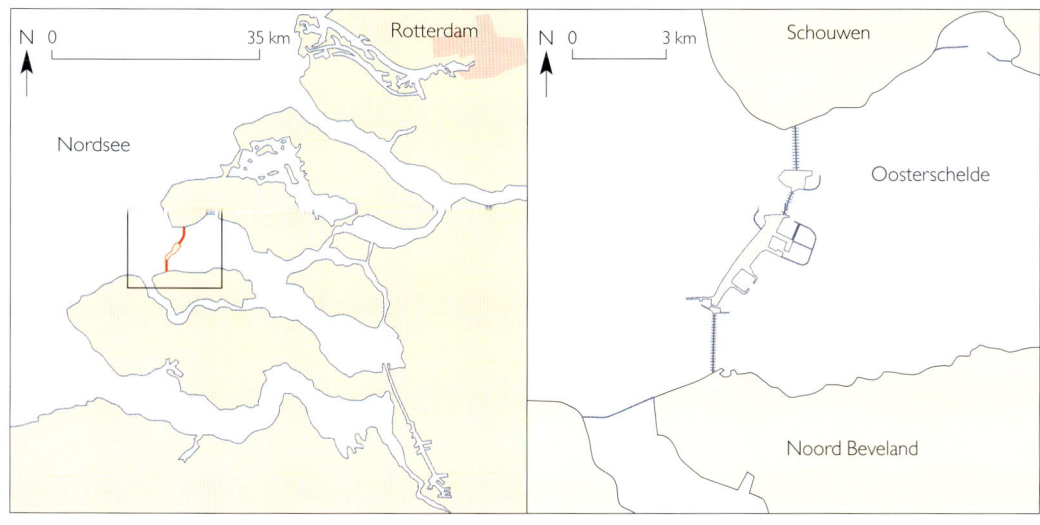

Die Lage des Sperrwerks im Südwesten der Niederlande und der Grundriss der Anlage; in der Mitte der Oosterschelde die beiden künstlichen Inseln

Die 65 Betonpfeiler des Sperrwerks wurden wie »normale« Gebäude in Trockendocks gebaut; die Fahrzeuge vermitteln einen guten Eindruck von der Größe.

Das Oosterschelde-Sperrwerk

In der Folgezeit wurden verschiedene Elemente des Plans verwirklicht, doch die schwierigste Aufgabe – die Schließung der Oosterschelde – blieb bis zuletzt. Man musste einen 8 Kilometer langen Damm quer durch den bis zu 40 Meter tiefen Mündungsarm bauen, der zudem noch große Gezeitenunterschiede aufweist. 1969 begann man mit dem Bau; 1973 hatte man zwei künstliche Inseln, die später miteinander verbunden werden sollten, und einen Damm von 5 Kilometern Länge fertig gestellt. Doch wach-

Filtermatten dienen als Fundament für die Betonpfeiler des Sperrwerks.

sende Bedenken wegen des Verlustes einer einzigartigen Landschaft und ökonomische Erwägungen veranlassten die holländische Regierung 1977, den ursprünglichen Plan aufzugeben.

Statt eines festen Damms schlugen Ingenieure nun ein gänzlich neues, offenes System zum Schutz vor Sturmfluten vor. Es sollte aus beweglichen Sperren bestehen, die unter normalen Umständen offen stehen und nur bei Sturm oder Sturmfluten geschlossen werden sollten.

Die Projektgruppe aus der für das Delta zuständigen Abteilung der Rijkswaterstaat und einem Konsortium holländischer Unternehmen stand vor einer vollkommen neuartigen Herausforderung. Noch nie hatte man solch eine Anlage gebaut, und so musste man für viele Probleme neue technische Lösungen finden. Alle wichtigen Elemente wurden zuvor unter Laborbedingungen getestet, aber die Natur ist nicht so berechenbar, wie die Bauingenieure es gern hätten.

Der Bau des Sperrwerks

Nach zahlreichen Tests entschied man sich für eine in drei Abteilungen unterteilte Kette aus 65 riesigen Betonpfeilern, zwischen denen insgesamt 62 bewegliche Stahltore oder Wehre aufgehängt sind. Das Sperrwerk erstreckt sich zwischen den beiden künstlichen Inseln und hat eine Gesamtlänge von 6,8 Kilometern.

Zunächst galt es sichere Fundamente für die Pfeiler auf dem Meeresboden zu bauen, den man zu diesem Zweck bis zu einer Tiefe von 15 Metern verfestigen musste. Von einem eigens dafür gebauten Schiff aus trieb man Stahlsonden in den Boden und sorgte durch Rütteln für eine Verfestigung des Grundes. Das allein nahm drei Jahre in Anspruch. Um den Boden vor den starken

Gezeitenströmungen zu schützen, legte man Filtermatten darauf aus, die man mit Sand und Kies beschwerte. Die Matten wurden von riesigen Trommeln an Bord von Schiffen abgerollt, die man eigens zu diesem Zweck gebaut hatte.

Zur selben Zeit baute man in drei Trockendocks auf einer der künstlichen Inseln die massiven Betonpfeiler, die je 18 000 Tonnen wiegen. Wenn eine Charge nach 18 Monaten Bauzeit fertig gestellt war, flutete man das Dock; Spezialschiffe hoben die Pfeiler an, zogen sie heraus und stellten sie an der vorgesehenen Stelle auf. Man verankerte die Pfeiler auf den Matten und füllte die Hohlräume mit Sand, um die Stabilität zu erhöhen. Anschließend legte man um die abgeschrägte Basis der Pfeiler ein Schotterbett aus kleineren und größeren Steinen, wobei die größeren die oberste Schicht bildeten. Insgesamt 5 Millionen Tonnen Schotter halten die Pfeiler an ihrem Platz.

Dann verband man die Pfeiler durch Betonschwellen und installierte die stählernen Brückenträger für die Straße, die über das Sperrwerk verläuft. Und natürlich baute man die beweglichen Stahlwehre ein. Sie sind 5 Meter dick und 40 Meter breit; in der Höhe variieren sie zwischen 6 und 12 Metern. Das größte Wehr an der tiefsten Stelle des Mündungsarms hat ein Gewicht von 480 Tonnen. Es dauert eine Stunde, um die Sperren zu öffnen oder zu schließen, und die Funktionsfähigkeit wird regelmäßig über-

prüft. Im Schnitt werden die Sperren zweimal im Jahr geschlossen, um extreme Wasserstände zu vermeiden. Das System arbeitet effektiv.

Das Oosterschelde-Sperrwerk wurde 1987 offiziell in Betrieb genommen. Es ist ein einzigartiges Bauwerk, das nirgendwo auf der Welt seinesgleichen findet. Es schützt weite Teile Südwesthollands vor Sturmfluten, bietet die Möglichkeit, die ökologischen Eigenheiten des Mündungsdeltas zu bewahren, schafft Straßenverbindungen zwischen den Inseln und erschließt die Region für die Freizeitbedürfnisse der Menschen. Obwohl es sich um ein hochmodernes, technologisch fortgeschrittenes Bauwerk handelt, passt es sich bestens in die Landschaft ein.

Oben: Nach der Flutung des Trockendocks wurden die Pfeiler von einem Spezialschiff angehoben und an ihren Bestimmungsort gebracht.

Unten: Luftaufnahme des Sperrwerks; die Wehre sind hochgezogen, das Wasser der Scheldemündung kann ungehindert ein- und ausströmen.

Der Drei-Schluchten-Staudamm

Bauzeit: seit 1994   Ort: Jangtse-Kiang, China

Nichts in der Welt ist so nachgiebig und schwach wie Wasser.
Doch wenn es gilt, Hartes und Starkes anzugreifen, ist es durch nichts
zu übertreffen.
LAO-TSE, 6. JAHRHUNDERT V. CHR.

Gegenüberliegende Seite: Baustelle des Schiffshebewerks. Nach der Fertigstellung werden Schiffe von bis zu 10 000 Tonnen den Oberlauf des Flusses befahren können. Das Hebewerk überwindet einen Höhenunterschied von 87 Metern.

Unten: Die Karte zeigt die Lage des Drei-Schluchten-Staudamms am Jangtsekiang.

GEMESSEN AN DER GRÖSSE und der erforderlichen Anstrengung ist der Drei-Schluchten-Staudamm, der gegenwärtig am Jangtsekiang gebaut wird, gleichsam eine moderne Chinesische Mauer. Nach ihrer Fertigstellung im Jahr 2008 wird die Anlage der größte Wasserkraftwerkskomplex der Welt sein und zehn Prozent des chinesischen Strombedarfs decken.

Der Jangtsekiang oder Chang Jiang, ist der längste Fluss Asiens und der viertlängste der Welt. Von jeher richtet er durch Überschwemmungen große Schäden an; allein im 20. Jahrhundert fielen ihm mehr als eine Million Menschen zum Opfer, dazu große Flächen Ackerland und Industriebetriebe. Neben der Stromerzeugung soll der Drei-Schluchten-Damm auch die Regu-

lierung des Flusses ermöglichen und der Bewässerung dienen. Durch einen Kanal und ein Schiffshebewerk will man den Oberlauf des Flusses für große Schiffe zugänglich machen und dort Industrie ansiedeln, um den Lebensstandard zu heben.

Die Staumauer, ein Hohldamm aus Beton, wird 175 Meter hoch und über 2 Kilometer lang sein. Gut 100 Millionen Kubikmeter Erde und Gestein müssen bewegt werden. Für den Bau des Damms wird man 28 Millionen Kubikmeter Beton benötigen, dreimal so viel wie für den Itaipú-Staudamm; dazu 354 000 Tonnen Baustahl und weitere 265 000 Tonnen Stahl oder sonstige Metalle. Aus diesem Baumaterial könnte man 44 Mal die Cheopspyramide errichten. Insgesamt sind an dem Projekt 28 000 Arbeitskräfte beschäftigt.

Der Bau des Staudamms

Bevor man mit dem Bau beginnen konnte, musste man zunächst den Fluss umleiten. Da die Durchflussmenge an dieser Stelle zwischen 14 000 und 18 000 Kubikmeter pro Sekunde beträgt, war dies das größte Flussumleitungsprojekt, das jemals in Angriff genommen wurde, und allein dieser Bauabschnitt verschlang 3,7 Milliarden US-Dollar. Die erforderlichen Fangdämme waren selbst schon bautechnische Meisterleistungen. Für den oberen Fangdamm, der eine Wassertiefe von 60 Metern bewältigen musste, benötigte man 10 Millionen Kubikmeter Erde.

Die Staumauer wird an ihrer Basis mit Toren versehen, damit die in der regenreichen Jahres-

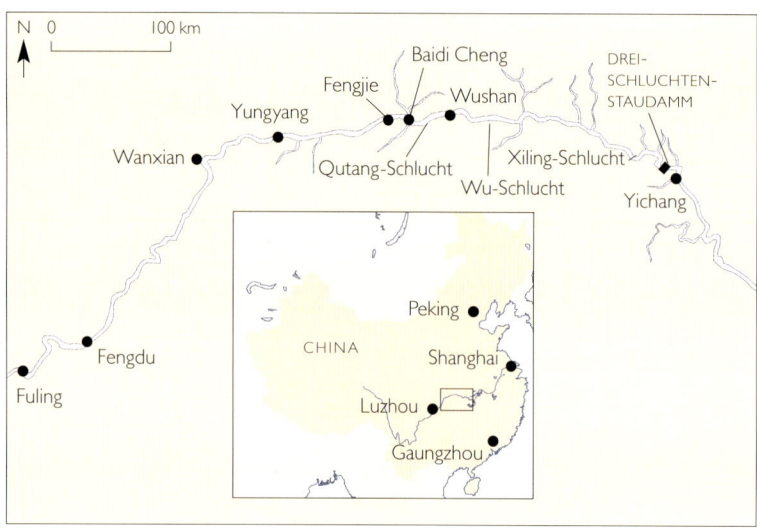

zeit mitgeführten Sedimente fortgeschwemmt werden können. Jedes der 23 Tore wird eine Größe von 7×9 Metern haben. Zu Beginn der regenreichen Jahreszeit wird man die unteren Tore öffnen, um den angesammelten Schlamm fortzuspülen und den Wasserspiegel im Staubecken zu senken. Gegen Ende der Regenperiode wird man dann die Tore schließen, so dass hauptsächlich Wasser mit geringer Schlammfracht aufgestaut wird. Die letzten größeren Regenfälle werden dann den Stausee wieder auffüllen.

Um eine Überflutung der Staumauer zu verhindern, wird in der Mitte ein Überlauf gebaut, der aus 22 Toren von 7×17 Metern Größe besteht.

Stromerzeugung und Flussregulierung

In zwei Kraftwerken am Fuß des Staudamms sollen 26 Generatoren mit einer Leistung von je 700 Megawatt eine Gesamtleistung von 18 200 Megawatt erbringen – um die Hälfte mehr als in Itaipú. In einer zweiten Ausbaustufe soll die Leistung auf 22 400 Megawatt erhöht werden. Schon in der ersten Stufe erzeugt der Staudamm etwa halb so viel Energie wie der größte amerikanische Stromerzeuger, und ein einziger Generator erreicht die Leistung eines modernen Atomkraftwerks. Mit der erzeugten Energie wird man jährlich 50 Millionen Tonnen Kohle einsparen können.

Das Staubecken wird man auch zur Regulierung des Wasserstandes einsetzen. Insgesamt wird der Stausee ein Fassungsvermögen von 39 Milliarden Kubikmetern haben; davon werden 22 Milliarden Kubikmeter für die Regulierung des Wasserstandes zur Verfügung stehen. Dadurch wird man die Zahl der großen Überschwemmungen im weiteren Verlauf des Flusses von einer in zehn auf eine in 100 Jahren reduzieren; gut 15 Millionen Menschen am Unterlauf des Flusses werden sicherer leben können.

Ein weiterer Nutzen betrifft die Schifffahrt im Oberlauf des Flusses. Bislang können große Schiffe nur Wuhan ansteuern, 250 Kilometer unterhalb des Dammes, oberhalb sind ausschließlich Schiffe bis 6000 Tonnen zugelassen. Nach dem Bau der Schleusen werden Schiffe von 10 000 Tonnen sechs Monate im Jahr bis nach Chongqing fahren können, 2500 Kilometer von der Mündung des Flusses entfernt. Zu diesem Zweck wird man ein Schiffshebewerk bauen, das größte der Welt. Es wird Passagier- und Frachtschiffe bis zu 3000 Tonnen über den Staudamm heben und die weitere Entwicklung in einem großen Teil Chinas fördern. Die Schiffe werden in einem Container befördert, der 120 Meter lang, 18 Meter breit und 3,50 Meter tief sein wird.

Ein Bauprojekt dieser Größenordnung ist natürlich mit hohen Kosten sowohl finanzieller als auch ökologischer Art verbunden. Die reinen Baukosten schätzt man gegenwärtig auf 75 Milliarden US-Dollar. Für den Stausee müssen außerdem 1,1 bis 1,9 Millionen Menschen umgesiedelt werden; er wird 632 Quadratkilometer Land überfluten, davon 27 000 Hektar Ackerland und

Technische Daten

Länge	2 km
Höhe	175 m
Baukosten	75 Mio. US-Dollar
Arbeitskräfte	28 000
Anzahl der Generatoren	26
Fassungsvermögen	39 Mrd. m³

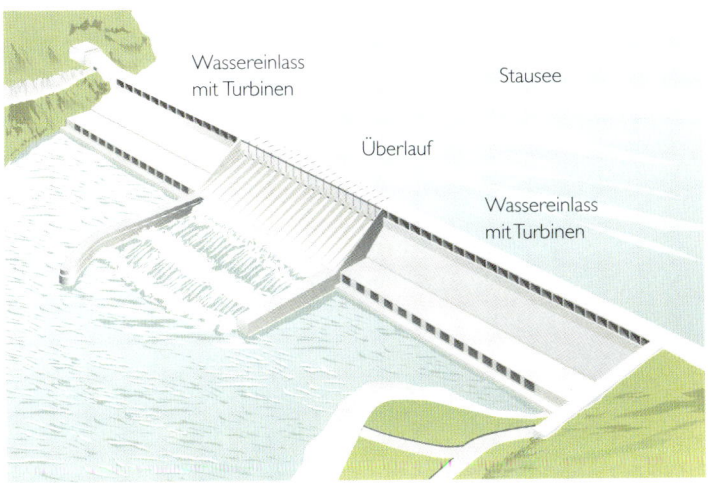

Oben: **Die Einlass-
öffnungen für das
Kraftwerk auf der
linken Flussseite
sind während des
Baus gut zu erken-
nen.**

Wassereinlass
mit Turbinen

Stausee

Überlauf

Wassereinlass
mit Turbinen

So soll der Stau-
damm einmal nach
der Fertigstellung
aussehen.

Obstplantagen; außerdem 19 Städte, 236 Dörfer
und zahlreiche historische Stätten. Die Ver-
schmutzung des Flusses könnte zunehmen, wenn
der Damm Schadstoffe zurückhält, die früher ins
Meer geschwemmt wurden.

Trotz allem hält China das Projekt für eine
sinnvolle Investition. Dass das Land solch ein
Bauwerk mit eigenen Mitteln errichtet, ist ohne
Zweifel eine eindrucksvolle Leistung und würdig
jenes Volkes, das einst die große Mauer erbaute.

Kolossal-statuen

ÜBERLEBENSGROSSE menschliche Figuren oder Köpfe wirken von jeher faszinierend, wenn es darum geht, an ein großes nationales Ereignis zu erinnern oder eine herrschende Dynastie, einen Nationalhelden, eine neu geschaffene Republik zu feiern und zu diesem Zweck einer natürlichen Landschaft den Stempel menschlicher Gegenwart aufzuprägen. Solche Monumentalfiguren schuf man nicht nur in jenem halben Jahrhundert, das von 1885 bis 1940 reichte und als Hochzeit dieser Kolossalstatuen gilt: 1886 wurde die Freiheitsstatue in New York, 1931 die Christusstatue in Rio de Janeiro und 1941 das Mount Rushmore National Memorial in South Dakota eingeweiht. Vielmehr können sie auf große Vorbilder in der Antike zurückblicken, etwa auf den Koloss von Rhodos oder auf die riesigen Standbilder, die einst die ägyptischen Pharaonen errichten ließen.

Bei den drei in diesem Buch vorgestellten Beispielen ging es darum, einem lange gehegten Gefühl materielle Gestalt und dauerhaften Ausdruck zu verleihen. Bei der Freiheitsstatue waren es die freundschaftlichen Gefühle der Franzosen für die Bürger der jungen Schwesterrepublik in Amerika. Die Christusstatue in Rio de Janeiro verdankt sich hauptsächlich den Bemühungen des Katholischen Zirkels; sie sollte den Gläubigen als weithin sichtbare Inspirationsquelle dienen und die Besucher der Stadt mit ihren weit geöffneten Armen begrüßen. Das Mount Rushmore Memorial schließlich geht auf die Initiative des Historikers des Bundesstaates South Dakota zurück, der das Interesse an seinem Land durch Bildwerke von Männern wecken wollte, die einst den Westen geöffnet hatten. Ursprünglich dachte man an Kit Carson und Buffalo Bill, doch dann entschied man sich für die Präsiden-

Die riesigen Porträts von vier frühen Präsidenten der Vereinigten Staaten wurden mit Dynamit und Bohrern in eine Felswand in South Dakota geschnitten.

Arm und Hand der kolossalen Christus-statue in Rio de Janeiro. Ein Stahl-gerüst trägt die aus Beton gegossene Hülle, die ihrerseits mit grünem Speck-stein verkleidet ist.

ten Washington, Jefferson, Lincoln und Theodore Roosevelt.

Heute mag man die ursprünglichen Motive für diese Monumente vergessen haben, aber deren Rolle als Wahrzeichen der jeweiligen Städte oder Länder hat die Jahrzehnte überdauert. Die Zeit und die Umweltbedingungen setzten ihnen zu, so dass man sie restaurieren musste, doch bis heute hält man sie als nationale Symbole in Ehren.

Der Bau dieser Kolossalbildwerke an extrem ungeschützten Stellen setzte eine außergewöhnliche Zusammenarbeit zwischen dem Bildhauer und seinem Ingenieur voraus, ob es sich nun um den enormen Winddruck handelte, dem die Statue standhalten musste, oder um die begrenzte Fläche für den Bau eines sicheren Fundaments oder, wie im Falle des Bildhauers John Gutzon Borglum am Mount Rushmore, um das Problem der großflächigen Übertragung der Formen vom Modell auf die Felswand. Oft war die Statue höher als das höchste Gebäude der betreffenden Stadt. Gustave Eiffel, der Erbauer des nach ihm benannten Turms, löste dieses Problem mit einem Stahlskelett, das die puddeleiserne Außenhaut der Freiheitsstatue trägt – eine neuartige Technologie, die von der nächsten Architektengeneration beim Bau der New Yorker Wolkenkratzer aufgegriffen wurde.

Alle Künstler begannen mit einem kleinformatigen Modell, das weitere Verfeinerungen und konstruktionsbedingte Veränderungen zuließ. Dann zerlegte man die Figur in Komponenten, die hergestellt, an den Bestimmungsort transportiert und dort zusammengesetzt wurden. Am Mount Rushmore gab es nichts zusammenzubauen; man musste vielmehr Material entfernen, um die Köpfe hervortreten zu lassen; dort entwickelte der Bildhauer eine geniale Methode, mit der er die Proportionen der Köpfe in stark vergrößertem Maßstab von seinem Modell auf die Felswand übertrug, so dass die Entfernung des Gesteinsmaterials nur noch ein technischer Vorgang war. Dennoch war auch hier das Auge des Künstlers entscheidend. Paul Landowski, der polnisch-französische Bildhauer, der die Christusstatue in Rio de Janeiro schuf, bestand darauf, Kopf und Hände der Figur an Ort und Stelle nachzuarbeiten, weil es bei der starken Vergrößerung unvermeidlich zu Verzerrungen kam.

Kolossalstatuen dieser Art dürften heute kaum noch gebaut werden. Als Ikonen eines Ortes oder einer Zeit errichtet man heute eher Bauwerke wie das Opernhaus in Sydney oder das Guggenheim-Museum in Bilbao. Sie haben jedoch eine ähnliche Funktion wie einst die Kolossalstatuen und prägen international das Bild der jeweiligen Stadt.

Die Freiheitsstatue

68

Bauzeit: 1875–1886   Ort: New York City, USA

*Vor einhundert Jahren schenkten Tausende Söhne und Töchter Frankreichs
den Vereinigten Staaten von Amerika die Freiheitsstatue,
heute ein Symbol unserer gemeinsamen Werte.*
DER FRANZÖSISCHE STAATSPRÄSIDENT MITTERRAND BEI DER FEIER
ZUR WIEDEREINWEIHUNG DER FREIHEITSSTATUE 1986

DIE FREIHEITSSTATUE auf Liberty Island vor der Einfahrt zum New Yorker Hafen ist ein Symbol für das Tor zur Neuen Welt. Auf Anregung des bekannten Rechtswissenschaftlers und Politikers Édouard-René Lefebvre de Laboulage schenkten die Franzosen die Kolossalstatue dem Volk der Vereinigten Staaten anlässlich des 100. Jahrestags der Unabhängigkeitserklärung im Jahr 1884. Die mit Kupfer verkleidete Figur stellt eine Frau in klassischem Gewand dar, die eine siebenzackige Krone auf dem Kopf trägt. Zu ihren Füßen liegen die gesprengten Fesseln der Sklaverei, mit der rechten Hand streckt sie eine Fackel in die Höhe. In der Linken hält sie eine Tafel, auf der das Datum der Unabhängigkeitserklärung, der 4. Juli 1776, verzeichnet ist. Die Statue allein hat eine Höhe von 46 Metern – vergleichbar den damals höchsten Wolkenkratzern der Stadt. Zusammen mit dem Sockel erreicht sie eine Höhe von 93 Metern.

Die Freiheitsstatue auf Liberty Island vor der Einfahrt zum New Yorker Hafen ist zum Symbol für das Tor zur Neuen Welt geworden.

281

Rechts: Die von
Bartholdi geschaf-
fene Freiheitsstatue
wurde zunächst
in der Nähe seines
Pariser Ateliers
vollständig zusam-
mengebaut.

*Gegenüberliegende
Seite:* Die mit Kup-
ferplatten verklei-
dete Statue hält mit
der Rechten eine
Fackel in die Höhe.

Unten: Die Statue
steht auf einem um-
mauerten Beton-
sockel, der in den
sternförmigen
Mauern einer alten
Festungsanlage
errichtet wurde.

Entwurf und Bau

Die Statue trug ursprünglich die Bezeichnung
»Die Freiheit erleuchtet die Welt«; sie ist das
Werk des französischen Bildhauers Frédéric
Auguste Bartholdi. Das nötige Geld wurde durch
eine Sammlung unter französischen Bürgern aufgebracht. Bartholdi begann 1875 in seinem Pariser Atelier mit der Arbeit. Zunächst schuf er ein
kleines Tonmodell, das er dann in drei Schritten
vergrößerte. Danach baute man hölzerne Modelle der verschiedenen Teile der Statue. Jedes
dieser Teile wurde mit einer Gipsschicht überzogen, und Zimmerleute fertigten Holzformen
an, die der Gipsschicht genau folgten. Diese
Formen benutzte man, um die Kupferbleche der
Außenhaut zurechtzuhämmern, bevor man sie
auf das Stützskelett montierte, das man in einem
Hof in der Nähe des Ateliers errichtet hatte. Dort
baute man die Statue vollständig zusammen,
zerlegte sie anschließend wieder und verpackte
sie in 214 hölzernen Kisten, die man an Bord der
»Isère« brachte. Am 17. Juni 1885 trafen die Einzelteile in New York ein.

Die Konstruktion dieser gigantischen frei stehenden Statue bereitete besondere Schwierigkeiten, und so beauftragte Bartholdi den französischen Ingenieur Alexandre Gustave Eiffel
(den Erbauer des nach ihm benannten Turmes,
s. S. 174), die innere Stützkonstruktion zu entwerfen. Da die Skulptur relativ leicht war, bestand das Problem weniger in der Stützung vertikaler Lasten als in der Stabilität gegenüber der
Windlast, denn die große Oberfläche des Hohl-
körpers machte die Statue sehr anfällig.

Eiffel löste das Problem durch ein inneres
Stützskelett, dessen Kern aus vier horizontal und
diagonal verstrebten Stahlpfeilern besteht. Dieser
Mittelturm diente als Hauptstütze und wurde
fest im Sockel verankert. Der aus Beton gegossene, mit Granit verkleidete Sockel, dessen Fundament damals als der größte Betonbau der Welt
galt, wurde von dem amerikanischen Architekten Richard Morris Hunt entworfen. Er liegt innerhalb der Mauern eines sternförmigen Fes-
tungswerks, das 80 Jahre zuvor zum Schutz der
Stadt vor Angriffen von der See her gebaut worden
war.

Der Mittelturm trägt eine stabile, aber zugleich auch flexible Konstruktion aus 1350 Rippen und Stützen, die aus Puddeleisen, einem dem
Gusseisen verwandten Material, gefertigt wurden. An dieser Konstruktion sind mit Kupfersät-
teln und Kupfernieten die Kupferplatten der

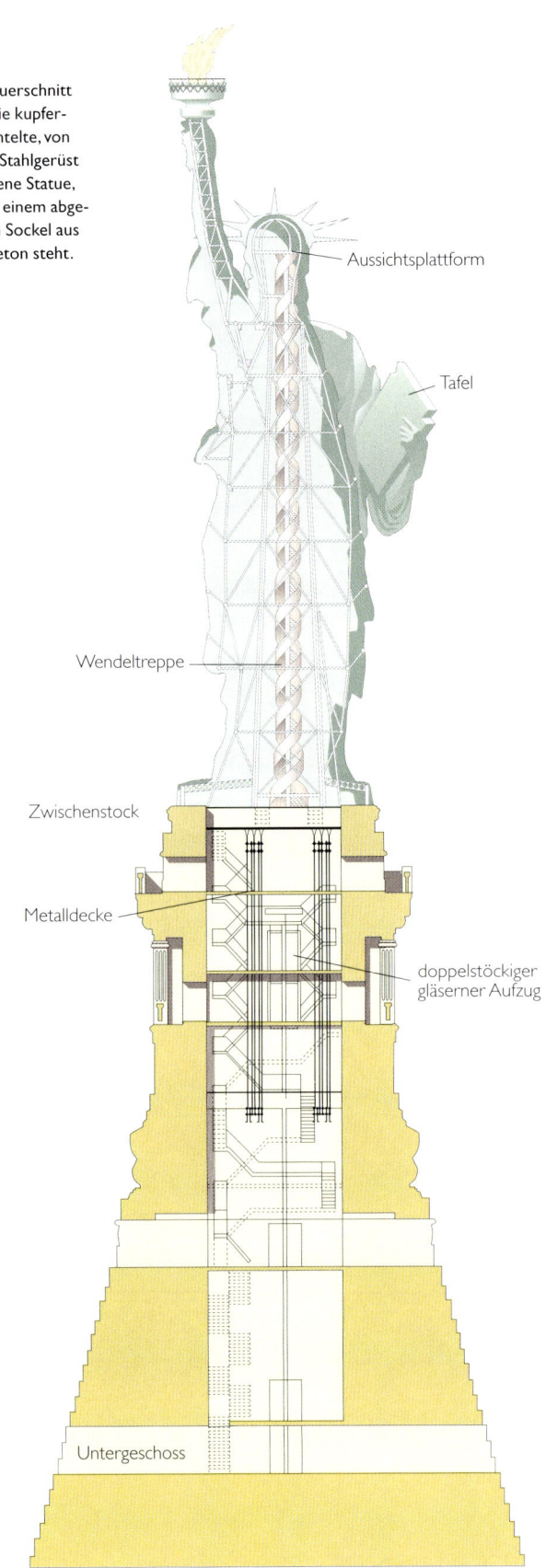

Der Querschnitt zeigt die kupferummantelte, von einem Stahlgerüst getragene Statue, die auf einem abgestuften Sockel aus Stahlbeton steht.

Aussichtsplattform

Tafel

Wendeltreppe

Zwischenstock

Metalldecke

doppelstöckiger gläserner Aufzug

Untergeschoss

Außenhaut befestigt. Dadurch vermag die Konstruktion Bewegungen aufgrund der Windlast und der Temperaturschwankungen abzufangen. Eiffel wusste auch um die elektrolytische Unverträglichkeit von Kupfer und Eisen; daher isolierte er beide Metalle gegeneinander.

Die geformte Außenhaut besteht aus 300 Kupferplatten von 2 Millimetern Dicke, die in der oben beschriebenen Weise durch Hämmern in ihre Form gebracht wurden. Dadurch entstand die feine Struktur, die zugleich die Festigkeit der Hülle erhöht. Auch die zahlreichen Falten des Gewands tragen zur Verteilung von Spannungen bei und verhindern ein Durchhängen.

Eiffels Konstruktion birgt zumindest zwei Innovationen, die sich als äußerst nützlich für das Bauwesen in Amerika erwiesen. Das diagonal versteifte Stützskelett, das er für die Freiheitsstatue entwarf, war das umfangreichste System zur Aufnahme der Windlast, das damals in einem amerikanischen Bauwerk zu finden war, wenn man einmal von Brückenkonstruktionen absieht. Zweitens bestanden die Hauptstützen des Skeletts aus Stahl und, wiederum abgesehen von Brücken, dieses Material wurde damit erstmals in einem New Yorker Bauwerk eingesetzt.

Die Freiheitsstatue stellte also nicht nur eine außergewöhnliche Konstruktion und eine technische Innovation ganz eigener Art dar, sondern demonstrierte den Architekten der Wolkenkratzer auch die Möglichkeiten eines durch Streben versteiften Stützskeletts und die Vorzüge von Stahl als Baustoff. Als das erste in Stahlskelettbauweise errichtete Hochhaus New Yorks gilt gemeinhin das von Bradford Gilbert entworfene Tower Building am Broadway, das 1888/89 gebaut wurde.

Weil man weitere Geldmittel auftreiben musste, verzögerte sich die Fertigstellung der Freiheitsstatue bis 1886. Insgesamt entstanden Baukosten von 800000 Dollar. Etwa die Hälfte davon spendeten Franzosen. Am 28. Oktober 1886 wurde die Freiheitsstatue eingeweiht. In New York City veranstaltete man eine große Parade, und der Hafen war voller Boote. Neben Präsident Grover Cleveland und Mitgliedern seines Kabinetts nahmen auch Vertreter der französischen Regierung und der Französisch-amerikanischen Vereinigung an den Feierlichkeiten teil. In der Folgezeit wurde das Monument zu einem wichtigen nationalen Symbol. Millionen von

Einwanderern sind daran vorbeigefahren, als sie auf dem nahe gelegenen Ellis Island den Boden der Vereinigten Staaten betraten.

Reparatur und Restaurierung

Über die Jahre hat man eine Reihe kleinerer Veränderungen an der Statue vorgenommen. Die Flamme in der Fackel, die ursprünglich durchgängig aus vergoldetem Kupfer bestand, wurde mit Bullaugen versehen, und Gutzon Borglum (der Bildhauer, der das Mount Rushmore Memorial schuf) ließ größere Flächen verglasen, um die Flamme zu einem Leuchtfeuer zu machen. Wiederholt drang Wasser in die Flamme und die Fackel ein; an der Stützkonstruktion wie auch an der Außenhaut kam es zu Versetzungen. Nach fast einem Jahrhundert intensiver Nutzung gelangte man zu dem Schluss, dass die Freiheitsstatue, die so lange dem Wind, dem Regen und der salzigen Luft standgehalten hatte, umfangreicher Reparaturen bedurfte.

Nach zweijähriger Prüfung begann man 1983 mit einem Reparaturprogramm, das vom French-American Committee for Restoration of Statue of Liberty finanziert wurde. Es mussten beträchtliche, durch elektrolytische Reaktionen ausgelöste Korrosionsschäden an gut der Hälfte der Kupfersättel behoben werden, mit denen die Außenhaut am Stützgerüst befestigt ist. Man baute neue Streben aus rostfreiem Stahl ein und ersetzte die Kupfernieten samt den Sätteln. Man reinigte die Innenseite der Außenhaut, die über die Jahrzehnte mehrfach gestrichen worden war. Mit flüssigem Stickstoff entfernte man insgesamt sieben Farbschichten.

Auch Fehler an der Ausrichtung des Kopfes und der Verbindung mit der Stützkonstruktion des rechten Armes, die beim Zusammenbau begangen worden waren, mussten durch den Einbau zusätzlicher Stützelemente behoben werden; Fackel und Flamme wurden vollständig erneuert. Die Besuchereinrichtungen wurden gleichfalls verbessert. Eine neue Beleuchtung und ein integriertes Belüftungssystem sorgen für angenehmere Raumverhältnisse; neue gläserne Aufzüge und eine Wendeltreppe im Sockel der Statue erleichtern den Besuchern den Zugang.

Am 4. Juli 1986 wurde die Freiheitsstatue nach der Renovierung feierlich wieder eröffnet, und am 28. Oktober desselben Jahres beging man den 100. Jahrestag der ursprünglichen Einweihung.

Technische Daten

Gesamthöhe	93 m
Höhe der Statue	46 m
Länge der Hand	5 m
Gesamtgewicht	204 t
Gewicht des Kupfers	91 t
Anzahl der Nieten	300 000
Baukosten	800 000 US-Dollar

Im Rahmen umfangreicher, 1986 abgeschlossener Renovierungsarbeiten wurden eine Wendeltreppe und ein Aufzug in die Statue und den Sockel eingebaut.

Die Christusstatue in Rio de Janeiro

Bauzeit: 1926–1931   Ort: Rio de Janeiro, Brasilien

*Ich bewundere diesen Touristen-Christus, der auf einem brasilianischen Berg
mit ausgebreiteten Armen nach Gleichgewicht sucht.*

JORGE DE LIMA

Auf dem Corcovado hoch über Rio de Janeiro erhebt sich die Christusstatue, zu der täglich Tausende von Besuchern pilgern.

SEIT IHRER VOLLENDUNG im Jahr 1931 steht die monumentale Christusfigur mit ausgebreiteten Armen hoch über Rio de Janeiro, als Symbol für die Erlösung der Menschen und zugleich für die Offenheit der Stadt. Wie die Freiheitsstatue in New York heißt sie die Besucher willkommen. In ihrer Größe erinnert sie an den Koloss von Rhodos. Sie steht auf dem Corcovado, einem unregelmäßig geformten Felsen in einem 5 Quadratkilometer großen Naturpark,

von dem aus der Blick bis zum Atlantik reicht. Seit dem 19. Jahrhundert ist der Berg ein beliebtes Ausflugsziel. Die meisten Besucher erreichen die Statue mit der 1884 gebauten Corcovadobahn. Der Bau dieser eindrucksvollen Monumentalfigur stellte die Ingenieure vor einige Probleme.

Die Diskussion über ein Monument zur Erbauung der christlichen Gemeinde aus Anlass des 100. Jahrestags der brasilianischen Unab-

entwarf ein inneres Gerüst, das den Beton tragen sollte, aus dem Landowski die Figur formte. Dieses Gerüst sollte der riesigen Figur Stabilität verleihen, das Gewicht tragen und dem Winddruck widerstehen. Weil da Silva Costa wusste, dass eine Stahlkonstruktion im Falle eines Krieges leicht eingeschmolzen würde, entschied er sich für Stahlbeton. Das verringerte zugleich die Bau- und Wartungskosten.

Vier durch Querstreben miteinander verbundene Pfeiler im Gewand der Figur tragen die Konstruktion und verleihen ihr Windfestigkeit. Sie sind tief im Sockel verankert und in regelmäßigen Abständen bis zur Schulter hinauf durch Plattformen miteinander verbunden. Wo es erforderlich ist, passen die Pfeiler sich den geschwungenen äußeren Formen an. Über Kreuz verlegte Querträger im Bereich des Nackens stützen den Kopf und sorgen dafür, dass die Konstruktion dem Vierfachen der zu erwartenden Windlast widerstehen kann – und der Wind weht in dieser Höhe oft sehr kräftig. Die Arme ruhen auf einem Stahlbetonträger und enden in Stahlträgern, von denen die Hände gehalten werden.

Die Betonhülle der Statue wurde in Teilen gegossen und mit kleinen dreieckigen Schindeln aus grünem Speckstein (Steatit) verkleidet. Speckstein ist elektrisch nicht leitfähig, er schrumpft nicht und bricht nicht und eignet sich daher bestens für diese Aufgabe. Auf dem Kopf und den Armen befindet sich ein Netz von Blitzableitern, das eine Beschädigung durch Blitzeinschlag verhindern soll. Gereinigt wurde die Figur bisher manuell, inzwischen erleichtern Hochdruckspritzen diese monumentale Aufgabe. Nach einer Generalüberholung im Jahr 1990, bei der man beschädigte Teile ausbesserte und die Figur gründlich reinigte, ist sie eine noch größere Attraktion als zuvor.

Die Statue wurde von dem Bildhauer Paul Landowski geschaffen. Um die Gefahr einer Verzerrung bei der Vergrößerung des Modells zu vermeiden, arbeitete er den Kopf und die Hände in voller Größe aus.

hängigkeit (1922) begann 1921. Der von hohen Geistlichen und prominenten Politikern geführte Katholische Zirkel bestimmte den Ort für die Errichtung der Statue und in groben Umrissen auch deren Form. Angeregt von einem bereits auf dem Berg stehenden Sendemast in Form eines Kreuzes, schlug der Ingenieur Heitor da Silva Costa vor, zwei frühere Entwürfe für eine Christusfigur miteinander zu kombinieren, deren eine die Form eines Kreuzes hatte, während die andere einen Christus mit Weltkugel und Kreuz in den Händen darstellte. Zwar wurde die Sendeanlage bald aufgrund öffentlicher Proteste entfernt, doch auch die Christusfigur, die an deren Stelle trat, zeugt von einem Eingriff der Technik in die natürliche Landschaft. Das Geld für den Bau spendeten Menschen aus allen Bevölkerungsschichten, Reiche und Arme.

Der Pariser Bildhauer Paul Landowski erhielt den Auftrag für den Entwurf der Statue, und sein Art-déco-Stil, der die Formen vereinfachte, erleichterte die Konstruktion. Landowski arbeitete mit brasilianischen Architekten und Ingenieuren zusammen, um Konstruktion und Gestalt an verkleinerten Gipsmodellen zu entwickeln. Die meisten Teile wurden nach den Modellen ausgeführt und entsprechend vergrößert, doch den Kopf und die Hände modellierte Landowski in ihrer vollen Größe, um Verzerrungen zu vermeiden. Die Hände der Christusfigur sind den Händen einer brasilianischen Bildhauerin nachgebildet.

Beim Entwurf des Sockels musste der federführende Architekt Heitor Levy auf die durch den Standort vorgegebenen Beschränkungen achten; der Durchmesser konnte nicht mehr als 15 Meter betragen. Der Ingenieur da Silva Costa

Technische Daten

Höhe der Statue	30 m
Gesamthöhe	38 m
Höhe des Kopfes	3,75 m
Länge der Hand	3,20 m
Spannweite	28 m
Höhe des Corcovado	710 m

Mount Rushmore

Bauzeit: 1927–1941   Ort: Black Hills, South Dakota, USA

*Das Denkmal am Mount Rushmore ist das erste Monument
der westlichen Hemisphäre, das eingedenk der Konzeption und Organisation
dieser großen westlichen Republik errichtet wurde.*
GUTZON BORGLUM

DAS MOUNT RUSHMORE NATIONAL MEMORIAL ist eine Monumentalskulptur, die zu Ehren mehrerer amerikanischer Präsidenten geschaffen wurde. Unter Leitung des Bildhauers John Gutzon Borglum schlug eine Gruppe von Arbeitern von 1927 bis 1941 die gigantischen Köpfe von George Washington, Thomas Jefferson, Abraham Lincoln und Theodore Roosevelt aus einer Felswand der Black Hills in South Dakota. Man entschied sich für diese vier Präsidenten, weil sie die Geburt und die Ideale der Nation repräsentieren.

Borglum war zwar die zentrale Gestalt bei der Verwirklichung dieses Werkes, doch das Konzept ging aus einer Idee hervor, die Doane Robinson, der Historiker des Bundesstaates South Dakota, 1923 aufgebracht hatte. Er hatte den Vorschlag gemacht, aus den so genannten Needles, einer Gruppe spitzer Granitfelsen in den Black Hills, kolossale Skulpturen bekannter Heldenfiguren des Westens wie Kit Carson oder Buffalo Bill zu schlagen, um Besucher anzulocken und so die Region zu fördern. Manche fanden diesen Gedanken ansprechend, andere hielten weder den Standort noch die ausgewählten Sujets für angemessen. Borglum, den man als Bildhauer für die Skulpturengruppe gewonnen hatte, meinte, bei einem so ehrgeizigen Projekt solle man dafür sorgen, dass es von nationaler Bedeutung sei.

Gutzon Borglum war als Sohn dänischer Einwanderer in Idaho zur Welt gekommen. Nach einem Kunststudium in San Francisco und an der Académie Julian in Paris erhielt er den Auftrag, am Stone Mountain in Georgia ein monumentales Denkmal für die Konföderierte Armee zu schaffen. Aber noch vor der Fertigstellung des Projekts zerstritt er sich mit den Initiatoren und ging nach South Dakota. Gemeinsam mit Robinson entwickelte er dort den Vorschlag, am Mount Rushmore eine Skulpturengruppe mit den Köpfen von vier Präsidenten zu schaffen. Der Vorschlag wurde 1925 sowohl von der Bundesregierung als auch von der Regierung des Bundesstaates South Dakota gebilligt, und als Präsident Calvin Coolidge 1925 die förmliche Widmungszeremonie leitete, war er der Erste, der Mount Rushmore als »nationales Denkmal« bezeichnete.

Man hatte sich für den 1745 Meter hohen Mount Rushmore entschieden, weil die Wand aus sehr feinkörnigem Granit bestand; bei der Widmungsfeier kletterte Borglum hinauf und begann mit der Arbeit an der Büste George Washingtons. Erst 14 Jahre später konnte das Werk abgeschlossen werden; mehr als 350 Menschen arbeiteten daran; und Borglum selbst erlebte die Vollendung nicht mehr. Das Projekt kostete etwas weniger als 1 Million Dollar, von denen die Bundesregierung 84 Prozent übernahm; der Rest wurde aus privaten Spenden finanziert. Die eigentliche Arbeit dauerte nur sechseinhalb Jahre, aber da die Finanzierung stockte, musste das Projekt immer wieder unterbrochen werden.

Der Bau des Monuments
Borglum beschloss, die Köpfe nacheinander aus dem Stein zu hauen. Zunächst baute er in seinem Atelier ein Gipsmodell im Maßstab 1:12.

Gegenüberliegende Seite, oben:
Gipsmodell des ursprünglichen Ensembles im Atelier des Künstlers. Im Vordergrund Gutzon Borglum

Gegenüber unten:
Luftaufnahme des Mount Rushmore National Memorial kurz vor der Vollendung 1941. Auf der Bergspitze Arbeitsschuppen und Arbeitsgeräte

Technische Daten	
Höhe der Köpfe	18 m
Höhe des Mount Rushmore	1745 m
Arbeitskräfte	350
Baukosten	999 000 US-Dollar

Auf dem 1,50 Meter hohen Kopf der Washington-Büste befestigte er eine Platte mit einer kreisförmigen Gradeinteilung. In der Mitte dieser Gradeinteilung verankerte er einen drehbar gelagerten Stahlstab, der mit einer Zolleinteilung versehen war und auf dem ein Schlitten mit einem Senkblei lief. Der Faden des Senkbleis trug gleichfalls eine Zolleinteilung. Mit dieser Messvorrichtung konnte er jeden Punkt am Modell präzise vermessen. Auf dem Felsen, aus dem die Büste George Washingtons gehauen werden sollte, baute man nun eine ähnliche, aber um das Zwölffache vergrößerte Messvorrichtung. Damit konnte man jeden für die Arbeit bedeutsamen Punkt vom Modell auf den Felsen übertragen.

Nachdem man die wichtigen Punkte auf dem Felsen markiert hatte, bohrte man Löcher in den Granit, füllte sie mit Dynamit und sprengte die äußere Felsschicht bis auf die letzten 15 Zentimeter über der geplanten Oberfläche der Skulptur weg. Dazu musste man beim Bohren und Sprengen sehr genau vorgehen. Zum Glück hatten viele der Arbeiter in den Steinbrüchen der Region Erfahrung mit solchen Arbeiten gesammelt, auch wenn die Arbeitsbedingungen an der Felswand ganz anders geartet waren und besondere Schwierigkeiten bereiteten. Der Mann, der

den Bohrer führte, wurde mit einer Seilwinde auf einem Sitz an der Felswand herabgelassen; die 39 Kilogramm schwere Bohrmaschine hing am selben Seil. Da der Mann an der Winde den Mann am Bohrer aus seiner Position nicht sehen konnte, vermittelte ein dritter, in einem Gerüst über der Felswand postierter Mann die Kommunikation zwischen beiden.

In schwindelnder Höhe mit einem Pressluftbohrer Löcher in die senkrechte Felswand zu bohren war keine leichte Aufgabe. Um den nötigen Druck auf den Bohrer legen zu können, mussten zunächst Haken in die Wand geschlagen werden, an denen man eine Kette befestigen konnte. Diese Kette verband dann den Arbeiter, der den Bohrer führte, mit seinem Sitz, so dass er sich daran abstützen konnte.

Wenn 60 bis 70 Löcher gebohrt waren, wurden sie vorsichtig mit Dynamit gefüllt. Die Sprengungen erfolgten zweimal am Tag, um die Mittagszeit, wenn die Arbeiter ihre Mittagspause machten, und kurz vor Feierabend. Nach dem Absprengen der äußeren Schichten überzog man die Fläche mit einem gitterförmigen Netz kleiner Bohrlöcher, die in geringem Abstand gesetzt wurden. Mit Hammer und Meißel schlug man dann von Hand den restlichen Fels ab und glättete die Oberfläche.

Der Granit war so hart, dass die Bohrer schnell stumpf wurden. Daher arbeitete ständig ein Schmied auf der Baustelle, und mehrere Arbeiter hatten dafür zu sorgen, dass die Männer in der Wand frisch geschärfte Bohrer erhielten, ohne ihre Arbeit unterbrechen zu müssen.

Oben: James »Jim« Larue und Lincoln Borglum auf einem der Köpfe neben dem Vermessungsgerät

Links: Arbeit an der Lincoln-Büste

Ein Denkmal für die Nation

Die Arbeit war schwer, und oft bereitete das Wetter Probleme. 1929 unterzeichnete Präsident Coolidge die Rushmore Bill, mit der die Mount Rushmore National Memorial Commission eingesetzt und ein Zuschuss von 250 000 Dollar gesichert wurde. Weitere Geldmittel kamen von privaten Spendern. Da jedoch eine Baisse an der Börse die Spendenbereitschaft deutlich dämpfte, musste Borglum sich um weitere staatliche Zuschüsse bemühen. Durch ein Zusatzgesetz wurde das Mount Rushmore Memorial dann 1934 in die Zuständigkeit der Bundesregierung übernommen.

Der Kopf George Washingtons wurde am 4. Juli 1930 eingeweiht. Anschließend begannen Borglum und sein Team mit der Arbeit an der Jefferson-Büste. Ursprünglich sollte der zweite Kopf auf der linken Seite der Washington-Büste entstehen. Wegen der schlechten Qualität des Felsens musste man jedoch nach vier Jahren das begonnene Relief wegsprengen und auf der anderen Seite neu beginnen. Auch dort befanden sich tiefe Spalten im Fels, und man musste erst sehr viel Fels wegsprengen, bevor man mit der Feinarbeit beginnen konnte. Später entdeckte Borglum einen Riss, der genau durch Jeffersons Nase verlaufen wäre; daher änderte er den Winkel des Gesichts. Die Jefferson-Büste wurde 1936 fertig; an der Einweihung nahm auch Präsident Franklin Roosevelt teil. Im folgenden Jahr konnte die Lincoln-Büste eingeweiht werden und am 2. Juli 1939 schließlich auch die Roosevelt-Büste.

Borglum hatte auch eine unterirdische Ehrenhalle entworfen, die durch einen 33 Meter langen Tunnel mit der Außenwelt verbunden sein sollte. Von den 33 Metern wurden zwar 23 Meter gebohrt, doch die Anlage wurde niemals fertig gestellt, da Borglum am 6. März 1941 starb. Unter Leitung seines Sohnes Lincoln, der seit seinem 15. Lebensjahr an dem Projekt mitgearbeitet hatte, wurden die Arbeiten dann bis Oktober 1941 abgeschlossen.

Die Einweihung des Gesamtkomplexes wurde wegen des Ausbruchs des Zweiten Weltkriegs immer wieder hinausgeschoben. Erst am 50. Jahrestag der Vollendung des Mount Rushmore National Memorial, am 4. Juli 1991, holte man sie schließlich nach.

Oben: **Das Mount Rushmore National Memorial bei Nacht: die in den Fels gehauenen Köpfe von vier amerikanischen Präsidenten: Washington, Jefferson, Roosevelt und Lincoln**

Weiterführende Literatur

Kirchen, Moscheen, Tempel und Schreine

1 Hagia Sophia
Krautheimer, R., *Early Christian and Byzantine Architecture*, 1. Ausg. London 1965
Lethaby, W. R., und Swainson, H., *The Church of Sancta Sophia Constantinople. A Study of Byzantine Building*, London 1894
Mainstone, R. J., *Hagia Sophia. Architecture, Structure and Liturgy of Justinian's Great Church*, London 1988
Mango, C., *Byzantinische Architektur*, Stuttgart 1975
Mathews, T. F., *The Early Churches of Constantinople: Architecture and Liturgy*, University Park 1971
Van Nice, R. L., *St Sophia at Istanbul; An Architectural Survey*, Washington DC, 1965 und 1986

2 Der Tempel in Thanjavur
Balasubrahmanyam, S. R., *Middle Chola Temples, Rajaraja I to Kulottunga I (AD 985–1070)*, Faridpur 1975
Dehejia, V., *Indian Art* (Kapitel 9), London 1997
Michell, G., *The Hindu Temple, An Introduction to Its Meaning and Forms*, Cicago 1988
Pichard, P., *Tanjavur Brhadisvara, An Architectural Study*, Neu-Delhi und Pondicherry 1995
Volwahsen, A., *Indien*, Köln 1994

3 Der Byodo-in-Tempel
Fukuyama, Toshio, *Heian Temples. Byodo-in and Chuson-ji*, New York 1976
Paine, Robert Treat, Soper, Alexander, und Waterhouse, David, *The Art and Architecture of Japan*, Harmondsworth 1974
Soper, Alexander, *The Evolution of Buddhist Architecture in Japan*, Princeton 1942

4 Der Markusdom
Lorenzetti, *Venice and its Lagoons*, Triest 1975
Masalino, G., *The Basilica of St Mark's in Venice*, Venedig 1955
Norwich, John Julius, *A History of Venice*, London 1977 und 1981
Ruskin, J., *Steine von Venedig*, Dortmund ohne Jahr (Reprint der Ausg. von 1903)
Ruskin, J., *St Mark's Rest*, London 1877
Vio, Ettore (Hg.), *San Marco*, München 2001

5 Der Schiefe Turm von Pisa
Burland, J. B., »Propping up Pisa – Part I«, *Journal of Architectural Conservation*, 2 (1997), S. 7–21
Burland, J. B., »Propping up Pisa – Part II«, *Journal of Architectural Conservation*, 3 (1997), S. 7–21
Ministerio dei Lavori Pubblici, *Ricerche e studi sulla Torre di Pisa ed i fenomeni connesi alle condizione di ambiente*, 3 Bde., Florenz 1971
Sanpaolesi, P., *Il campanile di Pisa*, Pisa 1956
torre.duomo.pisa.it/index_eng.html (offizielle Website)

6 Notre Dame, Chartres
Adams, Henry, *Mont Saint-Michel and Chartres*, Originalausgabe 1913, Reprint London 1980
Branner, Robert, *Chartres Cathedral*, London 1969
Favier, Jean, *Das Universum von Chartres*, Stuttgart 1989
Henderson, George, *Chartres*, Harmondsworth 1968
James, John, *Chartres, the Masons who Built a Legend*, London 1982
Wilson, Christopher, *The Gothic Cathedral*, London 1990

7 King's College Chapel
Heyman, Jacques, *The Stone Skeleton, Structural Engineering of Masonry Architecture*, Cambridge 1995
Wayment, Hilary, *King's College Chapel Cambridge, The Great Windows, Introduction and Guide*, Cambridge 1992
Willis, Robert, und Willis Clark, John, *The Architectural History of the University of Cambridge and Eton*, Cambridge 1988
Woodman, Francis, *The Architectural History of King's College Chapel and its Place in the Development of Late Gothic Architecture in England and France*, London 1986

8 St. Peter
Ackerman, James S., *The Architecture of Michelangelo*, London 1981
Argan, Giulo, und Contardi, Bruno, *Michelangelo Architect*, London und New York 1993
Bruschi, Arnaldo, *Bramante*, London 1977
Hibbard, Howard, *Carlo Moderno*, London 1971
Hibbard, Howard, *Bernini*, Harmondsworth 1963
Lees-Milne, James, *Sankt Peter*, Berlin 1968

9 Die Selimiye-Moschee
Goodwin, G., *A History of Ottoman Architecture*, London 1972
Goodwin, G., *Sinan. Ottoman Architecture and its Values Today*, London 1993
Kuran, A., *Sinan, The Grand Old Master of Ottoman Architecture*, Washington, DC, 1987
Yetkin, S. K., *Turkish Architecture*, Ankara 1965

10 Taj Mahal
Begley, W. E., und Desai, Z. A., *Taj Mahal: The Illumined Tomb: An Anthology Of Seventeenth-Century Mughal and European Documentary Sources*, The Aga Khan Program for Islamic Architecture, Cambridge, MA, 1989
Koch, Ebba, *Mughal Architecture: An Outline of Its History and Development: 1526–1858*, München 1991 und 1998
Okada, Amina, und Joshi, M. C., *Taj Mahal*, München 1993
Qaisar, Ahsan Jan, *Building Construction in Mughal India: The Evidence from Painting*, Neu-Delhi 1988
»Taj Mahal«, in: *Encyclopaedia of Islam*, Bd. 10, 2. Ausg., 2000

11 St Paul's Cathedral
Beard, Geoffrey, *The Work of Sir Christopher Wren*, London 1956
Downes, Kerry, *Christopher Wren*, London 1971
Fürst, Viktor, *The Architecture of Sir Christopher Wren*, London 1956
Seckler, Eduard, *Wren and his Place in European Architecture*, London 1956
Summerson, John, *Sir Christopher Wren*, London 1971
Whinney, Margaret, *Wren*, London 1971

12 Panthéon, Paris
Le Pantheon: symbole des revolutions: de l'Eglise de la Nation au Temple des grands hommes, veröffentlicht anlässlich einer Ausstellung im Hotel de Sully, Paris, und im Centre Canadien d'Architecture, Montreal; Paris 1989
Sharp, Dennis, *The Illustrated Encyclopaedia of Architects and Architecture*, New York 1991

13 Sagrada Famlilia
Bonet, J., *The Essential Gaudí: The Geometric Modulation of the Church of the Sagrada Familia*, Barcelona 2000
Burry, M. C., *The Expiatory Church of the Sagrada Familia*, London 1993
Gomez, J., Coll, J., Melero, J. C., Burry, M. C., *La Sagrada Familia: De Gaudí al CAD*, Barcelona 1996
McCully, M., u.a., *Homage to Barcelona: the City and its Art 1888–1936*, London 1986
Thiébaut, Philippe, *Gaudí: Builder of Visions*, London und New York 2002
Van Hensbergen, Gijs, *Gaudí: A Biography*, London und New York 2001
Zerbst, R., *Gaudí*, Köln 1987

14 Notre-Dame-du-Haut, Ronchamp
Cohen, Jean-Louis (Hg.), *Le Corbusier. Catalogue de l'exposition*, Centre Georges Pompidou, Paris 1991
Curtis, William J.R., *Le Corbusier – Ideen und Formen*, Stuttgart 1987
Girsberger, Hans (Hg.), *Le Corbusier 1910–60*, New York 1959
Kidder Smith, G. E., *Looking at Architecture*, New York 1990
Régnier, Bruno, und McClure, Bert, *Le Corbusier Promenades dans son œuvre en France*, Paris 1991
Serenyi, Pete (Hg.), *Le Corbusier in Perspective*, Englewood Cliffs, NJ, 1975

Schlösser und Paläste

15 Alhambra
Barrucand, M., und Bednorz, A., *Maurische Architektur in Andalusien*, Köln 1991
García, Gomez, E., *Poemas árabesen los muros y fuentas de la Alhambra*, Madrid 1985
Grabar, O., *The Alhambra*, London 1978
Jacobs, M., *Alhambra*, Mailand 2000
Raquejo, T., *El palacio encantado. La Alhambra en el arte británico*, Madrid 1989
Zuylen, G., *Alhambra, a Moorish Paradise*, London 1999

16 Die Verbotene Stadt
Ledderose, Lothar, *Ten Thousand Things: Module and Mass Production in Chinese Art:* The A.W. Mellon Lectures in the Fine Arts, 1998, The National Gallery of Washington D.C., Bollingen Series XXXV, Princeton 2000
Wan Yi, Wan Shuqing, Lu Yanzhen, u.a., *Daily Life in the Forbidden City: The Qing Dynasty 1644–1912*, Hongkong 1988

17 Das Topkapi-Serail
Goodwin, G., *Topkapi Palace*, London 1999
Miller, B., *The Palace School*, Cambridge, MA, 1941
Negipoglu, G., *Architecture, Ceremonial and Power*, New York 1991

18 Kreml
Brumfield, W. C., *Gold in Azure: One Thousand Years of Russian Architecture*, Boston 1983
Brumfield, W. C., *A History of Russian Architecture*, Cambridge und New York 1993

Hamilton, G., *The Art and Architecture of Russia*, Harmondsworth 1983
Riasanovsky, N. A., *A History of Russia*, New York 1999
Wortman, R., *Scenarios of Power*, Princeton 1995

19 Escorial
Bury, J.B., »Juan de Herrera and the Escorial«, *Art History*, IX, 4 (Dezember 1986)
Kubler, George, *Building the Escorial*, Princeton 1982
Mulcahy, Rosemarie, *The Decoration of the Royal Basilica of El Escorial*, Cambridge 1994
Taylor, René, »Architecture and magic: considerations on the idea of the Escorial«, in: *Essays in the History of Architecture Presented to Rudolf Wittkower*, New York 1967
Wilkinson-Zerner, Catherine, *Juan de Herrera, Architect to Philip II of Spain*, New Haven 1993

20 Versailles
Gourcuff, Alain de, *The Gardens of Le Notre at Versailles*, Paris 2001
Lablaude, Pierre-André, *The Gardens of Versailles*, London 1995
Lévêque, Jean-Jacques, *Versailles*, Paris 2000
Montclos, Jean-Marie Perouse de, *Versailles*, Köln 1996
Saule, Béatrix, und Corbiau, Gérard, *Versailles, La Visite multi-lingual*, DVD-Video, Réunion des Musées Nationaux, Paris 1999
The Palace of Versailles, Paris 1998
www.versailles.fr (offizielle Website des Château de Versailles)

21 Der Potala-Palast
Baker, Ian A., *The Dalai Lama's Secret Temple*, London und New York 2000
David-Neel, Alexandra, *Mein Weg durch Himmel und Höllen*, Bern 1986
Fisher, Robert E., *Art of Tibet*, London und New York 1997
Kemp, Richard, *The Potala of Tibet*, überarb. Ausg. London 1988
Montgomery McGovern, William, *To Lhasa in Disguise*, London 1924

22 Schönbrunn
Aurenhammer, Hans, *Johann Bernhard Fischer von Erlach*, Wien 1957
Lanchester, H.V., *Fischer von Erlach*, London 1924

23 Das Winterpalais
Brumfield, W. C., *Gold in Azure, One Thousand Years of Russian Architecture*, Boston 1983
Brumfield, W. C., *A History of Russian Architecture*, Cambridge und New York 1993
Hamilton, G., *The Art and Architecture of Russia*, Harmondsworth 1983
Massie, S., *Land of the Firebird*, New York 1980
Orloff, A., und D. Shvidkovsky. *St Petersburg: Architecture of the Tsars*, New York 1996
Wortman, R., *Scenarios of Power*, Princeton 1995

24 Neuschwanstein
Blunt, Wilfrid, *The Dream King. Ludwig II of Bavaria*, London 1970
Burg, Katerina von, *Ludwig II of Bavaria: The Man and the Mistery*, Windsor 1989
Hojer, Gerhard, und Jervis, Simon, *Designs for the Dream King: the Castles and Palaces of Ludwig II of Bavaria*, London und New York 1978
Hojer, Gerhard, und Petzet, Michael, *Schloss Neuschwanstein*, München 1988
King, Greg, *The Mad King: The Life and Times of Ludwig II of Bavaria*, New Jersey und London 1996
Knapp, Gottfried, *Neuschwanstein*, Stuttgart und London 1999

25 Der Palast des Vizekönigs
Hussey, Christopher, *Life of Sir Edwin Lutyeus*, London 1950
(neu aufgelegt 1984)
Irving, Robert Grant, *Indian Summer. Lutyens, Baker and Imperial Delhi*, New Haven und London 1982
Morris, Jan, u.a., *Architecture of the British Empire*, London 1986

26 La Cuesta Encantada, Hearsts Schloss
Aidala, Thomas, *Hearst Castle, San Simeon*, New York 1981
Boutelle, Sara Holmes, *Julia Morgan, Architect*, New York 1988
Kastner, Victoria, *Hearst Castle: The Biography of a Country House*, New York 2000
Loe, Nancy E., *Hearst Castle: The Interpretive History of W. R. Hearst's San Simeon Estate*, Santa Barbara 1994
Nasaw, David, *The Chief, The Life of William Randolph Hearst*, New York 2000
Swanberg, W. A., *Citizen Hearst: A Biography of William Randolph Hearst*, New York 1961
www.hearstcastle.org/history/the_castle.asp

Öffentliche Bauten

27 Houses of Parliament
Colvin, H. M. (Hg.), *The History of the King's Works*, 6 Bde., London 1963–1982
Fell, B. H., und Mackenzie, K. R., *The Houses of Parliament: A Guide to the Palace of Westminster*, London 1930, 1988
Gerhold, D., *Westminster Hall*, London 1999
Port, M. (Hg.), *The Houses of Parliament*, New Haven und London 1976
Riding, Christine und Jaqueline, *The Houses of Parliament. History, Art, Architecture*, London 2000
www.parliament.uk/hophome.htm

28 Der Kristallpalast
Beaver, P., *The Crystal Palace, A Portrait of a Victorian Enterprise*, Chichester 1970
Downes, C., und Cowper, C., *The Building Erected in Hyde Park for the Great Exhibition of the Works of Industry of All Nations, 1851*, London 1852
McKean, J., *Crystal Palace*, London 1994
Sennett, R., »The Crystal Palace«, in: *Palais-Royal*, Teil 2, London 1986

29 Oper, Paris
Blaser, Werner, und Stucky, Monica, *Drawings of Great Buildings*, Boston 1983
Fontaine, Gérard, *Palais Garnier Le Fantasme de l'Opéra*, Paris 1999
Mignot, Claude, *Architektur des 19. Jahrhunderts*, Köln 1994
Sharp, Dennis, *The Illustrated Encyclopedia of Architects and Architecture*, New York 1991

30 Pentagon
Congressional Quaterly's Guidebook, Congressional Quaterly 119–121, Washington D.C. 1990
Headquaters of the United States Department of Defense: The Pentagon, www.defenselink.mil/pubs/pentagon
Pentagon Renovation Program, http://renovation.pentagon.mil/history.htm
The Pentagon, Office of the Assistant Secretary of Defense for Public Affairs, Washindton D.C. (ohne Jahr)
Winston, S., »Pentagon Contractors Divide and Conquer«, *Engineering News-Record*, Bd. 245, Nr. 9,4 (September 2000), S. 58–63

31 Das Guggenheim Museum, New York
Kidder-Smith, G. E., *Source Book of American Architecture*, Princeton 1996
McCarter, Robert, *Frank Lloyd Wright*, London 1997
Pfeiffer, Bruce Brooks u. Larkin, David, *Frank Lloyd Wright. Master Builder*, New York u. London 1997
Storrer, William Allin, *The Architecture of Frank Lloyd Wright*, 3. Aufl. Chicago 2002
www.guggenheim.org/

32 Walt Disney World
Dunlop, Beth, *Building a Dream: The Art of Disney Architecture*, New York 1996
Fjellman, Stephen M., *Vinyl Leaves: Walt Disney World and America*, Boulder 1992
Francaviglia, Richard V., »Main Street U.S.A.: A Comparison/Contrast of Streetcapes in Walt Disney World«, *Journal of Popular Culture* (Sommer 1981), S. 141–145
Marling, Karal Ann (Hg.), *Designing Disney's Theme Parks: The Architecture of Reassurance*, Montreal 1997
Mosley, Leonard, *Disney's World: A Biography*, Latham, MD, 1985
Thomas, Bob, *Building a Company: Roy O. Disney and the Creation of an Entertainment Empire*, New York 1998

33 Oper, Sydney
Drew, Philip, *The Masterpiece: Jorn Utzon A Secret Life*, Melbourne 1999
Duek-Cohen, Elias, *Utzon and the Sydney Opera House: Statement in the Public Interest*, Sydney 1967
Fromonot, François, *Jorn Utzon The Sydney Opera House*, Corte Madera, CA, 1998
Ove Arup Partnership, »Sydney Opera House Special Issue«, *The Arup Journal*, 8 (Oktober 1973), S.3
»Sydney Opera House Commemorative Issue« 106, Royal Society of New South Wales, Sydney 1973
Utzon, Jorn, *Descriptive Narrative with Status Quo: Sydney Opera House, January 1965*, Sydney 1965
www.soh.nsw.gov.au/

34 Louisiana Superdome
Mule, M., *Superdome*, New Orleans 1996
www.superdome.com (Website des Louisiana Superdome)

35 Centre Pompidou
Campbell, Cole, Barbie und Rogers, Ruth Elias (Hg.), *Richard Rogers + Partners*, London 1985
Clark, Roger H., und Pause, Michael, *Precendents in Architecture*, New York 1985
Russell, Frank (Hg.), *Architectural Monographs: Richard Rogers + Architects*, New York 1985
Sharp, Dennis, *Architektur im zwanzigsten Jahrhundert*, München 1973
Silver, Nathan, *The Making of Beaubourg*, Cambridge, MA, 1994
www.cnac-gp.fr/

36 Kansai International Airport
Buchanan, Peter, *Renzo Piano Building Workshop*, London 1993–1997
Eco, Umberto, *The Making of Kansai International Airport Terminal, Osaka, Japan. Renzo Piano Building Workshop*, Tokyo 1994
Piano, Renzo, *The Renzo Piano Logbook*, London und New York 1997
www.kansai-airport.or.jp/

37 Das Guggenheim-Museum, Bilbao
Dal Co, F., und Forster, K. W., *Frank O. Gehry*, New York 1998
Forster, K., *Frank O. Gehry, Guggenheim Bilbao Museo*, Stuttgart und London 1998
Iyengar, H., Novak, L., Sinn, R., und Zis, J., »The Guggenheim Museum, Bilbao, Spain«, *Structural Engineering International* (1996), S. 227–229
Jencks, C. (Hg.), *Frank O. Gehry, Individual Imagination and Cultural Conservatism*, London 1995
www.guggenheim.org/

Türme und Hochhäuser

38 Washington Monument
Allen, T. B., *The Wasington Monument: It Stands for All*, New York 2000
Gallagher, H.M.P., *Robert Mills: Architect of the Washington Monument 1781–1855*, New York 1935
Tamaro, M. J., und O'Conner, J.G., »Scaling the Monument«, *Civil Engineering*, Band 69, Nr. 4 (April 1999), S. 36–41
Torres, L., »*To the immortal name and memory of George Washington*«: *The United States Army Corps of Engineers and the Construction of the Washington Monument*, Washington D.C., 1984

39 Eiffelturm
Architectural Guide to the Eiffel Tower, Monticello, Ill., 1981
Cate, Philip Dennis (Hg.), *The Eiffel Tower: A Tour de Force. Centennial Exhibition*, New York und Paris 1989
Denker, Winnie, und Sagan, Françoise, *The Eiffel Tower*, London 1989
Harriss, Joseph, *The Eiffel Tower. Symbol of an Age*, London 1976
Loyrette, Henri, *Gustave Eiffel*, New York 1985
www.tour-eiffel.fr/teiffel/de/

40 Empire State Building
Friedman, D., »A Story a Day: Engineering the Work«, in: Willis, C. (Hg.), *Building the Empire State Building*, New York und London 1998, S. 33–46
James, T. Jr., *The Empire State Building*, New York 1975
Langer, F., *Lewis W. Hine: The Empire State Building*, München 1998
Tauranac, J., *The Empire State Building: The Making of a Landmark*, New York 1995
Willis, C., »Building the Empire State Building«, in: ders. (Hg.), *Building the Empire State Building*, New York und London 1998, S. 11–32
www.esbnyc.com/

41 Gateway Arch
Ford, Edward R., *The Details of Modern Architecture*, Band 2: 1928 bis 1988, Cambridge, MA, 1996
Peter, J., *The Oral History of Modern Architecture*, New York 1994
Saarinen, Eero, *Eero Saarinen on His Work*, New Haven 1962
www.stlouisarch.com/

42 World Trade Center
Clifton, G. Charles, »Collapse of the World Trade Center Towers«, http://www.hera.org.nz
Department of Civil Engineering, University of Sydney, Australia, *World Trade Center – New York – Some Engineering Aspects*, http://www.civil.usyd.edu.au/wtc.htm
Darton, Eric, *Divided We Stand*, New York 1990
Gillespie, Angus, *Twin Towers*, New Brunswick, NJ, 1999
Leary, Warren E., »Years to Build and Moments to Destroy: How the Twin Towers Fell«, *The New York Times*, 25. September 2001

The Port of New York Authority, *The World Trade Center in the Port of New York*, New York 1967
Robins, Anthony, *The World Trade Center: Classics of American Architecture*, Englewood, NJ, und Fort Lauderdale, FL, 1987
Ruchelman, Leonard I., *The World Trade Center: Politics and Policies of Skyscraper Development*, Syracuse, NY, 1977
Seabrook, John, »The Tower Builder«, *New Yorker*, 19. November 2001, S. 64–73
Tarricone, Paul, »After the Blast«, *Civil Engineering* (Mai 1993), S. 44–47
»The Tallest Steal Bearing Walls«, *Architectural Record*, Band 135, (Mai 1965), S. 194–196
Yamasaki, Minoru, *A Life in Architecture*, New York und Toronto 1979

43 Sears Towers
Tigerman, Stanley, *Bruce Graham of SOM*, New York 1989
Eggen, A. P., und Sandaker, B. N., *Steel, Structure and Architecture*, New York 1995
Huxtable, A., *The Tall Building Artistically Reconsidered: The Search for a Skyscraper Style*, New York 1984
Marlin, W., »Sears Tower: The mail-order approach to urban form«, *Architectural Forum* (Januar bis Februar 1974), S. 25–31
www.sears-towers.com/

44 CN Tower
Dendy, William u. Kilbourn, William, *Toronto Observed*, Toronto 1986
McHugh, Patricia, *Toronto Architecture – A City Guide*, Toronto 1986
Whiteson, Leon, *Toronto: The Liveable City*, Toronto 1982
www.cntower.ca/

45 Hongkong and Shanghai Bank
Foster, Norman, *Norman Foster: Catalogue of Work*, München und London 2000
Jodidio, Philip, *Sir Norman Foster*, Köln und London 1997
Lambot, Ian (Hg.), *Norman Foster, Foster Associates. Buildings and Projects, Band 3, 1978–1985*, Hongkong 1989
Pawley, Martin, *Norman Foster. A Global Architecture*, London 1999
www.fosterandpartners.com/

46 Die Petronas-Türme
Crosbie, M.J., *Cesar Pelli: Rescent Themes*, Basel 2000
Pearson, C.A., »Other Than Their Status as the World's Tallest Buildings, What Else Do Cesar Pelli's Petronas Towers Have Going for them?«, *Architectural Record*, 187, Nr. 1 (1999), S. 92–101
Petroski, H., »The Petronas Towers«, in: ders., *Remaking the World: Adventures in Engineering*, New York 1997, S. 203–212

47 New York-New York
Anderton, Frances, u. Chase, John, *Las Vegas*, Köln 1997
Earley, Pete, *Super Casino: Inside the ›New‹ Las Vegas*, New York 2000
Hess, Alan, *Viva Las Vegas: After-Hours Architecture*, San Francisco 1993
Hess, Alan, »New York, New York«, *Architectural Record*, Band 185, Nr. 3, März 1997
Izenour, Steven, und Dashiel, David A. III, »Relearning from Las Vegas«, *Architecture*, Oktober 1990

48 London Eye
Architecture Today, Bd. 108, Mai 2000
Civil Engineering, Bd. 144, 2, Mai 2001
Journal of the Institution of Structural Engineers, »The British Airways London Eye«, Bd. 79, 2, Januar 2001
Lambot, Ian, u. Wood, Nick(Fotos), *Reinventing the Wheel*.

The Construction of British Airways London Eye, Haslemere 2000
Powell, Kenneth, *New London Architecture*, London 2001
Rattenbury, Kester, *The Essential Eye*, London 2002
www.londoneye.com/
www.marksbarfield.com/

Brücken, Bahnen und Tunnel

49 Iron Bridge, Coalbrookdale
Briggs, Asa, *Iron Bridge to Crystal Palace*, London 1979
Clark, Cathrine M., *The English Heritage Book of Iron Bridge Gorge*, London 1993
Giedion, Sigfried, *Raum, Zeit, Architektur*, Ravensburg 1965
Great Engineers: The Art of British Engineers, 1937–1987, London 1987
Joedicke, Jurgen, *Geschichte der modernen Architektur*, Stuttgart 1958
www.ironbridge.org.uk/

50 Der Themsetunnel
Clememts, Paul, *Marc Isambard Brunel*, London u. Harlow 1970
Lampe, David, *The Tunnel. The Story of the World's First Tunnel under a Navigable River, Dug beneath the Thames, 1824–42*, London 1963
Overman, Michael, *Sir Marc Brunel and the Tunnel*, London 1971

51 Brooklyn Bridge
McCullogh, David, *The Great Bridge: The Epic Story of the Building of the Brooklyn Bridge*, New York 1983
Shapiro, Mary J., *A Picture History of the Brooklyn Bridge*, New York und London 1983
Trachtenberg, Alan, *Brooklyn Bridge, Fact and Symbol*, Chicago 1979

52 Canadian Pacific Railway
Graham, Melissa, *Trans-Canada Rail*, Hindhead 1996
Marshall, John, *The Guinness Railway Book*, London 1989
Mitchel, Robert D., und Groves, Paul A. (Hg.), *North America. The Historical Geography of Changing Continent*, London 1987

53 Die Eisenbahnbrücke über den Firth of Forth
An Assessment of the Structural Integrity of the Forth Rail Bridge, Health and Safety Executive, London 1996
Koerte, Arnold, *Two Railway Bridges of an Era. Firth of Forth and Firth of Tay. Technical Progress, Disaster and New Beginnings in Victorian Engineering*, London und Basel 1992
Mackay, Sheila, *Bridge Across the Century. The Story of the Forth Bridge*, Edinburgh 1985
Mackay, Sheila, *The Forth Bridge. A Picture History*, Edinburgh 1993
Murray, Anthony, *The Forth Railway Bridge. A Celebration*, Edinburgh 1988
Paxton, Roland, *100 Years of the Forth Bridge*, Telford 1990

54 Jungfraubahn
Allen, Cecil J., *Switzerland's Amazing Railway*, London 1960
Cooling, Maureen G., *Ticket to the Top*, London 1986
Jungfraubahn, Schweiz (ohne Jahr, ca. 1920)
www.jungfraubahn.ch/

55 Die Moskauer Metro
Garbutt, Paul, *World Metro Systems*, 2. Ausg. Harrow 1997
Nock, O. S., *Underground Railways of the World*, London 1973
Tarkhanov, Alexei, und Kavtaradze, Sergei, *Stalinist Architecture*, London 1992
Urban Public Transport Statistics, UITP, Brüssel 1997

56 Golden Gate Bridge
Chester, M., *Joseph Strauss, Builder of the Golden Gate Bridge*, New York 1965
Dillon, Richard H., *High Steel. Building the Bridges across San Francisco Bay*, Berkely, Ca., 1979
Horton, Tom, und Wolman, Baron, *Superspan. The Golden Gate Bridge*, New York 1998
Van der Zee, John, *The Gate: The True Story of the Design and Construction of the Golden Gate Bridge*, New York 1986
www.goldengate.org/

57 Der Seikan-Eisenbahntunnel
Chadwick, Roy, und Knights, Martin C., *The Story of Tunnels*, London 1988
Modern Railways, *Railway Gazette International*, versch. Ausg.
www.pref.aomori.jp/newline/newline-e/sin-e08.html

58 Der Kanaltunnel
Anderson, Graham, und Roskrow, Ben, *The Channel Tunnel Story*, London 1994
Bonavia, Michael R., *The Channel Tunnel Story*, Newton Abbot 1987
Eurotunnel, *The Official Channel Tunnel Factfile*, London 1994
Grayson, Lesley, *The Channel Tunnel. Le Tunnel sous la Manche*, London 1990
Hunt, Donald, *The Story of the Channel Tunnel, 1802–1994*, Upton-upon-Severn 1994
Kirkland, C. J., *Engineering the Channel Tunnel*, London 1995
Wilson, Keith, *Channel Tunnel Visions, 1850–1950*, London 1995

59 Die Ostbrücke über den Großen Belt
Gimsing, Niels J., *Design of a Long-Span Cable-Supported Bridge Across the Great Belt in Denmark – 25 Years of Experience and Evolution*, Yokohama 1991
Gimsing, Niels J., *The Akashi Kaikyo Bridge and the Storebælt East Bridge – the Two Greatest Suspension Bridges of the 20th Century*, Kobe 1998
Gimsing, Niels J. (Hg.), *East Bridge*, Kopenhagen 1998
Holmegaard, Karsten (Hg.), *Storebælt 1988–1998*, Kopenhagen 1998
Selsing, Jo, *Brobyggerne/Bridgebuilders*, Kopenhagen 1998

60 Die Akashi-Kaikyo-Brücke
Dupre, J., *Bridges: A History of World's Most Famous an Important Spans*, New York 1997, S. 114–115
Fujikawa, H., Kishimoto, Y. und Nasu, S., »Aesthetic Design For Akashi Kaikyo Bridge«, *Transportation Research Record*, Nr. 1549 (1996), S. 12–17
Normile, D., »Spanning Japan's Inland Sea: Akashi Kaikyo's Record-Length Suspended Span Caps Program«, *Engineering News-Record*, Bd. 237, Nr. 19 (4. November 1996), S. 30–34
Ochsendorf, J. A., und Billington, D. P., »Record Spans in Japan«, *Civil Engineering*, Bd. 68, Nr. 2 (Februar 1998), S. 60–63
www.hsba.go.jp/bridge/e-akasi.htm

Kanäle und Staudämme

61 Eriekanal
Chalmers, Harvey, *The Birth of the Erie Canal*, New York 1960
Shaw, Ronald E., *Erie Waterwest: a History of the Erie Canal, 1792–1854*, Lexington, KY, 1966
Sheriff, Carol, *The Artificial River: the Erie Canal and the Paradox of Progress*, New York 1996
www.canals.state.ny.us/

62 Der Suezkanal
Burchell, S.C., *Building the Suez Canal*
Farnie, D.A., *East and West of Suez: The Suez Canal in History, 1854–1956*, 1969
Lord Kinross (Patrick Balfour, Baron Kinross*), Between Two Seas: The Creation of the Suez Canal*, 1968
Wilson, Arnold T., *The Suez Canal: Its Past, Present and Future*, 1933, Reprint 1977

63 Der Panamakanal
Haskin, Frederic J., *The Panama Canal*, New York 1914
Howarth, David, *Panama, Four Hundred Years of Dreams and Cruelty*, New York 1966
McCollough, David, *The Path Between the Seas*, New York 1977
www.pancanal.com/

64 Der Hooverdamm
Dunar, A.J., und McBride, D., *Building Hoover Dam, An Oral History*, New York 1993
Woodbury, David Oakes, *Colorado Conquest*, New York 1941
Woollett, William, *Hoover Dam: Drawings, Etchings, Lithographs*, Los Angeles 1986

65 Der Itaipú-Staudamm
»$18-billion Itaipu Dam sets new hydroelectric records«, *Engineering News Record* (Januar 1999)
Itaipu Binacional http://www.itaipu.gov.br/homeing.htm

66 Das Oosterschelde-Sperrwerk
De Haan, H., und Haagsma, I., *De Deltawerken; techniek, politiek, achtergronden*, Delft 1984
»Eastern Scheldt Storm Surge Barrier«, Proceedings of the Delta Barrier Symposium, Rotterdam 1982
Huis in't Veld, J.C., u.a., *The Closure of Tidal Basins*, Delft 1987
Nienhuis, P.H., und Smaal, A.C., *The Oosterschelde estuary (the Netherlands): a Case-Study of a Changing Ecosystem*, Dordrecht 1994

Rijkswaterstaat, »Ontwerpnota Stormvloedkering Oosterschelde«, in: *Projectorganisatie Stormvloedkering*, 5 Bde., Ministerie van Verkeer en Waterstaat, 1987

67 Drei-Schluchten-Staudamm
Tan, S., *China's Three Gorges Dam Project*, The Sierra Club, Prairie Chapter
Three Gorges Dam Project, China Yangtze Gorges Project Development Corporation.

Kolossalstatuen

68 Die Freiheitsstatue
Boime, Albert, *The Unveiling of the National Icons*, Cambridge 1998
Condit, Carl W., *American Building*, 2. Aufl. Chicago 1982
Trachtenberg, Marvin, *The Statue of Liberty*, New York 1976, überarb. Ausg. 1986

69 Die Christusstatue in Rio de Janeiro
Motta, Edso (Hg.), *O Christo do Corcovado*, Rio de Janeiro 1981
Pedreira, Mauricio, »Rio recovers the mantle of Christ«, *Americas* (engl. Ausg.), Bd. 42, Nr. 5 (September-Oktober 1990), S. 26–29
Wilson, M. Robert, und Landowski, Paul, *Le Temple de l'Homme*, Paris 2000
www.corcovado.com.br

70 Mount Rushmore
Boime, Albert, *The Unveiling of the National Icons*, Cambridge 1998
Chidester, David, und Linenthal, Edward T., *American Sacred Space*, Bloomington 1995
Shaff, Howard, *Six Wars at a Time: the Life and Times of Gutzon Borglum, Sculptor of Mount Rushmore*, Darien, Conn., 1985

Bildnachweis

1 © Dave Jacobs/Robert Harding; 2–3 © Nigel Francis/Robert Harding; 4 © Rolf Richardson/Robert Harding; 5o © Jayawardene Photo Library; 5u © C. Bowman/Robert Harding; 6o © John Tickner; 6u © Jayawardene Photo Library; 7o © Simon Harris/Robert Harding; 7u © David Lyons/Event Horizons; 10–11 Mountain High Maps ® Copyright 1993 Digital Wisdom Inc.; 12 © Jean Bernard; 13 © Country Life Picture Library; 14 © Nigel Blythe/Robert Harding; 15 Photo Uwe Hausen. M. f. Erl. v. J. A. Jones; 16 © Nick Wood; 17 © Timothy Hursley; 18–19 Photo Jean Feuillie © Centre des Monuments Nationaux, Paris. Le Corbusier © FLC/ADAGP, Paris und DACS, London 2002; 20 Caroline Rose © Centre des Monuments Nationaux, Paris; 21 © Robert Frerck/Odyssey/Chicago/Robert Harding; 22 © R. J. Mainstone; 23 Photo A. F. Kersting; 24 Photo Hirmer Fotoarchiv; 25, 26 Photo Crispin Branfoot; 27l aus P. Pichard, Tanjavur Brhadisvara, An Architectural Study (New Delhi & Pondicherry, 1995); 27M, 27r T. Wellman nach A. Volwahsen, Living Architecture: India (Lausanne, 1999); 28 P. Winton; 29o © Robert Harding/Robert Harding; 29u T. Wellman; 30–31 © Lee Frost/Robert Harding; 31o © Adam Woolfitt/Robert Harding; 31u T. Wellman; 32 © AISA-Archivo Iconográfico; 33 Photo A. F. Kersting; 34 © Simon Harris/Robert Harding; 35 Photo A. F. Kersting; 36, 37o © Lianne Hornsby; 37u P. Winton, nach J. B. Burland; 38o © Lianne Hornsby; 38u P. Winton, nach J. B. Burland; 39 Patrick Müller © Centre des Monuments Nationaux, Paris; 40l © Jean Bernard; 40r P. Winton; 41 Photo Hirmer Fotoarchiv; 42 © Emily Lane; 43 © Jean Bernard; 45 Photo A. F. Kersting; 46o P. Winton; 46u Photo Courtauld Institute of Art; 47 © Geoff Renner/Robert Harding; 48 © Copyright The British Museum, London; 49 Photo AKG London/Erich Lessing; 50u Leonard von Matt; 51 Photo Alinari; 52 V&A Picture Library; 53 © AISA-Archivo Iconográfico; 54, 55o ©Adam Woolfitt/Robert Harding; 55u G. Martin und C. Woodward; 56 ©Adam Woolfitt/Robert Harding; 57 © Dave Jacobs/ Robert Harding; 58 © Ebba Koch; 58–59 © Gavin Hellier/Robert Harding; 60o, 60u © Ebba Koch; 61o, 61u Photo AKG London/Jean-Louis Nou; 62 T. Wellman; 63, 64 Photo A. F. Kersting; 65o P. Winton; 65u © Jason Hawkes; 66 Caroline Rose © Centre des Monuments Nationaux, Paris; 67 Jean-Luc Paillé © Centre des Monuments Nationaux, Paris; 68o Instituto Amatller d'Art Hispànic-Arxiu Mas; 68u Photo Branguli, Barcelona; 69, 70, 71 © Timothy Hursley; 72, 73o Le Corbusier © FLC/ADAGP, Paris und DACS, London 2002. Photo AKG/Schütze/ Rodemann; 73u Le Corbusier © FLC/ADAGP, Paris und DACS, London 2002; 74 © B. McClure; 75 Le Corbusier © FLC/ADAGP, Paris und DACS, London 2002. Photo Francis Carr © Thames & Hudson Ltd; 76–77 Photo AKG; 78 © Achim Bunz; 79 © AISA-Archivo Iconográfico; 80, 81 © Jean Bernard; 81 P. Winton; 82 © Steve Bavister/Robert Harding; 83 © Jean Bernard; 84 © AISA-Archivo Iconográfico; 85 © Dudley Hubbard; 86–87 © Schuster/Robert Harding; 87 P. Winton; 88o © Dudley Hubbard; 88u © Norma Joseph/Robert Harding; 89 © Michael Jenner; 90 P. Winton; 91o © Adam Woolfitt/Robert Harding; 91u © Jayawardene Photo Library; 92 © Michael Jenner/Robert Harding; 93 © W. C. Brumfield; 94 © Robert Francis/Robert Harding; 95 P. Winton; 96 © W. C. Brumfield; 97 © Dave Jacobs/Robert Harding; 98 © AISA-Archivo Iconográfico; 99o © Adam Woolfitt/Robert Harding; 99M aus Architettura Libro IV (Regole generali), publ. 1537. Folio LIII recto; 99u Stich von Pierre Perret, 1587; 100 Reproduced m. f. Erl. v. The Marquess of Salisbury; 101 © AISA-Archivo Iconográfico; 102 © Photo RMN-Arnaudet; 103 Photo RMN-J. Derenne; 104, 105 Photo RMN; 106 Photo RMN-Harry Bréjat; 107 Photo Hugh Richardson; 108 © N. Blythe/Robert Harding; 109 P. Winton, nach F. Meyer; 110o Photo AKG London/Erich Lessing; 110u © Jane Sweeney/Robert Harding; 111 © AISA-Archivo Iconográfico; 112 Photo AKG London/Erich Lessing; 113 © AISA-Archivo Iconográfico; 114 © W. C. Brumfield; 115 © AISA-Archivo Iconográfico; 116, 117, 118 © Achim Bunz; 119, 120, 121 © Country Life Picture Library; 122 Photo A. F. Kersting; 123 Leslie Woodhead/Hutchison; 124 © Emily Lane; 125 © Doug Traverso/Robert Harding; 126–27 Photo A. F. Kersting; 128 © Jean-Pierre Delagarde © Jacques Moatti; 129 © Jason Hawkes; 130 Photo A. F. Kersting; 131o Public Record Office. Work 28/895; 131u © Michael Jenner; 132o Lithographie von Vacher & Son, 1854; 132u M. f. Erl. v. Palace of Westminster; 133 © Simon Harris/Robert Harding; 134 Guildhall Library, Corporation of London; 135, 136o, 136u Illustrated London News, 1849–52; 137 Guildhall Library, Corporation of London; 138 Photo RMN-Jean Schormans; 139, 140o © Jean-Pierre Delagarde © Jacques Moatti; 140u Pascal Lemaître © Centre des Monuments Nationaux, Paris; 141o P. Winton; 141u, 142 M. f. Erl. v. Department of Defense, Washington DC; 143 Photo Hulton Archive, London; 144o Photo von William Short © The Solomon R. Guggenheim Foundation, New York; 144u, 145 Photo von David Heald. © The Solomon R. Guggenheim Foundation, New York; 146,

147 © Disney Enterprises, Inc.; 148 News Ltd.; 149o © Jeremy Horner/Hutchison 149u News Ltd; 150 NAA: A1500, 1966/15925; 151 M. f. Erl. v. Ove Arup & Partners; 152 News Ltd; 153 © Troy Gomez; 154 M. f. Erl. v. Curtis and Davis Office Records, Southeastern Architectural Archive, Tulane University Library; 154, 155 © Troy Gomez; 156, 157 Centre G. Pompidou, Paris, Photo Georges Meguerditchian; 158o © John Donat. Photo m. f. Erl. v. Rogers Partnership; 158u Centre G. Pompidou, Paris, Photo G. Meguerditchian; 159 © Philip Craven/Robert Harding; 160 Renzo Piano Building Workshop architects (Noriaki Okabe Associate Architect) zusammen mit Nikken Sekkei Ltd., Aéroports de Paris und Japan Airport Consultants Inc. Drawing m. f. Erl. v. RPW; 161o © Dennis Gilbert/VIEW; 161u Renzo Piano Building Workshop architects (Noriaki Okabe Associate Architect) zusammen mit Nikken Sekkei Ltd., Aéroports de Paris und Japan Airport Consultants Inc. Drawing m. f. Erl. v. RPW; 162o Photo Susumu Shingo Photo © RPW; 162u Renzo Piano Building Workshop architects (Noriaki Okabe Associate Architect) zusammen mit Nikken Sekkei Ltd., Aéroports de Paris und Japan Airport Consultants Inc. Photo m. f. Erl. v. RPW; 163 © Dennis Gilbert/VIEW; 164–65 © C. Bowman/Robert Harding; 165, 166o M. f. Erl. v. Gehry Partners; 166u, 167 © Timothy Hursley; 168–169 © AISA-Archivo Iconográfico; 170 P. Winton; 171 © Timothy Hursley; 172o Library of Congress; 172u Photo von Mathew Brady, 1879. © The National Archives; 173oM, 173or P. Winton; 173u Library of Congress; 174 © Roger Viollet; 175 © Jean Bernard 176 © ND-Viollet; 177o Anne Ronan Picture Library; 177u © ND-Viollet; 178 © Roger Viollet; 179, 180 Photo Lewis Hine; 181 © Nigel Francis/Robert Harding; 182o Architectural Forum, Juni 1930; 182u Aus ›Notes on Construction of Empire State Building‹, Starrett Brothers and Eken 1956–57; 183 © Jeff Greenberg/Robert Harding; 184 Jefferson National Expansion Memorial/National Park Service; 185 © Schuster/Robert Harding; 186o, 186u Jefferson National Expansion Memorial/National Park Service; 187 © Walter Rawlings/Robert Harding; 188o, 188u P. Winton, nach Architectural Record, 135; 189 © Emily Lane; 190 AP; 191 Photo © AKG/H. Block; 193 © Timothy Hursley; 194l, 194r P. Winton; 195 © Roy Rainford/Robert Harding; 196o Copyright of TrizecHahn Tower Limited Partnership; 196u P. Winton, nach Nigel Hawkes, Structures (Macmillan 1990), 111; 197 Photo Ian Lambot; 198o, 198u © Foster and Partners; 199o Photo John Nye; 199u, 200o, 200u Photo Ian Lambot; 201 Photo Uwe Hausen. M. f. Erl. v. J. A. Jones; 202o P. Winton; 202u Photo Uwe Hausen. M. f. Erl. v. J. A. Jones; 203 © Jayawardene Photo Library; 204 M. f. Erl. v. J. A. Jones; 205 © Gavin Hellier/Robert Harding; 206 © Gavin Hellier/Robert Harding; 207, 208o, 208ul, 208uM, 208ur, 209 © Nick Wood; 210–11 © John Tickner; 212 P. Winton; 213 Photo A. F. Kersting; 214o Science Museum, London UK/Bridgeman Art Library; 214 Private Sammlung, Schweden; 214u Collection Allied Ironfounders Ltd.; 215 © Jean Williamson/Mick Sharp; 216 Lithographie von Trautmann nach Bönisch. Guildhall Library, London; 217o British Museum, London. Photo John Freeman; 217u P. Winton; 218o Elton Collection, Ironbridge Gorge Museum Trust; 218u M. f. Erl. v. National Portrait Gallery, London; 219 Private Sammlung/Bridgeman Art Library; 220 P. Winton; 221 Photo Hulton Archive, London; 222 © Ethel Davies/Robert Harding; 223o © Paolo Koch/Robert Harding; 223u P. Winton; 224 Canadian Pacific; 225 © John Tickner; 226o P. Winton; 226u, 227 Historische Sammlung der Civil Engineering Library, Imperial College London; 228 © John Tickner; 229 P. Winton; 230 © MPH/Robert Harding; 231 © Christopher Rennie/Robert Harding; 232 © Emily Lane; 234 © Nick Wood/Robert Harding; 235, 236o, 236u San Francisco History Center, San Francisco Public Library; 237 © Robert Aberman/Hutchison; 238 © Paul van Riel; 239o P. Winton, nach Nigel Hawkes, Structures (Macmillan 1990), 208–09; 239u P. Winton; 240–41 QA Photos; 242, 243 P. Winton; 244 Photo Jan Kofoed Winther; 245, 246o Photo Søren Madsen; 246u, 247 Photo Jan Kofoed Winther; 248 P. Winton; 249, 250o, 250u, 251ol, 251or Courtesy Honshu-Shikoku Bridge Authority, Kobe; 251ul, 251ur P. Winton; 252–53 © Nicholas Hall/Robert Harding; 254 Courtesy Itaipu Binacional; 255l, 255r P. Winton; 256 Photo Erie Canal Museum, Syracuse, N.Y; 257 P. Winton; 258 From ›The Inauguration of the Suez Canal‹ by Marius Fontaine. Illustration by M. Riou; 259o Photo Fleming; 259u © David Clilverd/Hutchison; 260 P. Winton, after Nigel Hawkes, Structures, (Macmillan 1990), 136–37; 261 © Mike Garding/South American Pictures; 262 Photo AKG; 264 © Robert Francis/Robert Harding; 265 Library of Congress; 266o United States Department of the Interior Bureau of Reclamation. Photo Andrew Pernick, 31. März 1996; 266u P. Winton; 267, 268o M. f. Erl. v. Itaipu Binacional; 268u P. Winton, 269, 270 M. f. Erl. v. Itaipu Binacional; 271 P. Winton; 272o, 272u, 273o Ovak Arslanian; 273u © Michael St. Maur Sheil; 274 P. Winton; 275, 276–77 © Andy Ryan; 277 P. Winton 278–79 © Tom Till; 280 © Sue Cunningham/SCP; 281 © Simon Harris/Robert Harding; 282o Elton Collection, Ironbridge Gorge Museum Trust; 282u © Schuster/Robert Harding; 283 © Simon Harris/Robert Harding; 284 P. Winton, teilweise nach Nigel Hawkes, Structures (Macmillan 1990), 27; 285 Photo © Dan Cornish/Esto, alle Rechte vorbehalten; 286 © Jason P Howe/South American Pictures; 287 © Sue Cunningham/SCP; 289o National Park Service; 289u Rise Studio; 290o, 290u Bell Photo; 291 National Park Service.

Register